VINDOBONA
VERLAG SEIT 1946

Matthias Bank

Der Gekreuzigte richtet die Welt – gibt's *dann* noch Gnade?

BAND 3

VINDOBONA
VERLAG SEIT 1946

Bibliografische Information
der Deutschen Nationalbibliothek:

Die Deutsche Nationalbibliothek
verzeichnet diese Publikation in
der Deutschen Nationalbibliografie.
Detaillierte bibliografische Daten
sind im Internet über
http://www.d-nb.de abrufbar.

www.vindobonaverlag.com

ISBN 978-3-949263-89-7
Lektorat: Mag. Eva Reisinger
Umschlagfotos: Jamen Percy;
Sashkinw | Dreamstime.com
Umschlaggestaltung, Layout & Satz:
Vindobona Verlag
Innenabbildungen: Matthias Bank

Gedruckt in der Europäischen Union
auf umweltfreundlichem, chlor- und
säurefrei gebleichtem Papier.

All denen gewidmet,

die mit den Fragen nach

Gottes Liebe,

Gerechtigkeit,

Gericht und

Gnade

noch nicht fertig sind.

Matthias Bank
Der Gekreuzigte richtet die Welt – gibt's *dann* noch Gnade?

Die Bibelzitate – überwiegend in den Fußnoten – erfolgen auf der Basis der lizenzfreien Lutherübersetzung von 1912 mit sprachlichen Anpassungen des Autors. Ergänzende und z. T. kommentierende Worte oder Passagen sind in […] gesetzt.

Matthias Bank, Battenberg, im November 2022

matthias@masabank.de

https://www.masabank.de

Inhaltsverzeichnis

Vorwort

Es ist schon interessant, dass ich jetzt – nach fast 40 Jahren Glaubensleben und vielen Jahren in Gemeindeleitungen und Predigtdiensten – auf diese grundlegenden Fragen gestoßen werde:

- Wie passen Gericht und Strafe mit der Liebe, Gnade und Barmherzigkeit des ewig-unveränderlichen Gottes zusammen?
- Kann es sein, dass der (deutlich) größere Teil der Menschheit das von Gott angestrebte Ziel verfehlt?
- Und letztlich: Wie weit reicht die Wirksamkeit dessen, was Jesus Christus uns am Kreuz erworben hat?

Ein diffuser Vorbehalt und eine intellektuelle wie emotionale „Bremse" regten sich in mir schon immer, wenn es um die Botschaft der krassen Schwarz-Weiß-, Ja-Nein- und gerettet-verloren-Polarität nach *diesem* Leben ging.

Dieses klare „Entweder ... oder" wurde durchaus ernsthaft mit dem Hinweis vorgetragen, dass das Evangelium sowohl *Frohbotschaft* als auch *Drohbotschaft* sei. Ich habe das selbst seit 40 Jahren oft so gehört: *Du musst dich entscheiden, und zwar jetzt.*[1] Und ich muss zugeben, dass ich das z. T. selbst auch so vertreten habe – wenn auch mit dem angedeuteten Unbehagen.

---

1 Bibelstellen wie **2Kor 2,15.16** scheinen das zu bestätigen: *Wir* [Paulus und seine Mitarbeiter] *sind für Gott durch Christus ein wohlriechender Duft* [wie beim Rauchopfer im Tempel], *und der dringt gleichermaßen zu denen durch, die gerettet werden als auch zu denen, die verloren gehen. Die einen nehmen diesen Geruch* [unsere Botschaft von Christus] *jedoch als Verwesungsgestank wahr, der später auch tatsächlich zum* [ewigen] *Tod führt. Für die anderen aber ist er wie ein herrliches Parfüm, das man noch im* [ewigen] *Leben riechen kann. – Wörtlich heißt es hier: „... ein Geruch vom Tod zum Tod ... ein Geruch vom Leben zum Leben ..."*

Mit diesem Buch möchte ich den Leser[2] auf eine Expedition mitnehmen, wie ich selbst diesen Fragen immer wieder nachgegangen bin, bis ich Antworten gefunden habe, die nicht im Widerspruch zur biblischen Botschaft stehen, für mich stimmig sind und mit denen ich emotional und intellektuell redlich gut leben kann.

In Teil I mache ich den „Aufschlag" mit einer Studienarbeit aus dem Jahr 2014, als ich mich am Ende der Weiterbildung für evangelischen Religionsunterricht[3] erstmals ausgiebig mit dieser Frage auseinandergesetzt habe: *Wird ein Gott der Liebe Menschen in die Hölle schicken?* (Kapitel 1)

Ich habe hier Anfragen formuliert und Antworten angedeutet, letztlich aber vieles offen bzw. im Vagen lassen müssen.

Als ich mich über die Feiertage Karfreitag/Ostern 2021 mit den Passionstexten im Matthäusevangelium (dort Kapitel 27) beschäftigte, brachen die Fragen in mir ungeplant wieder auf: Sollte Jesus Christus für mehr als 80 %[4] der Menschen *vergeblich gestorben* sein, wenn *alles* von einer kognitiv-positiven Entscheidung des Menschen für Jesus in *diesem* Leben abhängt?

Damit war der Funke entzündet, sich diesen Fragen noch einmal neu und noch intensiver zu stellen (Kapitel 2 *Gericht und Gnade – viele Fragen*) – und insbesondere in der Bibel selbst zu forschen, was *sie* zu diesem wichtigen Thema sagt.

Ich gehe dabei davon aus, dass sich der dreieine Gott, den Christen im Glaubensbekenntnis bezeugen, den Menschen in der

---

2 Dieses Buch ist nicht gegendert, es sollen sich grundsätzlich alle Menschen angesprochen fühlen.

3 Ein regelmäßiges Angebot der Ev. Kirche in Hessen (EKKW, EKHN) und des Hessischen Kultusministeriums.

4 Das ist eine subjektiv-fiktive Schätzzahl, die aber z. B. auch von Prof. Dr. Siegfried Zimmer verwendet wird.

Bibel deutlich und verbindlich mitteilt und uns in ihr als Seinem Wort sagt, was wir wissen sollen – auch über das Ziel der *jetzigen* Menschheitsgeschichte hinaus.

In den ersten beiden Bänden dieser Jesus-Trilogie, *Jesus dreht die Welt auf links …* und *… und die Welt legt IHN aufs Kreuz*, die ein fortlaufender Kommentar durch alle chronologisch sortierten Evangelientexte sind, habe ich diese Fragen bereits in drei Anhängen aufgeworfen. Sie werden in überarbeiteter Form auch in dieses Buch aufgenommen.

In Teil II skizziere ich meine *Spurensuche*: Was sagt die Bibel selbst und was interpretieren Theologen zu diesem Thema? In diesem Zusammenhang schätze ich besonders die tiefgründigen Erklärungen in der weithin anerkannten *Wuppertaler Studienbibel* (WStB).

Wichtige Impulse habe ich durch einen Vortrag von Prof. Dr. Siegfried Zimmer[5], *Gottes Liebe und Weltgericht – wie passt das zusammen?* (Kapitel 3), und durch das Buch von Jens Kaldewey, *Großer Himmel, kleine Hölle? – wie das Gericht Gottes uns Hoffnung macht*[6] (Kapitel 9), aufgenommen. Beide Impulse skizziere ich in kurzen eigenen Zusammenfassungen. Sie bilden für die Kapitel 4 bis 8 gewissermaßen den Rahmen für die eigene Textrecherche in der Bibel.

Wie kommen wir also weiter?

Auf welche Quelle wollen wir uns stützen, wenn nicht auf die *Heilige Schrift*, die nachweislich voll ist von Prophetie und Erfüllung? Was sich noch nicht erfüllt hat, das wird sich gewiss auch noch ereignen – wir sind unterwegs zum Ziel!

---

5 Vortrag 2016 in München, https://youtu.be/lgdn5OQHhcA.

6 SCM R. Brockhaus, 2021.

Aber wir verstehen doch so vieles nicht und bisweilen scheint die Bibel sogar widersprüchlich zu sein. Ich halte es hier mit Mark Twain, der sinngemäß gesagt hat: *Bei der Bibel macht mir nicht das Kopfzerbrechen, was ich* ***nicht*** *verstehe, sondern das, was ich verstehe.*

Ich glaube, dass die Bibel vollständig von Gott – und damit meine ich JHWH bzw. Jesus Christus – inspiriertes Wort ist. Aber sie ist wie ein riesiges Puzzle – und zwar nicht 2D, sondern 3D. Jedes Puzzlestück hat seinen Platz und die verschiedenen Worte sind bisweilen nur unterschiedliche Perspektiven auf dieselbe Wahrheit.[7]

Wer sich darauf nicht einlassen mag und die Bibel für ein – bestenfalls interessantes – Menschenprodukt „wie jedes andere Buch" hält, kann *dieses* Buch getrost wieder weglegen, denn ich werde vielfach mit direkten Aussagen der Bibel[8] argumentieren.

Ich bin überzeugt, dass uns menschliche Philosophie und Spekulation nicht weiterbringen, wenn wir verlässliche Auskunft darüber bekommen wollen, wie es nach diesem Leben weitergeht.

Wer soll uns denn darüber verlässliche Auskunft geben, wenn nicht der Herr über Leben und Tod? Gehen wir doch auch in dieser Angelegenheit zum Spezialisten – so wie wir es selbstverständlich z. B. auch mit unseren PC-Macken oder gesundheitlichen Problemen tun!

---

7 Wenn wir uns ein 3D-Puzzleteil als Würfel vorstellen, hat das immerhin schon *sechs* verschiedene Seitenansichten.

8 Wenn ich Bibelverse zitiere, geschieht dies nach eigenen sprachlichen Anpassungen auf der Basis der lizenzfreien Übersetzung von Dr. Martin Luther (1912). Ergänzungen zum Textverständnis sind in [...] gekennzeichnet.

Exemplarisch habe ich zunächst im Alten Testament in den Psalmen[9] und insbesondere bei den Propheten Jesaja, Hesekiel[10] und Sacharja geforscht, was sie zu den Aspekten *Gericht*, *Gnade* und *ewigem Ziel* sagen (Kapitel 4 und 6). Nach dem Studium der Psalmen habe ich in Kapitel 5 ein Zwischenfazit gezogen.

In Kapitel 7 *Jesus – was sagst DU zum Thema?* gibt es viele Rückverweise auf die Auslegungen in den ersten beiden Bänden *Jesus dreht die Welt auf links ...* und ... *und die Welt legt IHN aufs Kreuz.* Kapitel 8 wirft einen Blick in markante Ereignisse der Apostelgeschichte. Dort werden außerdem wesentliche Aussagen aus dem Brief an die Römer und aus dem 1. Brief an die Korinther betrachtet.[11]

Nachdem ich auf diese Weise bereits viele einzelne *Fundstücke* entdeckt hatte, habe ich mich entschlossen, noch einen anderen Ansatz zu wählen:

- Wie sieht das eigentlich *vom Ziel her* aus?
- Wo will Gott mit Seiner Menschheit denn überhaupt hin?

---

9 Die Psalmen sind im Prinzip ein altes jüdisches Gebets- und Gesangbuch aus der Zeit des Königs David (um 1000 v. Chr.). Sie enthalten aber auch prophetische Aussagen zur Geschichte des Volkes Israel und des Messias.

10 Jesaja ist ein Prophet im Südreich Juda um 760 v. Chr., der vor der Verbannung ins Babylonische Exil das verirrte Volk zur Umkehr ruft.
Hesekiel (um 600 v. Chr.) lebte bereits im Exil, jedoch bevor Jerusalem und der erste Tempel 586 v. Chr. zerstört wurden.
Beide Propheten wettern gegen die Gottlosigkeit des *auserwählten* Volkes, beide haben aber auch Hoffnungsbotschaften – und die reichen mit prophetischem Weitblick bis in die letzte *irdische* Zeit, und darüber hinaus ...

11 Auf alle Briefe des NT einzugehen, führt an dieser Stelle zu weit. Evtl. wird es dazu einen weiteren Buchtitel geben.

Wer so fragt, kommt an der *Offenbarung an Johannes*[12] nicht vorbei. In Teil III dieses Buches *Vom Ziel her denken* erfolgt deshalb eine Betrachtung der letzten drei Kapitel 20–22 der Offenbarung – mit entsprechenden Rückgriffen auf das, was schon die alten Propheten gesehen oder zumindest angedeutet haben.

Wie wäre es, den eigenen Blickwinkel, die Perspektive auf Gottes Wesen, Seine Eigenschaften und Sein Wort einmal neu auf den Prüfstand zu nehmen?

Der Leser wird feststellen, dass sich manche Gedanken und Fragen in den verschiedenen Phasen wiederholen, aber auch verdichten. In der Pädagogik nennt man das *Spiralcurriculum*. Auf diese Weise nähert man sich Schritt für Schritt dem Kern der Sache, bis die Fragen Antworten finden und diese ggf. sogar zu Gewissheiten werden.

Ich habe mich – besonders in Teil III – für folgende fünf Prämissen meiner „Kameraeinstellung" entschieden:

- Gott ist *in Seinem Wesen* Liebe und deswegen grundsätzlich und in allem *gut* – auch wenn wir manches von Seinem Handeln (oder auch Zulassen) jetzt nicht verstehen (können).
- Seit dem „Sündenfall" ist Gott in einer langen Menschheitsgeschichte unbeirrbar dabei, die zerbrochene *Gemeinschaft* zu den Menschen – von Seiner Seite hier! – *wieder herzustellen*. Das deutlichste Zeichen dafür ist die Selbsthingabe in Jesus Christus am Kreuz von Golgatha – zur gewaltlosen Überwindung des Bösen.

---

12 Die übliche Bezeichnung „Offenbarung *des* Johannes" ist missverständlich, denn es handelt sich um eine Offenbarung des erhöhten Jesus Christus *an* seinen Nachfolger (Jünger) Johannes – zur Stärkung der Gemeinde in den Bedrängnissen und Verfolgungen dieser Welt.

- Mit einer souveränen Entscheidung hat Gott beschlossen, den *Anfang* Seiner Rückgewinnung der Menschheit mit Israel zu machen. Dabei hatte ER von Beginn an aber bereits alle Nationen im Blick. Das ist schon in der Zusage an Abraham zu erkennen: ... *in dir sollen alle Geschlechter auf der Erde gesegnet werden.* **(1Mo 12,3)** Gottes Handeln mit und an Israel ist deshalb immer auch eine beispielhafte Vorausschau darauf, wie Gott mit der *ganzen* Völkerwelt umgehen wird.
- Alles, was wir in dieser Welt (auch an Unverständlichem) erleben, ist immer nur *Vorletztes.* Wir haben nie die ganze Perspektive und sehen den Teppich mit seinen wirren Fäden nur von unten. Der Tod hat *nicht* das letzte Wort, es geht weiter – für alle und für jeden.[13]
- Gott will und wird Sein Ziel einer völlig *erneuerten Schöpfung* mit einer zurückgewonnenen Menschheit und einer in Herrlichkeit wieder hergestellten Gemeinschaft unter Seinem Segen erreichen – garantiert!

Zwei Klarstellungen zum Schluss dieses Vorwortes:

Ich vertrete in diesem Buch keine Allversöhnung (oder Allerlösung), nach der als Letzter am Ende sogar noch der Teufel selig wird. Zu deutlich sind die Aussagen zum Gericht über das Böse und dessen ewige Beseitigung.

Aber heißt das, dass die Gnade Gottes auf diejenigen begrenzt ist, die in *diesem* Leben eine bewusst-kognitive „Entscheidung für Jesus" getroffen haben?

---

13 C. S. Lewis hat einmal gesagt: *„Der Tod wird durch den Krieg nicht mehr."* Das heißt, *jeder* Mensch muss einmal sterben, egal wann, wo, wie und unter welchen Umständen dies geschieht – und dann steht er mit seinem kurzen oder langen Leben nackt (d. h. völlig durchsichtig und erkannt) vor seinem Schöpfergott.

Ich vertrete auch nicht die Sicht der „Hyper-Grace-Bewegung“ (vornehmlich in den USA), die meint, wir könnten uns hier alles leisten, weil Gottes Gnade sowieso schon alles geregelt hat.[14]

Wenn Sie weiterlesen, seien Sie gespannt auf manche Überraschung, denn so einfach ist das mit dem postulierten *doppelten Ausgang* (Himmel und Hölle) nicht …

14 Vgl. hierzu z. B. das Buch von Michael L. Brown *Gnade ohne Ende*, in dem er mit den Irrtümern dieser Bewegung gründlich aufräumt.

Einleitung

Eine Frage, die Christen und Nicht-Christen immer wieder bewegt ist: Wie ist das eigentlich

- mit dem Spannungsfeld zwischen der unnahbaren und unbedingt ernst zu nehmenden *Heiligkeit* Gottes,
- Seiner unerbittlichen *Gerechtigkeit*, die nichts Böses dulden kann, auf der einen Seite, und
- Seiner Bereitschaft zu *Vergebung und Gnade*, die sich für Christen besonders in der Person Jesus Christus zeigt, auf der anderen Seite?

Zumindest die Gläubigen der drei monotheistischen Weltreligionen – Juden, Christen und Muslime – stimmen darin überein, dass es einen *Schöpfer* gibt, der nach diesem Leben auch als *Richter* Bilanz zieht und ein Urteil darüber spricht, wie wir (jeder Einzelne!) das Leben hier gestaltet haben und wie unsere Beziehung zu Ihm und den Menschen (bzw. Seinen Geschöpfen insgesamt) hier bereits gewesen ist.

Im Ergebnis gibt es dann

- Gemeinschaft mit Gott, also Teilhabe am *Himmel* oder
- Gottesferne, also Verwerfung in die *Hölle*

– und zwar beides endgültig, für immer und *ewig*.

Man spricht in diesem Zusammenhang dann auch vom *doppelten Ausgang* der Weltgeschichte – und zwar individuell für jeden Einzelnen: Entweder … oder …

Das ist zumindest auch die Überzeugung vieler Christen – besonders im evangelikalen Spektrum: Man kommt ausschließlich mit einer solchen *Entscheidung für Jesus* in den Himmel; wer *die* in diesem Leben nicht aktiv trifft (oder sogar gar nicht treffen kann), ist *verloren*.

Aus und vorbei.
Es gibt keine *zweite Chance*.
Abmarsch in die Hölle.

Wer das glaubt, sagt im Prinzip: Mit der ewigen Liebe Gottes ist es dann vorbei, es wird nur noch *abgerechnet*.

Prof. Dr. Siegfried Zimmer nennt es das *große Unbehagen*, wenn nach dieser oft vertretenen Lehre des doppelten Ausgangs viele in die Hölle gelangen und nur vergleichsweise wenige in den Himmel kommen (vgl. Abschnitt 3.3).

Auch Jens Kaldewey hadert mit der Konsequenz, dass folglich auch die, die jetzt schon in diesem Leben zu den Benachteiligten und Geschundenen gehört haben, zu guter Letzt noch verworfen werden, nur weil sie ggf. noch nicht einmal von Jesus und der *Guten Nachricht* für sich verständlich gehört hatten. Wie passt das mit dem grundsätzlichen *Wesen* der Liebe Gottes zusammen? (Kapitel 9)

Ich spitze die Fragen zu diesem Spannungsfeld jetzt mal zu:

Kann man das eigentlich intellektuell redlich auf die Reihe kriegen, wenn wir

- *einerseits* Gott als ewig-gnädige Liebe glauben, feiern und loben – gestern, heute und in Ewigkeit unveränderlich derselbe, (Hebr 13,8) und
- *andererseits* Sein Wort, die *Gute Nachricht!*, so verstehen und interpretieren, dass mit dieser Liebe dem Einzelnen gegenüber nach Überschreiten der natürlichen Todeslinie definitiv und unbarmherzig Schluss ist? Und das trotz der Megainvestition Seines eigenen Lebens durch Jesus am Kreuz von Golgatha!

Wenn das richtig wäre, dass der geniale Schöpfer am Ende aller Zeiten nur weniger als 20 % Seines „Produktes Mensch“ ins Ziel gebracht hätte,
wenn folglich mehr als 80 %[15] als unbrauchbarer Ausschuss auf der ewigen Müllkippe landen würden,
wenn Sein Erzfeind Satan folglich die Schlachten durch die Geschichte – rein quantitativ – gewonnen hätte,
dann wäre Gott – nach den Maßstäben unserer Wirtschaftswelt – ein miserabler Ingenieur bzw. ein unfähiger Geschäftsführer, der seinen Betrieb trotz XXL-Investitionen in den Ruin getrieben hätte.

Und das soll gleichzeitig intelligent, vollkommen und allmächtig sein?

Im Gegenteil: *Wenn* Gott auch noch allwissend ist, für jeden Menschen und die ganze Welt einen Plan hat, dann würde man Ihm im Insolvenzprozess noch Vorsatz und Unredlichkeit – vielleicht sogar Betrug – vorwerfen.

Gott *hätte* Seine selbst gesteckten und in der Bibel weltöffentlich proklamierten Ziele grandios verfehlt und wäre als *Lebensmanager* komplett gescheitert.

Wollen wir *das* ernsthaft glauben?

Das kann doch nicht der heilig-liebende Gott der Bibel sein, der

- uns im Alten Testament als *Gesetzgeber* Seine „Gebrauchsanweisung“ für das Leben gezeigt hat,
- sich im Neuen Testament durch Jesus Christus als Gottmensch und Vater im Himmel offenbart hat und uns *Versöhnung* anbietet (2Kor 5,17–20)
- und nun durch den Heiligen Geist sogar *in uns leben* will.

---

15 Beide Zahlen sind eine fiktive Schätzung.

Es ist klar, dass wir Gottes Geheimnisse – wenn überhaupt – nur insoweit verstehen können, wie ER sie uns offenbart und mitgeteilt hat – und das auch nur unter der Leitung Seines Heiligen Geistes. Die Schriften, die wir von Ihm erhalten haben (auch wenn Menschen sie aufgeschrieben haben), dürfen und sollen wir lesen und studieren und je intensiver wir das tun, desto mehr entdecken wir die Zusammenhänge in den insgesamt 66 Teilen der Bibel bzw. in dem *einen* Buch des *einen* göttlichen Autors.[16]

Entscheidend für das *Verständnis* biblischer Texte ist auch das eigene „Gottesbild" und nicht zuletzt die eigene Biografie. Was ist die Prämisse, von der du ausgehst? Welche Grundauffassung vom Wesen Gottes hast du (gelernt)?

---

16 *„Die Bibel ist ... vollkommen einzigartig. Sie wurde von mehr als vierzig Schreibern verfasst, die sich gegenseitig nicht kannten. ... Sie schrieben das Buch in einem Zeitraum von mindestens 1500 Jahren, vielleicht noch viel mehr, ... Es ist ein großes Wunder, wie die Bibel langsam, über mehr als fünfzig Generationen, zu dem Buch wurde, das wir heute haben. Ohne irgendeinen* [menschlichen] *Plan oder Entwurf fügte sich von Jahrhundert zu Jahrhundert ein Teil zum anderen, bis die Bibel komplett war. Die Schreiber der Bibel kamen aus sehr unterschiedlichen Milieus und Kulturen. Da gab es zum Beispiel Mose, den Politiker (unterrichtet in den Weisheiten Ägyptens); Josua, den General; Salomo, den König; Amos, den Hirten; Nehemia, der am Königshof lebte; Daniel, den Staatsmann; Petrus, den Fischer; Lukas, den Arzt; Matthäus, den Zöllner; und Paulus, den Rabbiner. Sie haben an ganz verschiedenen Orten und unter ganz unterschiedlichen Umständen geschrieben. Mose schrieb in der Wüste, Jeremia in einem Kerker, David auf den Bergen und in seinem Palast, Paulus im Gefängnis, Lukas während der Reise, Johannes, als er im Exil auf der Insel Patmos lebte, andere während der Spannungen eines militärischen Feldzugs. ... Sie verfassten ihre Bücher in drei verschiedenen Weltteilen: Asien, Afrika und Europa. Sie schrieben in drei Sprachen: das Alte Testament größtenteils in der hebräischen – und kleine Teile in der (verwandten) aramäischen – Sprache, das Neue Testament war griechisch abgefasst. Und aus allen diesen verschiedenen Quellen und Zeiten entstand ein Buch."* (Glashouwer: So entstand die Bibel)

- Siehst du Gott als einen *Gott der Liebe*, dessen Opferbereitschaft, Vergebung und Gnade alles überragt?
- Siehst du in Ihm „nur“ den *lieben Gott*, den du auch schon mal mit *Ach Gottchen* verniedlichst und der am Ende schon alle Augen zudrücken und jeden in den Himmel durchwinken wird?
- Oder siehst du in Ihm vorrangig den *zornig-strafenden*, unnahbaren *Richter*, der keinen Fehler durchgehen lässt und vor dem du ständig in Angst und Furcht leben musst?

Im Weltbestseller DIE HÜTTE lässt der Autor W. P. Young Gott zu dem Protagonisten Mack Bedeutsames sagen:

„Du versuchst, die Welt, in der du lebst, zu verstehen, jedoch aus einer sehr engen und unvollständigen Perspektive. Es ist, als würdest du durch das winzige Astloch von Schmerz, Ichbezogenheit und Macht einen Festumzug beobachten und glauben, du seist auf dich allein gestellt und bedeutungslos. ... Du glaubst, Schmerz und Tod seien das ultimativ Böse und Gott sei der ultimative Betrüger oder vielleicht, im besten Fall, zutiefst unglaubwürdig. Du diktierst die Bedingungen, urteilst über Meine Handlungen und sprichst Mich schuldig. ***Der wahre, grundlegende Makel in deinem Leben ist, dass du Mich nicht für gut hältst. ... Du vertraust Mir nicht. ...***

Man kann Vertrauen ebenso wenig künstlich hervorbringen wie Demut. ... Vertrauen ist die Frucht einer Beziehung, in der du weißt, dass du geliebt wirst. ***Weil du nicht weißt, dass ICH dich liebe, kannst du Mir nicht vertrauen.“***[17]

---

17 A.a.O., S. 159, **fette** Hervorhebungen von mir.

Teil I

Mehr Fragen als Antworten

In diesem ersten Teil wird das Thema unter verschiedenen Fragestellungen eröffnet. Kapitel 2 wurde – hier nochmals leicht überarbeitet – bereits als Anhang 1 zu Band 1 veröffentlicht.

Dieser Themenaufriss gab letztlich den Anstoß, den Fragen nach Gottes Liebe, seiner Gnade und seinem Gericht noch einmal gründlicher nachzugehen – grundsätzlich orientiert an dem, was die Bibel dazu sagt.

Dies erfolgt in den Buchteilen II und III, in denen sich zunehmend Antworten herauskristallisieren, die am Ende sogar zu Gewissheiten geworden sind – für mich.

1 Wird ein Gott der Liebe Menschen in die Hölle schicken?

Kann ein liebender, gnädiger Gott Menschen richtend „in die Verdammnis“ schicken?
Kommen nur Christusgläubige in den Himmel?
Was ist mit den Menschen, die von Christus einfach nie gehört haben?

Diesem Fragenkomplex gehe ich in dieser kurzen Hausarbeit[18] nach – viele Themenbereiche können dabei nur kurz angerissen werden.

1.1 Grundsätzliche Überzeugungen

a. Es ist wichtiger, sich damit auseinanderzusetzen, wie GOTT den Menschen sieht und was ER ihm mitzuteilen hat, als dass der Mensch darüber philosophiert, wer, wie oder was Gott ist. Von Johann Christoph Blumhardt[19] ist folgende Sicht überliefert: *„Wenn ich die Herren* [Theologen] *so über Gott philosophieren höre, denke ich oft: Wenn* ***ihr*** *wüsstet, über* ***wen*** *ihr redet und* ***wen*** *ihr seziert, ihr würdet kreidebleich werden vor Schrecken. Gott lässt sich nicht mit Gedanken ausmalen, wir müssen Ihn erleben!“*

18 Dieses Kapitel wurde ursprünglich 2014 als Studienarbeit am Ende der Weiterbildung für Ev. Religionsunterricht vorgelegt, bisher nicht veröffentlicht, redaktionell überarbeitet, aber inhaltlich nicht verändert.

19 Blumhardt, dem Älteren (1805–1880); in: Werner Jäckh: *Blumhardt – Vater und Sohn und ihre Welt – Zeugnisse und Bilder*, 2. Aufl., Stuttgart: Steinkopf, 1984; S. 112.

b. Die einzig zuverlässige Quelle, wie GOTT sich den Menschen mitteilt, ist in Schrift und Wort die Bibel und insbesondere die Person Jesus Christus, der als Auferstandener auch heute durch den Heiligen Geist in der Welt wirkt. Die Bibel ist – unabhängig von ihrer mündlich-schriftlichen Überlieferung und Tradierung – das einzige Buch, in dem die Menschheitsgeschichte von Beginn an und bis zum Ende – oft durch Prophetie und Erfüllung – abgebildet ist.
   Die Religionen sind dem gegenüber lediglich Ausdruck der *Suche* des Menschen nach seinem Schöpfer. In ihnen schafft sich der Mensch „Gott nach seinem Bilde".
c. Der humanistische Lehrsatz, dass der Mensch im Kern gut sei, ist *nicht* die biblische Botschaft. Diese besagt, dass der natürliche Mensch in Trennung von seinem Schöpfer lebt. Aus sich selbst heraus kann er deshalb nicht gut sein, so dass er der Erlösung durch Jesus Christus bedarf. Dies bedeutet: Wiederherstellung der Gemeinschaft mit Gott.
d. Beim Begriff „Sünde" geht es nicht zuerst um fehlerhaftes *Verhalten*, das vor Gott nicht bestehen kann, sondern um den grundsätzlichen *Zustand* der Trennung von Gott (vgl. *sund* = trennende Meeresschlucht, wie z. B. Öresund), aus dem dann „die Sünden" (= schlechte Taten) folgen.
e. Ich unterschreibe voll und ganz das auch aktuell gültige Bekenntnis der Evangelischen Allianz von 1846/1972.[20] (vgl. Anhang A)

Ich werde deswegen im Wesentlichen in der Bibel selbst nach Antworten auf die Fragen suchen.

20 http://www.ead.de/die-allianz/basis-des-glaubens.html (am 13.01.2013). Später (2018) wurde dieses Bekenntnis neu gefasst: https://www.ead.de/ueber-uns/

1.2 Risiko und Dilemma Gottes

Als Gott sich entschloss: *Lasst Uns (!)*[21] *Menschen machen ...* (**1Mo 1,26**), und dies, nachdem ER den ersten beiden Menschen ihren Auftrag gegeben hatte, mit *Sehr gut* (V31) bewertete, war ER bereit, gleichzeitig ein hohes Risiko einzugehen. Denn der Mensch sollte ein *Bild sein, das Uns (!) gleich sei* (V26). Gott wollte ein *entscheidungsfähiges* Gegenüber, das aus freien Stücken Seine Liebe erwidern konnte, denn Marionetten können keine Liebe erwidern. Von Beginn an gibt Gott dem Menschen deshalb die Möglichkeit zu entscheiden,[22] und gleichzeitig verzweifelt Gott geradezu daran, dass die Menschen nicht erkennen, dass ER doch der einzige Schöpfer und Gott ist, während sie lieber ihren selbsterdachten Götzen nachlaufen (eindrücklich z. B. in Jes 45).

Indem Gott dem Menschen die Freiheit gab, auf Seine Liebe mit JA oder NEIN zu antworten, war prinzipiell „vorprogrammiert", dass der Mensch auch von der Möglichkeit des NEIN Gebrauch machen würde. Der Prüfstein für das Vertrauen und die Liebe des Menschen zu seinem Schöpfer war das Genussverbot vom *Baum der Erkenntnis* (**1Mo 2,17**), mit der gleichzeitigen „Ansage": Tod bei Zuwiderhandlung.

Die ersten Menschen übertraten und missachteten das (bis dahin einzige!) Gebot Gottes und ER musste Seine Ansage umsetzen: Verweis aus dem Paradies und damit Ende der sichtbaren Gemeinschaft mit dem Schöpfer. Das ist die *erste Stufe des Todes*: Die direkte (geistliche) Verbindung zum Schöpfer-Vater ist abgerissen, der Mensch ist nun autonom und auf sich selbst gestellt. Er unterliegt jedoch weiterhin dem Fortgang der schöpfungsmäßig-biologischen Funktionen und Gesetzmäßigkeiten.

---

21 Das ist ein erster Hinweis auf die Trinität, Kol 1,15ff zeigt auf, dass Jesus bereits der Schaffende war.

22 Auch dem Volk Israel wurde dies immer wieder vorgelegt, eindrucksvoll z. B. in 5Mo 30: wählt zwischen Tod und Leben!

Seitdem findet der Fortgang der Menschheitsgeschichte „auf der falschen Seite der Mauer“[23] statt – wir leben nicht mehr in unserer eigentlichen Bestimmung der paradiesisch-direkten Beziehung zum Vater. Gott zieht sich zwar nicht völlig zurück, sondern wirkt in das Menschheitsgeschehen hinein (durch Einzelpersonen, durch das Volk Israel, letztlich weltweit durch Jesus Christus), aber die Todeslinie nimmt ihren weiteren Verlauf: Es folgt – mit zeitlicher Verzögerung – der *leibliche* Tod in dieser Welt – das ist die *zweite Stufe*. Das Biologisch-Geschaffene hört auf zu existieren und kann keine Verbindung zu Gott mehr haben.

Bleibt die Frage nach der *dritten Stufe* des Todes: Bleibt der Mensch von seinem Schöpfer auch für immer und in Ewigkeit getrennt oder wird die Gemeinschaft in einem neuen Paradies wieder hergestellt – und wenn ja, für wen?

1.3 Die Liebe Gottes

Gott lässt Seine Menschen, nachdem die „erste Stufe des Todes“ (der *geistliche* Tod) eingetreten ist, nicht allein. Zwar unterliegen sie am Ende ihres irdischen Lebens nun auch der „zweiten Stufe“, aber in dieser Zeitspanne wirbt Gott fortwährend um den Menschen, und will mit Güte und Strenge (Konsequenz) die Liebe des Menschen zu seinem Schöpfer zurückgewinnen – ohne die in der Schöpfung gewollte Freiwilligkeit seiner Entscheidung außer Kraft zu setzen.

Das heißt dann aber auch: Gott nimmt JA und NEIN des Menschen gleichermaßen ernst und dieses ernst-genommen-Werden gehört zur Würde des Menschen. So sehr sich der liebende

23 Max Lucado hat dies in seiner Geschichte *Der Fall* sehr eindrucksvoll illustriert. In: *Die Kinder des großen Königs*, Brunnen Verlag Gießen, 2006, S. 22ff (vgl. Anhang B, dort von mir kurz zusammengefasst.)

Gott über das JA des Menschen freut,[24] so sehr leidet ER aber auch an seinem NEIN.

Paulus schreibt in **Röm 1,24–32** ausführlich darüber, dass Gott die Menschen durchaus in die Folgen ihrer Abkehr dahingibt – sie müssen die Konsequenzen ihrer Entscheidung tragen, wenn sie nicht umkehren wollen.[25] Dem steht dann in **Röm 4,25** und **8,32** das erlösende „Dahingegeben" Gottes gegenüber: Christus für uns *dahingegeben* in eine gottentfernte Welt.

Gott will mit jedem Menschen in eine neue *geistliche* Beziehung treten, aber ER zwingt das niemandem auf.[26] D. h. die erste, geistliche Stufe des Todes kann überwunden werden – auch wenn wir Gott noch nicht wieder von Angesicht zu Angesicht sehen. Das wird erst im Himmel der Fall sein. (z. B. **1Joh 3,2**)

Da die ersten Menschen Gott das Misstrauen aussprachen (und wir dies auch heute fortwährend in unterschiedlicher Weise tun!) und der heilige Gott daraufhin die direkte Gemeinschaft – wie angekündigt – beenden musste, müssen wir es nun auch diesem heiligen Gott überlassen, wie ER in Seiner Liebe und Souveränität eine Möglichkeit für Vergebung und Versöhnung schafft. (**2Kor 5,19**)

Sein Weg da hin ist einzigartig, bedurfte im Volk Israel einer langen Vorbereitung und kann keinem Menschenhirn entsprungen sein: Der VATER reißt den SOHN aus der vollkommenen internen Liebeseinheit der Trinität heraus, kommt in Seinem SOHN

---

24 Bei jeder Heimkehr eines Menschen findet deshalb im Himmel ein Fest statt! (Lk 15,10)

25 Paulus gibt in Röm 3,9ff etliche Psalmzitate als Beleg an.

26 Auch dem „reichen Jüngling" (Mt 19,16ff) ist Jesus nicht nachgelaufen, als dieser *betrübt von ihm wegging*. Vgl. dazu in Band 2 die Abschnitte 236 *Armer Reicher* und 237 *Falsche Frage*!

persönlich in Seine Schöpfung, um dort verkannt und verworfen zu werden. (**Joh 1,10.11**)

Indem ER am Kreuz von Golgatha selbst *zur Sünde gemacht wird* (**2Kor 5,21**), geht Gott im Tod Seines Sohnes in die Trennung von sich selbst – verstehen wir das? Die Dreieinigkeit war gesprengt, zerstört, der SOHN vom VATER dahingegeben, wohin ER nicht gehört: in den TOD, die Trennung von Gott-Vater. Aber billiger ging es für den heiligen Gott offenbar nicht!

Durch diese Trennung vom VATER bezahlt Jesus Christus den *Sold der Sünde* (also das, was die Sünde verdient hat, **Röm 6,23**) und überwindet von Seiner (!) Seite die Trennung vom Menschen. Umgekehrt ist es dem Menschen eben *nicht* möglich, die Trennung von Gott (in den Religionen) nach eigenen Vorstellungen zu überwinden.

Natürlich konnte der Gott-Sohn nicht in der Trennung vom Gott-Vater und außerhalb der Trinität *bleiben* – das Zeugnis davon ist die Auferstehung Jesu und Seine Rückkehr in die Welt des Vaters (Himmelfahrt).

Aber, wem gilt das nun, dass *der Lohn für die Sünde* durch Jesus mit Seinem Leben bezahlt ist?

1.4 Schuld des Menschen und Zorn Gottes

Das biblische Urteil über den Menschen in seiner Trennung von Gott ist eindeutig – und widerspricht dem humanistischen Ideal vom guten Kern im Menschen grundsätzlich und fundamental: böses Herz von Jugend auf, kein Gerechter, alle abgefallen und untüchtig, trotziges und verzagtes Herz, …[27]

---

27 Eine lange Textstellensammlung findet sich z. B. bei Werner Gitt: *Und die anderen Religionen*, CLV, 5. Aufl. 1995, S. 51ff.

Beispielhaft zitiert:

Nahum 1,3: *Vor dem Herrn ist niemand unschuldig.*
Röm 3,23: *… sie sind allesamt Sünder und man erkennt nichts mehr von der Herrlichkeit, die sie bei Gott haben sollten.*

Anders gesagt: Wir, die wir Ebenbild und Gegenüber Gottes sein sollten, passen auf unserem selbst gewählten Weg der Autonomie nicht mehr zu diesem heiligen Gott. Und dies gilt ausnahmslos für alle Menschen zu allen Zeiten: Mit Menschen in Gleichgültigkeit oder sogar Rebellion gegen IHN kann und will GOTT keine Gemeinschaft haben.

Die Liebe Gottes kann sich deshalb sogar in den **Zorn Gottes** umkehren. Die Bibel bezeugt in nahezu jedem Buch von 1. Mose bis Offenbarung den zornigen Gott. Warum?

Nur beispielhaft **Jes 5,24b.25a:** *Denn sie verachten das Gesetz des HERRN Zebaoth und lästern über die Rede des Heiligen in Israel.* ***Darum*** *ist der* ***Zorn des HERRN*** *über Sein Volk entbrannt.*

Röm 1,18: *Denn* ***Gottes Zorn*** *wird vom Himmel her über alles gottlose Wesen offenbart und über die Ungerechtigkeit der Menschen, die die Wahrheit in Ungerechtigkeit unterdrücken.*

Nach Gottes Ratschluss gibt es nur *eine* Lösung, dem Zorn Gottes zu entkommen, **Röm 5,8.9:** *Darum zeigt Gott Seine Liebe zu uns dadurch, dass Christus für uns gestorben ist, als wir noch Sünder waren. Deshalb werden wir ja umso mehr* [bzw. erst recht] *durch Jesus* ***vor dem Zorn Gottes bewahrt*** *werden, nachdem wir bereits durch Sein Blut gerecht geworden sind.*

Anders herum in **Joh 3,36:** *Wer an den Sohn glaubt, der hat das ewige Leben. Wer dem Sohn nicht glaubt, der wird das Leben nicht sehen, sondern* ***der Zorn Gottes bleibt über ihm.***

Nur am Kreuz Jesu trifft uns der Zorn Gottes nicht mehr. Dies ist ein von Gott gesetztes Faktum, demgegenüber es völlig unerheblich ist, was die meisten Menschen für richtig oder falsch halten.

1.5 Ist Gott gerecht?

Was heißt überhaupt *Gerechtigkeit Gottes*? Martin Luther hat im Römerbrief[28] wiederentdeckt, dass nur Gott selbst uns „gerecht" (d.h. für Ihn richtig, zu Ihm passend) machen kann (justitia passiva). Die Gerechtigkeit Gottes ist insofern in erster Linie ein *Verhältnis- bzw. Beziehungsbegriff*, keine abstrakte Norm einer Sittlichkeit.[29] Die einzige Grundlage dafür ist die Versöhnung, die ER selbst durch Jesus Christus gewirkt hat.[30] Unsere – vermeintlich – guten Werke, bei denen wir nie wirklich wissen, ob „es am Ende reicht", vermögen es grundsätzlich nicht, uns bei Gott „angenehm" zu machen oder Ihn zu beeindrucken.

Die Gerechtigkeit Gottes ist also gerade nicht, dass jeder bekommt, was ihm zusteht,[31] was er sich – vermeintlich – erworben hat; dann stände es nach den Maßstäben des heiligen Gottes schlecht um uns Menschen. Wer wollte behaupten, dass er vor dem Angesicht dieses heiligen Gottes durch eigene Werke und Unterlassungen bestehen kann?

---

28 Insbesondere Röm 1,16.17; 3,21–28; 8,31–39; auch Gal 3,11; im AT z. B. Hab 2,4.

29 Fritz Rienecker: *Lexikon zur Bibel*, Wuppertal, Brockhaus, 7. Auflage der Volksausgabe, 1980.

30 **1Kor 3,11:** *Einen anderen Grund kann niemand legen, außer dem, der gelegt ist: Jesus Christus.*

31 In freier Souveränität gibt Gott sogar dem letzten Tagelöhner für eine Stunde Arbeit am Ende des Tages noch den vollen Lohn (Mt 20,14f). Vgl. dazu in Band 2 … *und die Welt legt Ihn aufs Kreuz* die Abschnitte 240–243.

In Gnade und Barmherzigkeit macht Gott uns aber das Angebot eines Geschenkes, unabhängig von unseren Taten und unserer (verkorksten?) Lebensgeschichte, mit Ihm einen neuen Anfang zu machen, weil ER durch die Tat Jesu bereit ist zu vergeben. *Jesus hat den Schuldbrief, der gegen uns ausgestellt war, zerrissen und ans Kreuz geheftet.* (**Kol 2,14**) Dies dürfen wir im Glauben annehmen und dann in einer erneuerten Beziehung mit Gott unser Leben neu ausrichten und gestalten.

Das, was wir dann vielleicht für gute Taten halten, ist eine dankbare Antwort auf die Erlösung, die uns Gott durch Christus zugeeignet hat. Sie machen uns vor Gott aber um keinen Deut besser. Das Werk Jesu bedarf keinerlei Ergänzung durch den Menschen.[32]

1.6 Führen viele Wege zurück zu Gott?

Es ist kaum zu bestreiten: Uns Menschen ist eine Ahnung von Gott ins Herz gegeben und Paulus sagt sehr deutlich, dass allein die Schöpfung genug Zeugnis von Ihm gibt, so dass *niemand eine Entschuldigung hat* (**Röm 1,19–23**). Wie viele (Bürger-) Kriege wurden schon wegen unterschiedlicher religiöser Überzeugungen geführt!

Es ist von daher nicht verwunderlich, dass der Mensch sich dann auch *seine* Gedanken darüber macht, wie denn dieser geahnte Gott sei. Davon geben alle Religionen Zeugnis: Der Mensch schafft sich Gott nach seinem Bilde, so wie er sich ihn vorstellt, wie er in sein Weltbild passt und seinen Vorstellungen entspricht.

---

32 Dies wird insbesondere im gesamten Hebräerbrief entfaltet, z. B. Hebr 9,26–28; 10,10.

Entscheidend ist jedoch, ob und wie sich Gott *selbst* mitteilt und offenbart. Wenn Gott sich *nicht* offenbart, bleiben wir bei unseren Spekulationen und haben keine Chance, etwas wirklich Gültiges von Ihm zu wissen. ER hat es aber getan: in Seinem Wort der Bibel und besonders in der Person Jesus Christus.

Jesus selbst sagt mit geradliniger Ausschließlichkeit: *ICH BIN der Weg, die Wahrheit und das Leben, niemand kommt zum Vater, als nur durch Mich.* (**Joh 14,6**)[33] Dann gibt es also *keinen* anderen Weg, als den über Jesus Christus, der durch Seine Hingabe in den Tod am Kreuz die Versöhnung mit Gott bewirkt hat.

Dies ist in unserer pluralistischen Sichtweise zwar höchst ärgerlich, aber das sagt der, der von sich selbst als Menschensohn[34] spricht und sich z. B. in den sieben ICH-BIN-Worten des Johannesevangeliums[35] vor Seinem Volk als identisch mit JHWH zu erkennen gibt. **Joh 10,30:** *ICH und der Vater sind eins.*

1.7 Für wen wird das Erlösungswerk Jesu gültig?

Wenn es nach dem Willen und der Weisheit Gottes keinen anderen Weg zurück in die Gemeinschaft mit Ihm gibt als über das Opfer Jesu (**Joh 14,6**), bleibt die Frage, wem die Gültigkeit dieses Versöhnungswerkes zugerechnet, für wen es wirksam wird.

---

33 Andere Stellen bezeugen dies ebenfalls, z. B. Jes 43,11; Joh 3,36; Apg 4,12; 1Joh 5,12; 1Kor 3,11.

34 Nach Dan 7,13 ist das ein Messiastitel, der in der Offenbarung an Johannes auch für den erhöhten Herrn verwendet wird.

35 Joh 6,35 (das Lebensbrot); 8,12 (das Licht der Welt); 10,7 (die Tür); 10,11 (der gute Hirte); 11,26 (die Auferstehung); 14,6 (Weg, Wahrheit, Leben); 15,1 (der wahre Weinstock).

Hier sind mindestens zu unterscheiden:

a. Menschen, die das **Evangelium** der rechtfertigenden Gnade in Jesus für sich persönlich **angenommen** haben. Sie haben durch Bekehrung und Wiedergeburt eine neue geistliche Beziehung mit Gott begonnen, die in Ewigkeit fortgesetzt wird.
Wir müssen alle vor dem Richterstuhl Christi offenbar werden, damit jeder demgemäß empfängt, wie er zu Lebzeiten ***gehandelt*** *hat, es sei gut oder böse.* (**2Kor 5,10**)
Damit ist nicht einer Werkgerechtigkeit das Wort geredet, sondern dies gilt zunächst einmal für die, die das Evangelium angenommen haben. Auch jeder Christ wird sich für sein Leben verantworten müssen und das Urteil hören, ob er Gold und Silber oder Heu und Stroh auf dem Boden der Erlösung gebaut hat. (**1Kor 3,11–15**) Hier geht es aber nicht um Ewigkeit mit oder ohne Gott, das ist durch die Annahme Jesu grundsätzlich entschieden.
b. Menschen, die **zeitlich vor Jesus** im Glauben an JHWH **gelebt** haben. Wir können davon ausgehen, dass ihnen die von Jesus erworbene Gerechtigkeit zugerechnet wird.[36, 37] Überhaupt vermögen wir nicht zu ermessen, wie sich unser zeitlich-räumliches Geschehen im Hier und Jetzt in Ewigkeit zueinander und zur ewigen Welt Gottes ordnen wird.
c. Menschen, die das **Evangelium gehört, aber nicht angenommen**, oder sich von Christus wieder bewusst abgewandt haben. Gott wird die Entscheidung dieser Menschen ernst nehmen: Wer jetzt keine Gemeinschaft mit Ihm haben *will*, obwohl Gott um ihn geworben hat und ihm nachgegangen ist, der wird sie auch in Ewigkeit nicht haben. Diese Menschen bleiben im Zustand der (geistlichen) Trennung von

36 Indiz dafür ist z. B., dass Mose und Elia Jesus auf dem Berg der Verklärung von Ewigkeit her aus der Welt Gottes begegnet sind. (z. B. Mt 17,1ff)

37 Ein starker Hinweis ist z. B. auch **Röm 3,25b.26a:** *Gott hat die Sünden vergangener Zeiten in göttlicher Geduld getragen, um nun zu diesen Zeiten seine Gerechtigkeit zu erweisen.*

Gott, indem sie bei ihrer Geburt auf die Welt kamen. Es geht hier nicht um *einzelne* Verfehlungen (Sünden), sondern darum, dass zu Lebzeiten keine Beziehung mit Gott gesucht, gewollt und gelebt wurde. Wir müssen davon ausgehen, dass die biblischen Aussagen über eine Ewigkeit ohne Gott (Hölle) jedenfalls für diese Menschen gelten werden – ohne dass es noch eine nachträgliche Korrekturmöglichkeit gibt.[38, 39] Die Bibel hat viele klare Aussagen, wer keinen Platz in der Ewigkeit mit Gott haben wird.[40]

d. Menschen aller Zeiten, die **nie von JHWH oder Jesus gehört** haben, die von daher keine Chance hatten, sich Ihm bewusst zuzuwenden. Der nicht-erlöste Mensch bleibt hier in Raum und Zeit zwar grundsätzlich „auf der falschen Seite" und fern von Gott, d. h. ohne eine geistliche Wiedergeburt, ohne den Beginn einer echten Gottesbeziehung, also im geistlichen Tod. Aber wem von diesen „Ahnungslosen" wird Gott das Werk Jesu noch nach dem (biologischen) Tod zurechnen und ihn dadurch vor der ewigen Trennung von Ihm bewahren? Hierüber sagt die Bibel wenig, d. h. wir müssen es nach Gottes Ratschluss auch nicht genauer wissen. Grundsätzlich können wir darauf vertrauen, dass Gott auch hierfür eine angemessene, gerechte Lösung hat, die ER uns aber nicht im Einzelnen mitteilt.[39]

38 Vgl. z. B. Reicher Mann und armer Lazarus (Lk 16,20); **Hebr 9,27:** *Es ist für den Menschen festgesetzt, einmal zu sterben, danach aber das Gericht.*

39 Hier ergeben sich im Fortgang der Erkenntnisse dieses Buches noch differenziertere Einsichten.

40 Im NT z. B. 1Kor 6,9.10; Gal 5,19–21; 2Petr 2; Offb 21,8.27, 22,15.

1.8 Nichts von Christus gewusst – Pech gehabt?

Dem letzten Abschnitt (1.7d) soll noch etwas nachgegangen werden, ohne über die Schrift hinaus zu spekulieren. Grundsätzlich gilt zwar, dass Gott *will, dass allen Menschen geholfen wird und sie zur Erkenntnis der Wahrheit*[41] *kommen* (**1Tim 2,4**). Aufgrund des o. g. Dilemmas Gottes und der Entscheidungsfreiheit des Menschen, ist es aber kein Automatismus, dass der Wille Gottes auch wirklich immer und überall geschieht. Im Gegenteil: Dies ist in unserer Welt offensichtlich nicht der Fall.[42]

Es ist schwer vorstellbar, dass der liebende und gerechte Gott generell den Zutritt in den Himmel verwehrt, nur weil jemand leider zur falschen Zeit im falschen Land gelebt hat. Es gibt **in der Schrift Hinweise**, dass Gott in Seiner Gnade und Gerechtigkeit auch noch Menschen die Tür in eine Ewigkeit mit Ihm öffnet, die hier nicht die Möglichkeit hatten, Jesus kennenzulernen und anzunehmen, z. B.:

Mt 10,40–42: Wer einen Jünger Jesu oder einen Propheten aufnimmt und ihm nur einen Becher mit kaltem Wasser gibt, weil er ein Nachfolger Gottes ist, „*wahrlich ICH sage euch: Es wird ihm* ***nicht unbelohnt*** *bleiben.*" Eine Belohnung in der Hölle macht offensichtlich keinen Sinn.

Mt 25,31–46: Im Weltgericht über die Völker wird offenbar werden, dass Menschen barmherzig gehandelt haben, obwohl sie

41 Gemeint ist hier vorrangig die Wahrheit über die grundsätzliche Trennung von Gott, die Erlösungsbedürftigkeit des Menschen und das versöhnende Werk Jesu Christi oder auch: die Wahrheit ist Jesus Christus. (Joh 14,6)

42 Wir bräuchten sonst im *Vater Unser* ja auch nicht nach Jesu Anleitung ständig darum zu bitten: *Dein Wille geschehe, wie im Himmel so auf der Erde.*

Jesus nicht im Fremdling, Obdachlosen, Gefangenen oder Kranken erkannt haben. **V34:** *Kommt her, ihr Gesegneten Meines Vaters,* ***ererbt das Reich,*** *das für euch seit Anbeginn der Welt vorbereitet ist. […]* **V40:** *Und der König wird ihnen antworten: „Wahrlich ICH sage euch: Was ihr einem unter diesen Meinen geringsten Brüdern getan habt, das habt ihr Mir getan. […]“* **V46b:** *… die Gerechten werden* ***in das ewige Leben gehen.***[43]

Röm 2,14–16: *Denn wenn die* ***Heiden,*** *die das Gesetz*[44] *nicht haben, doch* ***von Natur aus entsprechend handeln,*** *so sind sie, obwohl sie das Gesetz* [des Mose] *nicht haben, sich selbst ein Gesetz* [d.h. sie haben es in sich]*; damit beweisen sie, dass das, was das Gesetz vorschreibt,* ***in ihrem Herzen geschrieben*** *ist, da ja ihr Gewissen es ihnen bezeugt, dazu auch die Gedanken, die sich untereinander verklagen oder auch entschuldigen, an dem Tag, da* ***Gott das Verborgene der Menschen durch Jesus Christus richten wird …***

1Sam 16,7: *Aber der HERR sprach zu Samuel: „Sieh nicht sein Aussehen und seine beeindruckende Körpergröße an; ICH habe Saul verworfen. Denn der HERR sieht nicht auf das, worauf ein Mensch achtet. Ein Mensch sieht, was vor Augen ist;* ***der HERR aber sieht das Herz an.“***

Lk 6,45: *Ein guter Mensch bringt aus dem* ***guten Schatz seines Herzens*** *Gutes hervor; und ein böser Mensch bringt aus dem bösen Schatz seines Herzens Böses hervor.*[45]

---

43 Das Gegenstück in V41–46a spricht aber auch klar von Verfluchten, ewigem Feuer und ewiger Pein, weil sie die barmherzigen Taten unterlassen haben.

44 Gemeint ist das Gesetz (die Gebote bzw. Weisungen), das (die) Gott durch Mose dem Volk Israel gegeben hat.

45 Hier bleibt allerdings die Frage, ob in einem unerlösten, gottentfernten Herzen überhaupt ein *guter Schatz* sein kann.

Ps 14,2: *Der Herr schaut vom Himmel auf die Menschenkinder, damit **ER sieht, ob jemand klug sei und nach Gott fragt**.* Die Augen Gottes gehen ständig über den Erdkreis, ob ER jemanden entdeckt, der sich nach Ihm ausstreckt.[46] Hier kann Gott auch völlig unkonventionell und ohne missionarisches Tun von Menschen wirken. Gott will zwar, dass Seine Erlösten die Ausbreitung des Evangeliums betreiben, aber ER selbst ist sicherlich nicht darauf eingeschränkt, dass das *nur* so geht.

Gerade aus der muslimischen Welt wird immer wieder bezeugt, dass Menschen, die ehrlich fragen, ob Jesus Gott ist, in Träumen eine Begegnung mit Christus haben und dadurch ohne menschliches Zutun zu Klarheit und Umkehr gelangen.

Ich persönlich kann dies auch bezeugen: Bevor mir Menschen den Weg zu Jesus konkret gezeigt haben, hat Gott durch Seinen Geist – ohne Zutun von Menschen – in mein Leben eingegriffen. Als ich existentiell die Frage stellte, warum und wozu ich auf diesem Globus herumlaufe, sprach Gott zu mir: *Wenn du die Bibel weiterhin aus deinem Leben ausklammerst, wirst du darauf keine Antwort finden.* ER hat mein Suchen und Fragen gesehen.

1.9 Resümee

Wir müssen uns nicht den „Kopf Gottes" zerbrechen, was aus den Menschen wird, die das Evangelium nicht gekannt haben, sondern wir sollen den Auftrag Jesu ausführen, das Evangelium bekannt zu machen und die Menschen zu einer Rückkehr in die Gemeinschaft mit Gott einzuladen.

Sollen wir evangelisieren? Na klar! Das ist unser Auftrag. Davon ist unbenommen, dass Gott auch andere Wege hat, sich einem

46 Vgl. auch 2Chr 16,9, Ps 66,7 und Spr 15,3.

Menschen zu offenbaren, z. B. durch Träume oder direkte persönliche Geistwirkungen. Das muss ER uns aber nicht mitteilen!

Wissen wir, wie sich Raum-Zeit und Ewigkeit, unsere sichtbare Welt hier und die unsichtbare Welt Gottes dort (mit ihren jeweiligen Gesetzen) zueinander verhalten?

Was Christus in Raum und Zeit vor fast 2000 Jahren als Erlösung vollbracht hat, kann von Gott aus dem Blick der Ewigkeit durchaus für Menschen aller Zeiten und aller Nationen gültig gemacht werden, wenn sie sich im Hier und Jetzt zu ihrer Zeit JHWH/Jesus anvertraut haben oder sich zumindest ernsthaft und mit ehrlichem Herzen nach einer echten Gottesbeziehung ausgestreckt haben.

Der Missionar G. D. Ladds vertrat dazu ebenfalls folgende Auffassung: „*Nein, wir schlagen die Tür nicht gewaltsam vor jenen Millionen zu, die den Namen Jesu nie gehört haben … Wir betonen aber, dass nur das Kreuz und die Auferstehung uns zu retten vermögen. Wir betonen ferner, dass die nichtchristlichen Religionen jeder rettenden Wahrheit entbehren. Es können jedoch Menschenherzen* [gerettet werden],[47] *die die Frohe Botschaft nie vernahmen, sich nach Gott ausgestreckt, nach dem ewigen Leben getrachtet haben.*“

Dass Gott die Gültigkeit des Opfers Jesu solchen Menschen zueignen kann, widerspricht nicht dem Faktum, dass Jesus der einzige Weg zu Gott ist. Gott sieht das Herz und das Verlangen nach einer Beziehung mit Ihm an[48] – das wird dem nicht zum

47 Fehlerhaft bzw. unvollständig zitiert bei W. Gitt, a.a.O, S. 112; dort zitiert nach J. O. Sanders, *Und die Menschen ohne Evangelium*, Brunnen Verlag GmbH, Gießen und Basel (ÜMG), Zürich, 2. Aufl. 1978, S. 87.

48 So blieb auch König David trotz seiner dramatischen Verfehlungen (Ehebruch und Auftragsmord) mit seiner Bußfertigkeit und Gottesnähe ein „Mann nach dem Herzen Gottes“.

Verhängnis werden, der nur den richtigen Adressaten seines Verlangens nicht kannte.

Wer sich dem Werben Gottes jedoch beharrlich widersetzt hat, oder gleichgültig daran vorbeigegangen ist, der wird auch in Ewigkeit von Gott getrennt bleiben. Gott nimmt die Entscheidung des Menschen, sein NEIN zur Gemeinschaft und Lebensführung mit Gott, durchaus ernst. Die Bibel bezeugt keine zweite Chance nach dem Tod für die, die sich hier nicht für Jesus entscheiden *wollten*.[49]

Tut Buße, also: Kehrt um!, das ist die Rückrufaktion Gottes von Anfang an und durchzieht die ganze Bibel. Das griechische *metanoia* meint dabei einen grundlegenden Sinneswandel mit einer Neuausrichtung auf Gott. Buße und Bekehrung, das sind bewusste *Abkehr* von den bisherigen Wegen ohne Gott und dann eine *Hinkehr* zu einem Leben unter Gottes Führung.

Ernst Modersohn sagt dazu: *„Auch die beste Erziehung, auch die frömmste Veranlagung macht eine Bekehrung nicht überflüssig. Jeder Mensch muss sich einmal bekehren, d. h. sein Herz und Leben bestimmt und entschieden dem Herrn geben."*[50]

---

49 Dies wird im Fortgang des Buches noch differenzierter gesehen und mein Gesamtergebnis wird ein anderes sein.

50 Zitiert bei Gitt, a.a.O, S. 79.

2 Gericht und Gnade – viele Fragen[51]

Nachfolgende Gedanken sind bei intensiver Beschäftigung mit den Passionstexten im Matthäusevangelium (Kapitel 27) im Wesentlichen über die Feiertage Karfreitag/Ostern 2021 „aus der Feder geflossen" – nachdem mich das Thema schon länger bzw. immer wieder beschäftigt hat. Ich habe die Gedanken im Laufe des Jahres 2022 mehrfach überarbeitet und biete sie hier als mein „Stückwerk an Erkenntnis" zum Weiterdenken an.

Zunächst ein Gleichnis – das Jesus so *nicht* erzählt hat!

> Es war ein Geschäftsführer, der verkündete bei seiner Bewerbung: Ich steigere die Effektivität der Produktion auf 100 %, es gibt zukünftig keinen Ausschuss mehr. So wurde er eingestellt und man ließ ihn arbeiten.
>
> Nach einiger Zeit wurde Bilanz gezogen und es stellte sich heraus, dass der Betrieb 80 % Ausschuss produziert hatte und vor der Pleite stand.
>
> Da wurde der nichtsnutzige Geschäftsführer als unfähiger Prahlhans entlassen.

51 Dieses Kapitel wurde 2022 bereits in meinem Buch *Jesus dreht die Welt auf links …*, Band 1, Vindobona-Verlag Frankfurt/Wien, als Anhang 1 veröffentlicht. Es wurde für diesen Band 3 nochmals überarbeitet.

2.1 Dein Wille geschehe

Zum Geschehen in Gethsemane[52] endet mein Tagebucheintrag:

Jesus kämpft sich dreimal zu dem „nicht Mein Wille, sondern Deiner, Vater, soll geschehen“ durch. ER wird nun nach dem alttestamentlichen Vorbild (3Mo 16) zum Sündenbock gemacht und mit der Schuld der Welt beladen. Insbesondere Jesaja 53 hatte dies prophetisch bereits deutlich vorausgesagt.

Die Konsequenz:

1. Ohne dass sie den Zusammenhang erkennen, treiben die Pharisäer und Schriftgelehrten Jesus – wie am großen Versöhnungstag den Sündenbock – mit der Schuld der Menschheit beladen aus ihrer Gemeinschaft und auf die Müllkippe Golgatha vor die Stadt.
2. Wegen der Schuld, die auf Jesus liegt, muss nun auch Gott-Vater Seinem Sohn, dem Lamm Gottes, die Gemeinschaft entziehen: Jesus muss da hin, wo wir sind – in die Trennung von Gott. Gott wird sich selbst fremd, aber nur so kann Jesus uns den Weg zurück zum Vater öffnen.

Es scheint so, dass Gott Seinen Sohn genau deswegen *gezeugt* und zusammen mit dem Geist die Dreieinheit gebildet hat, damit diese Gott-Sohn-Person aus der Dreieinheit perfekter Liebe heraustreten kann bzw. herausgerissen werden *muss*, um eine verirrte Menschheit aus der Gottferne zurückzuholen.

52 Mt 27,36–46: Vgl. dazu meine Gedanken in Band 2 des Buches ... *und die Welt legt Ihn aufs Kreuz*, Abschnitt 305 *Gott hat Angst*.

2.2 Geschieht Gottes Wille?

Ohne dass ich es geplant hätte, schließen sich daran weitreichende Gedanken an. Sie bedürfen weiterhin gründlicher Überprüfung – aber sind sie so abwegig?

2.2.1 Wie weit reicht die Gnade?

Wenn Gott durch Paulus und Petrus sagt, dass ER will, dass allen Menschen geholfen wird und sie zur Erkenntnis der Wahrheit kommen sollen (1Tim 2,4; 2Petr 3,9): Was heißt das dann, wenn der *größere Teil* der Menschheit trotzdem „verloren" ginge, weil er Jesus in *diesem* Leben nicht als Christus erkannt und angenommen hat? – So wie es evangelikal oft verkündigt wird.

> In **Jes 46,10** sagt Gott außerdem: *ICH verkündige vorher, was später geschehen soll, und sage es schon viel früher voraus, ehe es tatsächlich geschieht, und sage:* ***ICH tue auch alles, was ICH MIR vorgenommen habe.***

Hieße das dann nicht, dass Sein Wille trotz Seiner Allmacht und dem ständigen Bitten der Gemeinde (besonders im Vater Unser: *Dein Wille geschehe*) eben *nicht* geschehen wäre? Das wäre ja so, als ob der Allmächtige am Ende sagen müsste: *Sorry, ICH hab's nicht hingekriegt. Jesus ist zwar für alle gestorben, aber den meisten hat es leider nichts genützt.*

Was ist denn das Gericht über Tod und Leben und über die Werke?

Könnte es sein, dass – wenn vor Gott alles offenbar wird, wenn die Bücher aufgetan werden – wir alles, was schlecht war, was wir anderen in diesem Leben angetan haben, selbst noch einmal – quasi als Opfer – durchleben und durchleiden müssen? Und zwar so oft und so lange, bis wir geläutert und zur Erkenntnis der Wahrheit gekommen sind, bis wir ehrlich unseren Schöpfer anerkennen und die angebotene Vergebung und Gnade endlich annehmen?

Dann hätte die Gnade Gottes tatsächlich triumphiert – aber nicht an unserer Selbsterkenntnis und Buße vorbei! Dann wäre am Ende tatsächlich *Gott alles in allem* (**1Kor 15,28!**; Eph 1,23; Kol 1,17). Jesus wäre für niemanden vergeblich gestorben und der Wille des Allmächtigen wäre umfassend geschehen.

In dieser „Hölle der Vergangenheitsbewältigung" würde Gott auch den „Hartgesottensten weichkochen", bis er seinen Widerstand gegen Ihn aufgibt und seine Knie vor dem Herrn aller Herren, Jesus Christus, beugt – nicht gezwungen, sondern in dankbarer Anbetung. „Die Hölle" wäre es auch deswegen, weil der Gottlose nicht weiß oder glaubt, dass am Ende immer noch ein gnädiger Gott steht, dessen *Wesen* durch und durch Liebe ist.

2.2.2 Allerlösung?

Gegen diesen Gedanken einer allzu weitreichenden „Allversöhnung" (oder besser „Allerlösung") sprechen zunächst einmal die markanten Stellen in der **Offenbarung des Johannes**, 14,10.11; 19,20; 20,10.14.15; 21,8.27. Der Feuersee und der zweite Tod am Ende aller Gerichte scheint dann doch eine Endstation jenseits der Gottesgemeinschaft zu sein.

Aber wer befindet sich dort? Der Satan, der Antichristus und sein Prophet und die, die nicht Jesus, sondern den Antichristus angebetet haben, der Tod selbst, das Totenreich (der Hades).

Letztlich kommen in diese *Hölle* der Abwesenheit von Gott alle die, die nicht im *Buch des Lebens* eingetragen sind. (Offb 13,8; 17,8; 20,12.15; 21,27; 22,19) Aber wie kommt man in dieses so entscheidende Buch hinein, oder wird daraus wieder gestrichen? (Ps 69,29; Offb 3,5)[53]

Wohl dem, der *jetzt schon* – zumindest große Teile seines Lebens im Angesicht des Kreuzes Jesu – seine Vergangenheit durch Vergebung und Gnade geordnet hat. Darüber muss Gott *dann* nicht mehr richten. Freispruch!

Dieser ungewöhnliche Quergedanke – dass Gottes Gnade weiter reicht, als bis zum Ende dieses Lebens – steht überhaupt nicht im Widerspruch dazu, dass wir *einmal* sterben müssen (Hebr 9,27), das heißt: diese Welt mit dem Tod verlassen.

Danach kommt das Gericht, daran lässt auch Jesus keinen Zweifel (Mt 25,31ff) – aber mit welchem Ergebnis? Es gibt nach biblischem Zeugnis keine fortwährende Wiederkehr in *dieses* Leben, wie sie z. B. die fernöstlichen Religionen lehren.

2.2.3 Gericht und Hölle?

Wird der barmherzige Gott, dessen Güte, Gnade, Geduld und Gerechtigkeit wir und schon die Psalmisten (Ps 103,8!) rühmen, dann nur einen langen Lasterkatalog an Verfehlungen vorlesen? Und das mit dem Urteil: Das war's. Für dich ist Mein Sohn Jesus vergeblich gestorben. Schade, aber weg mit dir!
Sollte der geniale Schöpfergott am Ende Seinem Erzfeind Satan so den größeren Teil der Menschheit als Beute in den Rachen werfen und nur mit dem „Rest" in Ewigkeit feiern?

Auch in unserer irdischen Gerichtsbarkeit gibt es im Urteil Abstufungen zwischen Freispruch und Todesurteil: Bewährungsstrafe zum Beispiel, ggf. unter Auflagen. Die Verfehlung wird

---

53 Vgl. dazu die Abschnitte 2.3.5 und 12.4.

dabei nicht klein geredet, der Schaden des Opfers anerkannt und der Täter hat die Chance zu Gesinnungswandel und Besserung – mit dem Ziel der Wiedereingliederung in die Gesellschaft.

Wäre das nicht auch für Gott eine Option Seines richtenden Handelns über den Tod hinaus? Oder gehen wir letztlich hier miteinander barmherziger um als der ewig-liebende Gott in der „Endabrechnung“? Gott ist doch immer unbestechlich-gerecht *und* liebend-gnädig zugleich.

Wenn dieser Ansatz nicht völlig abwegig ist, könnten wir diesen Gott,

- der sich in Gnade, Geduld und Barmherzigkeit quer durch die Bibel offenbart,
- der sich um unseretwillen in Jesus erniedrigt und
- all Seine Macht und Herrlichkeit aufgegeben und
- deswegen den Himmel verlassen hat (Phil 2,5ff),

sehr viel problemloser zusammendenken mit dem richtenden Gott, der uns auch *im* Gerichtsprozess noch eine Chance auf ehrliche Umkehr lässt, wenn wir sie bis dahin noch nicht vollzogen haben.

Die Bewährungsstrafe kann lang und die Auflagen können hart sein, je nachdem, was jemand aus diesem Leben noch alles aufzuarbeiten hat – aber sie wäre eben nicht das erbarmungslose Ende für einen in diesem Leben, warum auch immer, Gescheiterten, der Jesus *jetzt* noch nicht be- und ergriffen hat. Oder gar nicht ergreifen konnte, weil er das Evangelium nie klar und verständlich gehört hat.[54]

---

54 Ein Bild aus dem Sport mag dies verdeutlichen: Im Biathlon gilt: Wer beim Schießen das Ziel verfehlt (biblisch: Zielverfehlung = Sünde), muss eine (oder mehrere) Strafrunde(n) laufen. Aber er wird deswegen nicht gleich disqualifiziert!

2.2.4 Jesus im Totenreich

Karsamstag 2021: Es ist der Tag zwischen Tod und Auferstehung Jesu. Was hat Jesus damals gemacht?

Die Apostel Petrus und Paulus geben später Hinweise[55] darauf, dass Jesus in dieser Zeit mit Seinem Geist zwischen Tod und Auferstehung im Totenreich[56] gewesen ist und dort den früher Gestorbenen (Toten) bzw. den „Geistern im Gefängnis" gepredigt hat[57] – und zwar z. B. denen, die Noah bis zur Flut lächerlich gemacht und *Gott den Gehorsam verweigert* haben.[58]

Was hat Jesus denn da den Geistern im Gefängnis (also im Totenreich) wohl gepredigt? – Die nachfolgenden Gedanken sind *spekulativ* und können nicht direkt aus der Bibel belegt werden!

Wenn Jesus im Totenreich das Evangelium – also die *Gute Nachricht* – verkündet hat, dann bedeutet das zweifellos, dass ER dort Seinen Sieg über Hölle, Tod und Teufel proklamiert hat. Und dieser Sieg ist letztlich für uns Menschen der Triumpf der Gnade und Barmherzigkeit Gottes über das Gericht.[59]

---

55 1Petr 3,19–22; 4,6; Eph 4,9.

56 Griechisch: Hades; Hebräisch: Scheol; das ist nicht gleichbedeutend mit der *Hölle* und der ewigen Trennung von Gott. Es ist eher wie ein Ort der Untersuchungshaft.

57 Die tatsächliche Bedeutung von *Toten* (oder auch: jetzt bereits Gestorbenen) und *Geistern im Gefängnis* (ggf. sind damit die Dämonen gemeint) ist umstritten.

58 1Petr 3,20 in der Übersetzung von Roland Werner in *Das Buch*.

59 **Jak 2,13:** *Es wird aber ein unbarmherziges Gericht über den ergehen, der nicht Barmherzigkeit getan hat; die Barmherzigkeit* [Gottes] *triumphiert jedoch über das Gericht.*

Aber welchen Sinn hätte diese *Gute Nachricht* für die „Geister im Gefängnis“, wenn sich daraus nicht auch für *sie* eine Chance auf Gnade – und zur Haftentlassung! – ergeben würde? Sonst wäre es nur eine harte Verkündigung des Urteilsvollzuges: ewig gescheitert.

Das wäre aber wahrlich *keine Gute Nachricht*, kein Evangelium.

Was wäre das aber in dieser finsteren Anstalt einer langandauernden Untersuchungshaft für ein Ereignis der Hoffnung, wenn die Lichtgestalt Jesus, der „Fürst des Lebens“, sogar in *diese* Finsternis[60] käme und verkünden würde: ICH habe auch für *eure* Sünden bezahlt, *wer will*, kann jetzt begnadigt die Zelle verlassen und mit MIR befreit rausgehen. Alles freiwillig. Wer MIR nicht vertraut, kann auch hierbleiben.

Oder sollte Gott etwa Seinen Sohn durch den qualvollen Tod nur deshalb in das Totenreich schicken, um dort auszurichten: Ihr hättet Meine Herrlichkeit haben können, aber ihr habt’s zu Lebzeiten verpasst. Sorry, die Kraft Meines Erlöserblutes reicht nicht bis zu euch.

Wäre das eine *Gute Nachricht?*[61]

Ein Geheimnis bleibt allerdings, dass der Allmächtige sich offenbar freiwillig in der Durchsetzung Seines Willens durch die Entscheidungsfähigkeit des Menschen beschränkt hat.

Wer Gott dauerhaft ablehnt und Sein Gnadenangebot nicht annehmen *will*, der wird Ihn allerdings auch in Ewigkeit nicht haben.

---

60 **Ps 139,12:** *Denn auch die Finsternis ist bei DIR nicht finster, und die Nacht leuchtet wie der Tag, Finsternis ist wie das Licht.*

61 Ich setze diesen Gedanken in Abschnitt 6.4.2 fort.

2.2.5 Mehr Gnade als Zorn

Wir können Gott zwar nicht denken und nie vollständig verstehen. Aber ER offenbart sich doch, damit wir Ihm auf die Spur kommen können. Und da will ich lieber größer von Seiner Barmherzigkeit, Gnade, Güte und Geduld denken. Sie wird am Ende über unsere Verfehlungen und Seinen Zorn siegen. Oder wie soll das sonst gehen, dass bis zuletzt die Liebe – neben Glauben bzw. Vertrauen und Hoffnung – das Größte ist (1Kor 13,13), und dass Gott in Seiner Dreieinheit selbst vollkommene Liebe ist, in die ER Seine gute Schöpfung hineinlieben will?

Für mich ergibt sich im Moment ein durchaus stimmiges Gesamtbild, das sich mit der immerwährenden Güte Gottes[62] sehr viel besser vereinbaren lässt als die knallharte Schwarz-Weiß-Botschaft: Wer sich *im Hier und Jetzt* nicht „für Jesus entschieden hat“, ist ein für alle Mal „verloren“, i. S. v.: auf ewig gescheitert, abgeurteilt und dauerhaft fern von seinem Schöpfer.

Es kann doch nicht die Verwirklichung des Willens und der Liebe Gottes sein, wenn mehr als 80 % aller Menschen aller Zeiten chancenlos fern von Gott „in der Hölle schmoren“ – nur weil sie zur falschen Zeit am falschen Ort gelebt haben.

Oder weil sie einfach noch nicht so weit oder überhaupt nicht in der Lage waren[63], dass sie ein JA zu Jesus hätten finden können. Manche sind sicher auch durch zweifelhaftes „Bodenpersonal Gottes“ davon abgehalten worden sind.

---

62 Vgl. z. B. die Psalmen 103, 136 (… *und Seine Güte währt ewiglich*) und 145 bzw. Kapitel 4.

63 Man denke nur an geistig Behinderte, psychisch Kranke oder gar an abgetriebene Embryonen (das sind auch schon Menschen in einem frühen, vorgeburtlichen Entwicklungsstadium!) oder früh verstorbene Kinder.

2.2.6 Umkehr ist nötig!

Selbst das Gleichnis, das Jesus vom reichen Mann und armen Lazarus erzählt[64], das die falsche Entscheidung und die mies-gleichgültige Lebensweise des Reichen auf ewig zu zementieren scheint, muss m. E. nicht dagegensprechen.

Der Reiche leidet „Höllenqualen" angesichts dessen, dass er nun durchleben muss, was er zuvor anderen angetan oder ihnen gegenüber unterlassen hat. Und er kann *jetzt* auch tatsächlich nicht „einfach so" auf die andere Seite kommen oder von dort entlastet werden. Sein „Problem" ist: Er hat seine Herzenshaltung immer noch nicht geändert, sondern meint, er könnte noch aus der Hölle heraus Ansprüche stellen und in den Himmel hinein Anweisungen geben.

Jesus selbst gibt im Gleichnis vom unbarmherzigen Mitarbeiter (dem sogenannten Schalksknecht, Mt 18,23–35[65]) einen interessanten Hinweis. Der Unbarmherzige hatte die vollumfängliche Gnade und Vergebung für eine riesige Misswirtschaft erhalten und war dann einem Gleichgestellten wegen einer vergleichsweise läppischen Forderung an den Hals gegangen. Damit hatte er sofort wieder neue Schuld auf sich geladen und auch den zuvor empfangenen Schuldenerlass wieder verspielt.

Und wie lässt Jesus das Gleichnis –mit offenem Ausgang – enden? *Da wurde sein Herr so zornig, sodass ER ihn den Folterknechten überließ,* ***bis er die Schulden vollständig beglichen hätte.*** (V34)

Also: Wem seine Schuld nicht durch Vergebung getilgt wurde und wer dies auch gegenüber dem Mitmenschen unterlassen hat, oder: Wer nicht in Anspruch nehmen will oder kann, dass Jesus schon für alles bezahlt hat, der muss selbst bezahlen.

---

64 Lk 16,19–31, vgl. Abschnitt 226 *Rechts oder links – war's das?* in Band 2.

65 Vgl. den letzten Abschnitt 166 in Band 1 *Dr. Mair, Müllher, Schulße.*

Aber er *kann* es offenbar auch, selbst wenn es sehr lange dauern mag oder sogar unmöglich erscheint – die Schulden beim Chef waren riesig.

Wie viel leichter und kürzer ist der Weg der Vergebung – *Meine Last ist leicht,* sagt Jesus. **(Mt 11,30)**. Dem steht oft nur unser Stolz, den Gott hasst, im Wege.

2.3 Viele Fragen bleiben

Worum geht es eigentlich?

Es geht um den Versuch, den gnädig-gütigen und geduldig-barmherzigen Gott, der in Seiner Dreieinheit und in Seinem ganzen Wesen Liebe ist (**1Joh 4,16:** *Gott ist Liebe*) zusammen zu denken mit der Botschaft von Verlorenheit, Gericht, Verdammnis und „höllischem Feuer".

Verkürzt wurde es früher oft so gesagt, dass das Evangelium zugleich sowohl Froh- als auch Drohbotschaft ist. Himmel oder Hölle – du musst dich *jetzt* entscheiden, und zwar mit ewig-gültiger Konsequenz. D. h., wer das Ziel *jetzt* verfehlt, ist ein für alle Mal draußen, ausgeschlossen aus der Liebe Gottes und der Gemeinschaft mit seinem Schöpfer.

Ich habe wachsende Zweifel, dass das das ganze Evangelium (die *Gute Nachricht!*) ist. Wie könnte der allmächtige Gott, dessen Wesen Liebe *ist,* sich damit abfinden, dass Ihm Sein Feind Satan, der gefallene Engelsfürst, letztlich den größeren Teil der Menschheit abspenstig gemacht hat und über alle Äonen (von Ewigkeit zu Ewigkeit) in der Zielverfehlung und Ferne von ihrem Schöpfer gefangen hält?

2.3.1 Gottes Gericht ist Realität

Natürlich, es bleibt dabei:

1. Nach diesem Leben kommt unweigerlich das Gericht. (Hebr 9,27)
2. Es muss alles vor Gott offenbar werden, wir müssen alle vor dem Richterstuhl Christi erscheinen und erhalten den „Lohn“ für gutes wie böses Tun. (Mt 25,31ff) Das gilt auch für Christen! (2Kor 5,10)
3. Gott muss alles richten und entfernen, was nicht zu Seiner Heiligkeit passt: Kein Götzendiener, Unzüchtiger etc. wird in das Reich Gottes eingehen können. (Offb 21,8.15; Eph 5,5; 1Kor 6,9) Es wird sich auch niemand einfach reinschummeln, der sich nicht wirklich vor Gott gebeugt und das weiße Gewand der Vergebung empfangen hat. (Mt 22,11ff)
   Gott machen wir nichts vor. ER sieht die Herzen und unsere wahren Beweggründe. Da hat alle Schauspielerei ein Ende. ER wird es dann nicht mehr zulassen, dass Seine Feinde neu in Sein Reich einsickern, um als Terroristen wieder Unfrieden zu stiften und neues Verderben anzuzetteln.
4. Das Ziel für *unser* Zeitalter ist die Wiederkunft Jesu mit der Inhaftierung Satans, so dass sich das „1000–jährige Friedensreich“ Jesu entfalten kann und der Globus nach fürchterlichen Verwüstungen durch das Wüten Satans und die Gerichte Gottes wieder neu als gute Schöpfung erstrahlt. (Offb 20,1–6)
5. Es gilt, dass möglichst viele schon in diesem Reich dabei sein sollen – als Menschen, die Jesus in diesem Leben erkennen und ihr eigenes Leben mit Ihm in Verbindung bringen durften. Das ist der Sinn aller missionarischen und evangelistischen Aktion. Sie sollen dann Priester Gottes und Christi sein. Sie sind wie die „erste Charge“ der heimgekehrten Israeliten – damals aus Babylon.

2.3.2 Worin besteht das Gericht?

Worin besteht denn Gottes Gericht? – Sowohl für die Jesusleute als auch für die, die noch nicht dabei sind? Ermutigende Hinweise aus dem Gleichnis vom sogenannten „verlorenen Sohn“: **(Lk 15,11ff)**[66]

- Der liebevolle Vater im Gleichnis Jesu hat nicht nur sehnsüchtig auf die Rückkehr des unverschämten Querschlägers gewartet und dann eine XXL-Fete für den Lotterbuben ausgerichtet.
- ER ist auch zu dessen selbstgerechtem Bruder *hinausgegangen* und hat ihn ausdrücklich nochmals eingeladen: *Du solltest auch fröhlich und guten Mutes sein.* **(V32)** Welcher Sohn war hier jetzt eigentlich „verloren“?
- Wie es weitergeht, bleibt im Raum stehen, die Tür aber bleibt offen, der Vater schlägt sie trotz der Ablehnung nicht zu. Vielleicht hat sich der Ältere *später* doch noch besonnen: Was schiebe ich hier draußen eigentlich Kohldampf, wenn sie drinnen das Mastkalb verspeisen? Ich will mich auch aufmachen und den Vater um Verzeihung für meine Sturheit bitten … – aber auch das ist spekulativ.
- Die Einladung des Vaters steht, er zwingt den älteren Sohn nicht. Die Entscheidung liegt beim Sohn, während der Vater ebenso sehnsüchtig wie beim jüngeren auf seine Umkehr wartet.

2.3.3 Höllisches Feuer und ewige Verdammnis

Was heißt dann **„höllisches Feuer“**? – Könnte es sein, dass uns schon dabei ganz schön „heiß“ wird, wenn alles noch einmal auf den Tisch kommt, was wir im Verborgenen gesagt, gedacht,

66 Vgl. Abschnitt 232 *Was für ein Papa!* in Band 2.

getan haben, und auch das Offensichtliche, wenn wir selbst noch einmal durchleben müssen, was wir anderen in Worten und Taten angetan haben? Jesus sagt deutlich, dass wir Rechenschaft z. B. von jedem unnützen (und noch nicht vergebenen) Wort geben müssen. (Mt 12,36)

In die **ewige Verdammnis** muss dann alles, was vor dem heiligen Gott keinen Bestand haben kann – geläutert übrig bleibt aber der Mensch, wenn er sich auf das Fundament der Gnade Christi gestellt hat (1Kor 3,11–15) – und sollte die nicht über unsere Jetzt-Zeit hinausreichen?

In der Hitze eines solchen Vergangenheitsbewältigungs- und Rechenschaftsfeuers, in dem uns vor Gott sehr schnell nichts mehr zur Entlastung einfällt, würde alle unwerte Schlacke entfernt und es bliebe nur noch das herausgeschmolzene Gold übrig: grenzen- und selbstlose Liebe.

Das Hohelied der Barmherzigkeit Gottes – **Psalm 103** – gibt in den **V11.12** einen bemerkenswerten Hinweis: *Denn genauso hoch wie der Himmel über der Erde ist, lässt Gott Seine Gnade walten über denen, die Ehrfurcht vor Ihm haben. So weit wie der Morgen vom Abend weg ist, lässt ER unsere Übertretungen von uns entfernt sein.*[67]

Bedeutet das nicht, dass zwar die Schuld aufgrund der Missachtung Gottes und Seiner Gebote vom Sünder abgetrennt und gerichtet werden muss, der Sünder selbst aber unter der Gnade bleiben kann, sofern er sie nicht selbst *dann* noch abweist und verwirft?

---

67 Vgl. dazu auch Abschnitt 4.3, eine Auslegung zu Ps 103.

2.3.4 Ewig-keit?

Was heißt überhaupt „ewig“, „Ewigkeit“ oder gar „von Ewigkeit zu Ewigkeit“?

- Wir denken meistens: Ewigkeit, das ist jenseits von Raum und Zeit (wie wir sie jetzt kennen) und das andauernd, ohne Ende. Das entspringt aber griechischem, nicht hebräisch-biblischem Denken. Und gleichzeitig denken wir: Es wird irgendwie so weitergehen wie bisher, nur paradiesisch besser, ohne Mühsal, Leid und Gebrechen.
- Aber: Für ein neugeborenes Kind geht es auch nicht „einfach so“ weiter. Es kommt bei der Geburt in eine völlig andere, neue Lebenswirklichkeit – gegenüber dem zunehmend beengten Mutterleib vorher. So werden auch wir in einer völlig anderen Realität „aufwachen“.
- Ein schöner Vergleich ist der wunderbare Schmetterling, der aus einer unscheinbaren Puppe hervorgeht – niemand weiß, wie diese geheimnisvolle, aber offensichtlich programmierte Verwandlung aus einer Raupe da eigentlich vor sich geht. Aber der Schmetterling tritt in eine völlig neue Welt ein und kann sofort fliegen. Jeder Schmetterling ist wie ein Botschafter der Auferstehung.

Jeder Schmetterling ist wie ein Botschafter der Auferstehung.

- Dass es nicht „einfach so“ weitergehen wird, offenbart Jesus in Seinem völlig anderen Auferstehungsleib: Der ist ganz anders, völlig neu, aus einer anderen Welt, nicht mehr an die physikalischen Gesetze *dieser* Welt gebunden.
- Den Sadduzäern, die die Auferstehung generell für Unsinn hielten, hatte Jesus bereits gesagt, dass sie völlig daneben liegen, wenn sie im Himmel nur die hiesigen Gegebenheiten fortschreiben wollen. (Mt 22,23–33)
- Sind „die Ewigkeiten“ (Zeitalter, Äonen) nicht vielleicht eher sehr dynamische Entwicklungsstadien der einen guten Schöpfung Gottes (Gott ist immer kreativ und ideenreich!), mit der ER

schließlich an Sein Ziel kommt: Seine allumfassende Liebe ist dann uneingeschränkt wirksam in allem und allen. (1Kor 15,28!) Die Entwicklung von Raupe über Puppe zum wunderbaren Schmetterling gibt uns jetzt schon in dieser Schöpfung einen Vorgeschmack auf eine solche sensationelle Entwicklungsdynamik in eine völlig andere Erscheinungsform des Lebens.

- Und: Ewigkeit ist nicht zuerst ein Begriff für Unendlichkeit, sondern für die *qualitativ* neue, wiederhergestellte Beziehung zwischen Schöpfer und Mensch. *Wer Jesus hat, der hat das ewige Leben* (**Joh 5,24; 17,3**) – jetzt schon!

2.3.5 Das Buch des Lebens I

Was hat es mit dem ***Buch des Lebens*** auf sich, das so etwas wie die „Eintrittskarte" in den Himmel ist? Es gibt dazu nur wenige Stellen, hauptsächlich in der Offenbarung.[68] (Ps 69,29; Phil 4,3; Offb 3,5; 13,8, 17,8; 20,12.15; 21,27; 22,19)

Zum einen stehen die, die das Ziel bei Gott erreichen, von Anbeginn der Welt an in diesem Buch, man kann aber auch daraus gestrichen werden. Aber gibt es sogar solche, die von Anbeginn an nicht darinstehen, weil Gott sie sich in Seiner Souveränität als unwerte Gefäße des Zorns vorbereitet hat (Röm 9, 14ff) – vielleicht war Judas so einer, oder Hitler …? Das bleibt ein Geheimnis.

Die Kardinalfrage ist folglich:

Gibt es für die, die in *diesem* Leben noch nicht zu Jesus gefunden haben, *danach* durch Gericht und Gnade hindurch weiterhin eine Chance, sich ihrem Schöpfer zuzuwenden – weil sie im *Buch des Lebens* aufgeschrieben sind und nicht daraus entfernt wurden?

---

68 Das Thema wird später in Abschnitt 12.4 noch einmal ausführlicher aufgegriffen.

2.3.6 Himmlische Währung

Zweifellos gilt, dass das kostbare Blut Jesu, das ER am Kreuz auf Golgatha vergossen hat, die einzig gültige Währung bei Gott für Erlösung und Vergebung ist. Aber wenn Sein Opfer ein für alle Mal und für alle Zeiten und Ewigkeiten gültig ist (Hebr 9,12.24.26 u. a.) und wenn Jesus mit Seinem Opferblut nach dem irdischen Tod „die Himmel durchschritten" hat, um es zum himmlischen Altar zu bringen (Hebr 4,14), dann gilt das wohl kaum nur *rückwärts* für die Gläubigen in der Zeit des Alten Bundes.

Warum sollte es dann nicht in gleicher Weise auch für alles, was in Gottes Plan noch *danach* kommt, gültig sein? Warum sollten die *universale* Gültigkeit des Opfertodes Jesu und Sein liebender Wille zur Begnadigung mit dem Ablauf *dieses* Lebens und der jetzigen Weltzeit beendet sein?

2.3.7 Das Weltgericht

In Mt 25,31ff redet Jesus selbst vom Weltgericht[69] über die *Völker* (also alle Menschen aus allen Völkern). Und ER redet hier erstaunlicher Weise weder vom *Buch des Lebens*, in das man eingeschrieben sein muss, noch von einer „Entscheidung für Jesus", die man kognitiv getroffen haben muss, sondern von *sechs Taten der Barmherzigkeit*, die man in diesem Leben getan oder unterlassen hat.

Dieses Weltgericht über die Völker hat immer noch einen *doppelten Ausgang* und mündet nicht als Einbahnstraße in die Hölle: Die Barmherzigen dürfen als Gesegnete des Vaters das Reich Gottes ererben, das für sie von Beginn der Welt an vorbereitet

69 Vgl. dazu Abschnitt 12.2 *Schafe und Böcke* und den Abschnitt 281 *Hopp oder topp* in Band 2.

ist. Gott wollte von Anfang an nichts anderes als Gemeinschaft mit Seinen Menschen – allerdings so, wie ER sich das als Schöpfer gedacht hatte.

Der Maßstab, mit dem Gott die Herzen in diesem Weltgericht misst, ist die barmherzig tätige Liebe.[70] Jesus hatte ausdrücklich bestätigt, was schon im Alten Testament steht: In der Liebe zu Gott, den Mitmenschen und sich selbst ist alles zusammengefasst, was Gott in Seinem Wort fordert und offenbart hat. (5Mo 6,5; 3Mo 19,18; Mt 22,37–40)

Aber es gibt auch – das gehört zur Wahrheit – Verfluchte, die an den Ort der Verdammnis kommen, der eigentlich nur für die Rebellen im Himmel, Satan und sein Gefolge, vorgesehen ist.

Warum? Sie *wollten* Gottes Segen und Gnade nicht, ihre Herzenshaltung hat bis zuletzt gegen ihren Schöpfer rebelliert und das hat man auch an den unbarmherzigen oder unterlassenen Taten gesehen. Solche Menschen werden im Himmel keinen Platz haben, denn dort wird die Rebellion gegen Gott beendet sein.

Unfriede im Himmel wie auf Erden? Nein – definitiv nicht!

Gott hat sich in Seiner Souveränität durch die Entscheidungsfähigkeit des Menschen offenbar selbst eine Grenze auferlegt, die ER nicht gewaltsam überschreitet, um den Menschen in Seine Gegenwart zu zwingen.

Es ist uns offenbar verwehrt, mit unseren 1 bis 1,5 kg Hirn die Spannung zwischen Vorherbestimmung und Vorauswissen Gottes sowie Entscheidungsfähigkeit des Menschen – und das alles

---

70 Paulus sagt in **Gal 5,6:** *Denn in Jesus Christus gilt der Glaube, der durch die Liebe tätig ist.* Er steht damit überhaupt nicht im Widerspruch zu Jakobus, der plakativ geschrieben hatte: *Ohne Werke der Liebe ist der Glaube tot.* **(Jak 2,17)** – Vgl. auch Abschnitt 10.3 *Nicht Glaube allein?*.

unter Seiner Allmacht – aufzulösen. Wir sind herausgefordert, diesem Gott zu *vertrauen*, auch wenn wir Ihn nie völlig verstehen können. Wenn wir Ihn völlig verstehen und alle Seine Geheimnisse enträtseln könnten, wäre ER nicht mehr Gott.

2.4 Ostergottesdienst 2021

Ps 118,15–18 aus dem open-air-Gottesdienst am Ostersonntag 2021 in Berlin-Rudow:

15: *Man singt mit Freuden vom Sieg in den Hütten der Gerechten. „Die Rechte des Herrn behält den Sieg! ...“*
17: *Ich werde nicht sterben, sondern leben und die Werke des Herrn verkündigen.*
18: *Der HERR züchtigt mich zwar schwer* [= Gericht]*, aber ER gibt mich dem Tode* [= der Trennung von Ihm] *nicht preis.*

Das heißt doch auch: Gottes Sieg manifestiert sich in umfassendem Lob des Schöpfers.

Trotz des letztlich umfassenden Sieges Gottes und Seines Gesalbten, des Messias Jesus, bleibt es aber auch dabei: Niemand wird gezwungen, sich vom Freudengesang „in den Hütten der Gerechten“ anstecken zu lassen. Es bleibt alles freiwillig, niemand *muss* da mitmachen. – Aber wäre es nicht „schön blöd“, auf Dauer draußen zu bleiben und die Einladungen des Vaters immer wieder auszuschlagen, während drinnen fröhlich gefeiert wird:[71]

Komm rein, wasch dich sauber und kleide dich neu ein. Es ist genug Platz für alle da.

---

71 Vgl. das Gleichnis von der Königlichen Hochzeit in Mt 22,1–14 und die Abschnitte 259–261 in Band 2.

Teil II

Spurensuche

Bei meiner Suche nach Antworten habe ich verschiedene Impulse aufgenommen und insbesondere in den Kapiteln 4 bis 8 in der Bibel selbst geforscht: Was sagt sie zu diesem Thema und was lässt sich durch die Verknüpfung ihrer Aussagen ggf. daraus schließen?

Diese fünf Kapitel sind quasi meine *Werkstatt*, um meine Thesen und Schlussfolgerungen mit dem biblischen Wort abzugleichen und zu begründen. Dies ist selbstverständlich nicht allumfassend, sondern nur exemplarisch.

Wem es zu mühsam oder zu langatmig ist, diese Recherche mitzuverfolgen, der kann durchaus von Kapitel 3 direkt zu Kapitel 9 springen. Vielleicht wird er dann später nachlesen, wie sich die Schlussfolgerungen auch aus dem biblischen Befund begründen lassen.

3 Gottes Liebe und Weltgericht – wie passt das zusammen?

Nachdem ich die Gedanken des Kapitels 2 zu Papier gebracht und einigen Mitchristen gegeben hatte, bekam ich einen Hinweis auf den Vortrag von Prof. Dr. Siegfried Zimmer aus dem Jahr 2016 in München.[72]

Vorbemerkung von Prof. Zimmer: Es geht nicht um einen polarisierenden Angriff oder um eine Attacke auf bestehende, tradierte Sichtweisen, sondern um eine Erweiterung des Tellerrandes und eine Überwindung unnötiger Enge. Das Evangelium soll frisch und neu zur Geltung kommen.

3.1 Die Liebe Gottes

Der christliche Glaube lässt sich in *einem* Satz zusammenfassen: **Gott ist Liebe!** Damit ist alles Entscheidende gesagt.

Und das gilt immer, überall, uneingeschränkt und zu 100 % – auch im Weltgericht. Warum? Weil Gottes *Wesen* unwandelbar Liebe ist.

Gottes *Wesen* ist unwandelbar Liebe.

Diesen Satz kann so keine andere Religion sagen bzw. unterschreiben, Muslime nicht und auch Juden nicht. [Zusatz MB: Religionen ohne einen personalen Gott sowieso nicht.]

72 Das vorliegende Kapitel 3 ist meine Zusammenfassung von Kernaussagen dieses Vortrages, sinngemäß in eigenen Worten. Es lohnt sich in jedem Fall, den ganzen Vortrag direkt zu hören: https://youtu.be/lgdn5OQHhcA

Gott ist Liebe, ist der christlichste Satz überhaupt, denn diesen Satz verdanken wir Jesus. Der Gesamteindruck Seines Lebens und Auftretens ist: Liebe. Man müsste deshalb Luthers reformatorische soli (allein)[73] um „allein die Liebe" ergänzen.

Die Liebe ist das schönste Geheimnis, niemand kann sie vollständig und umfassend ergründen, sie ist eine unglaubliche Energiequelle.

Glaube, Liebe und Hoffnung sind gesunde, unverzichtbare Kräfte für unser Leben. Sie sind so mächtig, dass sie in *jeder* Kultur präsent sind.

Wo bleibt dabei die *Gerechtigkeit Gottes*? Einwurf aus dem Publikum bei einer vorhergehenden Veranstaltung: „*Gott ist nicht immer nur lieb, sondern ER ist auch gerecht!*" Hier wackelte offenbar ein tradiertes Glaubensgebäude.

Unser **allgemeines Gerechtigkeitsverständnis** basiert auf der griechisch-römischen justitia. Das bedeutet: In unserem tradierten, christlichen Verständnis (und auch unserer Rechtsordnung) hängen **Gerechtigkeit und Strafe** immer eng zusammen – Verfehlung muss bestraft werden.

Jedem das seine, jeder bekommt, was er verdient hat.

Das geht schon auf die *griechische Mythologie* mit Zeus und seiner Tochter Dike zurück: Dike wurde auf die Erde gesandt, um die Menschen zunächst zu beobachten und dann deren Vergehen nach dem Prinzip zu be- und verurteilen: Jedem das seine, jeder bekommt, was er verdient hat.

---

73 Sola gratia (allein aus Gnade), sola fide (allein durch Glauben), sola scriptura (allein durch die Schrift, das Wort Gottes), solus Christus (allein durch Jesus).

Diese Gerechtigkeit ist immer sorgfältig, objektiv, neutral und unparteiisch (dafür steht die *Waage* der Justitia auch heute noch an vielen Gerichtsgebäuden). Sie ist darüber hinaus scharf und scheidend (zwischen Gut und Böse, dafür steht das *Schwert*).

Demnach wird über den Angeklagten ein *Strafmaß* verhängt, er erhält seine *gerechte Strafe*. Dieses Prinzip ist auch in der christlichen Auslegung der Bibel im Zusammenhang mit dem Weltgericht weitgehend akzeptiert.

Wesentlich dazu beigetragen hat die lateinische **Vulgata-Übersetzung** von *Hieronymus*, die ca. 500 Mal *diesen* Gerechtigkeitsbegriff (justitia) verwendet. Das Verständnis war schon seit Aristoteles: Ein Richter darf nicht lieb sein, ER muss gerecht (i. S. v. sorgfältig, objektiv, neutral) sein.

Ein Richter darf nicht lieb sein, er muss objektiv, sorgfältig und neutral sein.

Das heißt, der Richter soll ohne persönliche Betroffenheit – nach dem Buchstaben des Gesetzes – urteilen. Da ist wenig Raum für Nachsicht oder gar Gnade: Strafe muss sein, sorgfältig ermittelt, eiskalt verhängt und ausgeführt. [Ergänzung MB.: Anders z. B. Salomo bei seinem weisen Urteil, 1Kö 3,16ff.]

Aus diesem Verständnis von Gerechtigkeit folgt, dass auch **Gott im Weltgericht** ebenso ein gefühlsloser, liebloser Richter sein muss. Gott als kalter Zuchtmeister und die Drohung mit einem solchen Weltenrichter als unverzichtbare Zuchtrute für gute Moral und ordentliches Benehmen in dieser Welt.

Ist diese Gerechtigkeit dann ein nötiges Regulativ für eine ansonsten völlig chaotisch aus dem Ruder laufende Liebe? Muss sich umgekehrt die bedingungslose Liebe in eine Gerechtigkeitsordnung einpassen? Ist Gott *einerseits* Liebe und *andererseits* Gerechtigkeit?

Gott ist nicht schizophren mit zwei Naturen.

Nein, Gott hat keine *zwei* Naturen und ER ist auch nicht schizophren! ER ist in Seinem ganzen Wesen Liebe.

Ja, **Gott ist gerecht und heilig** – dies gehört zu Seinen *Eigenschaften*, aber es steht nirgendwo: Gott *ist* Gerechtigkeit, oder: Gott *ist* Heiligkeit. Gott hat nur *ein* Wesen – und das **ist Liebe** –, aber *viele* Eigenschaften, die aus diesem Wesen folgen – u. a. gerecht und heilig. Alle Eigenschaften Gottes sind Ausdruck Seiner Liebe.

Deshalb ist Gott auch in Seiner Gerechtigkeit Seinem nach Wesen immer noch Liebe; die liebende Gnade lässt sich von der Sünde nicht stoppen und von der Gerechtigkeit nicht einschränken. Vielmehr integriert die Gerechtigkeit Gottes: Sie holt mich aus Gnade wieder in die Gemeinschaft mit Ihm zurück. Die Gnade setzt mich wieder in eine erneuerte Beziehung zu Ihm – das ist die Gerechtigkeit, die vor Gott gilt. (Röm 1,17)

Aber: Liebe ist in der Bibel nicht weich oder etwas für „Softies", sie kann sehr wohl Schmerzen verursachen, sie ist nicht harmlos. Und deswegen kann Gnade auch nicht billig sein. Gott ist gewiss kein armseliger Depp oder ein harmloser Trottel.

Liebe ist immer Geschehen, Begegnung, Beziehung, niemals nur Theorie. In ihr steckt immer das JA zum anderen, was zum Beispiel heißt: Ich nehme mir Zeit für dich. Sie will in Freiheit das Beste und kann letztlich nicht organisiert werden. Aber: Die Liebe sagt auch nicht zu allem JA – um des anderen willen. Und das alles gilt unverändert auch im Weltgericht.

3.2 Das Weltgericht

Schon im AT scheint immer wieder durch, dass **Gott auch Seine Feinde liebt**. Jesus lehrt es dann sehr deutlich und zugespitzt: Ihr sollt alle Menschen vorbehaltlos lieben, sogar die Feinde.

Aber auch Jesus *hat* über das (Welt-) Gericht gelehrt. Wir kommen an dem Thema nicht vorbei.

Wie bekommt man die Liebe Gottes und Sein Weltgericht zusammen? Die Botschaft ist: **Das Weltgericht schränkt die Liebe Gottes nicht ein!** Nur ein liebender Gott kann überhaupt ein solches Gericht durchführen – es qualifiziert Seine Liebe.

Das Weltgericht schränkt die Liebe Gottes nicht ein!

Warum gibt es überhaupt „am Ende der Zeit" ein Weltgericht? Weil es das Böse und *den* Bösen gibt – das müssen wir heute auch wieder klar und deutlich sagen. Die Existenz des Bösen darf nicht kleingeredet werden. **Das Böse muss gerichtet werden** und das Ende des Bösen ist bei Gott bereits beschlossen. In der ewigen Gemeinschaft mit Gott wird es dann nichts Böses mehr geben.

Rettet nicht „allein der Glaube an Jesus ohne die Werke"?

Im Weltgericht geht's um die **Werke**, was ich getan habe (mit oder ohne Glauben), nicht um den Glauben, der ist ohnehin nur Geschenk von Gott. Das Weltgericht ist keine Veranstaltung, um gescheiterte Menschen abzustrafen – das ist griechisch-römisches Denken.

Das Weltgericht ist keine Veranstaltung, um gescheiterte Menschen abzustrafen.

Im hebräischen AT gibt es **kein Wort für Strafe**, es geht immer um die *Tatfolgen*! Biblisch gibt es keinen strafenden Gott in dem Sinne, dass ER *nachträglich* Sanktionen für Fehlverhalten verhängt.

Demzufolge ist das **Weltgericht kein Strafgericht**, sondern im Weltgericht kommen wir zur Erkenntnis der Folgen dessen, was wir auf dieser Welt getan bzw. angerichtet haben. Durch die Konfrontation mit unseren Tatfolgen kommen wir selbst zur vollen Selbsterkenntnis. Dann gibt es nichts mehr schönzureden.

Für **Adam und Eva** z. B. war der Verweis aus dem Paradies keine Strafe, sondern die (logische) Folge ihrer verbotenen Tat. Weil sie sich selbst in der Gegenwart Gottes bereits nicht mehr wohlfühlten, mussten sie sich vor Ihm verstecken. Es gilt: Was der Mensch sät, das wird er auch ernten. (Spr 22,8, 2Kor 9,6; Gal 6,7.8)

3.3 Das große Unbehagen

Die gängige, traditionell-abendländische Lehre ist, dass das Weltgericht einen **doppelten Ausgang** hat. Es ist eine Art Endabrechnung, nach der *viele* in die Hölle verwiesen werden (weil sie Jesus nicht angenommen haben) und nur *wenige* in den Himmel kommen (als Belohnung dafür, dass sie das *Geschenk* der Gnade angenommen hatten).

Dieses tradierte Denken gilt es frisch und neu mit der Gesamtbotschaft der Bibel zu überprüfen.

Es gibt ca. 30–50 Stellen in AT und NT, die das zu bestätigen scheinen, z. B.

- breiter und schmaler Weg (Bergpredigt, Mt 7,12–14),
- die 10 Jungfrauen (5 kluge dürfen rein, 5 dumme müssen draußen bleiben, Mt 25,1–13)[74],
- Gleichnis (!) vom Weltgericht (Mt 25,31 ff – Scheidung von Böcken und Schafen) – hier geht es um die *Taten* der Barmherzigkeit.

Das sind ernst zu nehmende Texte! Wir dürfen nicht leichtsinnig damit umgehen.

Die Gleichnisse über das Gericht sind seelsorgerliche Warnrufe an die Hochmütigen, die Egomanen und die Gottesleugner.

Es sind jedoch *Gleichnisse* und keine Gerichtsprotokolle, es sind seelsorgerliche Warnrufe an die Hochmütigen (z. B. den reichen Kornbauern, Lk 12,13ff), die die Liebe Jesu mit Füßen treten, an die kalten Egomanen und an die hartherzigen Gottesleugner. Solche Menschen brauchen schon mal einen deutlichen „Schuss vor den Bug", damit sie ins Nachdenken kommen und sich ändern.

Es gibt demgegenüber *viel mehr* Stellen, die von einer **universalen Heilshoffnung** für die Welt, die Völker und die Menschen sprechen. Damit ist *nicht* Allversöhnung – i. S. v. „jeder kann ohne Konsequenzen machen, was er will" – gemeint. Die Allversöhnung wird gern als Totschlagargument verwendet, wenn man sich weigert, die eigenen Denkschemata neu auf den Prüfstand zu nehmen.

74 Vgl. hierzu die Auslegungen in Band 1, Abschnitt 085 *Wie du mir …*, und in Band 2, Abschnitt 279 *Startklar* sowie Abschnitt 281 *Hopp oder topp.*

Zum Beispiel:

1. Die **Berufung Abrahams:** *In dir sollen alle Völker gesegnet werden.* (**1Mo 12,3b**) Das ist eine grundlegende Aussage am Beginn und in der ganzen Bibel. Und dann sollen mehr als 80 % aller Menschen, die sich nicht „für Jesus entschieden haben" in die Hölle fahren? Was ist denn das für ein Segen?
2. In vielen Psalmen heißt es, dass *alle Völker* das Heil Gottes schauen werden. Alle Völker sind letztlich auch von Gott geschaffen worden.
3. **Jes 25,6–8:** *Und der HERR Zebaoth wird allen Völkern auf diesem Berge ein Festmahl bereiten, ein Mahl von bestem Wein und köstlichen Gerichten. Und ER wird auf diesem Berge den Schleier lüften, mit dem alle Völker* [jetzt noch] *verhüllt sind, und die Decke, mit der alle Heiden zugedeckt sind, wird ER wegziehen. ER wird den Tod auf ewig verschlingen; und JHWH wird die Tränen von allen Gesichtern abwischen und wird die weltweite Schmach Seines Volkes beenden; denn der HERR hat's gesagt.* (vgl. 1Kor 15,55; Offb 7,17)

Diese Party ist doch keine Henkersmahlzeit!

4. Jesus liebt Seine Feinde bis zum Schluss und es gilt grundsätzlich: *ICH BIN gekommen, zu suchen, was verloren ist.* (**Lk 19,10**) – was verloren *ist*: Also wer getrennt von Gott lebt, *den* will Jesus finden, damit er nicht verloren *bleibt*, sondern nach Hause kommt.
5. **Röm 11,32** ist der Ziel- und Höhepunkt des theologischen Aufbaues der Lehre von Paulus im Römerbrief (Kapitel 1–11, ehe es in Kapitel 12–16 zu praktisch-seelsorgerlichen Anweisungen geht). Dieser letzte Lehrvers lautet: *Denn Gott hat alle unter den Ungehorsam eingeschlossen,* ***weil ER sich über alle erbarmen will.*** Und „alle" meint im Kontext Juden und Heiden, also alle Völker. [Zusatz MB: Vor Röm 12 schließt Paulus mit einem gewaltigen Lobpreis. Der endet in **11,36**: *Denn von Ihm und durch Ihn und zu Ihm sind alle Dinge. Ihm sei Ehre in Ewigkeit! Amen.*]

6. **Phil 2,9–11:** *Darum hat Gott Jesus auch erhöht und Ihm den Namen gegeben, der höher als alle anderen Namen ist, damit sich vor dem Namen Jesus* ***die Knie von allen Menschen beugen****, und zwar von allen, die im Himmel und auf der Erde und unter der Erde sind. Dann werden alle Zungen* ***bekennen, dass Jesus Christus der HERR ist****, zur Ehre Gottes, des Vaters.*
   Wird also jeder Mensch Jesus als den erhöhten Herrn freudig und aus Überzeugung anerkennen, überwältigt von Seiner wahren Herrlichkeit und Größe – auch wenn er das hier noch nicht wahrhaben wollte? In der Bibel ist *bekennen* immer im Sinne freudiger Überzeugung und nicht zähneknirschend-erzwungen gemeint.
7. **Kol 1,16.17:** *Denn durch Jesus ist alles geschaffen, was im Himmel und auf der Erde ist, sowohl das Sichtbare als auch das Unsichtbare. Egal ob es Throne, Herrschaften, Mächte oder Obrigkeiten sind;* ***es ist alles durch Ihn und zur Vollendung in Ihm geschaffen****. Und Jesus war vor allem da, und es besteht alles in Ihm.*
8. **Offb 21;22:** Die Könige der Völker ziehen durch die zwölf Tore des Neuen Jerusalem ein und an den **Blättern der Lebensbäume** werden die Wunden der Menschen aus den Völkern, die dieses Leben hinterlassen hat, geheilt.
9. **1Tim 2,4:** ***Gott will ja, dass alle Menschen gerettet werden und die Wahrheit erkennen.*** – Dies ist *kein* Bildwort, sondern reine Lehre!
   Wenn Gott das so offensichtlich will, wäre ER beim Verlust von mehr als 80 % der Menschen in der Hölle zu schwach gewesen, Seinen Willen umzusetzen! ER müsste zugeben: ICH habe es nicht geschafft.

Wie frei ist der menschliche Wille?

Gott wirbt immer weiter, um seine geliebten Geschöpfe zurückzugewinnen.

Wenn mir eine Frau, die ich liebgewonnen habe, einen Korb gibt, dann hat sie das aus ihrem freien Willen getan. Aber für mich heißt es dann: Jetzt werbe ich erst recht um sie, bis ich ihr Herz gewonnen habe. – So ist Gott auch:

ER wirbt immer weiter um Seine Geschöpfe, um unser ablehnendes Herz (doch noch) zu gewinnen.

Gott ist nicht machtlos gegenüber dem freien Willen des Menschen, ER will uns durch Seine Liebe gewinnen.

Letztlich ist es **Seine Erwählung** und nicht meine souveräne Entscheidung, auf die ich mir etwas einbilden könnte! ER will die Gemeinschaft mit mir und wartet auf Antwort zu Seiner Liebe!

Joh 15,16a: *Ihr habt nicht Mich erwählt, sondern ICH habe euch erwählt.*

Joh 6,44a: *Keiner kann zu Mir kommen, wenn nicht der Vater, der Mich gesandt hat, ihn zu Mir zieht.*

Röm 12,21: *Lass dich nicht vom Bösen besiegen, sondern* ***besiege das Böse mit dem Guten!*** – Wenn Gott das durch Paulus von den Nachfolgern Jesu fordert, dann kann man getrost annehmen, dass ER das auch selbst tut.

Wie bitte soll eine himmlische Seligkeit aussehen, wenn mehr als 80 % der Menschen auf ewig nicht dabei sind? Jesus hat doch selbst gesagt, dass ER gekommen ist, zu suchen und zu retten, was verloren ist (Lk 19,10). Hat ER's dann nicht geschafft?

Bereite dich vor und begegne deinem Gott.

Nach dem Tod, dem Abtreten aus diesem Leben, geht es zuerst um die **Begegnung mit Gott.** Der Prophet **Amos** sagt seinem Volk, das nicht zur Umkehr findet (**4,12**): *Bereite dich vor, Israel, und begegne deinem Gott.* Aber wir können davon ausgehen, dass das werbende Lieben Gottes auch dann noch nicht zu Ende ist. – Die, die sich hier schon Jesus zugewendet haben, die haben dann den „Vorteil“, dass sie bereits mit Ihm regieren dürfen, um die anderen noch zu gewinnen.

Fazit: Wir können die Lehre vom *doppelten Ausgang* nicht einfach so fortsetzen, aber wir können gleichzeitig auch nur zurückhaltend über das Zukünftige lehren. Viele lehnen jedoch nicht Gott oder Jesus Christus ab, sondern unglaubwürdige Christen, mit denen sie schlechte Erfahrungen gemacht haben, sind ihnen ein ernstes Hindernis.

Zusammengefasst kann man sagen, dass die Bibel zwei Akzente setzt:

1. Etliche Texte sprechen scheinbar tatsächlich von einem doppelten Ausgang und einer endgültigen Scheidung von Guten und Bösen im Weltgericht – das sollten wir als Warnruf an die Stolzen, Hartherzigen und Selbstgerechten verstehen.
2. Sehr viel mehr Texte sprechen in AT und NT jedoch von der Heilung und einer Zukunftshoffnung[75] für alle Völker und Menschen. Damit ist aber keine Allversöhnung gemeint.

Die lebendige Hoffnung der Christen richtet sich auf die gewinnende Liebe Gottes, die auch über den Tod hinausreicht. Wenn Gott *mich* gewonnen hat, dann kann ER auch jeden anderen Menschen gewinnen.

---

75 Dies näher zu belegen: Darum geht es in den „Recherche"-Kapiteln 4 bis 8 und natürlich auch im Teil III, Offb 20–22.

4 Hinweise in den Psalmen[76]

Die 150 Psalmen sind historisch zunächst ein jüdisches Gebets- und Gesangbuch aus der Zeit des Königs David bzw. des ersten Tempels – inzwischen also ca. 3000 Jahre alt.

Die Psalmbeter bewegen vor Gott so ziemlich alles an Freude und Leiden, was in einem Leben vorkommen kann. Weil das bis heute gilt, greifen auch Christen wie Nicht-Christen gern auf diesen Schatz zurück.

Die Psalmen artikulieren Dank, Bitte und Anbetung, aber auch Anfechtung, Not und Zweifel. Sind sie (nur) Ausdruck menschlicher Erfahrungen und Sehnsüchte? Oder sind sie (gleichzeitig) auch geistgewirktes Wort Gottes?

Viele Christen sagen und glauben, dass die ganze Bibel von Gottes Geist gewirkt ist.[77] Dann „atmen" folglich auch die Psalmbeter den Geist Gottes und was sie schreiben, ist wahr und zum Teil sogar prophetisch. So sind im Übrigen auch die Autoren im Neuen Testament damit umgegangen, und zwar z. T. mit einer erstaunlichen Freiheit beim gar nicht so genauen Zitieren.[78]

---

76 In meinem chronologischen Ablauf fand das Studium in den Psalmen von April bis Oktober 2021 statt – im Anschluss an das neuerliche Aufbrechen der Fragen über Karfreitag und Ostern, wie sie in Kapitel 2 niedergelegt sind.

77 Manche verstehen dies auch wörtlich oder sogar buchstabengetreu – zumindest für den Ur-Text (hebräisch, aramäisch, griechisch), den wir im ursprünglichen Original aber nicht mehr vorliegen haben.

78 Die auftretenden Differenzen zwischen Zitat und Originalaussage können aber auch mit den tradierten Übersetzungen, insbesondere der lateinischen Vulgata, zusammenhängen.

Die Hälfte der Psalmen wird David zugeschrieben, dem zweiten König Israels nach Saul. In allen Höhen und Tiefen seines Lebens befand er sich im Gespräch mit Gott.

David hatte dabei ein klar polarisiertes Weltbild, in dem sich die Welt grundsätzlich in Gottesfürchtige und Feinde Gottes teilt. David identifizierte sich dabei so stark mit seinem Gott JHWH, dass er automatisch alle Angriffe auf sich, den von Gott berufenen und eingesetzten König, auch als Angriffe auf Gott verstand – und deswegen müssen – in seinem Weltbild – die Feinde von Gott verfolgt, gerichtet und bestraft werden. In etlichen Psalmen ruft er geradezu das Gericht Gottes herbei, ER möge es seinen Feinden heimzahlen.

Bisweilen scheint es, dass Gott sich selbst und seinem König David gnadenlos Recht verschaffen soll[79] – das ist oft die Gedankenwelt des Alten Testaments, und (noch) nicht die *Gute Nachricht* von Jesus Christus, der Gericht und Strafe auf *sich* genommen hat, damit wir aus Gnade frei sein können. Von der Feindesliebe des Neuen Testaments ist bei David – und anderen Psalmisten – häufig noch sehr wenig zu merken.

Auch wenn uns eine solch deutliche Polarisierung in unserer multireligiösen Sicht heute sehr befremdlich ist, sollten wir nicht die Augen davor verschließen, dass die ganze Weltgeschichte unter dem Vorzeichen der Rebellion des ehemaligen Engelsfürsten Satan gegen JHWH stattfindet: Er will den Schöpfer von Himmel und Erde vom Thron stoßen und an dessen Stelle regieren. In diese Rebellion hat er den Menschen hineingezogen und Gott zu einem anhaltenden Kampf herausgefordert.

79 Beispielhaft: **Ps 59,6.14:** *Du, HERR, Gott Zebaoth, Gott Israels, wache auf und suche alle Heiden heim; sei keinem von ihnen, die so verwegene Übeltäter sind, gnädig. … Vertilge sie ohne alle Gnade; vertilge sie, dass sie nichts mehr sind und innewerden, dass Gott Herrscher in Israel* [Jakob] *und in aller Welt ist.*

Die Psalmen sind also zunächst

- eine *subjektive* Gottesbegegnung oder -erfahrung des Beters.
- Was die Beter sagen bzw. dann aufschreiben, ist gleichzeitig aber auch vom *Geist Gottes* in ihnen gewirkt.
- Zugleich enthalten die Psalmen deshalb zum Teil auch *prophetische* Aussagen, die der Geist Gottes in ihnen „versteckt" hat – wahrscheinlich ohne dass sich die Beter dessen bewusst waren. (Psalm 22 ist z. B. in vielen Aussagen eine Vorausabbildung des Kreuzesgeschehens auf Golgatha.)

Die Psalmen sind in diesem Sinne sowohl menschliche Gebete als auch Gottes Wort.

Im Folgenden werden in Abschnitt 4.1 einzelne Aussagen aus verschiedenen Psalmen zusammengetragen – auszugsweise und selbstverständlich ohne Anspruch auf Vollständigkeit! –, die etwas zu den Aspekten Gericht Gottes, Seine Gnade und Barmherzigkeit sowie Zukunft der Welt bzw. Heil der Völker sagen.[80]

Grundsätzlich ist es sinnvoll, immer den ganzen Psalm zu lesen.

Gericht und Gnade lassen sich oft nicht voneinander trennen, in etlichen Psalmen kommen *beide* Aspekte vor. Trotzdem versuche ich, in den Unterabschnitten zu 4.1 nach thematischen Schwerpunkten zu trennen – aber es bleibt überlappend.

Danach werden in den Abschnitten 4.3–4.8 einige markante Psalmen näher betrachtet.

---

80 In diesem Kapitel werden die längeren Bibelzitate zur besseren Unterscheidung von kommentierenden Texten meinerseits nicht nur kursiv, sondern zweispaltig gesetzt.

Das, was ich zusammengetragen habe,[81] ist wie Spuren auf einer Baustelle. Ich habe die einzelnen Steine aufgehoben, lasse die Texte selbst sprechen und interpretiere sie nur z. T. kommentierend oder auch fragend im Sinne meiner im Vorwort genannten „Kameraeinstellung".

4.1 Einzelne Fundstellen

In den nachfolgenden Unterpunkten sind Aussagen aus diversen Psalmen zusammengetragen, die zum Thema relevant sind. Dabei gliedere ich jeweils:

- Psalmen von König David,
- Psalmen von anderen Betern und
- Psalmen von unbekannten Verfassern bzw. Wallfahrtslieder, die auf dem Weg nach Jerusalem und *hinauf* zum Tempel – z. T. nacheinander auf den Treppenstufen – gesungen wurden.

4.1.1 Zorn Gottes und Gericht

Grundsätzlich muss beim *Gericht Gottes* unterschieden werden, ob es sich um Gottes Handeln im *jetzigen* Weltlauf handelt – dann ist das Ziel immer, dass Sein Volk (bzw. die Menschen allgemein) zu Einsicht und Umkehr findet und sich Ihm – als der Quelle gesegneten Lebens – neu zuwendet. Die meisten Aussagen zum Thema „Gericht Gottes" beziehen sich auf *diesen* Aspekt, dass Gott in der Weltgeschichte handelt bzw. handeln möge.

81 Ebenso in den folgenden Kapiteln 5–8.

Davon zu unterscheiden ist das letzte Gericht am *Jüngsten Tag*, wenn Gott diese Weltgeschichte beendet und jeder Mensch *einzeln* mit seinem Lebenswerk vor Gott erscheinen muss.

In den Psalmen ist häufig nicht ganz klar, von welchem Gerichtsaspekt die Rede ist, ggf. von beiden gleichzeitig.

Unzweifelhaft ist: Gott *wird* Recht sprechen – und zwar nach den Maßstäben, die ER selbst den Menschen offenbart hat: Z. B. in den Zehn Geboten und noch stärker zugespitzt in der Bergpredigt von Jesus.[82] Das sollten wir vor Augen behalten: Immer, wenn die Bibel von *Gericht* spricht, geht es darum, dass Gott nach Seinen Maßstäben *Recht spricht*.

Psalmen von David

Ps 5,5–7: Gott gefällt gottloses Wesen nicht, deshalb muss ER es richten, *wer böse ist, bleibt nicht vor Dir.*

Ps 7,10: *... der gerechte Gott prüft Herzen und Nieren.*

Die Nieren gelten als Innerstes des Menschen und als Sitz des Gewissens. **V12:** *Gott ist ein gerechter Richter und kann täglich strafen oder zur Rechenschaft ziehen.* Gleichzeitig ist ER ein Anwalt derjenigen, die aufrichtig sind.

Neutestamentlich geht das nur, weil Jesus unser Anwalt und Retter ist, denn aus sich heraus ist niemand vor Gott gerecht (wir passen wesensmäßig in unserer stolzen Unabhängigkeit *nicht* zu Gott).

82 2Mo 20; 5Mo 5; Mt 5–7 (vgl. Kapitel 5 *Regierungserklärung* in Band 1).

Der „Anwalt der Aufrichtigen“ ist aber gerade *kein* Hinweis darauf, dass der Tod, das Abtreten von dieser Erde, eine absolute Grenze der Wirksamkeit der Vergebung durch Jesus ist. Auch Menschen, die nicht bewusst mit Jesus leben, können durchaus aufrichtig leben.

Ps 9,6 ist ein hartes Wort gegen eine allzu weite Auslegung der Barmherzigkeit Gottes[83]: *DU hast die Völker* [bzw. Nationen] *zurechtgewiesen* [wörtlich: angeschrien] *und die Gottlosen umgebracht; ihren Namen löschst DU für immer und ewig aus.*

Ja, Gott stellt sich dem Bösen entschieden entgegen und wird es in Seinem Reich nicht dulden. **V9:** *… und ER wird über die ganze Welt* [alle Völker] *ein gerechtes und aufrichtiges Urteil sprechen.*

Ps 31,24b: … *der HERR zahlt es dem reichlich heim, der Hochmut übt* [oder: stolz ist, anmaßend handelt, hochnäsig daherkommt].

Das ist zwar eine ernste Sache, bei Gott kommt letztlich alles auf den Tisch. Das heißt aber nicht *automatisch* oder zwangsläufig: ab in die Hölle.

Ps 39, 2–5: Offensichtlich weiß David um die Not des nicht gottgefälligen Geschwätzes. Er beschließt, seine Zunge (besser) im Zaum zu halten. Wenn das nutzlose Gerede vor Gott und Menschen herauskommt, kann *„sein Herz* [schon mal] *in seinem Leib entbrennen“* (V4), d. h. es kann einem Menschen innerlich ganz schön heiß werden: Der Puls beginnt zu rasen, das Blut schießt in den Kopf.

Das gilt schon vor einem betroffenen Menschen, über den ich hergezogen habe. Wie viel mehr dann vor dem heiligen Gott, der sowieso alles weiß?

83 Vgl. auch Ps 34,17.

Wenn alles vor Gott ans Licht kommt, sitzen wir auf dem heißen Stuhl.

Das kann ja auch eine Form von Gericht sein: Es kommt bei Gott *alles* nochmal ans Licht, alles, was nicht hier schon vor Ihn gebracht und von Ihm bereits vergeben wurde. Und wir müssen uns dann den ganzen unbereinigten Schlamassel unseres Lebens im Angesicht des heiligen Gottes noch einmal ansehen. Das wird ein heißer Stuhl sein.

Ps 141,5: *Ein Gerechter darf mich gern freundschaftlich zurechtweisen oder sogar bestrafen; das wird für mich so wohltuend sein wie Salböl auf meinem Kopf.*

Wenn Gott wegen Sünden straft (bzw. uns die Folgen unserer Vergehen nicht erspart), hat dies immer das Ziel der Umkehr und Heimsuchung (i. S. v. *komm doch nach Hause*). Die Strafe ist dann ein gnädiges Stoppschild: *Mach nicht so weiter!* Dann folgt aus der Strafe sogar die Begründung einer erneuerten Gemeinschaft mit Gott, weil ER uns nicht einfach weiter in die Irre laufen lässt.

Ps 143,2: *… und gehe nicht mit dem ins Gericht, der Dir dient, denn vor Dir ist kein Lebendiger gerecht.*

Wir sind allesamt Sünder, die nicht mehr zu Gott passen. Wir gottentfernten Egoisten können gar nicht mehr Ebenbild Seiner Liebe sein – es sei denn, ER legt sie wieder in uns hinein. Und so bringt ER uns wieder *zurecht* für die Gemeinschaft mit Ihm, für die ER uns geschaffen hat. *Das* ist die Gerechtigkeit Gottes!

Psalmen von anderen Betern

Ps 50 (von Asaf) ist insgesamt ein Psalm,

- der Gott als den gerechten Richter bekennt und erwartet,
- in dem Gott sagt, dass Ihm doch sowieso alles gehört, was sollen Tieropfer da eigentlich ausrichten? Echte *Dankopfer* aus einem gehorsamen, erwartungsvollen Herzen sind gefragt.
- der das gottlose Treiben beleuchtet, das Gottes Wort bewusst missachtet, das zwangsläufig auf die schiefe Bahn führt und das jede Menge *Wortsünden* nach sich zieht.
- der im Finale wieder in die Spannung führt: Worin besteht das gerechte Gericht Gottes und was ist dessen Ergebnis?

Ps 50,21–23: *Das hast du getan, und ICH habe dazu geschwiegen; deshalb dachtest du, ICH würde so sein wie du. Aber ICH will dich zur Rede stellen und will dir dein Verhalten vor Augen führen. Begreift das doch, die ihr nicht mehr an Gott denkt. Sonst muss ICH euch vernichten und dann rettet euch keiner mehr.*
Wer jedoch Dank opfert, der ehrt Mich; und das ist der Weg, dass ICH ihm die Rettung Gottes zeige.

Ps 75,8.9 (von Asaf): *Gott ist der Richter, der den einen erniedrigt und den anderen erhöht. Denn der HERR hat einen Becher voll mit starkem Wein* [d. h. voller Zorn] *in der Hand. Daraus schenkt ER den Gottlosen ein und sie müssen ihn bis zur bitteren Neige austrinken.*

Die Erniedrigung eines gottlos-Stolzen klingt hier nicht unbedingt nach völliger und ewig gültiger Verwerfung – es könnte auch eine Zurechtbringung auf dem „heißen Stuhl" sein, wenn der Stolz vor Gott zusammenbricht.

Ps 76, 8–11 (von Asaf): *DU bist furchterregend. Wer kann vor Dir stehen, wenn DU zornig bist?*[84] *Wenn DU das Urteil vom Himmel hören lässt, so erschrickt das Erdreich und wird still. Wenn Gott sich aufmacht zu richten, hilft ER allen Elenden auf Erden. Wenn Menschen gegen Dich wüten, dann nützt Dir das auch noch.*

Wenn selbst das blinde Wüten und der selbstgerechte Trotz des Menschen Gottes Ruhm und Ehre noch vermehrt, ist das nicht ein Hinweis darauf, dass letztlich Gottes Liebe und Gnade alles und jeden überwinden kann?[85]

Ps 81,12.13 (von Asaf): *Aber Mein Volk hört nicht auf Mich, und Israel will Mich nicht. Deshalb habe ich sie der Sturheit ihres Herzens überlassen, damit sie nach ihren eigenen Vorstellungen leben.*

Das ist eine besondere Form des Gerichtes Gottes: ER überlässt die Menschen ihrem eigenen Willen.[86] Seine Liebe respektiert die Zurückweisung und sagt: *Nicht gut, aber dann soll dein Wille geschehen.* Oder im Sprichwort: „Wer nicht hören will, muss fühlen" – und das, was wirklich gut für ihn ist, ggf. erst schmerzhaft lernen.

Gleichzeitig weiß Gott natürlich, dass der Mensch mit dieser Unabhängigkeit von Ihm scheitern wird. So wartet ER voller Geduld und Sehnsucht, bis der gescheiterte Mensch seine desolate Lage

---

84 Vgl. **Hebr 10,31:** *Es ist furchtbar, in die Hände des lebendigen Gottes zu fallen.* – Ja, ohne den Fürsprecher Jesus haben wir keine Chance!

85 Paulus sagt dazu in **Röm 5,20:** *Wo aber die Sünde mächtig geworden ist, da ist doch die Gnade noch viel mächtiger geworden.* – Paulus begegnet aber sofort einem Missverständnis (6,1.2): Das bedeutet aber nicht, dass wir jetzt aufgrund der Zusage der Gnade kräftig drauflos sündigen können. Nein! Die Begnadigung soll doch immer in eine erneuerte Beziehung führen.

86 Paulus führt das unter dem Stichwort *dahingegeben* (Luther) in Röm 1,24ff eindrücklich aus.

erkennt und wieder um Hilfe ruft[87] – oder ER klopft sogar nach einiger Zeit selbst wieder an die Herzenstür. (Offb 3,20)

Ps 88 (von den Söhnen Korah und Heman): Der Psalm beschreibt das Elend der Todesnähe, ja des Todeskampfes, wenn alles wieder hochkommt, was im Leben noch unbereinigt ist. Heman fühlt sich bereits wie ein Toter, der sich durch Gottes Hand vom Leben abgetrennt fühlt und den Gott verlassen hat.

Durch Gottes Zorn fühlt er sich niedergedrückt in die tiefste Finsternis. Getrennt von allen Bekannten und Freunden, die ihn jetzt allein lassen und sogar verabscheuen, kann er aus diesem Elend nicht herauskommen. Und er fragt Gott herausfordernd:

Ps 88,11–13: *Wirst DU denn unter den Toten noch Wunder tun? Werden etwa die Verstorbenen aufstehen und Dir danken? Wird man in den Gräbern noch von Deiner Güte und im Verderben von Deiner Treue erzählen? Wird man denn Deine Wunder noch in der Finsternis oder Deine Gerechtigkeit im Land des Vergessens erkennen?*

Könnte es nicht sein, dass „Gericht und Hölle“ darin bestehen, dass wir alle noch nicht vergebenen, schlechten Gedanken, Worte und Taten noch einmal an uns selbst durchleben müssen – und zwar in „dunkler Einzelhaft“ (bzw. allein vor Gott)?[88]

---

87 Die Geschichte von den verlorenen Söhnen (vgl. Abschnitt 223 *Was für ein Papa* in Band 2) ist dafür eine herrliche Illustration, die *Jesus* selbst erzählt, um die grenzenlose Liebe Gottes zu vermitteln.

88 Dafür sprechen z. B. **Mt 12,36:** ICH [Jesus] *sage euch aber, dass die Menschen im Jüngsten Gericht von jedem nichtsnutzigen Wort, das sie geredet haben, Rechenschaft geben müssen.*
Mt 18,34 (Gleichnis vom sog. Schalksknecht, vgl. Abschnitt 166 *Dr. Mair, Müllher, Schulße* in Band 1): *Und sein Herr wurde sehr zornig und überantwortete ihn* [den nicht vergebungsbereiten Knecht] *den Peinigern, bis er alles bezahlt hätte, was er ihm schuldig war.*

Auch dabei wäre das Ziel der Liebe Gottes immer noch die heilende Selbsterkenntnis und die Hinwendung zum Schöpfer.

Ps 90 (von Mose): Zwischen Gott und Mensch besteht ein scheinbar unüberbrückbarer Kontrast: der ewige Schöpfer und der vergängliche Mensch. Der Mensch ist wie Staub und Gras – eigentlich bedeutungslos, vielleicht sogar ärgerlich. (V5.6) Die Vergehen des Menschen reizen Gott zum Zorn und *unsere Missetaten stellst DU vor Dich, unsere unerkannte Sünde muss ins Licht vor Deinem Angesicht.* **(V7.8)**

Lehre uns bedenken, dass wir sterben müssen [wörtlich: unsere Tage zählen], *damit wir klug werden* [ein weises Herz bekommen]. **(V12)**

Aber gleichzeitig schimmert bei Mose schon zu Beginn des Psalms die Auferstehungshoffnung durch: *DU lässt* [zwar] *die Menschen sterben und sprichst* [dann aber]*: Kommt wieder, Menschenkinder!* **(V3)**

Psalmen von unbekannten Betern/Wallfahrtslieder

Ps 1,5.6: *Die Gottlosen bestehen nicht im Gericht, auch nicht die Sünder in der Gemeinde der Gerechten. ... Der Weg der Gottlosen vergeht.*

Ps 92 ist wieder ein Psalm mit der oft anzutreffenden Polarisierung zwischen denen, die Gott (an-)erkennen und loben, und denen, die als Feinde Gottes nichts verstehen und sich gegen Ihn wenden.

Die Feinde werden vernichtet oder zerstreut (V8–10), während es den Gottesfürchtigen, die Gott und Seine Werke loben (V1–6), gut gehen soll bis ins hohe Alter. (V13–16)

Das entspricht dem alttestamentlichen Gottesverständnis in Israel: Mit JHWH erlebt man Heilung und Segen, umfassenden Shalom-Frieden, ohne bzw. sogar gegen JHWH folgen Unheil und Vernichtung. Eine einfache und klare Wenn-Dann-Kausalität, die aber durchaus in Gottes klaren Voraussagen begründet ist. (5Mo 28–30)

Dass JHWH sich in Jesus und durch die Apostel einmal auch den Heiden (durchweg als Feinde Gottes verstanden) zuwenden würde, war in diesem Weltbild noch weitgehend undenkbar – dass das heilige, durch Mose gegebene, Gesetz einmal (durch Jesus) erfüllt und überwunden würde ebenfalls.[89]

Natürlich, es wird im Gericht Gottes über unser Leben einen bedeutenden Unterschied machen, ob ich hier mit oder ohne (gleichgültig, ablehnend) Jesus gelebt habe. Es wird einen gravierenden Unterschied machen, ob ich in diesem Gericht mit Jesus als meinem Fürsprecher, der meine Schuld längst bezahlt hat, dastehe oder ob ich allein und ohne Anwalt dort stehe und meine Schulden selbst bezahlen muss.[90]

Ein solches Gericht kann doch nur „die Hölle" sein, wenn alles, was ich in diesem Leben gedacht, gesagt, getan oder angerichtet habe, ans Licht geholt wird und vor dem heiligen Gott bereinigt werden muss.

Aber bedeutet dies (zwangsläufig) auch, dass Gott die Beziehung zu Seinem Geschöpf ein für alle Mal und auf ewig abbricht und Sein „Werk Mensch" zerstört bzw. es Seinem Feind Satan als Beute in den Rachen wirft?

---

89 **Mt 5,17:** *Glaubt bloß nicht, dass ICH gekommen bin, das Gesetz oder die Worte der Propheten aufzulösen; ICH bin nicht gekommen, sie abzuschaffen, sondern um sie zu erfüllen.*

90 Vgl. Mt 18,34; 5,26; 12,36.

Sollte das die biblische Wahrheit sein, die dem Wesen der allumfassenden und ewig andauernden Liebe Gottes entspricht?

Ps 94,8: *Denkt doch mal nach, ihr Unverständigen im Volk! Und ihr Dummköpfe: Wann wollt ihr klug endlich werden? …*
V10–11: *Der Gott, der die Völker zur Rechenschaft zieht, sollte der nicht jeden strafen? ER ist es doch, der die Menschen in dem unterweist, was sie wissen sollen. Aber der HERR kennt die Gedanken der Menschen und weiß, dass sie nutzlos sind. …*
V23: *Und Gott lässt ihr Unrecht auf sie selbst zurückfallen und wird sie in ihrer Bosheit vertilgen; der HERR, unser Gott, wird sie vernichten.*

Dies ist wieder ein Hinweis darauf, dass uns im Gericht alles noch einmal begegnet, was wir hier getan oder unterlassen haben – und was noch nicht vergeben worden ist. Dann haben wir nichts mehr zu sagen (oder gar Gott vorzuwerfen), dann ist Schweigen und bedrückende Stille.

Durch Vergebung und mit Gutem das Böse überwinden: Das fordert Gott nicht nur von uns Menschen, das wird ER gewiss – und vollkommen! – auch selbst tun. Es ist das Ziel Gottes, dadurch die Macht und den Einfluss des Bösen in Seiner guten Schöpfung zu überwinden.

Jesus selbst hat dafür den Grundstein gelegt: ER hat den Bösen überwunden, indem ER bis zum Tod im Willen des Vaters blieb und es dem Satan nicht gelang, dass Jesus sich vom Vater losgesagt hätte. Das wäre Satans Triumpf – und der GAU der Heilsgeschichte – gewesen.

Ps 98,9: *… ER kommt das Erdreich zu richten. ER wird den Erdboden richten mit Gerechtigkeit und die Völker mit Recht.*

4.1.2 Blitzlicht: Ist Gott ein Diktator?

Ist Gott am Ende ein diktatorischer Tyrann, der sich letztlich gewaltsam durchsetzt und Seine Feinde rigoros platt macht?

Wünschen *wir* uns das nicht manchmal sogar?

Wenn wir so leicht und herausfordernd fragen: *Wie kann Gott das zulassen?*, impliziert das doch den Wunsch bzw. die Aufforderung: GOTT, jetzt schreite mit Deiner Macht doch endlich mal (gegen das Böse) ein!

GOTT, jetzt schreite mit Deiner Macht doch endlich mal ein!

Nur, wo soll ER damit denn anfangen?

Kinderschänder sollen möglichst auf der Stelle tot umfallen! Politische Gewaltherrscher, die Oppositionelle ermorden lassen, auch. Aber *meine* Lügen, *meinen* Hass und *meine* Gleichgültigkeit soll ER tunlichst übersehen?

Ist Gott also auch so ein tyrannischer Diktator, der neben sich keine andere Meinung und keine andere Anbetung zulässt? Wird bei Ihm alles, was nicht Seinem Wort und Willen entspricht, intolerant wegzensiert? Werden alle weggesperrt oder umgebracht, die es wagen, Ihm zu widersprechen?

JA und NEIN.

JA, weil Gott am Ende, nach einer langen Zeit des Ausreifens, tatsächlich alles Böse und *den* Bösen vernichten wird. Alles, was nicht Leben, sondern Tod bringt und in sich trägt, muss beseitigt werden. Das Leben soll und muss gewinnen! Wenn Gottes

Geduld, zu ertragen, was gegen Ihn und Seine gute Schöpfung gerichtet ist, erschöpft ist, ist für Seine Gegner *Schluss mit lustig.*[91]

NEIN, JHWH und Jesus sind natürlich in keiner Weise mit politischen Diktatoren in dieser Welt gleichzustellen, denn es geht hier um die Durchsetzung Seiner *guten* Lebensordnungen und die Aufrichtung Seines Friedensreiches mit erneuerten Beziehungen.

Und wenn der dreieine Gott, der sich in der Bibel umfassend den Menschen mitteilt, wirklich der *einzige* Schöpfer ist, den es *tatsächlich* gibt, und deshalb alle Religionen nur Ausdruck der *Suche* des Menschen nach dem verlorenen Paradies sind, dann hat ER auch *jedes* Recht dazu, Seine gute Schöpfung wieder in Ordnung zu bringen und Seinen Erzfeind, der das verhindern will, zu liquidieren.

Wer dann immer noch die Option der Unabhängigkeit von und der Opposition gegen Gott als die bessere ansieht und lieber weiter im Dickicht der Religionen und Weltanschauungen die „Pluralität der Meinungen" hochhalten will, kann das durchaus tun – aber er wird in der Neuen Welt Gottes dann nicht dabei sein.

In der Neuen Welt, dem vollendeten Reich Gottes, wird es keine destruktive Opposition gegen Gott (und damit ist JHWH bzw. Jesus Christus gemeint!), den guten Erfinder des Lebens, mehr geben.

---

91 So lautet ein Buchtitel von Peter Hahne, Johannis-Verlag, 2004. Untertitel: *Das Ende der Spaßgesellschaft.*

4.1.3 Hoffnung auf Barmherzigkeit

Psalmen von David

Ps 6,2–6: David bittet um Gnade und Heilung. Er hat offenbar ein fettes Problem aufgrund persönlichen Versagens und rechnet deswegen mit Gottes Strafe und Züchtigung.

Aber was ist das? In V5 ruft *er* in dieser Situation Gott zur Umkehr auf! Gott möge von Seinem Zorn ablassen und gnädig die Last von ihm nehmen. Wie kann das sein?

David kennt Gott als den gütig-Gnädigen, weil er Ihn schon oft so erlebt hat und er hält Gott vor: *Was nützt es Dir, wenn ich sterbe? Im Totenreich kann ich Dich nicht mehr loben.* **(V6)**[92]

Ps 16,10: David hat eine klare Perspektive und Hoffnung: *Denn DU wirst meine Seele nicht dem Totenreich überlassen und nicht zulassen, dass Dein Knecht (oder Diener[93]) im Grab verwest.*

Dieses Bekenntnis Davids (und die damit verbundene Hoffnung) deutet Petrus 1000 Jahre später in der Pfingstpredigt auf den auferstandenen Jesus Christus.[94]

---

92 Vgl. Ps 88,11–13.

93 Die alten Begriffe *Diener* oder *Knecht* finden wir heute fremd. Sie gehören gesellschaftlich in eine andere Zeit. Wie wäre es, wenn wir an diesen Stellen heute *Mitarbeiter* einsetzen? Das öffnet völlig neue Perspektiven! Aber das ist doch letztlich gemeint: GOTT ist der Chef und wir sind Seine Mitarbeiter, abhängig von Ihm. In der Kraft und mit den Ideen, die ER uns gibt, tun wir das, was Ihm gefällt und auch uns Freude bereitet.

94 Vgl. Apg 2,25–28.31.

Durch den Geist Gottes erkennt Petrus, dass David nicht nur seiner eigenen Hoffnung Ausdruck gegeben, sondern weit darüber hinaus prophetisch über den Messias gesprochen hatte. Den hat Gott dann in Jesus Christus und dessen Auferstehung von den Toten offenbart.

Kurz vorher hatte Petrus einen Propheten zitiert[95]: Gott will den Heiligen Geist auf *alle* Menschen ausgießen und *jeder, der den Namen des Herrn anrufen wird, soll gerettet werden.*

Gilt das dann nur diesseitig *bis* zum Tod? Ist die Wirkung des Geistes Gottes durch den Tod begrenzt, d. h. hört sie *nach* dem Tod auf, wenn doch die Liebe Gottes nie aufhört? (1Kor 13,13)

Ps 19,13: *Wer kann schon wahrnehmen, wie oft er versagt? Verzeihe mir die Fehler, die mir nicht einmal bewusst sind.*[96]

David bittet das als ein Gottesfürchtiger, der JHWH in seinem Leben vielfältig kennengelernt hat und der mit Gott lebt. Aber was ist, wenn jemand *mit* Sündenbewusstsein und grundsätzlicher Gottes(ehr)furcht so betet – *ohne* JHWH/Jesus schon kennengelernt zu haben? Wird Gott das dann überhören und abweisen?[97]

Gott wird (auch) über das Verborgene bei allen Menschen Recht sprechen – und zwar nach dem Evangelium durch Jesus Christus. Und dieses Evangelium ist doch: Gnade und Freispruch! Sonst wäre es ja keine *Gute Nachricht*!

---

95 Vgl. Apg 2,17–21 zitiert Joel 3,1–5.

96 Vgl. auch Psalm 130,3.

97 Vgl. Röm 2,14–16: Dort schreibt Paulus über die Menschen bzw. Völker, die unwissend und ohne das Gesetz zu kennen (weitgehend) so leben, wie es dem Willen Gottes entspricht. Sie haben die Regeln Gottes – gewirkt durch Gottes Geist – in sich.

Ps 25,6.7: *HERR, denk an Deine Barmherzigkeit und an Deine Güte, die schon von Beginn der Welt an gewesen sind. Denk nicht an die Verfehlungen in meiner Jugend und an meine Übertretungen. Denk an mich nach Deiner Barmherzigkeit und um Deiner Güte willen! …* **V11:** *Um Deines Namens willen, HERR, sei mir gnädig trotz meiner Missetat, die so groß ist.*

Ist das nur ein subjektives Bekenntnis des Beters David oder darüber hinaus auch eine von Gottes Geist in ihm gewirkte ewig gültige Hoffnung und sogar Wahrheit? Die Initiative zu Vergebung und Versöhnung liegt *immer* bei Gott. Wird die ewige Liebe jemals aufgeben?

Ps 30,4: *DU hast meine Seele aus dem Totenreich* [Scheol, Hades] *geholt und mir das Leben neu geschenkt.*

Ebenso **Ps 86,13:** *Denn Deine Gnade* [oder: Güte] *ist groß über mir. Aus der tiefsten Totenwelt hast DU mein Leben gerissen.*

Ps 32,1–5: *Der Mensch kann sich glücklich schätzen, dem die Übertretungen vergeben sind, dem die Sünde* [durch liebende Vergebung] *zugedeckt ist! Wohl dem Menschen, dem der HERR die Schuld nicht anrechnet und in dessen Geist kein Betrug ist! …* [Weil Gottes Hand schwer auf ihm lastete und David sich seiner Schuld bewusst war] *bekannte ich Dir meine Sünde und versuchte nicht mehr mein Vergehen zu verstecken. Vielmehr sagte ich: „Ich will dem HERRN meine Übertretungen bekennen." Daraufhin hast DU mich von der Last meiner Schuld befreit.*

Die Bereitschaft zur Vergebung ist auf Gottes Seite *immer* vorhanden, *wirksam* wird sie aber erst, wenn der Mensch sein Versagen, seine Schuld bekennt und bereit ist, die Vergebung anzunehmen.[98]

98 **1Joh 1,9:** *Wenn wir unsere Sünden bekennen, so ist Gott treu und gerecht, so dass ER uns die Sünden vergibt und uns von allen Verfehlungen reinigt.*

Die Ur-Schuld des Menschen ist dabei, dass er sein Leben losgelöst und unabhängig von seinem Schöpfer gestalten *will*. Dies gilt auch für Menschen, die äußerlich als moralisch-sittlich tadellos erscheinen, aber nach dem Grundsatz *Ich tue recht und scheue niemand* selbstgerecht und ohne Gott leben.

Ps 51 ist ein tiefgründiger Bußpsalm, den David verfasst hat, als der Prophet Nathan ihn des Ehebruchs mit Bathseba und des Auftragsmordes an deren Ehemann überführt hatte. (2Sam 12)

David beschönigt jetzt nichts mehr, die Ansage Nathans hat ihm die Augen geöffnet, dass der „König nach dem Herzen Gottes" völlig vom gottgefälligen Weg abgekommen war.

Aber David weiß durch seine vielen Erfahrungen mit Gott, wohin er mit seinem eklatanten Versagen gehen kann: Gott ist auch jetzt noch da und ich darf auf gnädige Vergebung und Wiederherstellung der belasteten Beziehung hoffen. Gott liebt den Sünder, der zu Ihm kommt, weiterhin – auch wenn ER die geschehene Tatsünde verurteilen und wenn der Sünder ggf. noch Tatfolgen[99] ertragen muss.

David weiß auch, dass allein Gott diese Beziehungskrise durch *Entsündigung* (die reinigende Vergebung) lösen kann. Nur ER kann wirklich Geist und Herz erneuern. Die (oberflächlichen) Ritualopfer bewirken gar nichts, wenn sie nicht mit einer echten Sündenerkenntnis und einem darauffolgenden Bekenntnis verbunden sind.

99 Der Begriff *Tatfolgen* trifft den Sachverhalt viel besser als der Begriff *Strafen*. Was uns als Strafe erscheint, ist nur die Folge des Fehlverhaltens. Wenn man hier bei vielen Bibelstellen einen Wortaustausch vornimmt, bekommt man oft eine ganz andere Perspektive. Bereits in 5Mo 28 hat Gott ausführlich dargelegt, welche *Folgen* ein Leben mit oder ohne Ihn nach sich zieht – als Einladung bzw. Warnung. Die Geschichte Israels hat das immer wieder bestätigt.

Das Ziel ist: Die Beziehungskrise zwischen Gott und seinem König soll überwunden werden. Dank und Gotteslob sollen wieder im Mittelpunkt stehen. Eine Befreiung für David und eine Freude für den Schöpfer.

In **Ps 86** gibt es mehrere Hinweise auf die umfassende Güte und Gnade Gottes.

V5: *Denn DU, HERR, bist gut und gnädig, von großer Güte zu allen, die Dich anrufen. ...* – Gilt dieses Anrufen nur für dieses Leben und danach nicht mehr?
V13: *Denn Deine Güte* [oder: Gnade] *ist reichlich über mir; DU hast mein Leben* [oder: meine Seele] *aus dem tiefsten Totenreich* [Scheol, Hades, nicht Hölle] *errettet.*
V15: *DU aber, HERR, Gott, bist barmherzig und gnädig, geduldig und von großer Güte und Treue.*[100]

Ps 108,4.5[101]**:** *Ich will Dir danken, HERR, unter den Völkern; ich will Dir lobsingen unter den Leuten. Denn Deine Gnade reicht, soweit der Himmel ist, und Deine Wahrheit* [oder Treue]*, soweit die Wolken gehen.*

Im Hebräischen liegen Treue und Wahrheit nah beieinander, die Worte haben denselben Kern.

- *Treue* ist dabei ein Beziehungsbegriff, der mit Verlässlichkeit und Loyalität zusammenhängt.
- *Wahrheit* hören wir eher als juristischen Begriff: Was ist Fakt? Was ist richtig? Die Wahrheit muss ans Licht kommen, um dann ein *gerechtes* Urteil zu fällen. Das ist jedoch griechisches, sachorientiertes Wenn-Dann-Denken. Der Hebräer denkt immer ganzheitlich und beziehungsorientiert.

100 Gleichlautend in Ps 103,8 und 145,8.

101 Gleichlautend auch Ps 57,10.11.

Wenn Jesus sagt: ICH BIN die *Wahrheit*! **(Joh 14,6)**, dann meint ER im hebräischen Denken: ICH stehe in absoluter Treue, Verlässlichkeit und Loyalität im Willen des Vaters und setze den Auftrag um, die Beziehung zu den Menschen wiederherzustellen.

Psalmen von anderen Betern

Ps 89 (von Ethan, dem Esrachiter) erwähnt achtmal die *Treue* (bzw. Wahrheit) Gottes, davon sechsmal im Zusammenhang mit Gnade. Er erwähnt auch siebenmal *ewiglich*, davon dreimal im Zusammenhang mit Gnade.[102]

V3: Ich (Ethan) sage, *dass eine ewige Gnade aufgerichtet wird, und DU wirst Deine Treue im Himmel fest gründen.*

V15: *Gerechtigkeit und Rechtsprechung sind das Fundament Deines Thrones; Gnade und Wahrheit gehen vor Deinem Angesicht her.*

Der Psalm ist ein Lob auf Gottes Gnade und Treue (bzw. Wahrheit) und zwar besonders auch für König David und seine Nachkommen. (V4.5) – Gnade und Wahrheit: Das kommt nur in Jesus Christus zusammen.

Psalmen von unbekannten Betern/ Wallfahrtslieder

Ps 118: In den Versen wird viermal bestätigt: *Seine Güte währt ewig*. Und damit endet auch der Psalm in V29.

Die ewig andauernde Güte Gottes ist die Klammer für alle weiteren Aussagen des Psalms, d. h. die allumfassende Gnade Gottes

102 Auch hier lohnt es sich wieder den ganzen Psalm zu lesen.

ist der einzige Grund für die ewig andauernde Gemeinschaft mit Gott.

V19–21[103]: Die Tore der Gerechtigkeit – der von Gott aus Gnade neu gestifteten Gemeinschaft – stehen offen. Wir dürfen einziehen, um Gott zu loben.

Ps 136 ist ein besonderer Psalm. In 26 Versen werden in der ersten Vershälfte jeweils Gründe genannt, warum wir Gott danken und ehren können und jeder Vers endet wie in einer Litanei mit der Begründung: ... *denn Seine Güte währt ewiglich.*

V1: *Lobt den Herrn, denn ER ist gut – denn Seine Gnade dauert ewig.*[104] *Gut* ist hierbei im Hebräischen ein eindeutiges Wort, das auch im Schöpfungsbericht verwendet wird.

Gott ist gut – und zwar *nur* Gott. Das sagt Jesus später auch dem jungen Neureichen, als dieser Ihn mit *guter Meister* anredet und Jesus ihn sofort auf Gott verweist.[105]

Was ist denn *gut*? Doch nur alles, was zu Gott passt und Seinem heiligen Willen entspricht. *Gut*, das ist Gott in Seinem ganzen Wesen – und das ist unwandelbar Liebe, die sich in Barmherzigkeit, Gnade, Geduld und wiederum Güte (Ps 103,8!) auslebt.

Diese Liebe – die sich auch im Zorn über die Ab- und Irrwege der Menschen zeigen kann – wendet sich immer wieder neu dem verirrten Menschen als dem verirrten Schaf zu.

---

103 V16–23 können auch als eine Weissagung auf den Messias verstanden werden.

104 Vgl. auch Ps 100,5; 1Chr 16,34; Esra 3,11.

105 Vgl. Mk 10,17.18; Lk 18,18.19 und Abschnitt 236 *Armer Reicher* in Band 2.

Ist es so abwegig, anzunehmen (zu glauben), dass diese gnädig-barmherzige Liebe auch über *unseren* irdischen Tod hinausreicht? Gottes ewiges Wesen ist doch dann kein anderes!

Das pietistisch-evangelikale „Entscheidungsdogma"[106] erscheint mir zunehmend fraglich.

Das hieße ja – konsequent zu Ende gedacht –, dass mit einem *Fallbeileffekt* die Liebe Gottes nach dem Ende dieses Lebens unbarmherzig aufhört und nur noch Gericht – im Sinne des griechischen Denkens: Vergehen → Urteil → Strafe – *vollzogen* wird.

Gottes (!) Gerechtigkeit besteht aber in unserer Zurechtbringung und *Wiederherstellung* der Gemeinschaft mit Ihm, weil alle Strafen (oder besser: Tatfolgen unserer Gottlosigkeit) bereits auf Jesus gelegt worden sind.

4.1.4 Gerechtigkeit und Gnade

In etlichen Psalmworten werden Gerechtigkeit und Gnade Gottes direkt miteinander genannt, damit verbunden sind auch Wahrheit und Treue. Also: Gott ist sowohl unbestechlich in Seiner wahrhaftigen Rechtsprechung und steht gleichzeitig treu zu Seinem Angebot der Vergebung und Begnadigung.

Gnade braucht nur der rechtskräftig Verurteilte.

Beides steht ja auch gar nicht im Widerspruch zueinander, denn Gnade braucht *nur* der rechtskräftig Verurteilte, derjenige, der auf die Vollstreckung des gerechten Urteils wartet.

106 „Wenn du dich nicht *vor* deinem Tod für Jesus entscheidest, kommst du in die Hölle, die ewige Verdammnis und Gottesferne."

Anders herum: Wer gar nicht um seine abgrundtiefe Schuld vor Gott und die daraus folgende Verurteilung weiß, wird gar nicht auf die Idee kommen, Ihn um Gnade zu bitten.

Und bei der *Schuld vor Gott* geht es im Kern zuerst immer um die nicht vorhandene oder sogar abgelehnte Beziehung zu Ihm, nicht um die mehr oder weniger verwerflichen Taten, die aus der Gottlosigkeit dann folgen.

Psalmen von David

Ps 24,1–5: *Die Erde gehört Gott und alles, was darin ist, der Erdboden und alles, was darauf wohnt.* [...] *Wer wird auf den Berg* [Zion] *des HERRN gehen, und wer wird in Seinem Tempel stehen? Derjenige, der unschuldige Hände* [Taten], *der ein reines Herz hat* [Gedanken, tadelloser Charakter] *und derjenige, der keine Freude an nichtsnutzigem Gerede hat und keine falschen Eide schwört* [Reden]. *Der wird den Segen vom HERRN empfangen und Gerechtigkeit von dem Gott seines Heils.*

Letztlich kann das keiner aus eigener Kraft schaffen, aber Gott bietet in Christus trotzdem Seine Gerechtigkeit an, d.h. ER will den Menschen wieder in die „ge-rechte“ (= zurechtgebrachte) Beziehung zu sich setzen.[107]

107 **Röm 3,22–24:** *Ich rede aber von einer solchen Gerechtigkeit vor Gott, die allen geschenkt wird, die ihr Leben Jesus Christus anvertrauen. Es gibt* [zwischen uns Menschen] *keinen Unterschied: Wir sind allesamt Sünder und spiegeln die Ebenbildlichkeit Gottes längst nicht mehr wider. Gott aber spricht uns, ohne dass wir es verdient hätten, aus Seiner Gnade gerecht und zwar aufgrund der Erlösung, die Jesus Christus vollbracht hat.*

Ps 40,10–12: *Ich will die Gerechtigkeit [Gottes] in der großen Gemeinde predigen; ich will mir den Mund nicht verbieten lassen, HERR, das weißt DU. Deine Gerechtigkeit verberge ich nicht in meinem Herzen; sondern ich rede von Deiner Wahrheit und von Deinem Heil offen heraus; ich verschweige Deine Güte und Treue vor der großen Gemeinde nicht. DU aber, HERR, zieh bitte Deine Barmherzigkeit nicht von mir ab; sondern behüte mich durch Deine Güte und Treue auf allen Wegen.*

David hat sich entschlossen – trotz oder sogar wegen all seiner Verfehlungen –, Gottes Gerechtigkeit, Wahrheit und Treue, Güte und Barmherzigkeit zu verkündigen.

Und was predigen *wir* heute für einen Jesus? Und wie leben wir das? Predigen wir einen Jesus, der barmherzig, gnädig, geduldig und von großer Güte ist?[108] Ja, wir singen wohl davon in unseren Lobpreisliedern. Aber glauben wir das wirklich?

Oder predigen und glauben wir eher an einen gesetzlichen, strafenden und richtenden Jesus, bei dem jede Verfehlung – besonders beim anderen! – sofort zu ahnden ist?

Ist es nicht hochgradig widersprüchlich und paradox, wenn wir einerseits von der gütigen Gnade Gottes singen und andererseits die Durchsetzung von „Recht und Gesetz" fordern – besonders bei ethisch-moralischen Schieflagen? Wir singen wohl von Gottvertrauen und Hoffnung – aber in Wirklichkeit regieren die Ängste: bloß nichts falsch machen.

Ps 62,12.13: *Gott hat ein Wort geredet, das habe ich etlichemal gehört: Gott ist allein mächtig. Und DU, HERR, bist gnädig und gibst einem jedem das, was seinen Taten entspricht.*

108 Vgl. z. B. Ps 86,5.

Dies ist durchaus ein Hinweis auf das Weltgericht nach den *Werken*, über das Jesus selbst spricht.[109]

Ps 101,1: *Von Gnade und Recht will ich singen und Dich, HERR, loben.* – Ja, von *Gnade* und Recht, nicht von *Strafe* und Recht will David singen. Gott muss Recht sprechen und will dabei gleichzeitig die Beziehung zum Menschen gnädig wieder neu aufbauen.

Psalmen von anderen Betern

Ps 77,8–10 (von Asaf): *Wird denn der HERR auf ewig verstoßen und keine Gnade mehr zeigen? Ist's denn ganz und gar aus mit Seiner Güte, gelten denn Seine Zusagen nicht mehr? Hat Gott etwa vergessen, gnädig zu sein, und Seine Barmherzigkeit vor lauter Zorn verschlossen?*

Asaf schreibt den Psalm offenbar zu einer Zeit, in der Gott an Israel ein heftiges Gericht üben musste. Seine Perspektive ist irdisch und ohne die neutestamentliche Botschaft der Erlösung in und durch Christus.

Asaf erinnert sich dann (V12ff) wieder an die großen Taten Gottes für Sein Volk und vor aller Welt. Das gibt ihm offensichtlich neue Hoffnung, dass Gott Sein Volk nicht völlig und endgültig fallen lässt.

Die besondere und geheimnisvolle Rolle Israels in der Völkerwelt bestätigt bis in unsere Zeit hinein: Gottes Zorn ist begrenzt und mündet immer wieder neu in Gnade, Erbarmen und Neuanfang.

Sollte diese Linie nicht über diese *ganze* Welt- und Lebenszeit hinaus ausgezogen werden können? Sollte dann auf einmal gelten:

109 Vgl. Mt 25,31ff und Offb 20,11–13, hier: Kapitel 12.

Schluss, aus, vorbei!

Jetzt gibt's keine Chance mehr auf einen Neuanfang, obwohl doch das nötige Gericht über *alle* Sünde an Jesus auf Golgatha längst vollzogen wurde.

Ist die Botschaft, *Wenn du jetzt nicht die Gnade Jesu in Anspruch nimmst, musst du nach dem Tod selbst für deine Sünden bezahlen,* vielleicht doch eine *menschliche* Verkürzung der Gnadenbotschaft?

Wir würden es allerdings sicher so handhaben: Jetzt reicht's, jetzt ist aber wirklich mal Schluss!

Ps 85 (von den Söhnen Korah): Schon in diesem Psalm wird die Frage bewegt: Herr, DU hast doch immer wieder unsere Missetaten vergeben und unsere Sünde bedeckt, DU warst zwar zornig, hast daran aber nicht auf Dauer festgehalten.

Und dann **V6–8**: *Willst DU denn ewig über uns zürnen und Deinen Zorn andauernd gehen lassen? Willst DU uns denn nicht wieder erfrischen, so dass sich Dein Volk über Dich freuen könnte? HERR, schenke uns wieder Deine Gnade und hilf uns!*

V11 benennt den „Spagat des heiligen Gottes": *Gnade und Wahrheit begegnen sich, Gerechtigkeit und Friede küssen sich.*

In **Ps 89,15** betet **Ethan**, der Esrachiter, in verdichteter Form: *Gerechtigkeit und Recht sind das Fundament Deines Thrones; Gnade und Wahrheit* [bzw. Treue] *gehen vor Deinem Angesicht her.*

Psalmen von unbekannten Betern/ Wallfahrtslieder

Ps 33,4–15: *Denn das Wort des HERRN ist wahrhaftig; und was ER zusagt, das hält ER gewiss. ER liebt die Gerechtigkeit und Rechtsprechung; die Erde ist von der Güte des HERRN voll. …* **V8:** *Die ganze Welt soll Ehrfurcht vor dem HERRN haben; und alles, was auf dem Erdboden wohnt, soll Ihn achten. Denn wenn ER spricht, so geschieht's; wenn ER gebietet, dann steht's da. …* **V13:** *Der HERR schaut vom Himmel herab und sieht alle Menschenkinder. Von Seinem festen Thron sieht ER auf alle, die auf Erden wohnen. ER lenkt ihnen allen das Herz; ER bemerkt alle ihre Werke.*

Insbesondere V5 und 11 klingen doch eher danach, dass über alle Zeiten und Äonen Gott mit *Seiner* Gerechtigkeit, die auf Recht *und* Güte bzw. Gnade beruht, umfassend zum Ziel kommt, auch wenn ER die eigenwilligen Menschen bis dahin durch schmerzhafte Gerichte zurechtbringen muss, bis ER jeden Widerstand überwunden hat und sich zuletzt alle Knie anbetend und anerkennend vor Ihm beugen müssen.

Ps 66, 9–12: *Gott erhält unsere Seele am Leben und hat nicht zugelassen, dass unsere Füße wankten. Denn DU hast uns geprüft, Gott, DU hast uns geläutert wie man Silber läutert. DU hast uns in den Turm werfen lassen, hast eine drückende Last auf uns gelegt. DU hast Menschen über unseren Kopf reiten lassen, wir sind ins Feuer und ins Wasser gekommen, aber DU hast uns herausgeführt und wieder erquickt.*

Offenbar ist das die Erfahrung des unbekannten Beters: Mit allen (diesseitigen) Gerichten und Bedrängnissen verfolgt Gott immer das Ziel der Zurechtbringung und des neuerlichen Segens. – Warum sollte das bei dem unveränderlichen Gott in den notwendigen Gerichten *nach* diesem Leben anders sein?

Ps 99: Gott hat Mose und Aaron vergeben, sie aber auch für ihre Verfehlungen zur Rechenschaft gezogen. Vergebung und Strafe (oder sogar Rache) – das kommt erst in Jesus ewig zusammen. Aber gerade dadurch und darin ist und bleibt Gott souverän und heilig.

Ps 100,5: *Denn der HERR ist freundlich, und Seine Gnade dauert ewig und Seine Wahrheit ist unbegrenzt.*

Ps 106 ist ein Rückblick auf die vielfältige Gnade Gottes, die Israel trotz Undank und vieler Irrwege immer wieder erfahren hat.

Ps 106,43–46: *ER hat sie oftmals gerettet; aber sie erzürnten Ihn mit ihrer Ablehnung. Deswegen wurden sie immer weniger. Gott aber sah ihre Not an, als ER ihr Klagen hörte, und erinnerte sich wieder an Seinen Bund, den ER mit ihnen geschlossen hatte. Dann hatte ER aufgrund Seiner großen Güte wieder Mitleid und ließ alle, die gefangen gehalten wurden, erneut Barmherzigkeit finden.*

Warum rettet Gott eigentlich immer wieder?

Um Seines Namens willen! (106,8)

Der heilige Name Gottes soll und darf nicht in den Dreck gezogen werden. Darum beginnen sowohl die Zehn Gebote als auch das Vater Unser damit, dass der Name Gottes *geheiligt* werden soll, d.h. ER soll nur mit Ehrfurcht und höchstem Respekt verwendet oder angerufen werden.

Der heilige Name Gottes soll und darf nicht in den Dreck gezogen werden.

Wer so den Schöpfer ehrt und achtet, wird sich auch am Mitgeschöpf nicht (so leicht) vergreifen. Deswegen steht in den Zehn Geboten das Verhältnis zu Gott auch *vor* den Regelungen für das zwischenmenschliche Miteinander: Erst die geordnete Beziehung zum Schöpfer ermöglicht auf Dauer ein gottgefälliges Miteinander der Geschöpfe.

Ps 111,3: *Was Gott ordnet, das ist herrlich, man muss es loben; und Seine Gerechtigkeit bleibt ewiglich.*

Seine Gerechtigkeit, also die, die vor Ihm gilt: Das ist die bedingungslose Wiederherstellung der Gemeinschaft mit den Menschen. *Seine Gerechtigkeit*, verstanden als Verhältnis- und Beziehungsbegriff und nicht im griechisch-juristischen Sinne als Ausgleich für Vergehen und Schuld, nicht als Genugtuung durch eine *gerechte Strafe.*

V4: Und so ist ER – aufgrund Seines *Wesens* Liebe – *gnädig und barmherzig.* ER gibt sich selbst für Seine Geschöpfe hin, um sie nach Hause zu leiten – als Licht in der Finsternis.

V5: *ER gedenkt* nicht nur *Seines Bundes*, ER hält ihn auch ein, Gott bleibt von Seiner Seite aus immer treu, trotz unseres Versagens.[110]

V7.8: *Die Werke Seiner Hände sind Wahrheit* [bzw. Treue] *und Recht; alle Seine Gebote sind ernst gemeint. Sie stehen für immer und ewig fest und werden treu und redlich ausgeführt.*

Und das ist der Schlüssel zu allem, **V9b.10a**: *Heilig und ehrfurchtgebietend ist Sein Name.* [Deshalb] *ist die Ehrfurcht vor JHWH der Anfang aller Weisheit.*

110 **2Tim 2,13:** ... *auch wenn wir Ihm nicht vertrauen, bleibt er doch treu; denn er kann sich selbst nicht untreu werden.* – D. h. Gott wird den Bund, den er mit den Menschen geschlossen hat, von *Seiner* Seite aus *niemals* aufgeben oder gar brechen.

Die wahre Erkenntnis beginnt mit der Ehrfurcht[111] vor Gott: Ihn anerkennen und von Ihm her die Welt sehen öffnet die Augen für das, was wirklich (wichtig) ist.

Ps 116,5: *Der HERR ist gnädig und gerecht, und unser Gott ist barmherzig.*

Ps 119,67.75.76: *Bevor ich gedemütigt wurde, war ich im Irrtum; nun aber halte ich Dein Wort. … HERR, ich weiß, dass Deine Gerichte gerecht sind; DU hast mich aufgrund Deiner Treue gedemütigt. Deine Gnade soll mein Trost sein, so wie DU es mir versprochen hast.*

Die Gerichte Gottes haben immer das Ziel der Zurechtbringung und Umkehr bzw. Heimkehr ins Vaterhaus. Das Ziel ist nicht die Vernichtung des verirrten Schafes, sondern dass es wiedergefunden wird.[112]

Ps 130,3.4: *Wenn DU, HERR, Sünden anrechnen willst, wer kann dann bestehen? Bei Dir ist doch die Vergebung, sodass man Ehrfurcht vor Dir haben soll. …* **V7.8:** *Israel, hoffe auf den HERRN! Denn bei dem HERRN ist Gnade und viel Erlösung, und ER wird Israel erlösen aus allen seinen Sünden.*

Dieser Psalm spricht wieder[113] von der umfassenden Vergebung Gottes, Seiner Gnade und Erlösung von allen Sünden – und das ist in seiner Gültigkeit durch Jesus nicht nur auf Israel beschränkt, sondern gilt für alle Welt.

---

111 Wenn in der Lutherübersetzung immer wieder von „Furcht vor Gott, Gott fürchten“ die Rede ist, ist damit nicht *Angst* vor Gott, sondern Ehrfurcht und höchster Respekt vor dem Heiligen gemeint.

112 Vgl. Lk 15,6 und Abschnitt 222 *Feten im Himmel* in Band 2.

113 Vgl. besonders Psalm 103 und Abschnitt 4.3.

Ja, es gilt Gottes Ruf zur Umkehr an den Menschen durch die ganze Bibel. Jesus hat dies zu Beginn Seines öffentlichen Auftretens selbst bestätigt. (Mk 1,15)

Gleichzeitig scheint aber das liebende Werben Gottes letztlich so unwiderstehlich zu sein, dass sich dem kaum noch jemand entziehen kann und will, so dass Gott dann tatsächlich *alle Sünden* vergeben kann. Es hängt also ALLES von Ihm ab, weil nur Gott die steinernen Herzen gegen lebendige auswechseln – und einen neuen Geist in unser Innerstes geben – kann.[114]

Ps 135,14: *Denn der HERR wird Sein Volk richten und Seinen Knechten gnädig sein.*

Ja, der HERR wird Seinem Volk Recht verschaffen, über Seine „Knechte" wird ER sich erbarmen (oder: ER wird sich's gereuen lassen). *Erbarmen*, das ist auch, dem Sünder die eigentlich berechtigte Strafe zu ersparen. Dem heiligen Rechtsanspruch Gottes ist trotzdem Genüge getan, weil ER in Jesus die Strafe (besser eigentlich: die Folgen) für meine Sünde selbst getragen hat. So darf ich in Ihm Frieden haben. (Jes 53,5b)

114 **Hes 36,26.27:** ***ICH will*** *ein neues Herz und einen neuen Geist in euch geben und will das steinerne Herz aus eurem Fleisch wegnehmen und euch ein Herz aus Fleisch geben.* ***ICH will*** *meinen Geist in euch geben und will solche Leute aus euch machen, die nach meinen Geboten leben.*
Vgl. auch Hes 11,19 und Jer 24,7.

4.1.5 Zukunft der Völker[115]

Psalmen von David

Ps 8,6: *DU hast den Menschen nur wenig niedriger gemacht als Gott, mit Ehre und Herrlichkeit hast DU ihn gekrönt.*

Das war der Zustand des Ebenbildes Gottes direkt nach der Schöpfung. Und genau den will Gott wieder herstellen[116], auch wenn der Mensch ihn zwischenzeitlich verdorben hat. – Und der Auftrag bleibt: Der Mensch soll in einer guten Weise und mit einer dienenden Gesinnung über die Schöpfung herrschen: nämlich sie bebauen, gestalten und bewahren. Von ausbeuten und zerstören war von Anfang an nicht die Rede!

Gott ist auf der Suche nach Menschen, die nach Ihm fragen.

Ps 14,2.3: *Der HERR sieht aus dem Himmel auf die Menschenkinder, um zu sehen, ob jemand verständig ist und Gott sucht. Aber sie haben sich alle von Ihm entfernt, sie sind allesamt ganz und gar verdorben; da ist keiner, der Gutes tut, nicht ein einziger.*[117]

115 Für den Begriff *Völker* wird synonym auch *Nationen* oder *Heiden* verwendet. Gemeint sind immer alle Menschen außerhalb des von Gott erwählten Volkes Israel. Diesem hat Gott sich *zuerst* offenbart, aber von dort soll sich Sein Segen in die ganze Welt ausbreiten, zu allen Völkern, Nationen bzw. Heiden.

116 Davon zeugen die prophetischen Bilder der vollendeten Schöpfung, besonders in Offb 21,1–22,5. Hier im finalen Kapitel 13!

117 Vgl. auch Psalm 33,13. Paulus zitiert das später in Röm 3,10–12.

Es ist offenbar keine Besserung des Menschen eingetreten, denn dieses vernichtende Urteil „alle böse und verdorben" hatte Gott schon zu dem großen Sintflutgericht veranlasst.[118] Dies ist ein deutlicher Hinweis darauf, dass Gott tatsächlich Arbeit und Mühe hat[119], das Böse (bzw. *den* Bösen) durch das Gute und Seine Liebe zu überwinden und zu besiegen.

Ps 22,27–30: *Die Elenden sollen sich satt essen und die nach dem HERRN fragen, werden Ihn loben; euer Herz soll ewig leben.*[120] *Von allen Enden der Welt werden sie zum HERRN umkehren und **alle Geschlechter der Heiden werden Ihn anbeten**. Denn das Königtum gehört dem HERRN, und ER herrscht unter den Nationen. Alle Mächtigen auf Erden werden essen und anbeten; **vor Ihm werden sich alle Knie beugen, auch von denen, die schon gestorben sind.***[121]

Ja, was ist das denn? Sogar die, die schon gestorben sind, werden ihre Knie vor JHWH/Jesus beugen, nachdem sie in der Totenwelt angekommen sind. Wenn sie das nicht zähneknirschend-gezwungen tun (Gottes Liebe zwingt niemanden!), dann ist das ehrliche *Anbetung*.

118 **1Mo 6,5.12:** *Als der HERR jedoch sah, dass die Bosheit der Menschen auf der Erde groß war und dass alles Dichten und Trachten ihres Herzens ständig nur böse war* [beschloss ER, sie zu vernichten]. ... *Da sah Gott die Erde an, und siehe, sie war völlig verdorben ...*
Nach der Flut sagte Gott **(1Mo 8,21)**: *Und der HERR ... sprach in seinem Herzen: Ich will die Erde zukünftig nicht mehr wegen der Menschen verfluchen – obwohl Gedanken und Taten aus dem menschlichen Herzen von Jugend an böse sind. ...*

119 **Jes 43,24b:** *Ja, du hast Mir mit deinen Sünden Arbeit gemacht und hast Mir mit deinen Missetaten Mühe gemacht.*

120 Vgl. auch Ps 69,33.

121 Das sind die Schlussworte des *Leidenspsalmes* Jesu, der ab V23 die Wende durch die Auferstehung beschreibt.

Danke für die Anbetung, aber jetzt ist es zu spät dafür.

Die Menschen erkennen JHWH/Jesus dann endlich als den wahren Herrn und Schöpfer an. Aber, nachdem Gott dieses Ziel erreicht hat, dann soll er sagen: Danke, das war's, zu spät, weg mit dir, ab in die Hölle – weil du Jesus nicht *vor* dem Tod angenommen hast?

Ps 86,9.10: *Alle Völker, die DU gemacht hast, werden kommen und vor Dir anbeten, HERR, und Deinen Namen ehren, dass DU so groß bist, Wunder tust und der einzig wahre Gott bist.*[122]

Ps 138,4.5: *Alle Könige auf der Erde werden Dir, HERR, danken, wenn sie das Wort aus Deinem Mund gehört haben, und sie werden von den* [wunderbaren] *Wegen Gottes singen, weil die Herrlichkeit des HERRN groß ist.*

Psalm von anderen Betern

Ps 46,5.6 (von den Söhnen Korah): *Dennoch soll die Stadt Gottes durch einen Strom mit vielen Bachläufen erfreut werden, dort sind die heiligen Wohnungen des Höchsten. Gott ist in ihrer Mitte, darum wird sie festbleiben; Gott hilft ihr schon früh am Morgen.*

Offenbar hatten diese Psalmisten schon einen Vorausblick auf die herrliche Stadt Gottes, wie sie am Ende der Offenbarung an Johannes beschrieben ist – als Bild für die vollendete Gemeinde.

122 *Alle Völker ...!* Nicht: *aus* allen Völkern ...; vgl. Mal 1,11; Röm 11,30–36; 15,9; Offb 15,4.

Psalmen von unbekannten Betern/Wallfahrtslieder

Ps 2,7.8 ist ein prophetisches Wort, das auf den Messias deutet: *DU bist Mein Sohn, heute habe ICH Dich gezeugt. Wenn DU Mich bittest, will ICH Dir Völker zum Erbe geben und die Enden der Welt zum Eigentum.*

Das geht allerdings vorher durch heftiges Gericht. (V9)

Ps 67,3–7: *Gott sei uns gnädig und segne uns; ER lasse uns Sein Antlitz leuchten, damit man auf der Erde Seinen Weg erkennen kann, unter allen Heiden Seine Rettung. Die Nationen freuen sich und jauchzen, dass DU gerecht über die Volker richtest und sie auf der Erde regierst. Alle Völker werden Dich loben und Dir Dank sagen. Das Land bringt seinen Ertrag hervor. Gott wird uns segnen und alle Welt wird Ehrfurcht vor Ihm haben.*

Der unbekannte Beter hat offenbar die Perspektive, dass der Segen für Israel von dort aus in alle Welt geht und auch die Nationen erreicht, so dass sie letztlich am Ziel ebenfalls den Herrn als den einzig wahren Gott anbeten werden.

Ps 96 ist ein Aufruf zum Lob Gottes und dieser Aufruf geht an alle Völker. Unsere Globalisierung ist keine Erfindung des 20./21. Jahrhunderts. Gott hatte schon immer mit Seinen Rettungsabsichten die ganze Welt im Blick.

V7–9: *Ihr Völker, erweist dem HERRN Ehre und Macht. Gebt Ihm die Ehre Seines Namens; bringt eure Geschenke* [oder: Opfergaben] *und kommt in die Vorhöfe Seines Heiligtums! Betet den HERRN in heiligem Schmuck an; alle Welt soll Ehrfurcht vor Ihm haben!*

Dass die Völker Gott ihre Ehre und Geschenke bringen, ist hier eine prophetische Vorausschau, die sich im Schlussbild der Offenbarung an Johannes erfüllt.

V11.12: Die ganze Schöpfung jubelt Gott dann zu, die Erde freut sich, die Bäume singen laut, Himmel und Erde, alles ist voller Freude. Warum? **V13**: *... denn ER kommt, zur Rechtsprechung über das Erdreich. ER wird über die ganze Welt richten, und zwar mit* [Seiner] *Gerechtigkeit und mit Seiner Treue und Wahrheit.*

Dann löst sich auch auf, dass *wir* nicht vorzeitig über den anderen richten sollen. Das hat Gott sich zum Abschluss der Geschichte selbst vorbehalten. Dann kommt die *ganze* Wahrheit auf den Tisch, alles, wie es *wirklich* gewesen ist.

Und dabei wird Gottes Gerechtigkeit alles Böse, alles für Ihn Untaugliche, alles nicht Akzeptable entfernen. In einem vielleicht schmerzhaften Prozess der Gottes- und Selbsterkenntnis müssen wir alles loslassen und hergeben, was das Ego am Willen Gottes vorbei hervorgebracht hat.

Aber, auch in diesem Gerichtsprozess bleibt Gott in Seinem Wesen *Agape*, die dem Menschen und der Schöpfung zugewandte, sich selbst hingebende Liebe.

Die Gerechtigkeit, die vor Gott gilt,[123] ist dann die aus Seiner Gnade wieder hergestellte (zurechtgebrachte) Beziehung zwischen Ihm und den Menschen, die sich von Ihm abgewendet hatten.

Ps 102: Der unbekannte Beter klagt zunächst über seine elende Not. Er ist völlig am Boden, aber nicht ohne Hoffnung. Ab V13

123 Paulus entfaltet das ausführlich im Römerbrief, Kapitel 3–8.

wendet sich sein Blick weg vom eigenen Elend hin zum ewig-gnädigen Gott. ER soll und wird Zion (d. h. Jerusalem/Israel) wieder aufbauen – und daran sollen auch die Völker Ehrfurcht vor dem Namen und der Herrlichkeit Gottes lernen. (V16.23)

Ps 104 ist ein Lob auf die Schöpfermacht Gottes.

V5: *DU hast das Erdreich auf seinem Boden gegründet, dass es für immer und ewig bleibt.* So auch **Pred 1,4**: *Ein Geschlecht vergeht, das andere kommt; die Erde aber bleibt ewig.*

Jesus hat selbst gesagt, dass *Himmel und Erde vergehen werden, Seine Worte aber nicht* **(Mt 24,35)**. Etliche Stellen zeigen eine Neue Erde an.[124] Wie passt das zusammen?

Könnte es nicht sein, dass die *Neue* Erde einfach eine *erneuerte* Erde ist, am selben Platz im Universum wie die jetzige. Das Böse ist dann vollständig überwunden und gerichtet und Gott ist mit Seiner Schöpfung zum Ziel gekommen. Alles ist *neu* bzw. *erneuert*, insbesondere die Beziehung zu Gott. Die *jetzige* Erde in ihrer bisherigen Erscheinungsform, die gibt es dann nicht mehr, aber das Neue geht aus dem Alten, Vorherigen hervor.

Ps 117, ein ganz kurzer Psalm:

Lobt den HERRN, alle Heiden; preist Ihn, alle Völker! Denn Seine Gnade und Wahrheit [oder Treue] *sind mächtig über uns in Ewigkeit. Halleluja!*

Ps 150, der krönende Abschluss: *Das große Halleluja. Alles, was atmen kann, soll den Herrn loben.*

---

124 Z. B. Jes 65,17, 66,22; 2Petr 3,13; Offb 21,1.

Halleluja!
Lobt den HERRN in Seinem Heiligtum!
Lobt Ihn in Seiner himmlischen Macht!
Lobt Ihn für Seine Taten!
Lobt Ihn in Seiner großen Herrlichkeit!
Lobt Ihn mit Posaunen!
Lobt Ihn mit Zither und Harfe!
Lobt Ihn mit Pauken und Tanzen!
Lobt Ihn mit Saiten und Flöten!
Lobt Ihn mit klingenden Becken!
Lobt Ihn mit wohlklingenden Zimbeln!
Alles, was atmen kann, soll den HERRN loben!
Halleluja!

4.2 Ständig auf und ab

In **Ps 78**[125] blickt **Asaf** auf die Geschichte Israels und Gottes wunderbares Wirken zurück. In der Lutherübersetzung ist der Psalm überschrieben: *Schuld, Gericht und Gnade in Israels Geschichte.*

Der Tenor ist: Gott führt Sein Volk und versorgt es, aber das Volk driftet trotzdem immer wieder in Motzerei und Misstrauen ab. Aber Gott lässt sich nicht beirren.

Beispielhaft (ab V21): Kaum hatte Gott in der Wüste für Wasser aus dem Felsen gesorgt, fing das Volk wieder an, zu motzen:

Und wo bleiben Brot und Fleisch?
Kannst DU das denn auch?

Das ruft zwar Gottes heilig-brennenden Zorn hervor, aber gleichzeitig öffnet ER den Himmel, um auf wundersame Weise Sein

125 Ps 106 hat ein ähnliches Thema.

Motzervolk mit Manna – und später auch mit Wachtelbergen im Überfluss – zu versorgen.

Gott versorgt sein Motzervolk mit Wachtelbergen im Überfluss.

Wunder über Wunder, aber an der Beziehung zu Gott ändert sich nichts. Noch während sie sich den Bauch bis zum Erbrechen vollschlagen, muss Gott wieder zornig werden, denn *trotz alledem sündigten sie noch mehr und glaubten nicht an Seine Wunder.* (V32)

Es bleibt in der Geschichte Israels (und der Menschheit insgesamt) ein ständiges Hin und Her (V34ff). Ps 78 ist einer der längsten Psalmen, aber gerade hier lohnt es sich, den ganzen Psalm zu lesen, der das ständige Auf und Ab von Schuld, Zorn Gottes, Gericht und barmherziger Gnade in der Geschichte Israels nachzeichnet.

In der Not suchen sie Gott, aber kaum ist die durch Gottes Barmherzigkeit gelindert, geht es mit geheucheltem Gottesdienst, Lug und Trug weiter, so dass Gottes Zorn aufs Neue herausgefordert wird. Gottes Warnrufe werden von den selbstherrlichen Menschen dabei ignoriert.

Und trotzdem **(V38):** *Gott aber war barmherzig und vergab* [immer wieder] *die Missetaten und vertilgte das Volk Israel nicht. ER wandte Seinen Zorn oft wieder ab und ließ ihm nicht freien Lauf.*

Deutlich wird dabei, dass Gott Sein treuloses Volk zwar immer wieder zur Rechenschaft ziehen und strafen muss, Seine Gnade und Barmherzigkeit aber immer wieder bereit für einen neuen Anfang ist. Auch wenn Gott weiß, dass der „Erfolg" nicht dauerhaft sein wird: ER bleibt dran und gibt Seinem Volk immer wieder eine neue Chance – das gilt jedenfalls für Israel *in* dieser Welt bis heute.

Ist es dann so abwegig, anzunehmen, dass sich diese Linie für alle Nationen bis in die *Neue* Welt hinein durchzieht?

4.3 Das Hohelied der Barmherzigkeit Gottes – Psalm 103

Psalm 103 ist einer der bekanntesten Psalmen von David und rückt die umfassende Barmherzigkeit Gottes besonders in den Vordergrund.[126]

4.3.1 Lobe … und vergiss nicht!

V1–4

Warum reden wir eigentlich so viel mehr über das Schlechte, Misslungene, Nervige und so wenig über das Gute, Gelungene und Erfreuliche – das es doch auch reichlich gibt?

David stellt dies an den Anfang seines großartigen Psalms: Vergiss nicht das Gute, das Gott dir getan hat – und das nicht nur punktuell. Das ist ein Dauerauftrag! (V2) Und das alles unter den Vorzeichen, dass Gottes Name heilig ist (V1).

David hat in seinem Psalm (und seinem ganzen Leben) immer eine *irdische* und eine *ewige* Perspektive.

Was sollen wir denn nicht vergessen?

126 Dieser Abschnitt ist eine ausgearbeitete Predigt von mir (Okt 2021), die auf meiner Homepage www.masabank.de als einzelnes Manuskript vorliegt und dort auch als MP3-Audio angehört werden kann.

a) ER *vergibt* alle deine Sünde. (V3a)

Vgl. **Ps 32,1:** Die Sünde ist zugedeckt!

Deswegen tragen orthodoxe Juden eine *Kippa*! Die Kippa auf dem Kopf der Juden symbolisiert die gnädige Bedeckung der Sünden.

Dies ist auch bereits im Allerheiligsten des Tempels angezeigt: Der *Sühnedeckel* zwischen den Zehn Geboten (*in* der Bundeslade) und den heiligen Cherubim *darüber* symbolisiert die gnädige Bedeckung der Verfehlungen – der Nichteinhaltung der Gebote Gottes.

Am großen Versöhnungstag[127] wurde dort einmal im Jahr das Opfer dargebracht, um die Sünden des Volkes zu *bedecken*.[128]

Ps 130,8 spricht von der Erlösung Israels von *allen* Sünden.

Jes 43,25: *ICH lösche sogar deine* **Verbrechen** *(!) aus und gedenke deiner Sünden nicht.*

Warum macht Gott das? Um Seinetwillen! Sein Heiliger Name soll nicht in den Dreck gezogen werden.

Eph 1,7: *In Ihm haben wir die Erlösung und Vergebung nach dem Reichtum Seiner Gnade.*

---

127 Jom Kippur, heute noch der höchste Feiertag Israels, vgl. 3. Mo 16.

128 Es konnte hier nur eine *Bedeckung* vor den Augen Gottes erfolgen. Die *Beseitigung* erfolgte erst durch Gottes eigenes Opfer in Jesus am Kreuz.
Hebr 10,4: *Denn es ist unmöglich, durch das Blut von Ochsen und Böcken Sünden wegzunehmen. …* **10:** *In diesem Willen sind wir auf einmal durch das Opfer des Leibes Jesu Christi geheiligt* [= gerecht gesprochen]. … **18:** *Wo aber Vergebung der Sünden ist, da braucht es dafür keine Opfer mehr.*

Wichtig ist hier zu unterscheiden zwischen

- der *Sünde* als **Zustand** der Trennung von Gott,
- den *Sünden*, die als **Fehlverhalten** daraus folgen und
- dem *Sünder*, den Gott grundsätzlich trotzdem **bedingungslos liebt**.

b) ER *heilt* alle deine Krankheiten/Gebrechen. (V3b)

Ja, tut ER das denn wirklich? Sterben nicht ständig Menschen an bösen Krankheiten wie Krebs – obwohl andere ernsthaft dafür gebetet haben? Hier bleiben viele Fragen offen.

Zweifellos: Gott *kann* das und in ausweglosen Situationen überraschende Hilfe und Genesung schenken. Schon manch ein Arzt hat sich gewundert, dass ein Tumor plötzlich weg war. Ja, zeichenhaft tut Gott das auch heute noch. Aber erst in Ewigkeit wird es vollkommen sein: kein Leid, kein Trauergeschrei mehr! Dann wird alles gesund und wieder heil sein. (Offb 22,2!)

c) ER *erlöst* (kauft frei) dein Leben vom Verderben. (V4a)

ER erlöst dein Leben, d. h im Kern: ER kauft es frei aus der Bindung an alles Böse, an all das, was Gott nicht gefällt.

Und zwar „vom Verderben", **Jes 38,17** sagt: *„aus der Grube der Vernichtung"*. Gott will nicht, dass wir an den Folgen eines Lebens ohne Ihn zugrunde gehen.

Gott will nicht, dass wir an den Folgen eines Lebens ohne Ihn zugrunde gehen.

Gott will Leben, ER schafft Leben und ER will Gemeinschaft mit diesem von Ihm geschaffenen Leben haben. Und wenn diese Gemeinschaft gestört oder sogar zerstört ist, dann tut ER *alles* dafür, sie wieder herzustellen.

d) ER *krönt (!)* dich mit Gnade und Barmherzigkeit. (V4b)

Mein Leben endet eben nicht in der „*Grube der Vernichtung*". NEIN!

DU krönst es mit Gnade und Barmherzigkeit! – Verstehen wir, was das bedeutet? Gnade und Barmherzigkeit kommen als Krone auf unser gebrochenes – vielleicht sogar verpfuschtes – Leben „oben drauf".

Der Mensch, die „Krone der Schöpfung", wird am Ende der Heilsgeschichte Gottes durch Seine Gnade und Sein Erbarmen – und durch nichts sonst! – wieder zu dem gemacht, was er von Anfang an sein sollte.

Der Mensch ist dann wieder am Ziel, der Gemeinschaft mit seinem Schöpfer, angekommen und spiegelt Ihn als Ebenbild wider.

Sie haben ihr Ziel verfehlt, bitte wenden!

Solange das noch nicht geschehen ist, gilt:

4.3.2 Die Gerechtigkeit Gottes

V6–12

a) Wie schafft Gott denn Gerechtigkeit und Recht?

V8: ER ist barmherzig, gnädig, geduldig und von großer Güte und diese *Eigenschaften* Gottes entspringen alle Seinem *Wesen*: und das ist Liebe. Das Zentrum des Universums ist Liebe Gottes.

Ist das nicht grandios? In *einem* Vers entfaltet sich, dass und wie sich die Liebe Gottes dem verirrten Sünder zuwendet: durch Gnade, Barmherzigkeit, Geduld und Güte.

V9: ER wird nicht *andauernd* richten, streiten, hadern und zornig bleiben. Ja, Gott ist zornig über das, was Menschen in Seiner guten Schöpfung anrichten! ER hat auch wirklich allen Grund dazu! Und Gott ist erst recht zornig, wenn Menschen dauerhaft Sein Friedensangebot ausschlagen.

Es gibt bei und von Gott viel mehr Gnade und Barmherzigkeit als Zorn und Gericht.

Und dennoch gilt: Sein Zorn hält nicht *ewig* an – im Unterschied zu Gnade und Barmherzigkeit. Also: Es gibt bei und von Gott viel mehr Gnade und Barmherzigkeit als Zorn und Gericht.

Paulus sagt es in **Röm 5,9.10** so: *Um wie viel mehr wird die Liebe Gottes ... Seinen Zorn übertreffen?*

V10: Gott handelt nicht mit uns nach unseren Sünden und vergilt uns nicht nach unseren Missetaten (Jes 43,25: nach unseren **Verbrechen**!, s. o.).

Also: Gott verfährt eben nicht so, wie wir es nach „Recht und Gesetz" verdient hätten, sondern ER lässt „Gnade vor Recht" ergehen.

Die „Gerechtigkeit, die vor Gott gilt"[129], ist die Wiederherstellung der Gemeinschaft zwischen Gott und Mensch – weil ER es will und weil Jesus dafür am Kreuz in den Riss getreten ist.

---

129 Vgl. **Röm 3,21:** *Nun ist aber* [durch Jesus Christus] *ohne irgendeinen Beitrag des Gesetzes die Gerechtigkeit, die vor Gott gilt, offenbart und das bezeugen auch das Gesetz und die Propheten.*

b) Und wie stellt ER die Gemeinschaft wieder her?

V11: durch Seine alles *überragende Gnade.*

Diese übermächtige Gnade ist so viel höher, als der Himmel[130] über der Erde ist. Wir können uns das gar nicht vorstellen: Der Himmel (= die Gnade Gottes) ist eine völlig andere Dimension, die wir nicht näherungsweise denken oder gar erfassen können.[131]

Wir werden Gottes Liebe, die sich u. a. in Gnade, Barmherzigkeit und Vergebung konkretisiert, nie vollständig erfassen können. Wir können mit unseren 1 bis 1,5 kg Hirn immer nur zu klein davon denken.

Wir können mit unseren 1 bis 1,5 kg Hirn immer nur zu klein von der Liebe Gottes denken.

Die (einzige) Voraussetzung ist: Ehrfurcht vor Gott, Ihn als Schöpfer anerkennen und ehren – das ist der Anfang von Erkenntnis und Weisheit. Mehr will Gott doch erst mal gar nicht, weil alles andere daraus folgt.

V12: *ER lässt unsere Übertretungen* [Vergehen, Treuebrüche, Auflehnungen, also alles, was Gott missfällt] *von uns entfernt sein, so weit wie der Morgen vom Abend oder der Osten vom Westen ist.*

Das heißt, Gott entfernt unsere Vergehen so weit von uns, wie es die größtmögliche Distanz auf diesem Globus veranschaulicht (räumlich: Osten – Westen, zeitlich: Morgen – Abend).

---

130 Gemeint ist hier natürlich *Himmel* als die Welt Gottes. Die Engländer sind hier geschickter, indem sie *heaven* und *sky* unterscheiden.

131 **Jes 55,8.9:** *Denn meine Gedanken sind nicht eure Gedanken, und eure Wege sind nicht meine Wege, spricht der HERR; sondern so viel der Himmel höher als die Erde ist, so sind auch meine Wege höher als eure Wege und meine Gedanken höher als eure Gedanken.*

Andere Stellen verdeutlichen dies mit weiteren Bildern:

Mi 7,19: *ER wirft unsere Sünden in die tiefste Tiefe des Meeres.*

Jes 44,22: *ICH habe deine Verbrechen ausgelöscht wie einen Nebel oder eine Wolke, so wie Wassertröpfchen von der Sonne in unsichtbares Gas verdunsten.* – So werden sogar unsere Verbrechen (!) noch von der Liebe Gottes überwunden und aufgesogen.

Jer 50,20: *Weil Gott vergibt, wird man Schuld und Sünde trotz intensiver Suche nicht mehr finden* – sie sind weg!

Hebr 10,17: *Gott wird an unsere Sünden und Gesetzlosigkeiten nicht mehr denken.* ER hat sie schlicht vergessen.

c) Was heißt das – für die Sünde und den Sünder?

Gott liebt den *Sünder*, aber ER hasst die *Sünde*.

Christen sagen gern als dogmatischen Glaubenssatz: Gott liebt den *Sünder*, aber ER hasst die *Sünde*. Und das stimmt auch!

Genau das ist hier gemeint: Die *Missetaten* müssen im Gericht Gottes vom Menschen abgetrennt und gerichtet werden. Sie haben im Reich Gottes nichts mehr zu suchen.

Niemand wird mit Alltagskleidung an der königlichen Hochzeit teilnehmen können, vgl. Mt 22,1–14, besonders V11–13.

ABER, der Sünder selbst *bleibt* unter der Gnade Gottes.

Wohl dem, der jetzt schon sein Leben unter der Leitung von Jesus immer wieder in das Licht Gottes stellt, Vergebung erhält und sein Leben neu auf Gott ausrichtet.

4.3.3 Papa? …!

V13–22

a) Irdische Väter und der Papa im Himmel

V13: Wenn schon irdische Väter mit ihren Kindern barmherzig umgehen können – sollte der vollkommen liebende Gott das dann nicht erst recht tun?[132]

Wiederum: … Erbarmen über denen, die Ihn fürchten, also über denen, die Ehrfurcht und Achtung gegenüber ihrem Schöpfer haben.

Aber, ist das *ihr* Verdienst?

Nein, es ist doch wohl so, dass Gott auch das durch Seinen Geist wirkt: Wollen und Vollbringen gleichermaßen (Phil 2,13) – von uns aus sind wir dazu gar nicht in der Lage! Wir werden Gott nie Ehrfurcht, Achtung und Anbetung entgegenbringen, wenn ER das nicht in uns wirkt. Wir haben überhaupt keinen Grund „stolz auf unsere Frömmigkeit“ zu sein.[133]

Wir haben überhaupt keinen Grund stolz auf unsere Frömmigkeit zu sein.

132 Vgl. **Mt 7,11:** *Wenn sogar ihr, die ihr doch böse seid, euren Kindern trotzdem gute Gaben geben könnt, wie viel mehr wird dann euer Vater im Himmel denen Gutes geben, die ihn darum bitten!* (vgl. Abschnitt 084 *Herein!* in Band 1)

133 Vgl. die Fehlhaltung des Pharisäers im Tempel, der sich für etwas Besseres hielt als der zerknirschte Sünder in der Ecke. (Lk 18,9–14, vgl. Abschnitt 232 *Wen nimmt Gott an?* in Band 2)

b) Staub, Gras, Wind und Blumen – alles vergänglich

V14–16: Papa kennt uns doch: Es steht alles unter den Vorzeichen der Ewigkeit, aus deren Perspektive wir eine flüchtige, unbedeutende Erscheinung sind. Staub, Gras, Blumen, Wind: Das sind alles Bilder für mehr oder weniger schnelle Vergänglichkeit.

Was bilden wir uns eigentlich ein?

Schon vom startenden Flugzeug aus sehen wir aus wie mickrige Ameisen, wenn man den einzelnen Menschen denn überhaupt noch erkennen kann.

Gott hat Humor: Beim Turmbau zu Babel muss ER *herabkommen*, und sich das, was die Menschen für so großartig halten, quasi mit der Lupe anschauen – so lächerlich ist das aus Seiner Perspektive.

c) Gnade für die Erdmännchen

V17: Obwohl wir eigentlich nur ein unbedeutender Hauch sind, gilt diesen „Erdmännchen" die ganze Liebe Gottes. Der Vater im Himmel sagt uns „*Gnade* von Ewigkeit zu Ewigkeit" und „Seine (!) *Gerechtigkeit*" zu – immer mit dem „Vorbehalt": Wenn wir Ihn anerkennen (s. o.).

V18: Wer Gott anerkennt, der wird sich auch nach den lebensförderlichen Ordnungen richten, die Gott Seiner Schöpfung gegeben hat. Und der wird treu in der Gottesbeziehung leben – auch wenn das jetzt alles noch unvollkommen bleibt.

Das war auch das Geheimnis Davids als „Mann nach dem Herzen Gottes", trotz all seiner Verfehlungen. Er wusste immer, an welche Adresse er mit seinem Versagen gehen konnte. Und er tat das auch.

Beides – Gnade und Gerechtigkeit – meint die nicht mehr endende Gemeinschaft mit Gott, die durch Jesus wieder hergestellt ist. Und deswegen beginnt das ewige Leben mit Jesus *jetzt* und nicht erst nach dem Tod![134]

Das ewige Leben beginnt *jetzt* und nicht erst nach dem Tod.

Eine herausfordernde Schlussfolgerung:

- *Wenn* Gottes umfassende Liebe das Böse in jeder Form überwindet,
- *wenn* Sein Ziel die Wiederherstellung der Gemeinschaft mit den Menschen ist und
- *wenn* ER dafür selbst in Jesus alles aufgewendet hat,

sollte dieses liebende Bemühen Gottes *dann* plötzlich mit dem Tod des Menschen erlöschen, nur weil dieser ggf. gar keine Chance hatte, in seinem Leben das Evangelium zu hören und sich „für Jesus zu entscheiden"?

Zur falschen Zeit am falschen Ort gelebt – Pech gehabt? Das kann ja wohl nicht wahr sein!

Die pietistisch-evangelikale Schwarz-Weiß-Theologie, dass man nur und *ausschließlich* in den Himmel kommt, wenn man sich *vor* seinem Tod „für Jesus entschieden" hat, erscheint mir zunehmend fragwürdig. Dann würde ja das nicht-entscheiden-*Können* die Gnade Gottes begrenzen. Das nicht-entscheiden-*Wollen* ist etwas anderes.

Sollte das nicht-entscheiden-*Können* die Gnade Gottes begrenzen?

Dann müsste der liebende Gott konsequenter Weise Seinem boshaften Widersacher Satan, den Jesus selbst als Vater aller Lüge bezeichnet (Joh 8,44), am Ende

134 Vgl. Joh 3,36; 17,3.

der Geschichte den deutlich größeren Teil der Menschen als Müll der Geschichte in den Rachen werfen.

Gott als miserabler Geschäftsführer, der mehr als 80 % Ausschuss produziert hat, obwohl ER doch alle retten wollte (1Tim 4,2; 2Pe 3,9) und sogar gesagt hat, dass ER tut, was ER sich vorgenommen hat (Jes 46,10)?

Wollen wir das ernsthaft glauben?

d) Gott kommt zum Ziel

V19–22 erweitern das Lob Gottes von V1.2

- auf den Himmel (von „meine Seele" zu „Engel und Heerscharen") und
- die ganze Schöpfung (alle Werke Gottes an allen Orten).

Dann herrscht Gott (wieder) über ALLES. Die Bitte im Vater Unser, … *wie im Himmel so auf Erden,* ist endlich Realität geworden, die Gebete über Jahrhunderte sind zum Ziel gekommen.

Gottes Liebe hat mit Gericht über das Böse, aber Gnade und Barmherzigkeit für den Sünder Seine ganze gute Schöpfung wieder unter Seine Herrschaft gebracht.

- Sein Thron steht fest. Und dieser Thron ist gleichzeitig „Thron des Gerichtes" *und* „Thron der Gnade"!
- Dann ist *das Böse* besiegt, gerichtet und vernichtet.
- Die *begnadigten Sünder* sind wieder zu Hause.
- Die *himmlische Welt* mit ihren Engelheerscharen und *alle Werke Gottes an allen Orten* münden ein in
- LOBET DEN HERRN.

AMEN

4.3.4 Ein wichtiger Nachtrag

Aufgrund von Predigtnachgesprächen, wie sie – leider – nicht oft stattfinden, füge ich eine wichtige Ergänzung an:

Ich habe in dieser Predigt sehr stark die umfassende Gnade und Barmherzigkeit Gottes betont, die David in Psalm 103 besingt.

Die abschließenden Punkte **Gnade für die Erdmännchen** und **Gott kommt zum Ziel** sollen aber nicht im Sinne einer *Allversöhnung*[135] verstanden werden, nach der am Ende sowieso alle irgendwie bei Gott sind und in den Himmel kommen.

Nein! Gott wird es nicht zulassen, dass die Rebellion gegen Ihn im Himmel weitergeht! Dann würde das ganze Drama ja von vorn beginnen.

Selbstverständlich bleibt es dabei, dass Gott dem Menschen eine Entscheidungsfähigkeit gegeben hat und dass ER ihn nicht in eine Gemeinschaft mit sich *hineinzwingen* will. Gott wird aber auch nicht jeden, der Ihn ablehnt, am Ende in den Himmel „durchwinken" – nach dem Karnevalslied „Wir kommen alle, alle in den Himmel ...". Das ist ein gefährlicher Irrtum.

Gott wird nicht jeden am Ende in den Himmel „durchwinken".

Wer sich bewusst und beharrlich der Liebe, Gnade und Barmherzigkeit Gottes verweigert, muss damit rechnen, dass Gott auch das ernst nimmt.

135 Die Lehre der Allversöhnung geht sogar davon aus, dass am Ende aller Gerichte sogar der Teufel noch zur Besinnung kommt und unter die Herrschaft Gottes zurückkehrt.

4.4 Danklied der Erlösten – Psalm 107

Psalm 107[136]

ist ein starker Psalm eines unbekannten Beters, der die ewig währende Gnade besingt und Gottes unbedingten Rettungswillen hervorhebt. ER hört und handelt, wenn Menschen zu Ihm rufen.[137]

Die Erlösten, also die, die das Angebot der Gnade angenommen haben, kommen aus allen Ländern und Himmelsrichtungen, d. h. es ist ein globales Geschehen.[138] (V2.3)

Diese Menschen waren

- verirrt in der Wüste, (V4)
- hungrig, durstig und in ihrer Seele verschmachtet, (V5)
- in Dunkel und Finsternis, gefesselt in Elend und Eisen, (V10)
- widerspenstig gegenüber Gottes Lebensregeln, (V11)
- durch Unglück gebeugt, weil Gott die Folgen ihrer Abkehr zuließ, (V12)
- leidend auf ihren gottlosen Wegen und wegen ihrer Sünden, (V17)
- dem Tode nah (V18) und
- in Seenot (V23–27).

Der Psalm zeigt in mehreren Abschnitten den wiederkehrenden Ablauf in der Welt- und Heilsgeschichte:

136 Auch hier empfehle ich, den ganzen Psalm zu lesen.

137 Vgl. Verse 6a, 13a, 19a und 28a.

138 Es könnte sich dabei allerdings auch um die Rückführung der Juden aus der weltweiten Zerstreuung handeln, die Ende des 18. Jahrhunderts tatsächlich begonnen hatte und 1948 zur Neugründung des Staates Israel führte. – Eine mehrfache Bedeutung ist durchaus möglich und bei den prophetischen Worten nicht unüblich.

1. Die Menschen laufen fern von Gott in Not, Elend und Finsternis. Es ist der *Zustand* der Gottentfernung (Sünde). Gott lässt sie (eine Zeit lang) laufen, so dass sie die Folgen spüren.
2. Im Elend besinnen sich die Menschen wieder auf ihren Schöpfer und rufen erneut nach Seiner Gegenwart.
3. Darauf scheint Gott nur gewartet zu haben: ER hört und greift ein[139] – und wie!
   - ER *rettet* aus Bedrängnis, *leitet* wieder auf den richtigen Weg und zu neuen Orten. Leben mit Gott ist Aufbruch!
   - ER *führt* aus Dunkel und Finsternis, ER *zerreißt* die Fesseln: raus aus dem Gefängnis in Licht und Freiheit!
   - ER *schickt* neu Sein Wort, Seine Weisungen für ein gelingendes Leben und *rettet* aus „der Grube".
   - Sturm und Wellen müssen vor Ihm schweigen,[140]
   - Gott lässt die Wüste wieder blühen, nachdem ER vorher dürres Land, Öde und Salzsteppe – als Ruf zur Umkehr – zugelassen hat.[141]
   - ER schützt den Armen und der soll leben und sich wieder vermehren.
4. Jeder Abschnitt endet mit der Aufforderung zum Lob Gottes für Sein gnädiges Eingreifen.[142]

Die Geschichte Gottes mit den Menschen und des Menschen mit Gott scheint ein wiederkehrender Kreislauf zu sein (Bild 1).

139 Vgl. Verse 6b.7; 13b.14.16; 19b.20; 28b.29; 35–38; 41.42.

140 Jesus, Gott auf der Erde, hat gezeigt und bewiesen, dass ER das wirklich kann, vgl. Mt 8,26; Mk 4,39; Lk 8,24 und Abschnitt 116 *Stresstest* in Band 1. Die drei synoptischen Evangelien berichten von diesem Wunder der Sturmstillung. Und die Jünger fragen sprachlos: *Wer ist dieser?*

141 In dem Wiedererwachen des heutigen Israel kann man das eindrucksvoll *besichtigen*: Das karge Land, die Wüste fängt wieder an zu blühen und Früchte zu tragen.

142 Vgl. Verse 8.9; 15; 21.22; 31.32; 43.

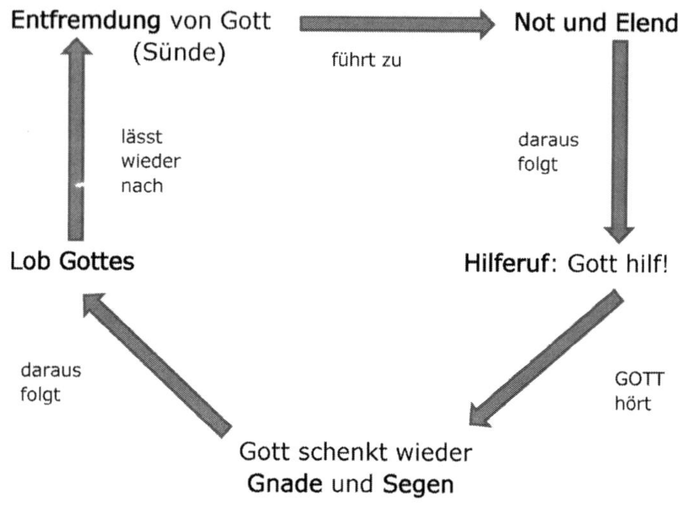

Bild 1 Der Kreislauf von Elend und Segen

4.5 Wie die Träumenden – Psalm 126

Ps 126,1–3: *Wenn der HERR die Gefangenen Zions erlösen wird, werden wir sein wie die Träumenden. Dann wird unser Mund voller Lachen und Lob für Gott sein. Dann wird man [sogar] unter den Heiden sagen: Der HERR hat Großes an ihnen getan! Ja, der HERR hat dann wirklich Großes an uns getan; darum sind wir voller Freude.*

Dazu einige grundsätzliche Gedanken: Lachen und Jubel, wie Träumende, als der Herr die Gefangenen (bzw. jetzt Heimkehrenden) nach Zion zurückführte. Von der Gefangenschaft (als Gericht über Götzendienst und sittliche Verfehlungen) in Babel zurück in die Heimat. Es geht nach Hause, wenn das kein Grund zum Feiern ist!

Das Gericht war hart und von Gott veranlasst, weil das Volk unfähig zur Umkehr geworden war. Aber dann soll das Gericht zu Besinnung und Umkehr führen – und die schenkt Gott (!) dann auch tatsächlich.

Oft ist Gottes Handeln mit Israel ein Abbild, eine Vorausschau für die ganze Welt *und* für geistliche Vorgänge.

Die Befreiung Israels aus dem Gericht und der Gefangenschaft in Babel ist auch ein Sinnbild für die Befreiung des Menschen (bzw. der Menschheit) von der Sünde (der Trennung von Gott).

Das Gericht über die Sünde ist an Jesus bereits vollstreckt worden, d. h. sie *ist* besiegt und die Trennung von Gott *ist* durch Jesus überwunden und aufgehoben. In der Todesstunde Jesu hat Gott (!) von oben nach unten den Vorhang zum Allerheiligsten im Tempel zerrissen. Gott hat die Trennung beendet, den Zugang und die Heimkehr zu Ihm freigegeben.

Und wir? Wir werden dann auch sein wie die Träumenden! Jubel, Lachen, Gesang! Das ist ja nicht zu fassen! Wir dürfen wieder zu Hause sein und der Vater erwartet uns sogar schon – wie im Gleichnis von den verlorenen Söhnen.

Das ist zunächst Gottes unbegreiflicher Ratschluss und Sein ultimatives Angebot – wir sollen uns in eigener, freier (aber letztlich von Seinem Geist gewirkter) Entscheidung darauf einlassen und die Beziehung zu Ihm wieder aufnehmen.

4.6 Allwissend und überall – Psalm 139

Psalm 139

Weiß Gott nicht nur alles – auch im Voraus (V4!) –, sondern legt ER auch alles bereits im Voraus fest? Ist alles schon *prädestiniert* und wir sind dem Lauf der Dinge mit einem gewissen Fatalismus ausgeliefert? **V16b** scheint das auszudrücken: *In Dein Buch waren schon alle Tage eingeschrieben, die noch kommen sollten, ehe überhaupt einer davon da war.*

Aber vielleicht ist es ja so, dass das Lebensbuch zunächst nur *angelegt* ist, aber die Tagesseiten sind noch leer, wie bei einem neuen Tagebuch, das ich am 1. Januar beginne. Die leeren Seiten füllen sich nach und nach mit der individuellen Lebensgeschichte, so wie die leeren Seiten des Tagebuches im Laufe des Jahres.

Dass Gott das Ergebnis schon vorher *weiß*, schränkt unsere Freiheit zur Entscheidung nicht ein.

Gott weiß in Seiner Allwissenheit zwar schon, was am Ende alles in dem Buch stehen wird, aber ER legt es nicht vorherbestimmt (prädestinativ) fest. Dass Gott das Ergebnis schon vorher *weiß*, schränkt unsere Freiheit zur Entscheidung nicht ein.

Es führt letztlich immer wieder zu der Frage, über die Luther und Erasmus schon gestritten haben: *Wie (un-)frei ist der menschliche Wille?* Und damit verbunden: Wenn letztlich alles vom Wirken des Gottesgeistes abhängt, warum lässt ER dem Bösen dann noch so viel Raum, ehe es überwunden wird?

Offenbar soll jeder Mensch eben doch in eigener – dann aber gottgewirkter – Entscheidung zu Buße und Umkehr finden. Und das natürlich besser jetzt als später. Dabei wirkt Gott zwar immer wieder durch Seinen Geist in den Menschen hinein, aber bzgl. der Wirksamkeit hat Gott sich mit der Entscheidungsfähigkeit des Menschen selbst eine Grenze auferlegt: ER respektiert die Entscheidung des Menschen – *dann geschehe dein* Wille. Dies gilt auch für die dauerhafte Ablehnung.

Gedanken zum Psalm:

V1: Gott hat mich erforscht und erkannt. ER weiß, wer ich wirklich bin. Aber das muss nicht Angst machen, weil ER vergebend-zurechtbringende Liebe *ist*.

V2–4: Gott kennt und weiß *alles*, es liegt offen vor Ihm. Datenschutzbemühungen sind vor Ihm zwecklos. ER weiß Bescheid, sogar über jedes (noch) nicht gesprochene Wort – also jeden Gedanken!

V5–6: Und gleichzeitig umschließt ER mich. Ich bin eingehüllt von Ihm, in Seiner liebenden Zuwendung. Eigentlich unfassbar!

In einem Lied bringt Albert Frey es auf den Punkt: *„Ich danke DIR, dass DU mich kennst und trotzdem liebst.“*

Gott will mich armen Hasen nicht zu Tode hetzen.

V7–12: Flucht ist sinnlos! Gott ist immer schon da. Ich nehme immer nur mich selbst mit und an jedem Zielort ist ER schon da. Gott ist wie der Igel, *Ich bin schon da.* Aber ER will mich armen Hasen nicht zu Tode hetzen, sondern lädt mich ein: *Bleib doch einfach mal bei MIR.*

V8: Erstaunlich! David sagt, dass Gott sogar im Totenreich ist. Ja, Jesus hat dort den „Geistern im Gefängnis" gepredigt (2Petr 3,19). Wenn Gott auch im Totenreich noch präsent ist und Jesus dort Seinen Sieg verkündet hat, dann muss es auch dort noch oder wieder Hoffnung geben![143]

V12: Selbst die Finsternis – die Abwesenheit von Gott – wird wieder vom Licht – und das ist Jesus, das Licht der Welt – erhellt.

V13–16: Gott weiß um jeden Menschen, der gezeugt ist, und bildet ihn im Mutterleib heran. ER will gewiss nicht, dass dieses Leben –allein in Deutschland mehr als 100.000-fach – vor der Geburt vorsätzlich und gewaltsam beendet wird. Welch eine Schuld laden wir da vor Gott ständig auf uns!

Auch diese Ungeborenen sind bei Gott nicht vergessen, nur weil ihnen in einem frühen Stadium die Möglichkeit der Weiterentwicklung genommen wurde. Sie werden alle wieder da sein!

143 Vgl. Abschnitt 2.2.4 *Jesus im Totenreich.*

V17–18: Diese allumfassende Weisheit Gottes ist mir einfach zu hoch![144]

V23–24: *Am Schluss kann David nur bitten: Erforsche mich, Gott, und erkenne mein Herz; prüfe mich und erkenne, was ich denke. Und achte darauf, ob ich auf bösem Wege bin, und dann leite mich wieder auf ewigem Wege* [also auf einem, der Dir gefällt].

Als Ergänzung schließe ich gern eine Meditation von meiner Frau zu diesem Psalm an:[145]

DU großer Schöpfer und Herr des Universums,
wie kann ich das verstehen, dass DU mich durch
und durch kennst?
Wie viele Menschen gibt es heute auf der Welt?
Wie viele hast DU Dir schon erdacht seit Adam und Eva?
Die Heilige Schrift sagt, DU kennst sie alle,
hast alle in Büchern verzeichnet,
sammelst unsere Tränen und zählst unsere Haare.
Es ist mir zu hoch: Ich kann es nicht begreifen.

DU kennst alle meine Worte – die sind nicht immer nett.
Jesus ist dafür gestorben – wie kann ich dafür danken?
DU kennst meine Absichten – auch diese sind oft nicht gut.
Alle meine Wege sind Dir bekannt – auch die Umwege.
Von allen Seiten umgibst DU mich, DU bist mein Halt,
mein Fundament, der Segen von oben, der Schutz überall.
Es ist mir zu hoch: Ich kann es nicht begreifen.

144 V19–22: Leider fügt David zum Ende dieses schönen Psalms (wieder) blutrünstige Hassgedanken ein.

145 Auf unserer Homepage www.masabank.de finden sich zu verschiedenen Themen weitere Meditationen von Sabine Bank – auch als PDF-Download.

DU kennst mein Heute, Morgen und Übermorgen.
Ganz gleich, wohin ich vor Dir fliehen will,
immer bist DU schon da – bedrohlich nah? Nein.
DU streckst mir Deine Vater-Arme entgegen,
nimmst mich an Deine Hand – wie tröstlich.
Eher mütterlich, voll Fürsorge und aus unbegreiflicher Liebe.
DU stellst mich in Dein reinigendes, heilendes Licht.
Es ist mir zu hoch: Ich kann es nicht begreifen.

DU hast mich wundervoll gemacht,
innen und außen, Schönheit, die ich selbst nicht sehe.
Als ein großartiger Künstler bist DU am Werk.
Wie ist mein Sehen so oft verbogen.
Ich urteile und richte über Menschen,
die ebenso Deine Geschöpfe sind.
Ich überlege nicht, was sie zu dem gemacht hat,
was sie gerade sind – meine Feinde sind Deine Feinde.
DU wirst ein gerechtes Urteil über **alle** fällen.
Es ist mir zu hoch: Ich kann es nicht begreifen.

Erforsche mich, Gott, und erkenne mein Herz!

4.7 Gottes ewige Güte – Psalm 145

Psalm 145

Dieser Psalm Davids ist ein umfassender Lobpsalm, der viele Hinweise enthält, dass sogar König David mit seinem klaren Schwarz-Weiß-Bild (Feinde/Freunde Gottes) möglicherweise die Gnade und Barmherzigkeit Gottes für viel weitreichender gehalten hat, als es aus Sicht des Volkes Israel damals üblich war.

V3: *Die Größe des Herrn ist unmöglich zu erforschen.*

Wir werden Gottes Wesen nie völlig begreifen und können von Seiner Liebe nie hoch genug denken.

Paulus schreibt dazu, dass auch Gottes Gerichte nicht zu erforschen sind.[146] Die unerforschlichen Gerichte Gottes haben – von Seiner Liebe getrieben – doch immer das Ziel, die Gemeinschaft mit Seinen abtrünnigen, verirrten Geschöpfen wieder herzustellen. Es sind Stoppschilder, die uns warnen sollen: Macht nicht weiter so!

V7: *... Deine Gerechtigkeit jubelnd preisen,*
weil Gott den Menschen in Seinem Verhältnis zu Ihm wieder zurechtgebracht *hat*. Es geht eben nicht nach dem griechisch-juristischen Verständnis:[147] *Jeder bekommt, was er verdient hat.*

V8: *Der Herr ist gnädig und barmherzig, geduldig und von großer Güte.*[148] – Dies ist eine umfassende Charakterisierung, wie sich die Liebe Gottes zugunsten des Menschen auswirkt; *geduldig* heißt auch: *langsam zum Zorn.* – Gott ist sicher kein unbeherrschter Choleriker.

Gott ist kein unbeherrschter Choleriker.

V9: *Der Herr ist gut zu allen und ER hat Erbarmen mit allen Seinen Werken.*[149]

V10: *Es werden Dich alle Deine Werke loben.*

146 Röm 11,33–36, vgl. Abschnitt 8.2.

147 Gesetzliche Bestimmung → Verfehlung → Urteil → Strafe → Vollzug

148 Ebenso in Ps 86,15 und Ps 103,8.

149 Vgl. Ps 86,5 und auch Jesus in der Bergpredigt: Mt 5,45.

Das ist ein roter Faden, der sich immer wieder in den Psalmen[150] und auch bei den Propheten findet: Die ganze Schöpfung soll zur Anerkennung und Anbetung ihres Schöpfers kommen.

V14: *Der Herr stützt alle, die straucheln und hinfallen, und richtet die Niedergeschlagenen wieder auf.*[151]

V17: *Der Herr ist gerecht in allen Seinen Wegen*[152] *und treu* [bzw. zuverlässig] *in allem, was ER tut.*

Gerecht und in Seiner gnädigen Vergebungsbereitschaft *zuverlässig und treu* – das geht nur bei Gott zusammen. Wir können uns darauf verlassen: Weil Gott in Jesus das Schuldproblem gelöst hat, kann ER uns umfassende Vergebung anbieten. *Wir* müssen sie nur „abholen".[153]

V18: Gott ist nicht irgendwo weit weg in Seinem Himmel. Nein, *ER ist allen nahe, die Ihn wahrhaftig anrufen.*

Hier steht eben *nicht*, dass das nur im Hier und Jetzt gilt, in diesem Leben bis zur Schranke des Todes.[154] Ist es so abwegig, zu glauben, dass dies auch vor dem Gerichtsthron, der gleichzeitig durch Jesus auch der Gnadenthron ist, noch gilt?

Ist das Schreien derer, die Ihn dann noch ernsthaft anrufen, weil sie Ihn endlich (an-)erkannt haben, vergeblich? Wird Gott dann

---

150 Vgl. z. B. Ps 69,35; 103,22.

151 Vgl. z. B. Ps 37,24; 146,8.

152 Vgl. z. B. 5Mo 32,4; Zef 3,5.

153 **1Joh 1,9:** *Wenn wir unsere Sünden bekennen, so ist Gott treu und gerecht, so dass ER uns die Sünden vergibt und uns von allen Verfehlungen reinigt.*

154 Im nächsten V19 ist allerdings dann wieder der Bezug zu den Gottesfürchtigen gegeben.

sagen: *Nein, jetzt braucht ihr Mich auch nicht mehr zu loben, das hättet ihr euch früher überlegen müssen.*

Dann würde Gott sie ja gerade in dem Moment verwerfen, in dem sie das von Ihm gewünschte Ziel gerade noch und sehr spät erreicht haben.

V20: *Der HERR behütet alle, die Ihn lieben, und wird alle Gottlosen vertilgen.*

Das ist ja durchaus kein Widerspruch zum Vorhergehenden – es kommt lediglich auf die Perspektive bzw. den Horizont an. Wer noch im Gerichtssaal an seiner Opposition oder sogar Rebellion gegen Gott festhält und Ihn partout nicht anerkennen *will*, der ist dann wirklich gescheitert und wird die Neue Welt nicht sehen.

V21: David endet mit der ganz großen Perspektive: *Mein Mund soll das Lob Gottes sagen, und* ***alles, was lebt, soll Seinen heiligen Namen für immer und ewig preisen.***

Wenn das das große Ziel ist, das in den Psalmen wiederholt besungen wird, dann liegt es wohl kaum an Gott, wenn *einzelne* Menschen es aufgrund ihrer stolzen Arroganz nicht erreichen, weil sie ihren Schöpfer bis zuletzt ablehnen und die Gemeinschaft mit Ihm nicht wollen.

Es liegt nicht an Gott, wenn *einzelne* Menschen das Ziel aufgrund ihrer stolzen Arroganz nicht erreichen.

4.8 Alles lobt Gott – Psalm 148

Psalm 148

Hier soll einfach nur der Text des Psalms für sich sprechen. Der Verfasser ist unbekannt:

1 *Halleluja! Lobt den HERRN im Himmel; lobt Ihn in der Höhe!*
2 *Lobt Ihn, alle Seine Engel; lobt Ihn, Sein ganzes Engelheer!*
3 *Lobt Ihn, Sonne und Mond; lobt Ihn, alle leuchtenden Sterne!*
4 *Lobt Ihn, alle Himmel und ebenso die Wasser, die oben am Himmel sind!*
5 *Die sollen alle den Namen des HERRN loben; denn als ER es sagte, wurden sie* [durch Sein Wort] *geschaffen.*
6 *ER erhält sie für immer und ewig; ER ordnet sie nach festen Gesetzen, nach denen sie sich bewegen.*
7 *Lobt den HERRN auf der Erde, ihr Walfische und alle Weltmeere;*
8 [ja sogar] *Feuer, Hagel, Schnee und Dampf, Sturmwinde, die Sein Wort ausrichten;*
9 *[ebenso] ihr Berge und alle Hügel, fruchtbare Bäume und alle Zedern;*
10 *wilde Tiere und alles Vieh, Insekten und Vögel;*
11 [und nicht zuletzt] ***ihr Herrscher der Erde und alle Völker****, ihr Präsidenten und alle Richter auf Erden;*
12 *ihr jungen Männer und Frauen, Alte mit den Jungen!*
13 ***Die sollen alle den Namen des HERRN loben****; denn allein Sein Name ist hoch, Seine Herrlichkeit geht weit über Himmel und Erde hinaus.* [Sie erfüllt das ganze Universum!]
14 *ER hat Sein Volk* [wieder] *stark gemacht. Alle, die Ehrfurcht vor Gott haben, sollen Ihn loben,* [besonders] *die Kinder Israel, das Volk, das Ihm dient.*

Halleluja!

5 Zwischenbilanz: Gottes Liebe und Sein Gericht – zentrale Thesen

Als Zwischenergebnis meiner Recherchen habe ich im November 2021 die bis dahin gewachsenen Erkenntnisse in zentralen Thesen zusammengefasst. Sie bedürfen selbstverständlich weiterer kritischer Überprüfung.[155]

Zunächst: Das Nachfolgende sind *Thesen* und keine Proklamationen „neuer Wahrheiten“. Sie sind nicht aus „philosophischen“ Überlegungen oder „besonderen Offenbarungen“, sondern durch Forschen in den biblischen Schriften entstanden.

In all dem sind sie zweifellos immer unvollkommenes *Erkenntnisstückwerk*, das fortlaufend an der Bibel überprüft und ggf. auch korrigiert werden muss.

Ich bin fest davon überzeugt, dass Gott uns Sein Wort und Seine Offenbarungen gegeben hat, damit wir darin forschen, um die Zusammenhänge immer besser – wenn auch weiterhin unvollkommen – zu verstehen.

Im Laufe des Studiums ist mir insbesondere aufgefallen (unter Benutzung auch von biblischen Wörterbüchern und Lexika), dass unser „landläufiges“ Verständnis zentraler Begriffe wie z. B. Sünde, Gerechtigkeit oder Ewigkeit mehr vom philosophisch-griechischen als vom biblisch-hebräischen Denken geprägt ist und

155 Das habe ich nachfolgend durch das Studium der Propheten und neutestamentlicher Schriften (Kapitel 6 bis 8) auch selbst getan. Dieses weitere Schriftstudium war allerdings zeitlich *nach* der Lektüre von *Großer Himmel – kleine Hölle?* (Kapitel 9), so dass auch die Ansätze aus dem Buch von Jens Kaldewey hier in Kapitel 5 bereits mit eingeflossen sind. – Die Thesen wurden für dieses Buch substantiell nicht verändert und lediglich redaktionell überarbeitet.

deshalb oft an der eigentlichen Bedeutung im ursprünglichen biblischen Zusammenhang vorbei geht.
Folgende Thesen skizziere ich mit der Absicht, ein neues Nachdenken anzuregen und sie auch gemeinsam am Gesamtzeugnis der Bibel zu überprüfen. Zentral ist dabei die Frage, ob es auch ***im* Gericht noch Gnade** gibt oder ob mit dem Tod des Menschen jede Möglichkeit ausgeschlossen ist, noch zu seinem Schöpfer umzukehren.

Die Thesen:

1. Gottes *Wesen* ist für alle Zeiten und Ewigkeiten unwandelbar Liebe (1Joh 4,8b, Hebr 13,8), daraus folgen Seine *Eigenschaften*, wie barmherzig, gnädig, geduldig und von großer Güte (z. B. Ps 103, 8).
   Gott kann gar nicht anders als lieben – wozu allerdings auch der Zorn über die abgewiesene Liebe gehört. Ist es dann so abwegig, anzunehmen, dass diese gnädig-barmherzige Liebe, die letztlich immer stärker ist als der Zorn, auch über unseren irdischen Tod hinausreicht? Gottes Wesen ist doch dann kein anderes, nur weil *wir* die Todeslinie überschritten haben.
2. Wir können mit unserem begrenzten Verstand *immer nur zu klein* von der Liebe, Gnade und Barmherzigkeit Gottes denken. In **Psalm 145** wird deutlich, dass auch David schon Gottes Gnade und Barmherzigkeit für viel weitreichender hielt, als das sonst in Israel üblich war.[156]
3. Die *Gerechtigkeit Gottes* (bzw. die Gerechtigkeit, die vor Gott gilt) bedeutet, dass ER den Menschen wieder *zurechtbringt* und durch Buße und Vergebung eine neue Gemeinschaft begründet, weil alle Strafen bereits auf Jesus gelegt worden sind (Jes 53,5). Die *Gerechtigkeit Gottes* ist etwas ganz anderes als unser juristisches Schuld-Strafe-Vollzug-Verständnis. Es gilt bei Gott eben nicht: Jeder kriegt, was er *verdient* hat.

156 Vgl. dazu Abschnitt 4.7 und auch **Röm 11,33–36:** *„… aus Ihm und durch Ihn und zu Ihm hin sind alle Dinge."*

Sie hat vielmehr mit der *Beziehung* zwischen Ihm und Seinen Geschöpfen zu tun und nicht (in erster Linie oder ausschließlich) mit Strafvollzug. Vgl. dazu z. B. Joh 21,15ff, wie Jesus Seinen Nachfolger Petrus nach dessen Verrat seelsorgerlich wieder zurechtbringt, anstatt ihn als untauglich zu verwerfen.[157]

4. *Ewigkeit* ist nicht in erster Linie ein Ausdruck für „ohne Raum und Zeit und endlos" (im Vergleich zu den Gegebenheiten, die wir hier kennen). Jesus sagt, dass das ewige Leben *jetzt* beginnt, wenn ein Mensch einen Anfang in der *Beziehung zu Gott* macht (Joh 17,3; vgl. der Verbrecher am Kreuz, der gar nichts mehr *tun* konnte).
   Auch hier geht es um die (dann nicht mehr endende) Beziehung zwischen Gott und den Menschen. „Ewig" ist keine *quantitative* Zeitangabe (i. S. v. „unendlich"), sondern eine *qualitative* Aussage für die wiederhergestellte Beziehung zwischen Gott und Mensch, und die beginnt im Hier und Jetzt, wenn Jesus in ein Leben eintritt.
5. Wir müssen unterscheiden zwischen
   * der *Sünde* als Zustand der Trennung von Gott,
   * den *Sünden* als den daraus folgenden Verfehlungen und
   * dem *Sünder*, den Gott trotzdem bedingungslos liebt.
6. Im *Gericht über das einzelne Leben* gilt: Die *Sünden* müssen entfernt/abgetrennt, gerichtet und vernichtet werden (Ps 103,12!), die haben im Reich Gottes nichts mehr zu suchen (niemand kommt mit Alltagsklamotten in das Fest der königlichen Hochzeit, Mt 22,11–13), aber der Mensch als *Sünder*, dem die Sünden „angehangen haben", bleibt unter der Gnade Gottes – und wenn er nach dieser Gerichts- und Reinigungsprozedur nur noch als der „Kleinste ins Himmelreich" eingeht. Die liebende Vergebung Gottes hebt dann auch – von Seiner Seite! – den *Zustand* der Sünde auf: Die vom Menschen verursachte Trennung ist überwunden.

157 Vgl. Abschnitt 337 *Gott lieben?* in Band 2.

7. Viele Worte der Bibel haben eine *zeitliche* Perspektive (für *dieses* Leben bis zum Tod) *und* ebenso oft eine *ewige* (für das, was danach kommt). Hier müssen wir genau lesen, was jeweils gemeint ist.
8. Demzufolge haben auch Aussagen über das *Gerichtshandeln* Gottes
   - eine Perspektive auf das, was Gott *in der Geschichte* tut (Gerichte, mit dem Ziel der Umkehr des Menschen, ganzer Völker, Israel!) und
   - eine Perspektive auf das, was *nach diesem Leben* für den *Einzelnen* gilt, der mit seinem gelebten, irdischen Leben dann im Lichte des wahrhaftigen (und immer noch liebenden!) Gottes steht.
9. Wenn Gott durch Seinen Geist „zu Protokoll gibt", dass ER *alle Menschen retten* will (z. B. 1Tim 4,2; 2Pe 3,9; weitere Stellen auch im AT), und gleichzeitig sagt, dass ER tun wird, was ER sich vorgenommen hat (z. B. Jes 46,10; Hes 12,25), dann *wird* ER das auch tun – oder ER ist unfähig und nicht allmächtig, Seinen Willen am Ende der Geschichte umfassend umgesetzt zu haben.
10. Gott will, dass der Mensch aus *eigener Entscheidung* in die Beziehung mit Ihm zurückkehrt. ER zwingt uns nicht. Aber gleichzeitig überwindet ER (wenn ER das schon von der Gemeinde erwartet) selbst alles Böse umfassend durch Seine nie endende Liebe. Spätestens wenn der Mensch persönlich mit seinem Leben in das Licht der Wahrheit Gottes treten muss, wird er seinen Widerstand gegen die übermächtige Liebe aufgeben und Gott (an-)erkennen. Im Gerichtssaal Gottes ist die Umkehr dann tatsächlich *alternativlos* – und dennoch bleibt sie freiwillig.

    Zweifellos ist es besser, das jetzt schon im *Glauben* zu ergreifen als dann im *Schauen*, wenn es keine Frage mehr ist, dass Gott ist und dass ER das letzte Wort über mein und dein Leben hat.

11. Der *Thron* im Gerichtssaal Gottes ist gleichzeitig „Thron des Gerichtes“ und „Thron der Gnade“. Alles, was hier in diesem Leben nicht bereits vergeben ist, kommt auf den Tisch. Es (die Sünden) muss entfernt werden, aber der Sünder kann am Ende noch frei ausgehen.
    Im Gleichnis vom sogenannten „Schalksknecht“[158] gibt Jesus am Ende einen interessanten Hinweis: (Mt 18,34.35) Der, der die bereits zugesagte Vergebung von Gott – wegen eigener Hartherzigkeit – wieder entzogen bekommt, wird zwar *den Folterknechten überliefert*, aber er hat immer noch die Chance *alles zu bezahlen, was er seinem Herrn schuldig war* (und das war im Gleichnis unvorstellbar viel). Wie viel einfacher war es, das Versagen durch Vergebung (und deren Weitergabe) zu regeln, als die Konsequenzen selbst tragen zu müssen.
12. Natürlich ist es viel besser, durch Jesus *jetzt* ein (ewiges!) Leben mit Gott zu beginnen und mit Ihm durch Erkenntnis, Bekennen und Vergebung sein Leben „zu regeln“. Wenn Jesus im Gericht Gottes als Anwalt neben mir steht *(Vater, den kenne ICH, wir haben das schon geklärt)*, dann ist das sehr viel besser, als wenn jemand allein und ohne Anwalt dasteht und während des Prozesses nicht weiß, wie die Verhandlung vor dem allmächtigen Gott ausgeht.
13. Könnte es sein, dass das *die Hölle* ist: Ich werde vor dem heiligen Gott noch einmal mit allem konfrontiert (vielleicht sogar aus der Position der Opfer), was ich hier „verbrochen“ und anderen angetan habe – da muss ich dann „schmoren“, eins nach dem anderen kommt auf den Tisch und wird im Gericht abgetrennt, ich habe keinen Anwalt und weiß ohne Glauben an einen gnädigen Gott nicht, wie das ausgeht …

Natürlich steht jetzt der „Vorwurf“ im Raum: Das ist ja *Allversöhnung* (oder besser Allerlösung, „Apokatastasis panton“). Aber es geht mir nicht um ein „pauschales Durchwinken“ in den Himmel!

158 Vgl. Abschnitt 166 *Dr. Mair, Müllher, Schulße* in Band 1.

14. Ich gehe hier nicht von der einzelnen Stelle Apg 3,21 (*Wiederherstellung aller Dinge*, auf die bin ich erst viel später gestoßen) aus, sondern vom Gesamtzeugnis der Bibel.
15. Wenn man „ewig“ (griechisch: aionos) als äonisch in Weltzeitaltern versteht, dann müssen die beiden „Handlungsstränge“
    a) doppelter Ausgang (Himmel oder – wie auch immer verstandene – Hölle) und
    b) universaler Heilswille Gottes

    gar kein Widerspruch sein.

    Könnte es nicht sein, dass der *doppelte Ausgang* zwar bei der Wiederkunft Jesu zutrifft (bei der Entrückung der Gemeinde Jesu und dem Hochzeitsmahl des Lammes dabei oder nicht dabei), dass aber *Gottes Heils- und Rettungswille* damit noch längst nicht vollständig erfüllt ist?

    Dann wäre die entrückte Gemeinde die „erste Charge“ der Heimgekehrten – so wie geschichtlich die Heimkehr Israels aus Babylon auch in mehreren Etappen erfolgte. Und was macht die Gemeinde nach der königlichen Hochzeit? Regieren und weiter Gottes Reich bauen!

6 Hinweise bei den Propheten

Im Folgenden werden in sechs Abschnitten mit unterschiedlichem Schwerpunkt einige markante Passagen aus den Propheten des Alten Testaments betrachtet.[159] Das kann selbstverständlich keinesfalls umfassend, sondern nur exemplarisch sein. Der *entzündete* Leser möge hier selbst weiter forschen.[160]

Es gibt im Zusammenhang mit dem Gesamtthema einige Hauptlinien in den prophetischen Aussagen. Ich versuche, sie in den sechs Unterpunkten 6.1 bis 6.6 abzubilden. Die Schwierigkeit dabei ist, dass sich manche Textpassagen nicht *eindeutig* einem dieser Unterthemen zuordnen lassen, so dass es zu inhaltlichen Wiederholungen unter verschiedenen Überschriften kommen kann.

Aber auch in der Bibel ist das so: Viele der Kernaussagen Gottes, Warnungen wie auch Zusagen, werden oft von verschiedenen Propheten wiederholt. Der Grundton von allem ist:

Verlasst eure Irrwege.
Kommt zurück zu MIR.
ICH vergebe und warte auf euch.
Meine Tür steht offen.

---

159 In diesem Kapitel werden die längeren Bibelzitate zur besseren Unterscheidung von kommentierenden Texten meinerseits nicht nur kursiv, sondern außerdem zweispaltig gesetzt.

160 Grundlage sind hier hauptsächlich die Propheten Jesaja, Hesekiel und Sacharja. Im Rahmen dieses Buches ist es nicht möglich, auf die Botschaften aller biblischen Propheten umfassend einzugehen. Es bleibt ein weites Feld, um persönlich weiter zu forschen.

6.1 Zorn Gottes und Gericht

Das Gemeinsame der Gerichtsbotschaften, die Gott durch Seine Propheten in verschiedene geschichtliche Situationen gesendet hat[161], ist der ernsthafte Warnruf Gottes: Macht mit eurer Abkehr von MIR nicht so weiter. Ihr lauft sonst in euer eigenes Verderben, weil ihr letztlich ohne Meinen lebenspendenden Segen gar nicht leben könnt. Gott bietet dabei immer wieder Vergebung und eine offene Tür zum Neuanfang an.

Jes 1,18–20: *Kommt doch und lasst uns miteinander Gericht halten, spricht der HERR. Auch wenn eure Sünde blutrot ist, soll sie doch schneeweiß werden; und selbst wenn sie wie Scharlach* [oder Purpur] *ist, soll sie doch wieder wie* [weiße] *Wolle werden.*

Wenn die Menschen auf den Warnruf nicht reagieren, muss Gott „andere Saiten aufziehen" und das heißt gemäß des Sprichwortes oft: „Wer nicht hören will, muss fühlen." Das Ziel bleibt dabei immer: Macht nicht so weiter, ändert euch, kommt zurück zur Quelle des Lebens.

Wer nicht hören will, muss fühlen.

Hier ist oft *Sein* auserwähltes Volk Israel, das es eigentlich besser wissen müsste als die anderen (heidnischen) Völker drumherum, der Adressat. Die Propheten müssen z. T. die Botschaft ausrichten, dass Gottes Volk, das doch Seine Weisungen hat, es oft mit seiner Abgötterei *noch schlimmer* treibt als die unwissenden Nachbarvölker. Israel und Juda sind dadurch auch sittlich-moralisch noch *unter* deren Niveau gesunken.

161 Es wäre an dieser Stelle unangebracht und viel zu weitreichend, darauf im Einzelnen einzugehen.

Hes 5,7–9: *Darum spricht der HERR: Ihr habt es noch schlimmer getrieben als die Heidenvölker*[162]*, die um euch her sind. Ihr habt weder nach Meinen Geboten gelebt noch Mein Gesetz angewendet. Ja, ihr habt euch noch nicht einmal nach den Ordnungen der Völker gerichtet. Deswegen spricht JHWH: Siehe, ICH will jetzt gegen dich vorgehen und will Mein Recht auf dich anwenden, so dass die Heidenvölker zusehen sollen. ICH will wegen aller deiner Gräuel so streng mit dir umgehen, wie ICH es noch nie getan habe und auch zukünftig nicht noch einmal tun werde.*

Gott muss dann – im historischen Zeitverlauf – teilweise schlimmes Gericht üben, besonders durch die babylonische Gefangenschaft und die umfassende Zerstreuung unter die Völker im 1. Jahrhundert n. Chr.

Aber das Geheimnis bleibt: Mit einem oft nur kleinen Rest geht es weiter, Gott fängt immer wieder neu an. *ER* hält Seinen Bund, auch wenn Sein Volk ihn immer wieder bricht. So bleibt Israel letztlich über alle Zeiten und Gerichte hinweg unter Seiner Leitung und Seinem Segen – und Gott verheißt diesem Volk eine herrliche Zukunft, die bis in die Ewigkeit reicht. Gott wird Sein Ziel erreichen!

162 In Hes 8 zeigt Gott dem Propheten in einer Vision das ganze Ausmaß des Götzendienstes, sogar *im* Tempel. Götzendienst ist immer Trennung von Gott (= Sünde als Zustand) und die führt zwangsläufig ins Gericht.

6.1.1 Wenn's Gott reicht

Der Prophet **Jesaja** gibt zu Beginn seines Buches[163] in **Kapitel 2** den Grundtenor an, was Gottes Gericht herausfordert. Alle Propheten prangern immer wieder dieselben Fehlhaltungen und -entwicklungen an, die sich nicht nur in den Nachbarvölkern Israels (den sogenannten Heiden) zeigen, sondern erschreckender Weise eben auch in dem Volk, das Gott zuerst erwählt hat, um Seine Menschheit insgesamt zurückzugewinnen.

Gottes Volk ist reif für das Gericht.

Gott hat *Sein* Volk aufgegeben (Jes 2,6). Es ist reif für das Gericht. Es ist völlig vom gottgewollten Weg abgeirrt und hat seinen Gott verlassen:

- Wahrsagerei und Zauberei – wie bei den Philistern, das Volk, das sich immer wieder bewusst gegen Gott und Israel gestellt hat.[164] (V6)
- Fremde Kinder in großer Zahl zeugen von Mischehen mit den Heidenvölkern, die Gott ausdrücklich nicht gewollt hatte. (V6)
- Es gibt großen materiellen Reichtum und Überfluss (V7), aber
- das Land ist voll von Götzenbildern und Menschen beten stolz an, was sie selbst gemacht haben. *Davor* beugen sie sich und knien nieder. (V8.9) Aber sie vergessen dabei den Geber aller guten Gaben. Letztlich erliegen sie dem Betrug des Reichtums.[165]

---

163 **Jesaja 2,6–22** ist exemplarisch für viele ähnliche Ansagen, die Gott durch seine Propheten macht.

164 Geografisch ist das heute der Gazastreifen, von dem aus Israel fortwährend attackiert wird.

165 Ist das nicht ein Wort in unsere Zeit? Trotz endloser Debatten um Nachhaltigkeit und Energiewende – vor allem nach der Coronaflaute – gilt: Die Weltwirtschaft muss wieder Fahrt aufnehmen, Wachstum, Wachstum über alles ... Hauptsache das Weihnachtsgeschäft wird nicht auch noch verdorben (ich schreibe das im November 2021) – vielfach mit unsinnigem und kurzlebigem Gedöns, das nach kurzer Zeit auf dem Müll landet oder sogar illegal entsorgt wird.

Es ist letztlich genau das eingetreten, wovor Josua schon Jahrhunderte vorher gewarnt hatte. **Jos 24,20:** *Wenn ihr aber den HERRN verlasst und fremden Göttern dient, wird ER sich gegen euch wenden, euch plagen und umbringen, nachdem ER euch* [zuvor] *Gutes getan hat* [und ihr es nicht geachtet habt]. – Wir merken, dass es Gott sehr ernst ist: An der Beziehung zu Ihm hängt alles.

Gott ist es sehr ernst: An der Beziehung zu Ihm hängt alles.

Wenn Gott sich in Seiner Macht und Herrlichkeit aufmacht, wird ER mit all diesen Missständen ein Ende machen und aufräumen. Dann wird der ganze selbstgerechte Stolz erniedrigt und aller Hochmut, der Gott verhöhnt hat, gebeugt. (Jes 2,11.17)

Dann werden die Menschen, die Gott so lange verachtet haben, plötzlich erschrecken und vor dem Heiligen in die Felsspalten fliehen und versuchen, sich im Staub zu verstecken. (V10.19)

An diesem Gerichtstag Gottes wird man die ganze Wertlosigkeit der Götzen erkennen, selbst wenn sie aus Gold und Silber sind, und man wird sie achtlos wegwerfen, um sie los zu werden.

Wenn Gott, der in Seinem Wesen *immer noch* Liebe ist, sich zum Gericht aufmacht, weil der Mensch Ihn fortwährend abgelehnt, verachtet und verspottet hat und stattdessen nichtige Götzen – welcher Art auch immer – angebetet und an die erste Stelle in seinem Leben gesetzt hat,

dann versucht der Mensch zu fliehen.[166]
Aber das ist die falsche Richtung!
Jetzt erst recht: HIN zu Gott!

166 Das haben Adam und Eva nach dem *Sündenfall* auch schon versucht: Sie versteckten sich vor Gott, als er – wie gewohnt – abends durch den Garten ging. (1Mo 3,8)

Ob ER das dann noch akzeptieren und das Gericht aussetzen würde? Ninive, die gottlose Großstadt im heutigen Irak, ist ein mutmachendes Beispiel. (Jona 3) Aber es müsste sicher mehr als ein *Manöver* sein, um der gerechten Strafe zu entgehen, nämlich echte Buße und Umkehr – wenn auch in letzter Minute.

Das verblendete Volk klagt Gott an.

Am Ende des Jesajabuches wird in **Kapitel 63** noch einmal gebündelt, was Gottes Zorn hervorruft. Das verblendete Volk aber meint, den Spieß umdrehen zu können und klagt Gott an:

V17–19: *Warum lässt DU uns, HERR, von Deinen Wegen abirren und verhärtest unser Herz, sodass wir vor Dir keine Ehrfurcht mehr haben?* ***Kehre DU doch um unseretwillen wieder um.*** *… Deine Feinde besitzen Dein heiliges Volk völlig und Deine Widersacher zertreten Dein Heiligtum. Wir sind wie solche geworden, über die DU noch nie geherrscht hast und die nicht nach Deinem Namen genannt wurden.*

Das ist letztlich die Bankrotterklärung des Volkes Gottes, das sein wollte wie alle anderen Völker.[167] Das verzweifelte Anklage„gebet" endet in **Jes 64,1:** *Ach, dass DU doch den Himmel zerreißen und herabfahren würdest , dass Dein Name unter Deinen Feinden bekannt gemacht würde und die Völker vor Dir zittern müssten.*

Ja, das hat Gott dann in Jesus wirklich getan: *den Himmel zerreißen und herabfahren!*

167 **1Sam 8,19.20:** *Aber das Volk weigerte sich, der Stimme Samuels zu gehorchen: Nein, sondern es soll ein König über uns sein, damit wir auch wie alle Heiden sind. Es soll uns unser König richten und vor uns herziehen und unsere Kriege führen.* – Mit anderen Worten: Wir haben genug von diesen merkwürdigen Wegen Gottes, die immer wieder unser Vertrauen auf die Probe stellen.

Auch der Prophet **Amos** prangert die Missstände im Volk Gottes schonungslos an:

- Recht und Gerechtigkeit werden mit Füßen getreten,
- die Armen werden unterdrückt, ausgeplündert und zugrunde gerichtet,
- Bestechung ist an der Tagesordnung,
- der nur noch äußerliche Gottesdienst ist Gott zuwider,
- Wohlstand, Luxus und Hochmut greifen um sich.

Aber alle Warnrufe Gottes durch die Propheten – und auch konkret durch Hungersnot, Dürre und Pest (Amos 4,4–13) – wurden überhört. In Amos 8 sagt Gott dann: Jetzt reicht's! Ihr seid reif für das Gericht, wie ein Korb mit reif geerntetem Obst. Ihr wollt nicht aufhören, den Armen zu unterdrücken und besessen von eurer Profitgier die Feiertage zu ignorieren.

Besessen von eurer Profitgier ignoriert ihr die Feiertage.

Was würde Amos *uns* heute im Auftrag Gottes sagen? Oder gilt seine Botschaft von damals sogar auch *uns* heute unverändert, so dass es keiner neuen Ansage Gottes bedarf?

Gott sagt diesem Treiben ein Ende an und als Erstes entzieht ER dem Volk Sein Wort und Seine Gegenwart.

Amos 8,11.12: *Siehe, es kommt die Zeit, spricht JHWH, dass ICH einen Hunger ins Land schicken werde, nicht einen Hunger nach Brot oder Durst nach Wasser, sondern nach dem Wort des HERRN, es zu hören. Dann werden sie hin und her von einem Meer zum anderen laufen, Tag und Nacht das Wort des HERRN suchen, und doch nicht finden.*

Die Prophetenbücher sind voll davon, dass Gott Seinem abtrünnigen Volk die Verfehlungen vorhält und es zurückruft. Aber sie sind auch voll davon, dass das Volk Gottes Stimme nicht mehr hören und sich nicht ändern *will* und damit Gottes Gericht herausfordert.

Gott muss dann tatsächlich mit dem Götzendienst und aller Lebenspraxis, die sich fern Seiner Gebote etabliert hat, aufräumen. Das Ziel aber bleibt: Kommt doch zurück, ICH bin zu einem neuen Anfang bereit, wenn ihr von euren bösen Wegen umkehrt.

Jer 11,7b.8: *... bis auf den heutigen Tag habe ICH euch immer wieder aufgefordert: Richtet euch nach Meiner Stimme! Aber ihr dachtet überhaupt nicht daran, auf Mich zu hören; sondern jeder lebte weiter nach seinem bösen Herzen. Darum habe ICH jetzt auch alle Worte dieses Bundes*[168] *über euch kommen lassen. ICH habe euch geboten diesen Bund einzuhalten, aber ihr habt ihn doch nicht eingehalten.*

Hes 20,18–24: Die Anklage Gottes gegen Sein Volk hat im Kern drei Aspekte:

- Ihr richtet euch nicht nach Meinen **Ordnungen**, obwohl ICH sie euch doch gegeben habe, damit das Leben gelingt.
- Ihr missachtet den **Sabbat**, den ICH euch als Tag der Ruhe und der besonderen Begegnung mit MIR gegeben habe. Der soll das Bundeszeichen gegenüber den Nationen sein.
- Ihr trennt euch nicht wirklich und radikal von den toten **Götzen**, denen schon eure Väter gedient haben, die euch aber überhaupt nicht helfen können.

168 In 5Mo 28 hatte Gott ausführlich dargelegt, welche *Folgen* das Leben mit Ihm oder ohne Ihn haben würde: Segen oder Fluch.

Gott ruft es Seinem Volk immer und immer wieder zu: ICH BIN der einzige Schöpfer und Gott, außer MIR gibt es keinen anderen.[169] Die Götzen sind alles nur eure Hirngespinste, für die ihr dann tote Statuen aufstellt, um sie anzubeten. (z. B. Jes 44,9–20)

ICH BIN der einzige Schöpfer und Gott, außer MIR gibt es keinen anderen.

Gottes Geduld ist irgendwann zu Ende und dann greift ER gegen die Etablierung des Bösen durch. Aber, das ist nicht das Ende. Das Gericht mit Not und Elend in *dieser* Welt ist immer noch ein Ruf zur Umkehr, um das *ewige* Leben mit Gott und die Neue Welt nicht zu verpassen.

Jer 7,3: *Bessert euer Leben und euer Tun, dann will ICH wieder bei euch im Tempel wohnen.*

6.1.2 Die fliegende Schriftrolle

Der Prophet Sacharja erhält von Gott acht Visionen, die ihm von einem Engel übermittelt werden. Es sind Rätselbilder, die der Prophet nicht direkt versteht. Der Engel erklärt sie ihm.

In der sechsten und siebten Vision spricht Gott vom unausweichlichen Gericht.[170]

Im ersten dieser beiden Bilder sieht Sacharja eine fliegende Schriftrolle. Sie ist offen, denn Sacharja kann ihr Maß angeben: etwa 10 x 5 m^2 [171] Der Engel erklärt in **Sach 5,3:** ***Das ist der Fluch,***

---

169 Vgl. besonders Jesaja, Kapitel 43–45; z. B. 43,11; 44,6; 45,5.12–22.

170 Vgl. Sacharja 5,1–11.

171 20 Ellen in der Länge und 10 Ellen in der Breite, eine Elle sind etwa 50 cm.

der über das ganze Land [oder: die ganze Erde] *kommen wird; denn alle Diebe und alle Meineidigen, die bisher ungestraft geblieben sind, werden nach dem, was in dieser Schriftrolle steht, hinweggefegt.*

Mit Meineid ist hier insbesondere der falsche Eid gemeint, der sich dabei auch noch auf den heiligen Namen Gottes berufen hat. (vgl. V4)

Wer bisher noch verschont und wessen Unrecht noch im Verborgenen geblieben ist, der wird jetzt vom Fluch Gottes ereilt. Jetzt kommt Gott zum Gericht und lässt nichts mehr durchgehen, Seine Geduld ist zu Ende. Alle Vergehen liegen offen vor Ihm.

Der Fluch wird in das (Lebens-) Haus einkehren und im Gericht alles verzehren, samt Holz und Steinen (also Brennbares wie Inertes, V4b).

Der Meineid, bei dem der heilige Name Gottes missbraucht wird, und der Diebstahl, bei dem der Mitmensch geschädigt wird, stehen hier sicher nur exemplarisch für die zerstörte Beziehung zu Gott und den Mitmenschen.

Wo Gottes Segen verscherzt wird, kann nichts mehr Bestand haben.

Hans Brandenburg kommentiert dazu: „*An Gottes Segen ist alles gelegen, sagt die fromme Volksweisheit. Wo aber dieser verscherzt wird, kann nichts Bestand haben. Wer das Recht Gottes und das Recht seines Nächsten verachtet, der steht unter dem Fluch und Gericht, mag seine Tat noch so verborgen geblieben sein. Der Fluch … weicht nicht, bis alles verzehrt und vernichtet ist."*[172, 173]

Der Fluch ist letztlich die Konsequenz, wenn Gott Seinen Segen abzieht. Aber wer sich Christus anvertraut hat, der darf getrost sein, denn am Kreuz von Golgatha wurde Christus *für uns*, d.h. an unserer Stelle, zum Fluch gemacht.[174]

Anders gesagt, es gibt einen Ort, an dem der Fluch, das Gerichtsfeuer, bereits gewesen ist: auf Golgatha, als Christus dort auch *meinen* (ewigen) Tod auf sich genommen hat.

---

172 A.a.O., Band 11, S. 51.

173 **Hebr 10,26–31:** *Wenn wir mutwillig sündigen, nachdem wir die Erkenntnis der Wahrheit empfangen haben, haben wir darüber* [über das Opfer Christi] *hinaus kein anderes Opfer mehr für unsere Verfehlungen, sondern* [es bleibt nur] *ein schreckliches Warten auf das Feuer des Gerichts, das die Gegner Gottes verzehren wird.*
Wenn jemand das Gesetz von Mose gebrochen hat, muss er ohne Barmherzigkeit sterben, wenn zwei oder drei Zeugen das Vergehen bestätigen. Was meint ihr: Eine wie viel härtere Strafe wird der verdienen, der ***den Sohn Gottes mit Füßen tritt und Sein Blut des Neuen Bundes verachtet;*** *wenn er den Geist der Gnade verhöhnt, durch den Gott ihn geheiligt hat.*
Denn wir kennen den, der gesagt hat: „Die Rache ist mein, ich will vergelten", und abermals: „Der HERR wird sein Volk richten." Es ist schrecklich [ohne Vergebung] *in die Hände des lebendigen Gottes zu fallen.*

174 **Gal 3,13: Christus** *aber hat uns von dem Fluch des Gesetzes erlöst* [freigekauft], *weil ER* ***für uns zum Fluch geworden*** *ist, denn es steht geschrieben (5Mo 21,23): „Verflucht ist jedermann, der am Holz hängt!"*

6.1.3 Die Frau in der Tonne

In der siebten Vision sieht Sacharja in **Sach 5,5–11** eine Tonne[175] [aus der Erde?] hervorkommen. Der Engel erklärt: *Das ist die Schuld* [wörtlich: ihr Auge, d. h. sie sieht alles] *der Menschen im ganzen Land.*

Die Gottlosigkeit kann dem Gericht nicht entfliehen!

Plötzlich sieht Sacharja, wie sich der schwere Bleideckel der Tonne hebt und darunter sitzt eine Frau in der Tonne. Wiederum erklärt der Engel: *Das ist die Gottlosigkeit.* – Die Frau will der Tonne offenbar entfliehen, aber der Engel stößt sie zurück und knallt den Deckel wieder zu: Die Gottlosigkeit kann dem Gericht nicht entfliehen!

Anschließend kommen zwei andere Frauen – mit Flügeln wie Störche und von Winden getragen – und heben die ganze Tonne hoch, so dass sie zwischen Himmel und Erde schwebt. Sie tragen die Tonne davon.

Der Prophet fragt: *Wohin bringen sie die Tonne denn?* Und der Engel antwortet: *Ihr* [der Tonne bzw. eigentlich der Frau darin] *soll ein Haus* [oder: ein Tempel] *im Land Schinar gebaut werden und dort wird sie auf einen Podest gestellt* [d. h. dort bekommt sie, die Gottlosigkeit, ihren Platz].

Was hat es mit dem Land Schinar auf sich?

1Mo 10,10: Es ist das Land von Nimrod, der ausdrücklich als erster Gewalttäter bezeichnet wird. Es ist also ein Land, das unter dem Fluch steht.

---

175 Wörtlich ist es ein Efa, ein damals übliches Hohlmaß mit einem Volumen von 22–40 Litern.

1Mo 11,2: Von dort (Babel) aus startet der überhebliche Mensch sein Weltraumprojekt: *Wir bauen einen Turm, der bis an den Himmel reicht.*[176]

Dan 1,2: Das Land Schinar gehört zum Reich von Nebukadnezar, dem König von Babel. Dorthin wird der König Jojakim von Juda deportiert und auch ein Teil der Tempelschätze wird dorthin geschafft.

Das **Land Schinar** steht also für die überhebliche und gewalttätige Gottlosigkeit des Menschen, die **unter dem Fluch Gottes** steht.

Hans Brandenburg[177] erläutert (zusammengefasst):

- Der Kern aller Schuld ist die Absonderung von Gott. Die einzelnen Entgleisungen/Sünden folgen daraus.
- Die Frau steht für die personifizierte, *lebendige* Verführung und Willensgestaltung. Für das Sündenmaß (Efa) – die Folgen der Trennung von Gott – steht „nur" ein toter Gegenstand – die Tonne.
- Die Reinigung der Tonne muss *innen* bei „der Frau", also der Gottlosigkeit, anfangen, nicht bei der äußerlichen Wäsche, also dem aus der Gottlosigkeit folgenden schuldhaften Handeln.[178]
- *„Die fliegenden Gestalten entführen das Scheffelmaß der Schuld, deren Kern die Gottlosigkeit ist. Sie handeln auf Befehl Gottes. Was in keines Menschen Gewalt steht, das tut Gott. Durch Seine Allmacht wird diese hässliche Last entfernt. Das ist wirksame Gnade."*

---

176 Aus Gottes Perspektive ist das ganze Projekt geradezu lächerlich: ER muss – quasi mit der Lupe – *herabkommen*, um überhaupt erkennen zu können, was die Menschen für so großartig halten.

177 A.a.O., Band 11, S. 52f.

178 Dem entspricht der Vorwurf Jesu an die Pharisäer und Schriftgelehrten, dass sie nur getünchte Gräber seien, **Mt 23,27:** *Weh euch, ... ihr Heuchler, die ihr gleich wie die übertünchten Gräber seid, welche äußerlich hübsch scheinen, aber inwendig sind sie voller Totengebeine und Unreinheit!*

Gott löst das Problem der Trennung von Mensch und Gott!

Mit anderen Worten: Gott beseitigt die Sünde. ER löst das Problem der Trennung von Mensch und Gott! Die *Gottlosigkeit* bekommt im Gericht ihren Platz im „Land des Fluches“ – aber der begnadigte Sünder, dem sie anhing, geht befreit aus dem Gericht hervor.[179]

6.1.4 Allein vor Gott

Hesekiel erhält in **Kapitel 18** von Gott eine Schau, dass Gott kein Gefallen am Tod des Gottlosen hat, dass aber *jeder für sich* vor Ihm erscheinen wird.

In **V4** sagt Gott: *Denn siehe, alle Seelen gehören Mir; die Seele des Vaters genauso wie die Seele des Sohnes. Die Seele, die sündigt, die soll sterben.* – Da alle sündigen, müssen sie auch alle sterben, hier geht es aber wohl nicht um den *ewigen* Tod.

179 Das klingt ähnlich wie die katholische Lehre vom ***Fegefeuer***, die von einem Ort der Läuterung für Gläubige nach dem Tod ausgeht. In Nummer 1030 des Katholischen Katechismus heißt es: *Wer in der Gnade und Freundschaft Gottes stirbt, aber noch nicht vollkommen geläutert ist, ist zwar seines ewigen Heils sicher, macht aber nach dem Tod eine Läuterung durch, um die Heiligkeit zu erlangen, die notwendig ist, in die Freude des Himmels eingehen zu können.* (https://www.kirche-und-leben.de/artikel/was-ist-das-fegefeuer/am 27.7.2022) Dies lässt sich durchaus biblisch aus **1Kor 3,13–15** ableiten: *Wir* [Christen] *müssen auch alle vor dem Richterstuhl Christi erscheinen.* – Und dann werden die *Werke* beurteilt, ob sie aus edlem oder wertlosem Material sind und deshalb bleiben oder verbrennen.
Die katholische Lehre vertritt seit dem Konzil von Trient (1545–1563, als Antwort auf die Reformation) darüber hinaus, dass die Fürbitten derer, die noch auf der Erde leben, einen Einfluss auf dieses Läuterungsgericht haben und es ggf. verkürzen können. Diesem Aspekt stimme ich ausdrücklich *nicht* zu!

In **V5–9** zeigt Gott, woran ER ein rechtschaffenes Leben erkennt. Das orientiert sich natürlich an den von Ihm gegebenen Bundesordnungen.[180] – Aber es ist klar: *Wir* können sie nie vollständig einhalten und erfüllen – das hat erst Jesus für uns getan.

Niemand muss für einen anderen haften!

Ab **V19** macht Gott klar: Jeder ist für sein eigenes Leben und Handeln vor Ihm verantwortlich. Danach wird er im Gericht beurteilt. Insbesondere gilt: Es muss nicht der Sohn für den Vater haften und ebenso nicht der Vater für den Sohn.

Umgekehrt gilt aber auch: Es gibt keine *positive Sippenhaft.* Die Gerechtigkeit des einen ist nicht auf einen anderen übertragbar. Zuletzt steht jeder mit Seinem Leben allein vor Gott.

V21–24: Entscheidend ist das Gottesverhältnis, wenn ein Mensch stirbt: Gott hält dem Gottlosen bis zuletzt die Tür offen und ER hat keine Freude daran, wenn er ins Verderben läuft. Aber auch der Gerechte kann wieder vom guten Weg abkommen und am Ende das Ziel verfehlen.

Zentral ist die Aussage in **V23:** *Meinst du etwa, dass ICH Mich über den Tod des Gottlosen freue, spricht der HERR, und nicht vielmehr darüber, wenn er von seinen bösen Wegen umkehrt und am Leben bleibt?*[181]

Glaubst *du* etwa, dass ICH Mich über *deinen* Tod freue?

180 V10–18 sind dann Wiederholungen für verschiedene Vater-Sohn-Konstellationen.

181 Dieselbe Aussage findet sich auch in Hes 18,32 und 33,11. In Hes 33,11 wird sie sogar eingeleitet mit: *So wahr ich lebe.*

In **V25–30** wiederholt Gott das noch einmal, weil der Einwand kommt: Das ist doch ungerecht, wenn einer sein ganzes Leben lang ungerecht gelebt hat und sich erst am Ende vom Bösen abkehrt.

Es gilt der *Status* am Lebensende, egal wie lange einer *vorher* mit oder ohne Gott gelebt hat – bist du im Haus des Vaters angekommen und *geblieben*? Der Gerechte kann noch in Unrecht und Götzendienst abrutschen und der Verkehrte kann noch kurz vor Schluss zu Gott zurückfinden, obwohl sein ganzes Leben vorher verpfuscht war.[182]

In **V30–31** sagt Gott noch einmal zu: ICH werde jeden gerecht beurteilen. Deswegen, kehrt jetzt um, werft eure Vergehen von euch, *und macht euch ein neues Herz und einen neuen Geist.*

Das ist eine überraschende Aussage. Können wir das denn, uns *selbst* ein neues Herz schaffen? Nein, nicht wirklich. Aber Gott sagt, dass ER das selbst tun wird. ER will bewirken, dass wir diese Veränderung und Öffnung zu Ihm zulassen. ER will selbst das neue Herz wirken.

Hes 36,26: *ICH will ein neues Herz und einen neuen Geist in euch geben und ICH will das versteinerte Herz wegnehmen und euch stattdessen ein neues, lebendiges Herz geben.*

In **V32** gibt Gott noch einmal Sein klares Statement ab: *ICH habe kein Gefallen am Tod dessen, der sterben muss. Kehrt um, damit ihr lebt.*

182 Eindrücklich ist hier, dass der Verbrecher am Kreuz neben Jesus noch Gnade – und die Verheißung des Paradieses! – fand, nur weil er sich in seinen letzten Stunden noch Jesus zuwendete, vgl. Abschnitt 321 *Himmelstür* in Band 2.

6.2 Gerechtigkeit und Hoffnung

Zu dem gesamten Abschnitt der Kapitel **Jesaja 40–66**[183] schreibt Drori Shlomo (ein messianischer Jude):

> Diese Kapitel *sind von dem Leitmotiv des Trostes auf der Grundlage der Hoffnung durchzogen.*
>
> *Gott ist voll Liebe, ER will retten und erlösen. Und wie kann das geschehen? Durch den Messias! Das ist der rote Faden, der durch die Kapitel geht.*[184]

Gottes Endziel ist ja nicht Verurteilung oder gar Vernichtung des Menschen, dazu schuf ER ihn nicht.

6.2.1 Schuld und Gnade

Ein Prinzip des Heiligen Gottes ist es offenbar, dass ER einerseits das Unrecht und die Schuld sieht und nicht ignoriert und dass ER das auch *vor Gericht* bringt, wenn der Mensch nicht hören und sich nicht ändern will. Darüber kann Gott auch ausgesprochen zornig werden.

Andererseits hält ER Seinem Volk (und den Menschen allgemein) immer wieder die Tür zur Heimkehr offen: ICH weise euch nicht ab, wenn ihr euch besonnen habt und zu Mir zurückkommen wollt.

---

183 Dieser Teil wird oft als Deutero-Jesaja bezeichnet, weil man aufgrund der großen Zeitspanne eine andere Person als zuvor als Verfasser annimmt.

184 A.a.O, S. 63.

In Gott vereinen sich Gerechtigkeit und Gnade.

In Gott vereinen sich die *Gerechtigkeit*, die das Unrecht nicht übersieht, und die *Gnade*, die den rechtsgültigen Urteilsspruch über die Schuld nicht vollzieht.

Wer ist schuld am Elend Israels – und auch am heutigen Elend in der ganzen Welt? (vgl. Jesaja, Kapitel 59!)

Eindrücklich sagt **Jes 59,1.2:** *Eure Schuld und eure Sünden trennen euch von Gott, aber Seine Hand ist nicht zu kurz, euch trotzdem zu retten.*

Anschließend (in **V3–8**) listet Gott durch Jesaja die Verfehlungen auf, die ER beanstanden muss – und es geht hier um das Volk Gottes, das Seine Gebote hatte:

- Blutige Hände,
- Finger voll Sündenschuld,
- Lüge und Verkehrtheit,
- Ungerechtigkeit,
- Unwahrhaftigkeit vor Gericht.

Stattdessen:

- Vertrauen auf Nichtiges, anstatt auf Gott,
- gehaltloses und boshaftes Geschwätz,
- ständig brütet ihr neues Unrecht aus,
- euer ganzes Denken und Tun führt zu Blutvergießen und Verwüstung.

Kurz: Sie kennen den Weg zum Frieden nicht (mehr), weil sie sich ständig das Gesetz nach ihren Interessen zurechtbiegen.

Danach scheint Jesaja eine Antwort des Volkes zu formulieren, die erkennen lässt, dass es offenbar die Schieflage verstanden und begriffen hat, dass Gott das jetzt nicht mehr tolerieren will:

Ach so, deswegen (**V 9–15a**)

- gibt es weder Recht noch Gerechtigkeit bei uns,
- ist Finsternis statt Licht um uns,
- tappen wir wie Blinde umher,
- sind wir als Gesunde wie tot,
- zeigen unsere Sünden und Vergehen an, dass wir mit Gott gebrochen haben und Ihn verleugnen.
- Deswegen folgen Unterdrückung, Ungehorsam und Lügenworte: Das ganze Herz, die Grundeinstellung ist völlig verdorben.

V15b.16: *Der HERR sieht das alles und es missfällt Ihm außerordentlich, dass es kein Recht mehr gibt. ER sieht, dass es niemanden zu interessieren scheint und ER wundert sich, dass keiner mehr einschreitet und [wenigstens] Fürbitte übt. Darum hilft ER sich selbst mit Seinem Arm, und Seine Gerechtigkeit steht Ihm bei.*

Sein Arm ist eben nicht zu kurz, um dennoch zu retten (V1) und Seine Gerechtigkeit zeigt dem hochverschuldeten Volk einen neuen Weg. Nachdem Gott das gottlose Treiben Seines Volkes eine Weile hat laufen lassen, sieht ER jetzt nicht mehr tatenlos zu. ER zieht sich vielmehr dazu um,[185] und macht sich auf den Weg.

Gottes Arm ist nicht zu kurz, um trotzdem zu retten!

185 **Jes 59,17:** *Wie einen Panzer zieht ER Gerechtigkeit an, ER setzt den Helm des Heils auf seinen Kopf. ER zieht das Gewand der Vergeltung an und seinen Eifer wie einen Mantel darüber.*

Und das ist Seine Ausrüstung: **(V17)**[186]

- Der Panzer der Gerechtigkeit,
- der Helm der Rettung,
- und die Rachegewänder – ja! Das Unrecht wird nicht einfach weggewischt und schöngeredet! *Wir* sollen nicht richten, das ist allein Gottes Sache. ER wird alle Taten angemessen beurteilen. (V18, vgl. Mt 25,31ff)
- Der Eifer, also Entschlossenheit, Engagement und Zielstrebigkeit.

Jetzt gibt es kein Ausweichen und Verstecken mehr. Alle müssen den Namen Gottes (JHWH) und Seine Herrlichkeit voll Ehrfurcht anerkennen. Dann wird der Erlöser (Messias) für *Zion* kommen und für die, die vom Treuebruch zu Gott umkehren.

Gott verspricht (bzw. erneuert) den Bund mit denen, die umkehren: Mein Geist soll auf dir ruhen und Meine Worte in dir bleiben – bis auf Kindeskind und sogar *von nun an bis in Ewigkeit.*

ICH mache dich durch Gnade und Vergebung wieder passend.

Es ist *allein* Gottes Gnade und Sein Wille, uns aus unserer Gottlosigkeit zu retten. Deswegen gibt ER Israel (und uns!) immer wieder eine neue Chance. *Wir* haben doch längst alles verdorben, so dass der HERR uns verwerfen müsste: Ihr passt nicht zu MIR.

Aber Gott sagt offenbar: ICH mache dich durch Gnade und Vergebung wieder passend.

186 Das erinnert an die „geistliche Waffenrüstung“, die Paulus für die Jesusnachfolger in Eph 6,10ff entfaltet.

Das Thema „Schuld und Gnade“ erscheint auch bei verschiedenen anderen Propheten, Beispiele:

Joel 2,13.14: *Zerreißt euer Herz und nicht eure Kleider und kehrt um zum HERRN, eurem Gott! Denn* ***ER ist gnädig und barmherzig, langsam zum Zorn und groß an Gnade****, und ER vollzieht die Strafe nicht. Wer weiß, vielleicht wird es Ihm* [auch diesmal] *leidtun, so dass ER auf die Strafe verzichtet und euch noch einmal segnet, damit ihr wieder Speis- und Trankopfer für den HERRN, euren Gott, darbringen könnt.*

Jona 4,1.2: *Und es* [dass Gott das Gericht an Ninive nicht vollzogen hatte] *missfiel Jona sehr, und er wurde zornig. Und er betete zum HERRN und sagte: Ach, HERR! Wusste ich es nicht gleich, als ich noch in meinem Land war? Deshalb bin ich schnell nach Tarsis geflohen! Denn ich wusste, dass DU ein gnädiger und barmherziger Gott bist, langsam zum Zorn und groß an Güte, und einer, der das angedrohte Unheil dann doch nicht vollzieht.*

Zefanja 3,14–17: *Jauchze, du Tochter Zion! Juble, Israel! Freue dich und sei fröhlich von ganzem Herzen, du Tochter Jerusalem! Denn der HERR hat deine Strafe weggenommen und deine Feinde hinweggefegt. Der HERR, der König Israels, ist bei dir, sodass du dich vor keinem Unglück mehr fürchten musst. Zur selben Zeit wird man zu Jerusalem sagen: Fürchte dich nicht!, und zu Zion: Lass deine Hände nicht schlapp werden! Denn der HERR, dein Gott, ist bei dir, ein starker Retter; ER wird sich über dich freuen und dir freundlich sein und dir* [in Liebe] *vergeben und wird laut über dich jubeln.*

Jes 54,8:[187] *ICH habe dich zwar mit aufwallendem Zorn* [über deinen fortgesetzten Götzendienst bzw. Ehebruch] *einen kleinen Augenblick verlassen; aber* ***mit großer Barmherzigkeit will ICH dich wieder annehmen.*** *ICH habe Mein Angesicht im Augenblick des Zorns ein wenig vor dir verborgen, aber* ***mit ewiger Gnade will ICH Mich wieder über dich erbarmen,*** *spricht der HERR, dein Erlöser.*

Sach 7,9.10 zeigt einen Zusammenhang zwischen Gerechtigkeit und Barmherzigkeit: *Also sprach der HERR der Heerscharen: Fällt* **gerechte Urteile**, *und ein jeder soll an seinem Bruder* ***Güte und Barmherzigkeit*** *beweisen. Tut nicht den Witwen, Waisen, Ausländern und Armen Unrecht; und keiner soll über seinen Bruder in seinem Herzen etwas Böses denken!*

Es ist Gottes Antwort auf falsches, nur äußerlich-ritualhaftes Fasten.

Hans Brandenburg schreibt dazu (Sacharja, S.69): „*Wir müssen lernen, dieses wichtige biblische Wort* [Gerechtigkeit] *mit anderen Ohren zu hören, als wir es heutzutage weithin tun. Es geht hier nicht zuerst um die* ***vergeltende*** *Gerechtigkeit, vor der wir alle uns zu fürchten viel Grund haben. Es geht vielmehr um den Sieg Gottes, der Seine Art gegen aller Menschen Unart durchsetzt. Es ist jene* ***herrliche*** *Gerechtigkeit, die im Evangelium Christi kundgetan wird* (Röm 1,17). *‚Ich sage von solcher Gerechtigkeit Gottes, die da kommt durch den Glauben an Jesus Christus zu allen und auf alle, die da glauben‘* (Röm 3,22), schreibt Paulus.“[188]

---

187 Vgl. das umfassendere Zitat in Abschnitt 6.5.1 *Geliebte, Hure, Braut.*

188 Vgl. Abschnitt 3.1 *Die Liebe Gottes* von Prof. Dr. Siegfried Zimmer (meine Zusammenfassung), in der er auch auf unseren vom Griechischen geprägten Gerechtigkeitsbegriff eingeht: unbestechlich, nach Aktenlage und ohne Ansehen der Person.

In **Hosea 11** sagt Gott, wie sehr ER sich um Israel gekümmert hat und *in Seilen der Liebe gehen* ließ (V4a). Aber sie wollten lieber ihre eigenen Wege gehen und *sich nicht bekehren* (V5b). Weil sie auf die Warnungen nicht gehört haben, war das Gericht über die Abgötterei unvermeidlich. Aber:

V8.9: *Wie könnte ICH dich aufgeben, Ephraim* [Synonym für das Nordreich Israel]*? Sollte ICH dich ausliefern, Israel? Sollte ICH dich denn vernichten wie einst Sodom*[189]*? Aber* ***Mein Herz dreht sich in Mir um****, Mein Mitleid ist ganz und gar erregt. Deswegen will ICH nicht nach Meinem grimmigen Zorn handeln und Ephraim nicht völlig vernichten. Denn* ***ICH bin Gott und nicht ein Mensch*** *und bin der Heilige unter dir; ICH will aber nicht im Zorn in die Stadt kommen.*

6.2.2 Priester vor Gericht

In seiner vierten Vision sieht **Sacharja** in **Kapitel 3** zunächst eine Gerichtsszene:

- Der Hohe Priester *Joschua* steht dort als Angeklagter, stellvertretend für das ganze sündige Volk, in *unreinen Kleidern.*
- Der *Engel des Herrn* ist stellvertretend für JHWH der Richter.
- *Satan* als Ankläger steht neben Joschua, aber er wird zurechtgewiesen (wörtlich: angeschrien; also: Gib jetzt Ruhe!)

189 Anmerkung in *Lutherbibel erklärt*: Eigentlich steht hier „Adma und Zeboim", das sind Orte in der Nähe von Sodom (1Mo 19,24).

Joschua (oder Jeschua, der hebräische Name für Jesus!) ist dabei

- sowohl der historische Hohe Priester zur Zeit von Sacharja und Haggai[190]
- als auch ganz deutlich ein typologisches Vorbild auf Jesus (Sach 3,8), den endgültigen Hohen Priester.[191]

Was passiert nun in diesem Prozess?

Joschua steht mit der Schuld des Volkes vor dem Richter, dem *Engel des Herrn*. In der typologischen Übertragung heißt das: Jesus steht dort beladen mit der Schuld der ganzen Welt – aber der Engel des Herrn, das ist ja auch Jesus!

Jesus, der Richter, identifiziert sich völlig mit der Schuld der Menschen.

Jesus, der Richter, identifiziert sich also völlig mit der Schuld der Menschen. ER trägt sie ins Gericht und richtet dann über sich selbst. Was kann das anderes ergeben als Freispruch!

Satan hat hier nichts mehr zu melden. SCHWEIG! – Das bedeutet: Wenn Gott durch Vergebung die Schuld bereinigt hat, hat der Satan kein Recht mehr zur Anklage. Es gibt nichts mehr anzuklagen, weil Gott es getilgt hat.

Sach 3,2a: Gott hat Jerusalem erwählt. Angefangen von David, der Jerusalem vor (seit heute) mehr als 3000 Jahren zur Hauptstadt machte, gilt diese Erwählung Gottes für immer und ewig.

190 Vgl. Hag 1,1; Esra 5,2.

191 Dieses Thema wird ausführlich im Brief an die Hebräer behandelt: Jesus ist der endgültige Hohe Priester, der ein für alle Mal das gültige Opfer gebracht hat, um unsere Gottentfernung zu überwinden.

Das ist Gottes souveräne Entscheidung: *HIER* will ICH wohnen, hier schlage ICH Mein „Zelt bei den Menschen" auf.

Ist es dann ein Wunder, dass der Satan JHWH und Sein Volk Israel deshalb gerade dort – in Jerusalem, auf dem Berg Zion – immer wieder angreift, weil er Gott vom Thron stoßen will? Ob uns das passt oder nicht: Die Weltgeschichte wird sich in Israel, in Jerusalem, auf dem Tempelberg Zion entscheiden. Im Hintergrund tobt ein *geistlicher* Kampf zwischen JHWH und Seinem Erzfeind Satan, der nicht *politisch* zu lösen ist.

V2b: Der Hohe Priester steht da, wie ein Stück verkohltes Holz, das man vor dem endgültigen Verbrennen gerade noch aus den Flammen gerettet hat.[192]

V3.4: Kleiderwechsel! Der Engel des Herrn, also der Richter im Auftrag Gottes, gibt die Anweisung: Weg mit den Lumpen! *Siehe, ICH habe deine Sünde von dir genommen und habe dir Feierkleider angezogen.*[193] – Das ist die Voraussetzung zum Feiern: Gott hat die Schuld vergeben. Das ist Seine gnädige Entscheidung, ohne irgendeinen Anteil unsererseits.

Im Gerichtssaal ist der dreieine Gott präsent.

Merkwürdig: Der HERR selbst und Sein Engel des HERRN sprechen abwechselnd. Sie scheinen ebenfalls

192 Vgl. **1Kor 3,15:** *Wird aber das Werk von jemandem verbrennen, so wird er Schaden leiden; er selbst aber wird gerettet werden, doch so wie durchs Feuer.* – Das ist ein Wort von Paulus an die Christen, die wegen ihres – ehrlich gemeinten – Bekenntnisses zu Jesus zwar gerettet sind, von deren Lebenswandel aber für die Neue Welt nicht viel übrig bleibt.

193 Hier muss man unwillkürlich an den verlorenen Sohn denken, dem der Vater noch in den Lumpen um den Hals fällt und ihn dann neu einkleidet. (Lk 15,20.22)

wie eins zu sein. Der Engel des Herrn könnte auch für den Heiligen Geist stehen. Dann haben wir hier eine Zusammenkunft des dreieinen Gottes.

V4.5: Bei *dem* Engel stehen weitere „Gerichtsdiener", die den Kleiderwechsel durchführen. Der Hohe Priester Joschua ist völlig passiv und kann es nur geschehen lassen. *An* ihm wird die Reinigung vollzogen und es wird ihm wieder der priesterliche Schmuck, samt dem Turban, angelegt.

Das dreckige Kleid muss weg.[194] *Kleid* ist in der biblischen Bildersprache oft ein Sinnbild für die *innere* Haltung eines Menschen.[195]

Bemerkenswert ist die Reihenfolge bei der Wechselprozedur:

1. Ausziehen, d. h. der Hohe Priester steht nackt da,
2. Kopfschmuck anlegen, d. h. der steht immer noch nackt da,
3. neues Gewand anziehen.

Dies ist wohl ein Bild dafür, dass erst die Veränderung des Sinnes (und zwar zu Gott hin) – also die Krönung des Kopfes – zu einer erneuerten Haltung gegenüber Gott und den Menschen führt.[196]

Sach 3,6.7: So gereinigt und wieder ausgerüstet wird der Hohe Priester neu in seinen Dienst eingesetzt.

---

194 Vgl. Mt 22,11–13: Wer bei der königlichen Hochzeit ohne Festanzug, sondern ungereinigt in Straßenklamotten, teilnehmen will, wird rausgeworfen.

195 Vgl. z. B. Pred 9,8; Jes 61,1; Mt 22,12; Offb 7,13f.

196 Genau dazu fordert Paulus in **Röm 12,2** auf: *Lebt nicht nach dem Zeitgeist, der diese Welt bestimmt, sondern lasst euer Denken* [durch den Geist Gottes] *so verändern, dass ihr prüfen könnt, was dem guten und vollkommenen Willen Gottes entspricht.*

So spricht der HERR Zebaoth: Wenn du nach Meinem Willen lebst und deinen Dienst in Meinen Ordnungen versiehst, sollst du Mein Haus regieren und auf Meine Vorhöfe achthaben; und ICH will dir freien Zugang zu Mir geben, zwischen allen hindurch, die hier stehen.

Dieser freie Zugang bedeutet für den historischen Joschua zunächst, dass er als Hoher Priester wieder am großen Versöhnungstag in das Allerheiligste gehen darf.

Das ist aber nur das Vorabbild darauf, dass durch Jeschua Christus der direkte, unmittelbare Zugang zu Gott für alle Menschen freigemacht wird.

In **V8** weitet sich der Blick deutlich auf Jesus: *Ihr seid Männer eines Vorzeichens*, also ein typologisches Vorbild – und zwar auf den Knecht Gottes bzw. den *Spross*. Das ist ein klarer Hinweis auf den Gottessohn als *Gottesknecht*, der die Sünde der Welt wegtragen wird.[197]

Letztlich ist die ganze Priesterordnung im Alten Testament ein Vorausbild auf den endgültigen Hohen Priester Jesus.

V9 ist wieder ein bildhaftes Rätselwort:

- Ein Stein vor Joschua,
- sieben Augen, die darauf gerichtet sind,
- eine Gravur auf dem Stein.

197 Vgl. die vier sog. *Gottesknechtslieder*, die den Weg des Messias durch das Leiden zur Herrlichkeit beschreiben: Jes 42,1–9; 49,1–13; 50,4–11; 52,13–53,12. Hier: Abschnitt 6.3 *Der Sonderbeauftragte.*

Am Kreuz von Golgatha nimmt Gott die Sünde der ganzen Welt weg.

Dann sagt der allmächtige Gott: *... ICH will die Sünde des Landes an einem Tag wegnehmen.* Letztlich nimmt Gott nicht nur die Sünde des Landes Israel weg, sondern die der ganzen Welt – und zwar am Kreuz auf Golgatha.

Das Rätselbild *könnte* bedeuten:

- Der besondere Stein ist der Stein für Juda im Brustschild des Hohen Priesters,[198] weil der Messias aus dem Stamm Juda kommen soll.
- Die sieben Augen sind die Augen Gottes[199] (bzw. Seines Geistes), die diesen Stein schützen und bewachen. Die Zahl 7 ist immer ein Hinweis auf (göttliche) Vollkommenheit.
- Was Gott eingraviert, bleibt ein Geheimnis – vielleicht den Namen des Messias.

V10: *An jenem Tag* oder *zu der Zeit* wird einer den andern einladen – und zwar unter seinen Weinstock oder Feigenbaum.

Die Schuld ist vergeben!
Das ist ein Festtag für alle!

Dieser Tag kann der zuvor bezeichnete Tag der Schuldvergebung sein (Karfreitag), oder auch der Tag der herrlichen Wiederkunft Christi, wenn endlich Sein Friedensreich auf der Erde beginnt.[200]

---

198 Zur Kleidung des Hohen Priesters gehört dieses Brustschild mit zwölf Edelsteinen, für jeden Stamm Israels einen.

199 Vgl. Ps 32,8; Sach 4,10; Offb 5,6.

200 Vgl. hierzu die Prophetie in **Sach 12,1–13,6:** Sacharja spricht zehn Mal von *jenem Tag* und sieht offenbar die Ereignisse am Tag der Wiederkunft Christi. – Wir können die Schlagzeilen und Zeitungsartikel für den *Tag danach* schon heute schreiben!

Weinstock und Feigenbaum[201] sind in der prophetischen Bildersprache Sinnbild für dauerhaften Frieden und göttlichen Segen – SHALOM!

6.2.3 Weg mit den Sünden

Schon im Alten Testament kündigt Gott immer wieder an, dass ER vergeben und das Problem der Sünde (= der Trennung des Menschen von Gott) selbst lösen will.

Jes 43,24b.25: *Ja, du hast MIR mit deinen Sünden Arbeit gemacht und du hast MIR mit deinen Missetaten Mühe gemacht. Aber ICH, ICH lösche deine Übertretungen aus, [und zwar] um Meinetwillen und ICH denke nicht mehr an deine Sünden.*

Jes 44,22: *ICH vertilge deine Missetaten wie eine Wolke und deine Sünden wie den Nebel. Wende dich MIR zu; denn ICH befreie dich.*

Jer 31,34b: *… Denn ICH will ihnen ihre Missetaten vergeben und an ihre Sünden nie mehr denken.*

Jer 50,20: *Weil Gott vergibt, wird man Schuld und Sünde trotz intensiver Suche nicht mehr finden – sie sind weg!*

Ähnliche Aussagen finden sich auch bei den anderen Propheten, z. B. Hes 16,60ff, als Gott am Ende einer langen Urteilsbegründung für das Gericht über den Götzendienst Jerusalems (im Bild der Hurerei) dennoch sagt:

ICH liebe dich trotzdem und werde dir vergeben.

201 Vgl. z. B. Mi 4,4; Joel 2,22; 1Kö 5,5.

Die Basis dafür ist natürlich vom Neuen Testament her, dass Jesus alle unsere Sünden in das Gericht ans Kreuz getragen und damit unsere Trennung vom Vater überwunden hat.

6.2.4 Immer weiter

Der Prophet Sacharja[202] erhält zwischen den insgesamt acht prophetischen „Nachtgesichten" eine direkte Botschaft von Gott (**Sach 2,10–17**): Israel war aufgrund seiner Verfehlungen nach Babel in die Gefangenschaft deportiert worden. Diese Zeit ist nach 70 Jahren jetzt vorbei. Gott fordert Israel auf, nun wieder aus Babel zu fliehen.

Die Völker, die Gott zum Gericht über Israel und Juda bestellt hatte, waren nun ihrerseits selbstherrlich über das Ziel hinausgeschossen und hatten den Augapfel Gottes angetastet. (V12) Sie hatten also gewissermaßen Gott selbst mit ihrer Überheblichkeit ins Angesicht geschlagen.

Hans Brandenburg[203]: „*Es ist bezeichnend, dass die feiernde Gemeinde Gottes sich auf Sein richterliches Kommen freut. Denn Sein Gericht macht allem Unrecht und allem Widerspruch gegen Seinen Willen ein Ende. Darum ist das Gericht die Vorbedingung Seiner Gegenwart inmitten Seines Volkes. Wer Gottes Gericht scheut, flieht auch Seine Gegenwart. Darum ist alle Flucht vor der*

---

202 Der Prophet Sacharja wirkte um 519 v. Chr. aus dem babylonischen Exil zwischen der ersten und der zweiten Rückkehrwelle etwa zeitgleich mit dem Propheten Haggai.
Abgesehen von den zeitgeschichtlichen Bezügen hat Sacharja einen ausgeprägten Blick in die letzte Zeit der Geschichte bis zum *Tag des Herrn.*

203 *Das Lebendige Wort*, Band 11: Die Kleinen Propheten II, S. 39.

Kreuzesbotschaft und jeder Umweg am Gekreuzigten vorbei eine Flucht vor dem Vater Jesu Christi. Wer es fassen kann, der fasse es!"

Jetzt ist es Zeit, dass der Herr der Heerscharen wieder zugunsten Seines Volkes eingreift.

Sach 2,14–17: *Freue dich und sei fröhlich, du Tochter Zion! Denn* ***pass auf, ICH komme und will wieder bei dir wohnen****, spricht der HERR. Dann werden sich zu der Zeit* [an jenem Tag] *viele Nationen dem HERRN anschließen und sie sollen dann ebenfalls Mein Volk sein; und ICH will bei dir wohnen, und du sollst erfahren, dass mich der HERR Zebaoth zu dir gesandt hat. Und der HERR wird Juda als sein Teil In dem heiligen Lande wieder in Besitz nehmen und wird Jerusalem aufs Neue erwählen. Alle Menschen sollen dann vor dem HERRN still sein; denn ER hat sich aus Seiner heiligen Stätte aufgemacht.*

„An jenem Tag" werden viele Nationen sich dem HERRN anschließen. Dies ist ein Beispiel dafür, dass sich prophetische Worte oft mehrfach erfüllen können:

1. In der unmittelbaren Zeitgeschichte des Propheten (Rückkehr aus Babel),
2. im 1000-jährigen Friedensreich nach der Wiederkunft Jesu,
3. in der Vollendung der Neuen Welt.

Für alle drei Erfüllungen gilt: *Wenn ICH komme, um in der Mitte Zions zu wohnen.*

Gottes Liebe bleibt dran! Trotz vieler Enttäuschungen und immer wieder zurückgewiesener Liebe: Gott macht weiter – manchmal auch nur mit einem kleinen Rest. ER gibt Sein Volk Israel nicht auf – und die Menschheit insgesamt auch nicht.

Trotz vieler Enttäuschungen und immer wieder zurückgewiesener Liebe: Gott macht weiter!

Schon in **Jes 30,18ff** findet sich mitten in den Gerichtsbotschaften ebenfalls so ein Ausblick auf das große Ziel:

V18–20a: *Darum kann der HERR es kaum erwarten, euch wieder gnädig zu sein.* *ER hat sich schon aufgemacht, um sich euch [neuerlich] zu erbarmen; denn der HERR ist ein Gott, der Sein Recht durchsetzt. Wohl allen, die Ihm vertrauen! Denn das Volk Zions wird [wieder] in Jerusalem wohnen. Dann brauchst du nicht mehr zu weinen: Gott wird dir gnädig sein, wenn du um Hilfe rufst; und ER wird dir antworten, sobald ER dich hört. Und der HERR wird euch in Bedrängnis Brot und in Ängsten Wasser geben.*

Das Volk wird dann freiwillig seine mit Silber verzierten Götzen wegwerfen. (V22) Anschließend werden viele segensreiche Entwicklungen aufgeführt, die das Leben mit Gott ausmachen **(V23–26):**

- Regen und guter Ertrag, die Arbeit lohnt sich,
- fette Wiesen für das Vieh,
- Kraftfutter für die Arbeitstiere,
- Wasserströme von allen Bergen und Hügeln (am Tag der Entscheidungsschlacht gegen Gottes Feinde).
- Es hat sogar kosmische Ausmaße: Der Mond scheint so hell wie die Sonne und die Sonne siebenmal heller als sonst, so als ob das Sonnenlicht von einer Woche an *einem* Tag zusammentrifft.

Dann wird Gott den Schaden Seines Volkes heilen und die Wunden verbinden, die Seine notwendigen Gerichte mit sich gebracht haben.

6.3 Der Sonderbeauftragte

Der Prophet Jesaja erhält eine vierfache Schau auf den sogenannten *Gottesknecht*.[204] Anstelle dieses alten, heute missverständlichen Titels wähle ich die Bezeichnung *Sonderbeauftragter*. Auch der „Erwählte"[205] ist eine gute Bezeichnung, die deutlich macht: Es geht hier um eine besondere Aufgabe, die im Auftrag Gottes erfüllt werden muss.

Auf Bibelstellen wie Jes 41,8.9[206] stützt Israel sein Verständnis, dass es als *Nation* dieser Erwählte sei, der wegen seiner Zugehörigkeit zum heiligen Gott in dieser Welt besonders viel zu leiden hat.

Israel ist und bleibt das *besondere* Volk.

Und unzweifelhaft stimmt es ja auch: Israel ist und bleibt – bis zum Ende dieser irdischen Geschichte – das *besondere* Volk, mit dem Gott (JHWH) angefangen hat, diese Welt für sich zurückzugewinnen und Seine Liebe und Wahrheit in die Welt zu tragen. Dafür wird Israel – wie auch später die Gemeinde Jesu – als Fremdkörper in einer satanisch verseuchten Welt gehasst und verfolgt.

---

204 Jes 42,1–9; 49,1–6; 50,4–11 und 52,13–53,12.

205 Im Englischen: *The Chosen* – derzeit eine erfolgreiche Filmstaffel, die die Begebenheiten der Evangelien neu in Szene setzt.

206 **Jes 41,8–10:** *Du aber,* ***Israel, mein Knecht****, Jakob, den ICH erwählt habe, du Samen Abrahams, meines Geliebten, der ICH dich gestärkt habe von den Enden der Welt her. ICH habe dich berufen von ihren Grenzen und zu dir gesagt:* ***Du sollst mein Knecht sein; denn ICH erwähle dich****, und verwerfe dich nicht, fürchte dich nicht, ICH BIN mit dir; weiche nicht, denn ICH BIN dein Gott; ICH stärke dich, ICH helfe dir auch, ICH erhalte dich durch die rechte Hand meiner Gerechtigkeit.* Weitere Stellen: u. a. Jes 49,3.

Die orthodoxen Juden, die auf das Gesetz von Mose pochen und Jesus nicht als Messias anerkennen, verstehen nicht, dass, über dieses *nationale* Verständnis hinaus, Jesus als *Person* der besondere „Sonderbeauftragte" innerhalb der göttlichen Dreieinheit ist, der die Erlösung aus der Sünde und die Versöhnung mit Gott-Vater in die Welt bringt.

Gottes Sonderbeauftragte sind Israel als *Nation* und Jesus Christus als *Person*.

Das Verständnis für die sogenannten vier „Gottesknechtslieder" bei Jesaja ist also ein doppeltes:

- Das Volk Israel (Nation) mit einem besonderen Auftrag, JHWH innerhalb der Völkerwelt zu bezeugen, und
- der Messias (Person), der ultimativ das Problem der Trennung des Menschen von Gott lösen soll – und durch Jesus gelöst *hat.*

Diese beiden Sonderbeauftragten sind zu einem besonderen Dienst in der Heilsgeschichte Gottes berufen. Es ist allerdings eine Berufung, die sowohl für Israel als auch für den Messias viel Leid mit sich bringen wird.

Der *Titel* „Gottesknecht" umfasst dabei im Hebräischen

- sowohl die Würde eines Hochgestellten
- als auch die Niedrigkeit eines Gehorsamen.[207]

207 Anmerkung in *Lutherbibel erklärt*, Bibelanstalt Stuttgart, 1974, zu Jes 42,1ff.

6.3.1 Das Licht der Welt

Jes 42,1–9 ist das erste der vier sogenannten *Gottesknechtslieder* – aus der Perspektive des Neuen Testaments werden sie alle vier als messianische Prophetien verstanden, die durch Jesus Christus erfüllt worden sind.

Was kennzeichnet in diesem ersten Lied den Messias?

- ER ist vom Vater gehalten, geliebt und mit Seinem Geist ausgerüstet. D. h. das ganze irdische Leben von Jesus steht unter der Leitung des Vaters – sie kommunizieren im Gebet ständig miteinander – und es ist alles genauso geplant und gewollt: Jesus *muss* in den Tod, um diesen zu überwinden und ihm die Macht zu nehmen.
- ER wird die Rechtsprechung des Reiches Gottes durchsetzen – und zwar nicht nur für Israel, sondern für alle Nationen. Und das wird ER in Treue und Wahrheit tun.

Und wie wird ER das tun?

ER tut es leise, unaufdringlich, behutsam und seelsorgerlich. *Das geknickte Rohr wird ER nicht zerbrechen und den glimmenden Docht nicht auspusten.* **(V3)**

Langsam und allmählich breitet sich das Evangelium in der Welt aus, unaufhaltsam und gegen alle Widerstände – wie Sauerteig.

JHWH stellt sich als der Einzige vor, der wirklich der Schöpfergott ist, der alles geschaffen hat (V5) und dem deswegen allein Ehre und Anbetung gebührt.[208] Und diese Schöpferehre will Gott auch mit keinem Götzen teilen – da ist ER durchaus eifersüchtig und kennt kein Pardon. (V8)

JHWH hat ein klares Alleinstellungmerkmal gegenüber allen anderen, die ebenfalls beanspruchen Gott zu sein: ER weiß wirklich, was Sache ist und was läuft (bzw. laufen wird). ER sagt durch Seine Propheten präzise voraus, was dann auch tatsächlich geschehen wird. (V9)

Keine Chance für tote Götzen!

Und tatsächlich ist die Bibel voll von erfüllter Prophetie – und was jetzt noch fehlt, das kommt auch noch, garantiert.

JHWH und dieser Auserwählte[209] sind eine unzertrennbare Einheit:

- Vom Vater ist der Sohn in Gerechtigkeit (d.h. in Seiner souveränen Rechtsetzung) gerufen: *Heute habe ICH Dich gezeugt,* sagt **Ps 2,7,** den Jesus mehrfach zitiert.
- JHWH hält Ihn fest an Seiner Hand – das gilt sogar noch, als Jesus schreit, warum der Vater *Ihn verlassen habe.*
- ER schützt und behütet Ihn. Immer wieder entzieht Jesus sich Seinen Verfolgern, bis der Vater sagt: *Jetzt muss es sein.*

---

208 In den folgenden Kapiteln **Jes 43–48** hält Gott Seinem Volk immer wieder vor: ICH BIN doch der einzige Gott und Schöpfer, den es wirklich gibt. Warum lauft ihr selbsterdachten Götzen nach, die doch nicht helfen können? Gott macht sich regelrecht lustig über den Unfug der Menschen (z.B. Jes 44,9–20: Ihr nehmt euch ein Stück Holz und teilt es, das eine steckt ihr in den Ofen und das andere betet ihr an. Ja, geht's noch, wie blöd ist das denn?)

209 Jes 42,1a: *Siehe, das ist mein Knecht – ich halte ihn – und mein* ***Auserwählter****, an dem meine Seele Wohlgefallen hat.*

Freitag vor Passah in Jerusalem im Jahr 30: die geplante *Hingabe* als ewig gültiges Opferlamm – für die Menschen eine *Hinrichtung* voller Missverständnisse.

- Der Messias bringt dem Volk Israel einen Neuen Bund; dies ist im göttlichen Plan Seine „Pflicht", die ER am Kreuz mit Seinem blutigen Tod erfüllt.

Was wird dieser Sonderbeauftragte tun? (V7)

- ER wird blinde Augen auftun,
- Gefangene aus dem Kerker herausführen und
- aus dem Gefängnis befreien, die in der Finsternis sitzen.

Jesus hat zwar auch Blinde geheilt und ihnen das Augenlicht (wieder-)gegeben. Kerker und Gefängnisse gesprengt hat ER aber zu Lebzeiten nicht.[210]

Wir müssen es wohl in erster Linie im übertragenen Sinne verstehen: Jesus öffnet – durch den Heiligen Geist – die „inneren Augen" für das Wort Gottes und dessen Verständnis, und ER will aus der Finsternis der Gottesferne in das Licht der Wahrheit Gottes führen.

6.3.2 Gott will alle

Bei allen Liedern über den Sonderbeauftragten wird deutlich, dass ER auch zum *Licht für die Völker* bestimmt ist. Das gilt gleichermaßen für das Volk Israel als auch im Besonderen für den Messias als Person. Gott wollte schon immer – von Israel ausgehend – die ganze Welt erreichen.

210 Später gab es das besondere Befreiungserlebnis von Paulus und Silas im Gefängnis von Philippi. (Apg 16,25ff)

Globalisierung ist seit jeher Gottes Idee. Letztlich muss alle menschliche Technik diesem Ziel dienen: Gott sucht Seine Menschheit heim und führt sie nach Hause zum Ziel.

Alle menschliche Technik muss letztlich den Zielen Gottes dienen.

Im zweiten Lied (**Jes 49,1–6**) sind *die Inseln und Völker in der Ferne* ausdrücklich die angesprochenen Adressaten der Botschaft.

- *ER wird das Recht unter die Heiden*[211] *bringen.* D. h., die guten Lebensordnungen des Schöpfers sollen sich in der ganzen Welt ausbreiten und beachtet werden (42,1b.4) – ja, die Inseln warten regelrecht darauf. (42,4; 49,1a)
- *ICH, JHWH, mache Dich zum* ***Licht der Völker.*** **(42,6)**
- In **Jes 49,5.6** spricht JHWH offenbar direkt zum Messias, denn ER soll Israel zurückbringen und sammeln. Aber nicht nur das: *Es ist zu wenig, dass DU Mein Erwählter bist, um die Stämme Jakobs aufzurichten und die Bewahrten Israels zurückzubringen; sondern ICH habe Dich* ***auch zum Licht für die Nationen*** *gemacht, DU sollst Meine Rettung bis an die Enden der Welt sein.* **(49,6)** Der Messias wird die geistliche Finsternis in den Nationen erhellen.
- Auch das letzte und bekannteste der Lieder (**Jes 52,13–53,12**) hat zu Beginn und am Ende mehrere Hinweise auf die *vielen* Nationen und deren Könige, denen der Gerechte durch Sein Leiden Gerechtigkeit verschaffen wird. *Darum will ICH* [JHWH] *Ihm eine große Menge* [viele Menschen und Nationen] *zur Beute geben, und ER soll die Starken* [die Herrscher] *zum Raub haben, weil ER Sein Leben in den Tod gegeben hat und den Übeltätern gleich gerechnet ist und weil ER die Sünde von vielen getragen und* [sogar noch] *für Seine Feinde gebetet hat.* **(53,12)**

211 Heiden, Völker, Nationen meint immer das Gleiche: alle außerhalb des ersterwählten Volkes Israel.

Aus *den vielen* kann man sicherlich nicht schließen, dass es *alle* sind. Aber *viele* klingt auch nicht nach einer kleinen Minderheit gegenüber sehr viel mehr *Verlorenen*, die das Ziel nicht erreichen.[212]

Wenn die Befreiung aus der Finsternis (42,7) die Überwindung der Trennung von Gott meint, wie geschieht sie dann?

- Zunächst natürlich dadurch, dass Menschen in *diesem* Leben durch den Geist Gottes, mit Hilfe von Menschen, die auch schon mit Jesus unterwegs sind, zur Erkenntnis der Wahrheit kommen und beginnen im Licht des Evangeliums ihr Leben neu auszurichten. Wohl dem, der jetzt schon eine neue Beziehung zu Gott durch Jesus Christus beginnt!
- Aber wenn der *Messias* nach Jes 42,4 unermüdlich Seinen Auftrag ausführt, bis die Gerechtigkeit Gottes auf der ganzen Erde durchgesetzt ist, kann das ja nicht die einzige Dimension sein.
- Die Predigt Jesu bei den „Geistern im Gefängnis"[213] kann dann tatsächlich gewesen sein: ICH habe auch für eure Schuld bezahlt, eure Vergehen sind gesühnt, ihr könnt Haftentlassung „beantragen".
- Wenn das richtig wäre, müsste die unermüdliche Aufrichtung der Gerechtigkeit Gottes nicht strikt auf diese irdische Dimension begrenzt sein, sondern sie würde in die „Untersuchungshaft" aller Menschen hineinreichen, die vor ihrem natürlichen Tod die Befreiung durch Jesus – warum auch immer – noch nicht erlebt haben. – Damit ist jedoch keine Pauschalamnestie für alle gemeint!

Die unermüdliche Aufrichtung der Gerechtigkeit Gottes bedeutet jedoch keine Pauschalamnestie für alle.

212 Die *Lutherbibel erklärt* merkt zu Jes 53,11 an: *den vielen* meint, wie in 52,15, die Gesamtheit der Nationen, die universale Menschheit.

213 Vgl. 1Petr 3,18.19 und Abschnitt 6.4.2 *Raus aus dem Gefängnis*.

6.3.3 Das Leiden des Erwählten

In den letzten beiden Liedern über den erwählten Sonderbeauftragten wird deutlich, dass ER in dieser Welt nicht verstanden und abgelehnt werden wird, was für Ihn tiefes Leid bedeutet.[214]

Jes 50,6.7: *Ich hielt meinen Rücken denen hin, die mich geschlagen haben, und meine Wangen denen, die mir den Bart ausgerissen haben. Ich habe mein Angesicht nicht versteckt, als sie mich verschmäht und angespuckt haben. Aber JHWH hilft mir; deswegen werde ich nicht verachtet bleiben. Deshalb habe ich mein Angesicht hart* [und entschlossen] *wie einen Kieselstein gemacht; denn ich wusste, dass ich nicht in der Schande enden werde.*

Jes 52,14: *Viele werden sich über ihn ärgern* [oder: über ihn entsetzt sein], *weil sein* [gefoltertes] *Aussehen so entstellt war, wie man es noch bei kaum einem Menschen gesehen hatte.*

Am deutlichsten dann in **Jes 53,2b–7:**

Er hatte keine schön anzusehende Gestalt; wir haben ihn zwar betrachtet, aber wir fanden ihn unansehnlich und er gefiel uns überhaupt nicht. Wegen seiner Schmerzen und Leiden war er völlig verachtet und verlassen. Er wurde so verabscheut, dass man das Gesicht von ihm abwendete; darum haben auch wir ihn für nichts geachtet.
Tatsächlich aber trug er unsere Krankheit[215] und er hat sich unsere Schmerzen aufgeladen. Wir aber hielten ihn für den, der von Gott geschlagen und erniedrigt worden wäre. Aber er ist wegen unserer Vergehen verwundet und wegen unserer Sünde zerschlagen

214 Das haben im Übrigen viele Propheten, die im Auftrag Gottes das Volk Israel aufrütteln sollten, auch so erfahren. Jesus nimmt darauf in einem Gleichnis Bezug: vgl. Abschnitt 257 *Mafia* in Band 2.

215 Und das meint die Wurzel allen Übels: die Trennung von Gott.

worden. Die Strafe liegt auf ihm, damit wir wieder Frieden [mit Gott] *haben, und durch seine Wunden sind wir geheilt.*[216] *Wir gingen alle in der Irre wie Schafe, jeder sah nur auf seinen Weg; aber der HERR warf unsere ganze Schuld auf ihn. Als er misshandelt und gefoltert wurde, schwieg er wie ein Lamm, das zur Schlachtbank geführt wird, und wie ein Schaf, das vor seinem Scherer verstummt.*

All dies ist eine deutliche Voraussage dessen, was am Freitag vor Passah im Jahr 30 mit Jesus auf Golgatha passiert ist – ca. 700 Jahre vorher.

Etwa 700 Jahre vor Golgatha sagt Gott durch Jesaja präzise voraus, was an Karfreitag passieren wird.

6.3.4 Frieden durch Leiden?

Jes 53,4–6 ist die alttestamentliche Begründung für das, was Luther den *seligen Tausch* nannte: Christus gibt sich in den Tod, damit ich leben kann, oder eben: ER geht in die Gottesferne, um mich von dort zum Vater zurückzuholen.

Luther übersetzt **Jes 53,5b:** *Die Strafe liegt auf ihm, auf dass wir Frieden hätten, und durch Seine Wunden sind wir geheilt.*

Zuvor sagt Jesaja, dass der Messias unsere Leiden, Krankheiten und Schmerzen (alles Folgen der Gottentfernung) ertragen und auf sich geladen hat. Ja, wegen *unserer* Vergehen wurde ER am

216 Wenn man hier statt *Strafe* „Tatfolge" übersetzt, wird deutlicher, worum es geht: Jesus erleidet die Trennung vom Vater, die der Mensch durch den „Sündenfall" verursacht hat. ER kommt da hin, wo wir sind – fern von Gott –, um uns zurückzuholen. Und in dieser Wiederherstellung der Gemeinschaft mit Gott liegen für uns Heilung und Frieden.

Kreuz durchbohrt und wegen unserer Sünde hat man Ihn ausgepeitscht und gefoltert. – Gott hat einen unermesslich hohen Preis bezahlt!

Aber, wer ist denn *uns*, wenn Johannes der Täufer später beim Auftreten Jesu ausruft: *Siehe, das ist das Lamm Gottes, das* ***die Sünde der Welt*** *trägt.* **(Joh 1,29)**

Es war Gottes unergründlicher Wille: dieses schreckliche Selbsterleiden der Gottlosigkeit in Peinigung und Tod Jesu. Aber gleichzeitig ist es ebenso Gottes Wille, dass *alle* Menschen umkehren und zur Erkenntnis der Wahrheit kommen. Gott sagt außerdem, dass ER (!) das versteinerte Herz wegnehmen und durch ein lebendiges Herz und einen neuen Geist ersetzen will.[217]

Und ausdrücklich in **Hes 18,32:** *ICH habe keinen Gefallen am Tod des Gottlosen, dass er sterben muss.*

Wenn also *die Schuld von uns allen* auf das Lamm Gottes gelegt wurde, wenn ER die Sühnung für die *Sünden der ganzen Welt* ist (1Joh 2,2) und wenn durch Ihn *alles mit Gott versöhnt* werden soll (Kol 1,20[218]), dann klingt das doch sehr viel umfassender, als dass das nur auf diejenigen beschränkt sein sollte, die das Glück hatten, in *diesem* Leben rechtzeitig das Evangelium gehört zu haben und zu einer „Entscheidung für Jesus" geleitet worden zu sein.

---

217 z. B. 1Tim 2,4; Hes 11,19; 36,26.

218 **Kol 1,19.20:** *Es ist Gottes Wohlgefallen gewesen, dass in Jesus alle Fülle wohnen sollte und* ***alles durch Ihn versöhnt würde****, zu Ihm selbst hin, egal ob es auf der Erde oder im Himmel ist,* [und zwar] *dadurch, dass ER durch das Blut an seinem Kreuz, durch sich selbst, Frieden* [mit den Menschen] *gemacht hat.*

6.3.5 Herrlichkeit

In den vier Liedern vom *Messias* gibt es immer wieder Hinweise, dass ER nicht nur leiden wird, sondern dieses Leid auch in Herrlichkeit überwindet. Erst dadurch entfaltet sich die volle Wirksamkeit des ganzen Geschehens.

Jes 42,1a.4: *Siehe, das ist Mein Auserwählter, ICH* [JHWH] *erhalte Ihn, ER ist Mein Auserwählter, an dem Meine Seele Wohlgefallen hat. ER wird weder ermüden noch den Mut verlieren, bis ER das Recht auf der Erde aufgerichtet hat ...*

Jes 49,6b: *... ICH habe DICH auch zum Licht für die Nationen gemacht, damit DU Meine Rettung bis an die Enden der Welt sein sollst.*

Jes 50,7–9: *Aber JHWH hilft mir; darum werde ich nicht zu Schanden. ... Denn ich weiß, dass ich nicht zu Schanden werde.*
Gott ist nahe, der mich gerecht spricht; wer will mit mir streiten? Lasst uns zusammentreten: Wer will mit mir vor Gericht ziehen? Der soll zu mir herkommen! Seht doch, dass JHWH auf meiner Seite ist; wer will mich verdammen?

Jes 52,13–15: *Siehe, Mein Auserwählter wird erfolgreich sein* [oder: einsichtig handeln] *und ER wird erhöht und als Höchster verehrt werden. ER wird viele Völker in Staunen versetzen, so dass sogar Könige vor Ihm schweigen werden ...*

Jes 53,10–12 (nach der Beschreibung des Leidens):

... Wenn ER Sein Leben zum Schuldopfer gegeben hat, wird ER Nachkommen haben und noch lange weiterleben. ER wird ausführen, was sich der HERR vorgenommen hat. Weil Seine Seele das Leiden ausgehalten [und überwunden] *hat, wird ER wieder das Licht sehen und die Fülle haben.*
Durch Seine Erkenntnis wird Mein Gerechter viele [Menschen] *gerecht machen; denn ER trägt ihre Sünden* [weg]. *Darum will*

ICH [JHWH] Ihm eine große Menge [viele Menschen und Nationen] zur Beute geben, und ER soll die Starken [die Herrscher] zum Raub haben, weil ER Sein Leben in den Tod gegeben hat und den Übeltätern gleich gerechnet wurde und weil ER die Sünde von vielen getragen und [sogar noch] für Seine Feinde gebetet hat.

6.4 Tod: besiegt!

Der Tod ist der Feind des Lebens. Gott hatte den ersten Menschen gesagt, dass sie sterben müssten, wenn sie sich nicht an die Anweisung halten würden, von dem *einen* Baum – der Erkenntnis von Gut und Böse – nicht eigenmächtig zu essen.

Sie taten es trotzdem, und als Tatfolge trat der *Tod* ein. Gott musste verhindern, dass die Menschen nun im Zustand der Abkehr von Ihm *ewig* leben würden – so wie es in Gemeinschaft *mit* Ihm vorgesehen war. Der Tod realisierte sich dann in Etappen:

- Gott entzog sich der sichtbaren Gemeinschaft und schickte die Menschen aus dem Paradies weg – das war der *geistliche* Tod: Verlust der unmittelbaren Gemeinschaft mit dem Schöpfer.[219]
- Später trat auch der *leibliche* Tod ein – das irdische Leben wurde begrenzt.

Gott arbeitet daran, den ursprünglichen Zustand des Vertrauens wieder herzustellen.

Beides war ursprünglich von Gott nicht so geplant[220] – weder der geistliche noch der leibliche Tod. Aber fortan „arbeitet" ER daran, die Folgen des Misstrauens, das durch die ersten

219 Vgl. Abschnitt 13.2 *Garten Eden dechiffriert.*

220 Gott wollte es nicht so, aber er wusste, dass es so kommen würde.

Menschen in die Welt gekommen war, zu überwinden und den ursprünglichen Zustand wieder herzustellen:

- Heute bietet Gott den Menschen an, aufgrund der Versöhnungstat Jesu, die Gemeinschaft mit Ihm wieder aufzunehmen – über den vertrauenden Glauben und im Geist, aber noch nicht sichtbar. Das ist die *geistliche Wiedergeburt,* die Jesus dem Pharisäer Nikodemus im Nachtgespräch erklärt.[221]
- In der körperlichen Auferstehung wird dann auch der Leib wiederhergestellt, wenn auch in einer ganz anderen, völlig neuen Form. Dies ist dann damit verbunden, dass wir Gott wieder in Seiner Herrlichkeit direkt sehen können. *Wir werden Ihn* [Jesus] *sehen wie ER ist.* (1Joh 3,2)

6.4.1 Auf ewig verschlungen

Paulus schreibt in seinen großartigen Ausführungen über die Auferstehung am Ende von 1Kor 15, und zitiert dabei ein Wort, das schon der Prophet Jesaja gesagt hatte:

1Kor 15,54–57: *Wenn aber das, was verwesen muss, das überziehen wird, was nicht mehr verwesen kann, wenn also dieses Sterbliche die Unsterblichkeit überziehen wird, dann wird das Wort erfüllt werden, das in* **Jes 25,8a** *geschrieben steht: „**Der Tod ist verschlungen in den Sieg. Tod, wo ist dein Stachel? Hölle, wo ist dein Sieg?**" Aber der Stachel, der uns den Tod bringt* [mit dem er seine Macht ausübt], *ist die Sünde; und dass die Sünde solche Kraft hat, liegt am Gesetz* [das uns zeigt, wie weit wir vom Willen Gottes entfernt sind]. *Gott aber sei Dank, der uns durch unseren HERRN Jesus Christus den Sieg gegeben hat!*

221 Vgl. Joh 3 und Abschnitt 020 *Nochmals geboren?* in Band 1.

Das ist ein Geheimnis des Kreuzes: Weil Jesus dem Willen des Vaters bis in den Tod gehorsam blieb, hatte der Tod keine Macht mehr über Ihn.[222] So *verschlingt* Jesus den Tod, er ist unwirksam.

Der Tod ist unwirksam geworden und kann nun entsorgt werden.

Und zum Schluss der Geschichte wird *der Tod* selbst in den Feuersee, die absolute und ewige Gottesferne, geworfen. (Offb 20,14) D. h. es gibt keine Trennung von Gott mehr. Jesus hat sie in *Seinem* Tod aufgehoben. Der Tod ist unwirksam geworden und kann nun entsorgt werden.

Der Prophet Hosea sagt zum Schluss seines Buches:

Hos 13,14: *ICH will sie* [Ephraim/Israel] *aus dem Totenreich erlösen und vom Tod erretten. Tod, ICH will dir ein Gift sein; Hölle, ICH will dir eine Pest sein.* – Heißt das nicht, dass Tod und Hölle letztlich vernichtet werden sollen, wenn Gott ihnen mit Gift und tödlicher Pest zu Leibe rückt?

6.4.2 Raus aus dem Gefängnis

Beim Propheten **Sacharja** hat Gott im Kapitel **9,9–12** mitten zwischen Gerichtsbotschaften weitreichende Prophetien „versteckt“:

Aber du, Tochter Zion, freue dich sehr, und du, Tochter Jerusalem, jauchze! Siehe, dein König kommt zu dir, ein Gerechter und ein Sieger. ER ist demütig und reitet auf einem jungen Fohlen der Eselin. ... ER wird den Nationen Frieden verkünden; und Seine Herrschaft wird von einem Meer bis ans andere reichen und

222 **2Tim 1,10:** *Jesus hat dem Tod die Macht genommen und das unvergängliche Leben ans Licht gebracht.*

vom Euphrat bis an die Enden der Erde.
Außerdem lasse ICH wegen Meines Blutsbundes mit dir [Israel] *deine Gefangenen aus der Grube, in der kein Wasser ist, frei. So kehrt nun voller Hoffnung nach Hause um, die ihr jetzt noch gefangen liegt. ICH sage dir heute zu, dass ICH dir* [für das erlittene Leid] *doppelt so viel Gutes tun will.*

Zur Eigenart biblischer Prophetien gehört, dass sie sowohl in die konkrete geschichtliche Situation hineinsprechen als auch (z.T. deutlich) darüber hinausreichen. Außerdem kann man davon ausgehen, dass es häufig neben der offensichtlich-wörtlichen auch noch eine verborgen-geistliche Bedeutung gibt.

In V9 können wir – im Rückblick – vom Neuen Testament her unschwer eine Erfüllung an Palmsonntag erkennen: Jesus reitet auf dem Eselfohlen umjubelt von Seinen Fans in Jerusalem ein.[223]

In V10b schwenkt die „Kamera des Propheten" gleich viel weiter in die Ferne – bis zum messianischen Friedensreich: endlich Frieden für die Welt.

Die Verse 11–12 haben dann eine Botschaft für die Gefangenen. Sie können auf ihre Freilassung hoffen, weil der Blutsbund Gottes mit Seinem Volk immer noch gilt.

Natürlich gilt diese Botschaft der Hoffnung *zuerst* denen, die historisch noch in Babel gefangen sind: Kommt, der Weg zurück ist frei!

Ich ziehe diese Linie jedoch auch *geistlich* aus: Die tatsächlichen Gefangenschaften in dieser Welt (besonders in der Geschichte Israels, angefangen mit der Sklaverei in Ägypten) sind immer auch ein *Sinnbild* für die grundsätzliche Unfreiheit des Menschen, die „Versklavung unter die Sünde".

223 Vgl. Mt 21,1–11 und Abschnitt 250 *Menschliche Schutzschilde* in Band 2.

Der große Apostel Paulus outet sich öffentlich: Ich kriege das geistliche Leben aus eigener Kraft nicht hin.

Damit ist gemeint: Wir sind den Folgen der Trennung von Gott mehr oder weniger hilflos ausgeliefert – wie ein Sklave seinem Herrn. Der Böse attackiert uns fortwährend und wir kommen nicht dagegen an. Wir wissen, was wir tun sollten, und tun es nicht, aber das, was schlecht ist, tun wir trotzdem. Paulus hat dieses Elend in Röm 7 eindrucksvoll beschrieben und als sein persönliches Problem veröffentlicht.

Wir sind in unseren Verstrickungen ohne oder sogar gegen Gott gefangen. *Daraus* will uns Gott befreien, indem ER uns durch Jesus Christus einen Neuanfang der Beziehung anbietet.

Paulus schreit seine Verzweiflung geradezu heraus: *Ich elender Mensch! Wer wird mich von diesem todgeweihten Leib erlösen?* – Um sich dann selbst die Antwort zu geben: *Ich danke Gott durch Jesus Christus, unserem HERRN* [, dass ER es getan hat]. … *Deshalb gibt es jetzt keine Verdammnis mehr, für die, die in Jesus Christus sind* [d. h., die ihr Leben wieder mit Gott in Ordnung gebracht und verbunden haben]. (**Röm 7,24–8,1**)

Aber, was ist mit den „in der Sünde Gefangenen", die Jesus jetzt nicht angenommen haben – warum auch immer?

Ich versuche, die Puzzlesteine zusammenzusetzen:

- **Sach 9,11** sagt: *Außerdem lasse ICH wegen Meines Blutsbundes mit dir* [Israel] *deine Gefangenen aus der Grube, in der kein Wasser ist, frei.* – Das ist zunächst an das damalige Israel gerichtet, aber seit dem Tod Jesu auf Golgatha gibt es einen neuen, ja sogar besseren Blutsbund, der für die ganze Welt gilt. Den hat Jesus selbst am Vorabend Seiner Ermordung – mit der Einsetzung der Mahlfeier als Erinnerungsritus – gestiftet.

- Nach dem Tod Seines Körpers war Jesus im *Reich des Todes* und hat dort den „Geistern im Gefängnis“ gepredigt.[224] Was denn wohl?
- Bei der Einsetzung des Abendmahls sagt Jesus: *Dies ist das Blut des Bundes zur Vergebung der Sünden.*
  Und der **Hebräerbrief** schließt in **V13,20** ab: *Der Gott aber des Friedens hat unseren HERRN Jesus, den großen Hirten der Schafe, von den Toten auferweckt. Das ist durch Sein Blut des ewiggültigen Bundes geschehen.*
  Also: Gott wirkt durch Jesus grundsätzlich – ohne irgendein menschliches Zutun – die Vergebung der Sünden, weil ER diesen Bund mit Seinem eigenen Blut unterschrieben hat.
- Bei Seiner Offenbarung als der erwartete Messias in der Synagoge von Nazareth[225] liest Jesus aus dem Propheten Jesaja 61,1–2[226] vor und bezieht das auf sich: ICH BIN u. a. gekommen, um *den Gefangenen die Freiheit zu verkündigen und den* [in Kerkern] *Gebundenen, dass ihnen geöffnet werde.*
  Offensichtlich hat Jesus zu keiner Zeit Seines öffentlichen Auftretens Gefängnisse geöffnet[227] oder Gefangenenrevolten ausgelöst. Selbst vor der Hinrichtung von Johannes dem Täufer hat Jesus nicht eingegriffen, um ihn zu bewahren.

---

224 Vgl. 1Petr 3,19–22; 4,6; Eph 4,9 und Abschnitt 2.2.4. Ich setze die Gedanken von dort hier fort.

225 Vgl. Lk 4,14ff und Abschnitt 031 *ICH BIN*’s in Band 1.

226 **Jes 61,1.2:** *Der Geist von JHWH ist über mir, weil mich der HERR gesalbt hat. ER hat mich* [zu euch] *geschickt,*
- *um den Elenden zu predigen,*
- *die zerbrochenen Herzen zu verbinden,*
- *den Gefangenen die Freiheit zu verkündigen,*
- *den* [in Kerkern] *Gebundenen, dass ihnen geöffnet werde* [andere Übersetzung LXX: den Blinden, dass sie wieder sehen können],
- *zu verkündigen ein gnädiges Jahr des HERRN und einen Tag der Rache* [über alles Böse] *unseres Gottes,*
- *zu trösten alle Traurigen.*

227 Apg 16,23ff berichtet von einem nächtlichen Befreiungswunder durch das übernatürliche Eingreifen Gottes, *nach* der Auferstehung Jesu.

Also kann die Aussage nur *geistlich* verstanden werden: Es geht um die Befreiung von der „Knechtschaft der Sünde". Jesus meint das Ende und die Überwindung der Trennung von Gott und das Ende des Regimentes des Bösen.

Jesus: König für Israel, für alle Welt und sogar im Totenreich.

Ist es dann so abwegig, Sach 9,11.12 ebenfalls – über die historische Bedeutung hinaus – geistlich zu interpretieren? Spricht hier schon Sacharja von der Befreiung der „Geister im Gefängnis", aus dem Scheol (Hades), dem Reich des Todes, der Totenwelt als Untersuchungshaft?

Zugespitzt könnte man **Sach 9,9–12** zusammenfassen:

- Jesus als König für Israel (Einzug in Jerusalem),
- Jesus als König für alle Welt (Errichtung Seines Friedensreiches),
- Jesus als König im Totenreich (Befreiung der Gefangenen).

Hier soll allerdings nicht unterschlagen werden, dass zwar auch die Offenbarung eine Entleerung des Totenreiches angibt (Offb 20,13), dass dies aber zunächst in das Weltgericht – nach den *Werken!* – führt.[228]

Interessant sind in diesem Zusammenhang die Ausführungen von Holmer/de Boor in der *Wuppertaler Studienbibel*[229] zu **1Petr 3,19.20**[230], die ich hier etwas umfassender wiedergebe:

228 Vgl. Kapitel 12.

229 WStB: *Die Briefe des Petrus und Judas*, erklärt von U. Homer/W. de Boor, Taschenbuchsonderausgabe 1983; S. 130 ff.

230 **1.Petr 3,19.20:** *In demselben Geist ist er* [Jesus nach dem leiblichen Tod] *auch hingegangen und hat den Geistern im Gefängnis gepredigt. Die hatten vorzeiten nicht geglaubt, als Gott ausharrte und zu den Zeiten Noahs Geduld hatte, als sie die Arche bauten, ...*

„Christus ist also im Geist zu den Geistern gekommen und hat ihnen **„verkündigt“**[231]*, das heißt Seinen Sieg. Nicht nur auf die Erde und ins Totenreich, sondern auch in die himmlischen Welten dringt die Wirkungsmacht Seines Leidens (V22).* **„In welchem“**, *oder auch „durch ihn“ ... wir müssen es verstehen als: Christus als Geist und Christus im Geist. ER war nach dem Sterben am Kreuz also nicht untätig. Nunmehr befähigt, in Bereiche zu gehen, die ER im Fleisch nicht erreicht hat, hat ER Seinen Sieg auch in der Totenwelt proklamiert und wirksam gemacht. Die* **„Geister im Gefängnis“** *sind die Geister der Verstorbenen (vgl. 1Petr 4,6). Auch sie sind nicht inaktive Wesen oder gar ausgelöschte Nichtse. Sie befinden sich „im Gefängnis“ und können die Botschaft Christi vernehmen, sicher auch antworten und sich entscheiden. ...*

Da die **Geister im Gefängnis** *auf das Gericht warten müssen, kann unser Wort auch den Klang eines unangenehmen, qualvollen Bewachungsortes haben, an dem die Toten unfreiwillig sind.*[232] *Dort also wurde ihnen* **verkündigt,** *wörtlich „geheroldet“.*[233] *Petrus ist hier äußerst zurückhaltend und sagt nichts Näheres über den Inhalt der Botschaft. Einzelne Ausleger meinen, ER habe den Toten Gericht gepredigt.*

Daran aber, dass Petrus hier den gleichen Ausdruck gebraucht wie bei der Verkündigung an die Lebenden, dürfen wir wohl erkennen, dass ER auch hier an ein Heilsangebot denkt. (vgl. auch 1Petr 4,6) Diesen Toten, die die Rettung durch Christus in ihrem Leben nicht erfassen konnten, wird ER die Möglichkeit gegeben haben, sie im

---

231 Die Hervorhebungen innerhalb des Zitates in **fett** hat auch der Originaltext.

232 Der Originaltext hat hier eine Fußnote, die mit Lk 16,23 darauf hinweist, dass es auch im Totenreich zwei Abteilungen für die Gottlosen und die Gottesfürchtigen gibt: den *Ort der Qual* und *Abrahams Schoß*.

233 Nach *www.wortbedeutung.info* ist ein Herold (im Mittelalter) ein Königsbote, der im ganzen Land die Geburt des Thronfolgers (des Erbens des Königsreiches) verkündet. – Erg. MB: Eine solche Botschaft war ein Evangelium, eine *Gute Nachricht*!

Totenreich annehmen zu können.[234] *Dass ER sich diesen, vor Seiner Erdenzeit Gestorbenen mit der Verkündigung Seines Sieges zugewendet hat, ist die frohe Botschaft dieses Abschnittes …*

Wenn ER [Jesus] *selbst diesen dauernd und bewusst Ungehorsamen* [das bezieht sich auf die zuvor (V20) genannten Spötter, die sich über Noahs Bau der Arche lustig gemacht und Gott verachtet haben] *noch die rettende Botschaft übermittelt und ihnen damit Sein vollbrachtes Heil anbietet – wie viel mehr wird dann Sein Angebot allen übrigen Generationen der vergangenen Jahrtausende gelten, allen, die je auf der Erde gelebt haben – bis hin zu Adam."*

Es ist wohl legitim anzunehmen, dass es eine solche Option dann auch für diejenigen *nach* dem Auftreten von Jesus gibt, die zu ihren Lebzeiten keine Chance hatten, das Evangelium verständlich zu hören und sich daraufhin „für Jesus zu entscheiden".

Weiter führen Holmer/de Boor zu **1Petr 4,6**[235] aus:

234 Fußnote im Originaltext: *Unsere Stelle besagt nicht, dass Menschen, die Christus im Leben abgelehnt haben, sich im Totenreich noch für ihn entscheiden können.* [Wer das Wort Gottes, das Evangelium verständlich gehört hat, ist aufgefordert, verantwortlich Stellung zu beziehen.] … *Unsere Stelle aber spricht von Menschen, die die Christusbotschaft noch nicht kennen und sie daher im Totenreich erfahren. Auch sagt unser Wort nichts über die Wirkung der Predigt im Totenreich, schon gar nicht, dass die Toten alle gerettet werden.*

235 **1Petr 4,6:** *Denn dazu ist auch den Toten das Evangelium verkündigt worden, damit zwar nach dem, wie sie als Menschen gelebt haben, Recht gesprochen wird, sie aber im Geist* [trotzdem weiter mit] *Gott leben können.*
WStB übersetzt nah am Ur-Text: ***Dazu nämlich ist auch (den) Toten das Evangelium verkündigt worden, damit sie zwar gerichtet wurden am Fleisch nach Menschart, aber leben im Geist nach Gottes Art.***

„Schon die Satzverbindung **dazu nämlich**, *zeigt an, dass der vorige Vers*[236] *begründet werden soll. Mit der Verkündigung des Evangeliums ist fraglos das Gleiche wie in 3,19 gemeint, so dass mit dieser Aussage der Begriff „herolden" aus 3,19 inhaltlich umschrieben wird. Wo aber das Evangelium verkündigt wird, da ist auch die Möglichkeit der Entscheidung und der Errettung gegeben.* **Damit** *bezieht sich sowohl auf* **gerichtet wurden** *als auch auf leben. Das „zwar ... aber" legt jedoch den Ton auf das zweite Satzglied, also:* **damit sie ... aber leben im Geist nach Gottes Art.** *Mit diesem Ziel ist nicht nur den Lebenden das Evangelium verkündigt worden, sondern auch den Toten, die es bei Lebzeiten nicht gehört haben.* **Damit sie zwar gerichtet wurden am Fleisch nach Menschart:** *Das Gericht liegt also schon hinter ihnen. Es kann demnach nicht das allgemeine Weltgericht vor dem Großen Weißen Thron gemeint sein (Offb 20,11ff), sondern der Tod selber. Dass schon das Sterben an sich ein Gericht am Fleisch nach Menschart genannt wird, liegt durchaus im Bereich biblischer Theologie. ..."*

6.5 Israel Special

Wenn wir davon ausgehen, dass Gott mit Israel durch Seine souveräne Erwählung einen *Anfang* gemacht hat, um letztlich die ganze Menschheit zu erreichen und zurückzugewinnen, dann lohnt ein Blick in die Geschichte Israels, um die Liebe Gottes deutlich zu machen und ein Stück weit besser zu verstehen.

Die Geschichte Israels ist von Beginn an ein ständiges Auf und Ab, gesegnete Zeiten unter Gottes Führung wechseln sich mit

---

236 **1Petr 4,5:** ... *aber sie* [die ausschweifenden Götzendiener jeder Art] *werden dem Rechenschaft geben, der bereit ist, über die Lebendigen und die Toten Recht zu sprechen.*

Zeiten der Abkehr von JHWH ab, in denen Israel sich zum Teil schlimmer verhält als die heidnischen Völker im Umfeld.[237]

Gott muss immer wieder mit krassen Gerichten einschreiten – sie sind aber stets auch Aufrufe zur Umkehr. Aber Gott macht in Seiner unergründlichen und unendlichen Liebe trotz allen Versagens Seines Volkes immer weiter, manchmal nur mit einem kleinen Rest.

6.5.1 Geliebte, Hure, Braut

In drastischen Bildern macht insbesondere **Hesekiel in den Kapiteln 16 und 23** den Götzendienst Israels deutlich: Gott ist wie ein betrogener Ehemann und Liebhaber, dessen Frau auf den billigsten Strich geht und letztlich so tief sinkt, dass sie „für jeden die Beine breit macht" (Hes 16,25, als Ausdruck für einen umfassenden und zügellosen Götzendienst).

Und dennoch: Gott bleibt trotz der tief verletzten und zurückgewiesenen Liebe dran, ER geht dieser Hure nach, will ihr vergeben und sie trotzdem heiraten. Welch eine unglaubliche Liebe!

---

237 Durch den Propheten **Hesekiel** klagt Gott z. B. in Kapitel **5,6.7**: *Aber Jerusalem hat mein Gesetz in gottlose Lehre verwandelt,* [und zwar] *mehr als die Länder, die ringsherum liegen. Denn sie verwerfen mein Gesetz und wollen nicht nach meinen Ordnungen leben. Darum spricht der HERR: Weil ihr's schlimmer treibt als die Heiden, die um euch herum sind, und nicht nach meinen Geboten und Ordnungen lebt, … V9: will ich wegen all deiner Gräueltaten mit dir umgehen, wie ich es bisher nie getan habe und auch später nicht mehr tun werde …* – Es ist die ultimative Gerichtsansage vor der Zerstörung Jerusalems und der Vollendung der Wegführung in die babylonische Gefangenschaft.

Der Prophet **Hosea** muss sogar mit seiner eigenen Ehefrau die Treulosigkeit Israels demonstrieren und eine Huren-Ehe eingehen. (Kapitel 1–3 und 11)

Gottes Fernziel ist die „Hochzeit des Lammes", d.h. die ewig gültige, segensreiche Ehe-Beziehung zwischen Jesus und Seiner Gemeinde – und von der soll Segen zu allen Nationen ausgehen.[238]

Im Bild einer sehr problematischen Liebesbeziehung zeichnet Gott durch Seinen Propheten **Hesekiel** in **Kapitel 16**[239] Seine Geschichte mit Israel bzw. Jerusalem nach:

- In liebender Fürsorge nimmt sich Gott eines verachteten und weggeworfenen Babys an.
- ER wäscht, pflegt, behütet es, so dass das Mädchen zu einer wunderschönen Frau heranwächst, in die Gott sich total verliebt und mit ihr einen Ehebund schließt.
- Fortwährend wirbt ER um Seine geliebte Frau, schmückt und beschenkt sie. Sie hat alles, was sie braucht, und wird umwerfend schön: Sie ist die Frau des Königs und spiegelt Seine Herrlichkeit wider – Miss Universe!
- Aber Jerusalem, „Gottes Liebling", bildet sich etwas auf ihre geschenkte Schönheit ein und biedert sich damit anderen Männern (Götzenvölkern) an, um sie zu verführen.

Die Geliebte Gottes ist die umwerfend schöne Miss Universe!

238 Vgl. dazu die weiteren Ausführungen in Kapitel 13.

239 Auch hier lohnt es sich wieder, dieses ganze Kapitel im Zusammenhang zu lesen: Schonungslos deckt Gott den Ehebruch und die Hurerei (= Götzendienst) seines Volkes auf. In Hes 23 folgt eine ähnlich frappierende Anprangerung des Götzendienstes in Samaria (Nordreich) und Jerusalem.

- Sie läuft ihren Freiern sogar hinterher, um ständig und immer wieder Ehebruch zu betreiben[240] und sie verschleudert dabei auch noch den von Gott geschenkten Reichtum, um sie zu betören.

Die verlotterte Königin vergisst ihre armselige Vergangenheit.

Für Jerusalem/Juda bedeutet das: Wer sich mit den Götzen ins Bett legt, wird auch deren Praktiken übernehmen (davor hat Gott von Anfang an gewarnt). Abscheuliche Kindsopfer auf Götzenaltären werden tatsächlich zum alltäglichen Geschehen rund um Jerusalem.

- Die verlotterte Königin vergisst dabei ihre Vergangenheit: Die gnädige Rettung des verachteten Säuglings aus der Gosse und das Heranwachsen zu wunderbarer Schönheit unter dem Segen und Schutz Gottes.
- Überall auf den Bergen stehen nun Götzenaltäre, die zum „Fremdgehen" regelrecht einladen.

---

240 Auch der Prophet Jeremia ruft das ganz offen seinem Volk zu:
Jer 2,23.24: *Wie kannst du denn sagen: Ich bin nicht unrein, ich habe mich nicht an die Götzen gehängt? Sieh doch, wie du es im Tal getrieben hast, denk darüber nach, was du da getan hast. Du läufst umher wie eine brünstige Kamelstute und wie eine Wildeselin in der Wüste, die in ihrer Brunst* [nach Befriedigung] *lechzt und umherläuft, dass sie niemand aufhalten kann. Wer sie haben will, muss sich nicht anstrengen und nicht weit laufen.*
Jer 5,7.8: *Wie soll ich dir denn gnädig sein, obwohl deine Kinder mich verlassen haben und bei Götzen schwören? Nachdem ich sie gesättigt habe, treiben sie Ehebruch und laufen ins Bordell. Wie fette, geile Hengste wiehert jeder nach der Frau seines Nächsten.*
Jer 13,25–27: *Das soll dein Lohn sein und dein Teil, den ich dir zugemessen habe, spricht der HERR: Weil du Mich vergessen hast und dich* [stattdessen] *auf Lügen verlässt, will ICH jetzt auch dein Kleid hochheben, so dass jeder deine Blöße sehen kann. Denn ich habe deinen* [fortwährenden] *Ehebruch, deine Geilheit, deine freche Hurerei, ja, deine Gräuel auf den Hügeln und Äckern gesehen. Weh dir, Jerusalem! Wann wirst du endlich* [damit aufhören und] *rein werden?*

V25: *An jeder Straßenecke hast du deine Altäre errichtet und deine Schönheit zu Markte getragen; du hast für jeden, der vorüberging, deine Beine breit gemacht, und schamlose Hurerei getrieben.*

- Das war letztlich so schlimm und abartig, dass sogar die Töchter der heidnischen Philister davon angewidert waren und sich fremdgeschämt haben.
- Aber das war noch nicht der Tiefpunkt: Du, Jerusalem, warst so süchtig nach immer mehr Hurerei, dass du dir in Ägypten Männer mit einem besonders großen Glied gesucht hast.[241] Aber selbst das reichte dir noch nicht. Als Nächstes hast du dich unersättlich an die Assyrer und Chaldäer herangemacht, um die auch noch ins Bett zu kriegen.
- Nicht nur auf den Bergen, sondern an jeder Straßenecke und auf jedem freien Platz in der Stadt stehen inzwischen deine Hurenlager (= überall Götzenbilder).
- Jerusalem treibt es dabei noch schlimmer als „normale Sexarbeiterinnen". Die bekommen wenigstens den Hurenlohn. Jerusalem aber will sich Seine Dienste noch nicht einmal bezahlen lassen, sondern wirft den fremden Männern auch noch ihr Vermögen hinterher. Dadurch lädt es sie ein, es immer perverser mit ihr in der Stadt zu treiben.

Jerusalem treibt es noch schlimmer als „normale Sexarbeiterinnen" und wirft den Freiern ihr Vermögen hinterher.

- Das kann Gott sich jetzt nicht länger ansehen. Jerusalem ist reif für das Gericht: Wegen deines Treuebruches, deiner unerträglichen Götzenhurerei und wegen der abscheulichen

241 Hesekiel wird noch drastischer: **Hes 23,20**: *Und wieder packte sie die Gier nach ihren früheren Liebhabern aus Ägypten, weil die einen Penis so groß wie bei einem Esel hatten und einen Samenerguss so mächtig wie bei einem Hengst.* – Ja, auch sowas steht in der Bibel! Gott nimmt kein Blatt vor den Mund, um Missstände verständlich anzuprangern.

Menschenopfer wird JHWH dich nun vollends deinen Freiern (den fremden Mächten) überlassen, dass sie dich missbrauchen und zum Gericht über dich herfallen.

- Gott muss jetzt Seine eigenen Bundesbestimmungen anwenden, nach denen (5Mo 22,22) Ehebruch mit dem Tod bestraft werden muss. Das werden deine Freier erledigen und du wirst wieder – wie zu Beginn – nackt und bloß in der Gosse liegen.
- Jerusalem hat seinen Status als Königin des Königs JHWH verworfen und seinen Reichtum verschleudert – und es gibt offenbar keine Anzeichen für eine Umkehr, sondern es wird immer schlimmer. Weil es die Liebe Gottes zurückgewiesen und alle Warnungen missachtet hat, muss Jerusalem jetzt die Konsequenzen tragen.

Gott sieht sich das böse Treiben nicht einfach tatenlos an!

In **Hes 22,1–12** deckt Gott durch den Propheten auf, dass Jerusalem wahrhaftig zum „Sündenpfuhl" geworden ist. Die Stadt, die die *Perle* Israels und die *Braut* Gottes sein sollte, ist wegen Unrecht, Blutvergießen und Götzendienst reif für das Gericht. Nein, Gott sieht sich das böse Treiben nicht einfach tatenlos an! Es ist praktisch nichts mehr so, wie es nach den Geboten Gottes sein sollte (V6–12 zählen es auf[242]):

1. Blutvergießen durch die Mächtigen
2. Verachtung der Eltern
3. Misshandlung von Fremden
4. Unterdrückung von Bedürftigen
5. Verachtung des Heiligen

242 Eine ähnliche Aufzählung der Vergehen und Verbrechen gibt es in Hes 22,23–29 und richtet sich hier insbesondere an die geistliche und politische Führung. Ebenso auch Hes 34,1–4: Hier geht es mehr um das, was sie *nicht* getan und damit ihren Auftrag verfehlt haben.

6. Entweihung der Sabbate
7. Verleumdung, um zu töten
8. Schändlicher Götzendienst auf den Bergen
9. Schamlose Sexualität, Inzest und Missbrauch
10. Bestechung und Korruption
11. Zins und Aufschlag (das hatte Gott beim Geldverleih – besonders gegenüber einem anderen Israeliten – ausdrücklich untersagt)[243]
12. Unrechter Gewinn durch Betrug

Und das alles hat *eine* gemeinsame Ursache: *MICH aber vergisst du, spricht der Herr.* **(V12b)** Wenn der Mensch Seinen Schöpfer nicht mehr achtet, wird er sich auch leicht über seinen Mitmenschen erheben und bereit sein, ihn zum eigenen Vorteil zu schädigen.

Trotz des notwendigen Gerichtes über das böse Treiben: Gott wäre nicht ein Gott unerschöpflicher Liebe, wenn es nicht am Ende der „schonungslosen Urteilsbegründung" in Hesekiel 16 doch noch einen Lichtblick für neue Hoffnung gäbe.

Du wirst schweigen und dich schämen, wenn ICH dir alle Irrwege vergeben werde.

Hes 16,60–63: *ICH will aber an Meinen Bund denken, den ICH mit dir zur Zeit deiner Jugend gemacht habe, und ICH will mit dir* [noch einmal] *einen ewigen Bund aufrichten. Dann wirst du an deine* [schamlosen] *Irrwege denken und dich schämen. … Aber ICH will Meinen Bund mit dir* [wieder] *in Kraft setzen, damit du erfahren sollst, dass ICH der HERR bin. … Vor lauter Scham und Schande dürftest du deinen Mund gar nicht mehr auftun,* ***wenn ICH dir alles vergeben werde, was du getan hast****, spricht JHWH.*

243 Vgl. z. B. 2Mo 22,24; 3Mo 25,36f; 5Mo 23,20.

Gott nimmt wie ein treu gebliebener Ehemann die Frau, die Ihn schmählich verlassen hat, wieder an und gibt ihr eine neue Chance. Gottes ewige Liebe siegt über Seinen berechtigten Zorn.

Durch den Propheten Hosea sagt Gott (ebenfalls im Zusammenhang mit der Hurerei Israels), **Hos 2,21.22:** *ICH will Mich mit dir für alle Ewigkeit verloben* [das war in Israel die rechtliche Eheschließung]; *ICH will Mich dir anvertrauen in Gerechtigkeit und Recht, in Gnade und Barmherzigkeit. Ja, in Treue und Wahrheit will ICH Mich mit dir verloben und du wirst den HERRN erkennen.*
In Jes 54 sagt Gott, dass Seine Gnade und Barmherzigkeit über Seinen Zorn siegen werden. ER hält treu Seinen Bund, auch wenn Seine Frau Ihm immer wieder weggelaufen ist. Wo ist solch ein Gott?

Jes 54,4–10: *Fürchte dich nicht* [Israel bzw. Jerusalem], *denn du sollst nicht zu Schanden werden; schäme dich nicht mehr, denn du sollst nicht zum Spott werden; sondern du wirst die Schande deiner Jugend vergessen und nicht mehr an die Schmach deiner Witwenschaft denken.*

Denn ***dein Schöpfer ist dein Ehemann****, er heißt HERR. ER, der Heilige Israels, ist dein Befreier, der in aller Welt Gott genannt wird. Denn der HERR hat dich zu sich gerufen wie ein verstoßenes und tiefgekränktes Weib.*

Aber ***ICH kann doch Meine Jugendliebe nicht vergessen****, spricht dein Gott.*

ICH habe dich zwar mit aufwallendem Zorn [über deinen fortgesetzten Götzendienst] *einen kleinen Augenblick verlassen; aber* ***mit großer Barmherzigkeit will ICH dich wieder annehmen.*** *ICH habe Mein Angesicht im Augenblick des Zorns ein wenig vor dir verborgen, aber* ***mit ewiger Gnade will ICH Mich wieder über dich erbarmen****, spricht der HERR, dein Erlöser.*

Das soll Mir wie das Wasser Noahs sein, als ICH geschworen habe, dass eine solche Flut nicht mehr über den Erdboden gehen sollte. Genauso habe ICH jetzt geschworen, dass ICH nicht mehr über dich zornig sein will und dich nicht mehr anschreien werde.

Denn es sollen zwar Berge und Hügel verschwinden; ***aber Meine Gnade soll nicht von dir weichen, und der Bund Meines Friedens soll nicht mehr wanken,*** *spricht der HERR, dein Erbarmer.*

V11.12: *Israel, du elend-Untreue. ICH werde dich wieder prächtig schmücken!*

Die ganze Geschichte Israels bestätigt das: Gott muss zwar immer wieder Gericht üben, um Sein Volk von falschen Wegen zurückzuholen, aber NIEMALS gibt ER es völlig dem Untergang und der Vernichtung preis. Liebe und Gnade triumphieren letztlich über Zorn und Gericht.

Liebe und Gnade triumphieren letztlich über Zorn und Gericht.

Nach allen Irrungen und Wirrungen der Geschichte soll das Neue Jerusalem, die Jesusgemeinde aus Juden und Nationen, am Ende der Zeit die „Braut des Lammes" sein, die Jesus in Sein Reich heimholt.[244]

Jerusalem musste den Kelch des heiligen Zornes Gottes austrinken, weil es völlig vom Weg abgekommen war. Aber jetzt ist es genug, Gott wendet sich Seinem Volk wieder zu. (vgl. Jes 51,17–23)

Jer 31,3: *ICH habe nie aufgehört dich zu lieben, darum habe ICH dich aus lauter Güte wieder zu Mir gezogen.*

Und die staunende Gemeinde singt, **Mi 7,18:** *Wo ist solch ein Gott, wie DU bist, der die Sünde vergibt und Seinem Volk die Schuld erlässt, der an Seinem Zorn nicht ewig festhält! Denn ER ist barmherzig.*

Was heißt das für die Nationen, wenn Israel der Prototyp für die Errettung der Menschheit insgesamt ist?

---

244 Vgl. Abschnitt 13.5.

Es scheint doch mehr und mehr, dass diese Welt *reif für das Gericht* ist. Gott wird dem Morden und Vergewaltigen, dem Missbrauch und der Kinderschändung, dem Lügen und Betrügen und allem, was sonst noch Seinen Ordnungen widerspricht, ein Ende machen. ER selbst leidet an dem, was sich Seine Menschen gegenseitig antun.

Aber das Geheimnis ist: Mitten in dieser gerichtsreifen Welt wächst die Gemeinde derer, die Jesus Christus als Herrn und Gott anerkannt und für sich angenommen haben. *Die Welt* hasst und verfolgt sie deswegen vielfach.

6.5.2 ICH komme wieder – und ihr auch!

An vielen Stellen kündigen die Propheten die Wiederherstellung Israels an. Auch wenn das erwählte Volk Seinen Gott immer wieder enttäuscht und verlassen hat, steht Gott selbst trotzdem treu zu Seinem Bund, den ER einmal geschlossen hat.

Dies schließt allerdings ein, dass Gott Sein Volk, wenn es nicht hören will, auch in die Irre laufen lässt. Selbst Sein Gerichtshandeln ist immer noch ein Umkehrruf: Macht nicht so weiter! Die Zusagen zur Wiederherstellung Israels sind dabei mehrschichtig:

1. Die meisten Propheten im AT haben im Zeitraum von ca. 760–460 v. Chr. geweissagt. Es ist die Zeit *vor* der Deportation von Nordreich und später Südreich nach Babel, die Zeit *während* der babylonischen Gefangenschaft und auch die Zeit der beginnenden Rückkehr.
   Gott spricht durch diese Propheten zunächst in die konkrete geschichtliche Situation.
2. Etwa 500 Jahre später hatte sich zumindest der Klerus in Israel wieder so weit vom Willen Gottes entfernt und Jesus als Messias verworfen, dass nach der neuerlichen Zerstörung Jerusalems

im Jahr 70 n. Chr. durch die Römer eine weitere, noch umfassendere Zerstreuung der Juden *unter alle Völker* erfolgte. Wie die geschichtliche Entwicklung mittlerweile gezeigt hat, gilt die Verheißung der Rückführung ins von Gott versprochene Land aber auch jetzt noch einmal: Drei Jahre nach dem Ende des Holocaust (bzw. der Schoah) erscheint der Staat Israel 1948 wieder auf der politischen Weltbühne. Er hat sich gegen alle Widerstände entwickelt und behauptet. Trotz mancher Missstände ist offensichtlich: Gott segnet Sein Volk wieder.
3. Etliche Prophezeiungen über die besondere Rolle Israels reichen aber auch noch darüber hinaus in die letzte Zeit der Weltgeschichte und sogar bis zur letzten Erfüllung in der Neuen Welt.

Ein markantes Beispiel findet sich beim Propheten **Sacharja** in Kapitel **8,1–15**.[245] Gott gibt hier umfassende Zusagen für den Neuanfang:

- ICH eifere für Zion, d. h. ICH verteidige das Recht, ICH setze es wieder ein – und zwar mit großem Zorn.
  Selbst in Seinem Zorn (gegen alles Böse in unserem Leben und auf dieser Welt) eifert Gott noch in Liebe *für* uns!
- ICH komme zurück nach Jerusalem. Das ist Meine „Stadt der Wahrheit" und Mein „Heiliger Berg Zion".[246]
  Es ist Gottes souveräne Entscheidung, dass ER sagt: *Hier* will ICH wohnen, *hier* stelle ICH Meinen Thron auf.

Selbst in Seinem Zorn eifert Gott noch in Liebe *für* uns!

245 Sacharja ist – zeitgleich mit Haggai – ein Prophet, der die Rückkehr des Südreiches aus der babylonischen Gefangenschaft begleitet, zwischen der ersten und zweiten Rückkehrwelle, etwa um 520 v. Chr.

246 Der Prophet Hesekiel hatte (11,22.23) gesehen, wie die Herrlichkeit Gottes die Stadt verlassen (und damit zum Gericht freigegeben) hatte.

- Greise und Teenager werden wieder in Jerusalem leben. Es wird wieder in Wohlstand und Frieden das pralle Leben pulsieren. – Eine unglaubliche Ansage, weil Jerusalem noch völlig in den Trümmern lag, die die Babylonier hinterlassen hatten.
- Auch wenn *ihr* das jetzt nicht glauben könnt: *ICH* mache das! Der neue Segen, Wunder über Wunder – es ist einfach unfassbar. *Wir werden sein wie die Träumenden.* **(Ps 126,1)**
- ICH rette Mein Volk aus Ost und West (gemeint ist: von der ganzen Erde) und bringe es nach Jerusalem zurück und sie werden Mein Volk sein und ICH werde ihr Gott sein.[247]
  Die Rückführung aus Babel ist der Prototyp, die Blaupause für die große Alija (die Heimkehr der Juden aus allen Völkern in *ihr* Land) unserer Zeit.
  Darüber hinaus zeigt sie auch die Sammlung der Menschen in der Neuen Welt an, die durch Jesus aus der „Sklaverei der Sünde" befreit worden sind.
- Der Rest dieses Volkes wird neuen Segen erfahren und es soll wieder zum Segen werden. Fürchtet euch nicht (mehr)! Weil eure Väter Mich zum Zorn reizten, musste ICH zwar Gericht üben, aber *jetzt* will ICH Mich euch wieder zuwenden und euch Gutes tun.

247 Das klingt sehr ähnlich wie Offb 21,3. Dort gilt diese Perspektive dann jedoch *allen* Völkern.
Nach **3Mo 26,12** war das schon immer Gottes Ziel der gesegneten Gemeinschaft: *Und ICH will mit euch leben und will euer Gott sein; so sollt ihr mein Volk sein.* Paulus zitiert das später in **2Kor 6,16** und zieht daraus den Schluss: *Wir sind der Tempel des lebendigen Gottes.* – Also: In jedem einzelnen Menschen will Gott durch Seinen Heiligen Geist wohnen.

In **Hesekiel 34,11–31** sagt Gott, dass ER – nachdem die eingesetzten menschlichen Hirten völlig versagt haben – nun selbst wieder der *Gute Hirte* Seines Volkes sein will.[248] Mehr als 20 Mal sagt Gott in diesem Abschnitt ICH WILL, u. a.:

ICH WILL selbst wieder euer *Guter Hirte* sein.

- ICH WILL die zerstreute Herde wieder sammeln und ins Land zurückbringen; **V16:** *ICH will das Verlorene wieder suchen, das Verirrte wieder zurückbringen, das Verwundete verbinden und das Schwache pflegen ...*
- ICH WILL jetzt selbst tun, was die beauftragten menschlichen Hirten versäumt haben,
- ICH WILL selbst aufpassen, wie ihr, die Schafe, Widder und Böcke, miteinander umgeht,[249]
- ICH WILL einen neuen *Guten Hirten* nach dem Typus des Königs David berufen und einsetzen. Das ist der messianische Ausblick auf Jesus Christus.
- ICH WILL Mein Volk – nach dem verheerenden Gericht – wieder neu segnen. ICH sage euch Meine Gegenwart und Meinen Bund wieder neu zu.
- ICH WILL durch Regengüsse des Segens das verwüstete Land wieder fruchtbar machen.

---

248 Dies ist zweifellos eine Anknüpfung an Davids berühmten Psalm 23 vom *Guten Hirten*. Jesus zieht in Joh 10 dann die Linie auf sich hin aus, dass ER dieser *Gute Hirte* ist.
JHWH wollte schon immer selbst der *Gute Hirte* seines Volkes sein, aber ER hatte dem Wunsch des Volkes nach einem König, wie ihn alle Völker haben, nachgegeben (wissend, was dabei herauskommen würde). Dem entsetzten Priesterpropheten Samuel sagt Gott **(1Sam 8,7b):** *Sie haben nicht dich, sondern MICH verworfen, dass ICH nicht mehr König über sie sein soll.*

249 Jesus greift das im Gleichnis vom Weltgericht (Mt 25,31ff) auf. ER wird dann zwischen den Schafen und Böcken, den Guten und Bösen, trennen.

Die Basis von allem bleibt: ICH BIN allein Gott und ihr seid Mein Volk.

Aber für alle diese erneuerten Willenserklärungen und Zusagen Gottes bleibt die Basis: ICH BIN allein Gott und ihr seid Mein Volk.

Hesekiel 36 entfaltet das weiter, wie und warum sich Gott Seinem Volk nach dem Gericht wieder zuwendet und *ihnen noch mehr Gutes tun will als je zuvor* (V11). Das bezieht sich wohl eher auf die nahe Zukunft der Rückführung aus Babylon.

Auch in **Hes 20,40–44** sagt Hesekiel bereits, dass Gott Sein Volk wieder ins Land bringen wird, dass es Buße tun und Gott wieder Freude daran haben wird. **V44:** *Und ihr werdet erfahren, dass ICH der HERR bin, wenn ICH euch wieder um Meines Namens willen segne und nicht mit euch nach eurem bösen Wesen und schädlichen Tun verfahre.*

Hes 37,15–28 zielt aber offenbar auf eine fernere Zukunft, nämlich auf die neuerliche Sammlung *aus allen Völkern* nach der weitergehenden Zerstreuung unter der römischen Herrschaft ca. 600 Jahre später. Die Prophetie weist auf die Königsherrschaft unter dem *Guten Hirten* Jesus. Ob Hesekiel den Scheinwerfer hier „nur" bis ins 1000-jährige Reich (Millennium) oder sogar bis in die vollendete Neue Welt aufblendet, bleibt offen.

In **Jes 52,1–12** ruft Gott Sein Volk wieder in die Freiheit und zieht voraus. Jerusalem, du sollst wieder leben. Und von den Bergen Israels wird die Friedensbotschaft der Rettung schallen: Gott herrscht als König, ER ist wieder da!

6.5.3 Hoch, ihr toten Knochen!

Gott zeigt **Hesekiel** in Kapitel **37,1–14** noch eine besondere Vision. Hesekiel wird von der Hand Gottes ergriffen und im Geist auf eine weite Talebene gestellt.

Hesekiel sieht dort den Triumph des Todes: weit und breit unzählbar viele vertrocknete Skelette, völlig leblos. Diese toten Knochen soll Hesekiel ansprechen: Ihr vertrockneten, ausgeblichenen Skelette, hört das Wort Gottes! JHWH sagt zu euch:

V5b.6: *ICH bringe wieder Atem und Geist in euch, damit ihr wieder lebendig werdet. ICH lasse wieder Sehnen, Muskeln und Haut wachsen und dann gebe ICH auch Meinen Geist wieder in euch. Ihr sollt erkennen, dass ICH Gott bin.*

Es ist ein neuer schöpferischer Akt Gottes. So wie ER am Anfang Leben auf einer Erde schuf, die wüst und leer war, so kann ER auch diese toten Skelette wieder zum Leben erwecken.[250]

Hesekiel kommt seinem Auftrag nach und während er noch spricht, gibt es Geräusche, die zum Getöse anschwellen, es ist ein Klappern und Rumpeln im ganzen Tal. Tatsächlich! Die toten Knochen bewegen sich und rücken wieder in ihre ursprüngliche Ordnung zusammen. Sehnen, Muskeln und Haut wachsen neu. Es sind wieder Menschen! Aber, der Geist Gottes fehlt noch.

Es ist ein Klappern und Rumpeln im ganzen Tal. Tatsächlich! Die toten Knochen bewegen sich.

250 Das ist natürlich auch eine Vorausschau auf die Auferstehung der Toten am Ende der Zeit. Kein Problem für den Schöpfer aller Dinge. Jemand sagte einmal: *Wenn Gott das ganze Universum geschaffen hat, kann ER die paar Moleküle auch wieder zueinander bringen.*

Erstaunlich: Jetzt soll der *Prophet* zum Geist Gottes[251] sprechen: Komm aus allen Himmelsrichtungen herbei, DU Lebensgeist, und hauche diese Erschlagenen an, damit wieder Leben in sie kommt. (V10) – Sie sind zwar *körperlich* wieder hergestellt, aber noch *geistlich tot* – ohne den Geist Gottes.

Und so geschieht es: Die Körper werden vom Geist Gottes wieder ganz und gar lebendig, sie stehen auf – es ist eine riesige Menge auferweckter, neugeborener Menschen.

Gott selbst erklärt dem Propheten dann, was dieses Bild bedeutet:

V11–14: *Du Menschenkind,* ***diese Gebeine sind das ganze Haus Israel****. Gib acht, jetzt sprechen sie noch: „Unsere Gebeine sind verdorrt, und unsere Hoffnung ist verloren, und es ist aus mit uns." Darum prophezeie ihnen: „So spricht JHWH: Siehe, ICH will eure Gräber auftun und will euch, Mein Volk, aus ihnen herausholen … Und* ***ICH will Meinen Geist in euch geben, damit ihr wieder leben könnt****, und ICH will euch wieder in euer Land setzen, und ihr sollt erfahren, dass ICH der HERR bin. ICH sage es voraus und ICH tue das auch, spricht der HERR."*

Das Bild der toten Skelette zeigt die physische und geistliche Wiederherstellung Israels nach dem verheerenden Gericht über den Götzendienst und die Zustände, die sich dadurch etabliert hatten. Dass es einen Neuanfang gibt, ist ausschließlich Gottes Plan und er geschieht durch Seinen Geist.

Im historischen Kontext wurde zunächst 722 v. Chr. das Nordreich nach Assyrien deportiert. Diese zehn Stämme sind auch heute noch weitgehend in der Völkerwelt verborgen. Aber auch sie gehören zum *ganzen Haus Israel.* Das ist ein erster Hinweis, dass die Prophetie über den damaligen Kontext hinausgeht.

---

251 Im Hebräischen *ruach*: Geist, Lebensatem, auch: Wind. Grammatikalisch übrigens weiblich.

Das Südreich Juda wurde 587 v. Chr. mit der dritten Deportationswelle, der Eroberung Jerusalems und der Zerstörung des Tempels (aufgrund der gescheiterten Bündnispolitik von König Zedekia) unterworfen.

Zunächst erlebten nur die Deportierten aus Juda die erste nationale Auferstehung mit dem Wiederaufbau von Stadtmauer und Tempel in Jerusalem unter Esra und Nehemia (ca. 420 v. Chr.).

Der von Gott geschenkte Neubeginn und die geistliche Erweckung unter Esra hatten aber leider keinen Bestand. Das Volk driftete bald wieder in die rituelle Gesetzlichkeit ab, war letztlich wieder *fern von Gott* und die geistliche Führung würde 30 n. Chr. den Gottessohn Jesus als Messias (griechisch: Christus) verwerfen und ans Kreuz nageln lassen.

Wiederum muss Gott durch Gericht einschreiten. Das Gericht wird diesmal von den Römern vollstreckt, 70 n. Chr. wurde der (zweite) Tempel neuerlich zerstört und die Juden in alle Welt unter alle Völker zerstreut.

Aber, das ist nicht das Ende! Gott steht zu Seinem Wort und hält von Seiner Seite den Bund mit Seinem Volk – obwohl dieses ständig neu versagt.

Die Zerstreuung unter alle Völker ist nicht das Ende.

Und so erfüllt sich die Prophetie der toten Knochen ein zweites Mal: Gott startet nach ca. 1800 Jahren wieder die große Rückkehraktion Israels in das ihm zugesagte Land.

Bereits Ende des 18. Jahrhunderts kehren Juden nach Israel zurück, kaufen unfruchtbares Land und beginnen, es wieder fruchtbar zu machen.

Ende des 19. Jahrhunderts bekommt die Bewegung durch Theodor Herzl einen neuen Schub. Durch seine jährlichen zionistischen Weltkongresse wird der Zionismus, die Rückkehr der Juden in ihr Land, zum politischen Programm. Durch die beiden Weltkriege und das Desaster der Judenverfolgung während Hitlers Diktatur wird die Bewegung zunächst gebremst.

Aus den Leichenbergen von Buchenwald und der Asche von Auschwitz geht der neue Staat Israel hervor.

Aber aus den Leichenbergen von Buchenwald und der Asche von Auschwitz geht drei Jahre nach dem Ende der Schoah der neue Staat Israel hervor. Warum? Weil Gott zu Seinem Wort und zu Seinen Zusagen steht. ER hat noch einmal die toten Knochen wiederbelebt. Frei nach dem Sprichwort: „Totgesagte leben länger."

Das totgeglaubte Volk der Juden ist wieder da – und zwar in Seinem ihm von Gott zugesagten Land und nicht irgendwo in Alaska oder Uganda.

Seitdem gibt es viele Alija-Einwanderungswellen aus Europa, Russland, Äthiopien. In Israel sammelt sich „aus allen Völkern" ein „irres Nationalitätengemisch" – und das wird auch die zehn verschollenen Stämme des Nordreiches nach über 2700 Jahren wieder zu Tage fördern.[252] Heutige Gentechnik wird beim Nachweis helfen.

---

252 Ein deutlicher Hinweis darauf ist Offb 7,1–8: Aus allen zwölf Stämmen Israels werden jeweils 12.000 (eine symbolische Zahl) vor den letzten Gerichten versiegelt. Mit den Christen aus den Nationen haben diese 144.000 nichts zu tun.

Die äußere Hülle des Nationalstaates ist bereits wieder da, aber es fehlt noch der Geist, durch den Israel seinen Messias erkennt. Aber die messianischen Jesusgemeinden wachsen bereits.

Hes 37,15–28 führt die Wiedervereinigung Gottes mit Seinem Volk weiter aus. JHWH und Sein Volk werden endlich eins sein – und das weist auf das große Ziel hin, dass Gott mit Seiner *ganzen* Menschheit wieder vereinigt sein will – nach den Endzeitkatastrophen und dem unausweichlichen Gericht, damit das Böse final ausgeschaltet wird.

V24–28: *Mein Knecht David* [gemeint ist der Gute Hirte Jesus nach dem Typus Davids] *soll ihr König und ihr einziger Hirte sein. Sie sollen*

- *nach Meinen Weisungen leben und Meine Gebote einhalten,*
- *wieder in dem Lande wohnen, das ICH Meinem Knecht Jakob gegeben habe, in dem schon ihre Väter gewohnt haben, und*
- *darin auf ewig wohnen, und Mein Knecht David* [Jesus, s. o.] *soll für alle Zeiten ihr König sein.*

ICH will

- *mit ihnen einen Bund des Friedens machen, das soll ein ewiger Bund mit ihnen sein,*
- *sie erhalten und vermehren, und Mein Heiligtum soll für immer unter ihnen sein,*
- *mitten unter ihnen wohnen und will ihr Gott sein, und sie sollen Mein Volk sein, damit auch die Nationen erfahren sollen, dass ICH der HERR bin, der Israel heilig macht* [besonders für die Gemeinschaft mit Gott zubereitet hat], *wenn Mein Heiligtum ewig unter ihnen sein wird.*[253]

253 Dies sind offensichtliche Anklänge an das Schlussbild der Offenbarung 21,24–22,5. Die wiederholte Aussage, dass Israel auf ewig in seinem Land sein soll, könnte ein Hinweis darauf sein, dass die Neue Welt durch *Verwandlung* aus der alten hervorgeht.

6.5.4 Bestandsgarantie

Jes 43,1–5a: *Und nun spricht der HERR, der dich geschaffen hat, Jakob, und der dich gemacht hat, Israel:* ***Fürchte dich nicht, denn ICH habe dich erlöst; ICH habe dich bei deinem Namen gerufen; du gehörst Mir!*** *Wenn du auch durch Wasser gehst, will ICH bei dir sein, sodass dich die Ströme nicht ersäufen sollen; und wenn du ins Feuer gehst, sollst du nicht brennen, und die Flammen sollen dich nicht versengen. Denn ICH bin der HERR, dein Gott, der Heilige in Israel, dein Heiland. ICH habe Ägypten für dich als Lösegeld gegeben, Äthiopien und Seba an deiner Stelle, weil du so wert geachtet bist vor Meinen Augen und* ***weil ICH dich liebe … So fürchte dich nun nicht; denn ICH bin bei dir.***

Dieses Wort, *Fürchte dich nicht, denn ICH habe dich erlöst; ICH habe dich bei deinem Namen gerufen; du gehörst Mir!*, nehmen Christen gern auch für sich persönlich in Anspruch, wenn sie auf den Ruf Gottes geantwortet und durch Jesus eine neue Gottesbeziehung begonnen haben. Die *Erlösung* bezieht sich dann auf den Freikauf aus der „Knechtschaft der Sünde“.

Wir sollten aber beachten, dass dieses Wort von JHWH *zuerst* an die Adresse des geplagten und gestraften Volkes vor dem Ende des babylonischen Exils gesagt wurde.[254] Erlösung, das ist Ende der Gefangenschaft und neue Freiheit.

Jes 43,1ff ist Gottes Zusage an Israel, dieses kleine, halsstarrige[255] Volk des Widerspruches, Sein zuerst und besonders geliebtes

254 Die Aussage der Erlösung (des Freikaufes aus der Gefangenschaft) findet sich bei Jesaja noch häufiger, z. B. 44,6.23; 48,20; 49,26; 54,5; 63,9.

255 Gott weiß das von Anfang an und hat es auch Mose bereits gesagt: ICH habe es mit halsstarrigen Betonköpfen zu tun, z. B. 2Mo 32,9; 33.3; Jes 30,9; Jer 5,3; Hes 2,4.

Volk[256] – für das ER sogar bereit ist, andere Völker hinzugeben. (V3b.4b)

Gottes Liebe ist so umfassend, langmütig und „zäh“, dass ER trotz aller Zurückweisungen und Enttäuschungen zum Ziel kommen wird – mit Israel und dann auch mit den Nationen und der Schöpfung insgesamt.

Man könnte fast annehmen, als ob Gott sagt: Wenn ICH mit diesem halsstarrigen, stolzen und abtrünnigen Volk Israel fertig werde, dann schaffe ICH „den Rest“ (der Völker) auch noch.[257]

Wenn ICH mit dem halsstarrigen Israel fertig werde, dann schaffe ICH „den Rest“ auch.

Warum macht Gott nicht einfach Schluss mit diesem Volk, das Ihn wieder und wieder enttäuscht, vor Ihm wegläuft oder in toten Ritualen erstarrt? Weil ER es unbegreiflich liebt und um Seines Namens willen. Es soll niemand (unter den Völkern) Ihn verlästern können: „Seht ihr, ER hat nicht geschafft, was ER sich vorgenommen hatte. Gott ist an Seinem erwählten Volk gescheitert.“

ICH bin bei dir und bewahre dich auch in großen Bedrohungen wie Wasserströmen und Feuer. – Bei der Rückkehr aus Babylon mag das (vordergründig) gelten, aber wie war das später in den KZ der Nazis? Bewahrung vor den Vernichtungsöfen? Fehlanzeige!

Wir müssen diese Zusage wahrscheinlich mehrschichtig verstehen:

---

256 **Jer 31,3:** *Ich habe dich schon immer geliebt; darum habe ich dich aus lauter Güte zu mir gezogen.*

257 **Jes 43,24b.25:** *Ja, du hast Mir mit deinen Sünden Arbeit gemacht und du hast Mir mit deinen Missetaten Mühe gemacht.* [Aber] *ICH, ICH tilge deine Übertretungen um Meinetwillen und ICH denke nicht mehr an deine Sünden.*

- Das *Volk* Israel konnte auch von Hitler nicht vernichtet werden, im Gegenteil: Der Massenmord und die anschließende Odyssee der Überlebenden trugen entscheidend zur Staatsgründung Israels 1948 bei.
- Über sechs Millionen einzelne *Menschen* des Volkes kamen um und wurden *nicht* vor dem frühzeitigen, gewaltsamen Tod bewahrt. Aber manch einer ging mit Gotteslob in die Gaskammer. Das wird Gott nicht überhört haben!
- Derartige Verheißungen können mit einer *zeitlich-irdischen* und einer *ewig-himmlischen* Perspektive verstanden werden. – Das vordergründige Scheitern, die Nicht-Bewahrung in *diesem* Leben, kann trotz des vorzeitigen Todes gleichzeitig die Bewahrung für das *ewige* Leben in sich tragen.

Fürchte dich nicht, denn ICH bin mit dir. Trotz aller Irrwege und Gerichte, trotz anhaltendem Antisemitismus der Völker kannst du, Volk Israel, nicht untergehen, egal was noch passiert. Warum? Weil Gott es so beschlossen hat und an Seinem einmal geschlossenen Bund treu festhält – trotz aller Untreue Seines Volkes.

In den weiteren Kapiteln Jes 44–46 kämpft Gott regelrecht um Sein geliebtes Volk: Wollt ihr es nicht verstehen, dass ICH der einzige Gott bin, der euch Leben und umfassenden Frieden geben will? Lasst doch endlich diese nutzlose Anbetung toter Götzen sein!

Wollt ihr es nicht verstehen, dass ICH der einzige Gott bin?

Gott selbst will für die echte Umkehr Seines Volkes sorgen:

Jer 24,6.7: *ICH will sie gnädig ansehen, und will sie wieder in dieses Land zurückbringen, ICH will sie aufbauen und nicht zerbrechen; ICH will sie pflanzen und nicht ausreißen. ICH will ihnen ein Herz geben, damit sie Mich erkennen, dass ICH der einzige Gott bin. Sie sollen Mein Volk sein, und ICH will ihr Gott sein*[258]*; denn sie werden sich von ganzem Herzen zu MIR bekehren.*

Jer 31,33.34: *Das soll der Bund sein, den ICH mit dem Haus Israel nach dieser Gerichtszeit [noch einmal neu] schließen will, spricht der HERR:* ***ICH will Meine Ordnungen in ihr Herz geben*** *und in ihren Sinn schreiben; und sie sollen Mein Volk sein, so will ICH ihr Gott sein; und es wird keiner mehr den anderen ... belehren und sagen: „Erkenne den HERRN", sondern sie sollen Mich alle kennen, beide, klein und groß, spricht der HERR. Denn* ***ICH will ihnen ihre Missetat vergeben und an ihre Sünden nie mehr zurückdenken.***

Hes 11,19.20: ***ICH will ihnen ein neues, ungeteiltes Herz geben und in sie einen neuen Geist.*** *ICH will das versteinerte Herz aus ihrem Körper wegnehmen und ihnen stattdessen ein lebendiges Herz geben [ebenso Hes 36,26], damit sie nach Meinen Ordnungen leben und Meine Rechtsbestimmungen einhalten und danach tun. Und sie sollen Mein Volk sein, so will ICH ihr Gott sein. [ebenso Hes 14,11]*

Amos' letzte Botschaft ist nach vielen Gerichtsankündigungen ebenfalls eine Bestandsgarantie für Israel und eine Beschreibung des umfassenden Shalom-Friedens:

258 Hier und auch bei Jer 31,33; Hes 11,19.20 u.a. blitzt bei Jeremia und Hesekiel bereits die grundsätzliche Zielvorstellung Gottes auf, die am Ende der Geschichte vollendet sein wird. (Offb 21,3)

Amos 9,11–15: *Zur selben Zeit will ICH die zerfallene Hütte Davids wieder aufrichten und ihre Risse zumauern. Was abgebrochen ist, will ICH wieder aufrichten und ICH will sie so aufbauen wie sie früher gewesen ist. Dann werden die Israeliten besitzen, was von Edom* [heute Jordanien] *übrig ist und ebenso alle Nationen, über die Mein Name ausgerufen ist, spricht der HERR, der das tun wird.*

Siehe, es kommt die Zeit, spricht der HERR, dass man gleichzeitig ackern und ernten, keltern und säen wird. Die Berge werden von süßem Wein triefen, und alle Hügel werden fruchtbar sein.

Denn ICH will die Gefangenschaft Meines Volkes Israel beenden, sodass sie die zerstörten Städte wieder aufbauen und bewohnen, Weinberge pflanzen und Wein davon trinken, Gärten anlegen und Früchte daraus essen können. ICH will sie wieder in ihr Land pflanzen, das ICH ihnen gegeben habe, und sie sollen nicht mehr aus ihrem Lande vertrieben werden, spricht der HERR, dein Gott.

6.5.5 Zeichen für alle Welt

Bereits König Salomo hatte bei seinem Gebet zur Einweihung des ersten Tempels einen erstaunlichen Weitblick über Israel hinaus:

2Chr 6,32.33:[259] *Wenn ein Ausländer, der nicht zu Deinem Volk Israel gehört, wegen Deines großen Namens, Deiner mächtigen Hand und Deines ausgereckten Armes aus entfernten Ländern kommt und zu diesem Tempel hin betet* [Heiden durften nicht in den Tempel gehen], *dann höre DU vom Himmel, wo Dein Thron steht, und tue alles, worum ER Dich bittet,* ***damit alle Völker auf der Erde Deinen Namen erkennen und Ehrfurcht vor Dir bekommen.*** *Sie sollen so wie Dein Volk Israel innewerden, dass dieser Tempel, den ich gebaut habe, Deinen Namen trägt.*

---

259 Ebenso in 1Kö 8,41–43.

Später war insbesondere die Rückkehr Israels aus Babel in das Land der Väter ein deutliches Zeichen JHWHs an die Völker, so dass sie das Wirken *dieses* Gottes demütig anerkennen mussten.

Jesaja beschreibt dies z. B. in **49,7–50,3:**

49,7–13: Der HERR *wird* Israel erlösen. Das ist Seine feste Zusage, Sein Plan, den ER auch ausführen wird – aus Barmherzigkeit gegenüber Seinem Volk und um Seines Namens willen.

Die anderen Könige werden sich angesichts der Macht JHWHs geschlagen geben und anbetend vor Ihm niederfallen. Gott wird das öde Land wieder beleben. Alle sollen jubeln, Himmel und Erde. *Der HERR hat Sein Volk getröstet und sich über Seine Elenden erbarmt.* (V13)

V14–16: Gott vergisst Sein Volk nicht – so wenig wie eine Mutter ihr Baby. Auch wenn das Volk dies in der Bedrängnis meint. Nein! Israel ist in Gottes Handflächen eingezeichnet – unvergesslich.

Israel ist in Gottes Handflächen eingezeichnet – unvergesslich.

V17–18: Die Erbauer bzw. deren Söhne kommen wieder herbei und die Verwüster ziehen ab. Gott wirkt das alles!

V19–21: Es wird bald zu eng werden: Baby- und Bauboom in Israel. Und das trotz der Verluste und der Kinderlosigkeit in der Verbannung.

V22–23: Gott setzt den Nationen ein Zeichen und sie werden die Söhne und Töchter Israels wieder ins Land bringen und sie dort sogar betreuen. In überwältigter Demut werden sie JHWH anerkennen. Und *daran* soll endlich auch Israel seinen Gott erkennen.

V24–26: JHWH tut das: ER befreit aus der Hand des Mächtigen. ER wird Israel verteidigen und retten und seine Unterdrücker wird ER besiegen. *Alle* werden daran JHWH als Retter und Erlöser Israels erkennen.

Das ganze Elend in Babel war nicht nötig – aber ihr wolltet nicht hören.

50,1–3, eine Nachbemerkung an Israel: Das ganze Elend in Babel war nicht nötig. Euer Elend war nicht Meine Schuld, wegen eurer Sünden und Verbrechen wurdet ihr verkauft und habe ICH euch verlassen müssen. ICH habe oft vergeblich gerufen und euch gewarnt, aber ihr wolltet nicht hören. Aber dennoch: Meine Hand ist nicht zu kurz euch zu helfen und zu erlösen.

Trotz dieser Rettungs- und Rückkehrerfahrung sowie der Warnungen und Verheißungen Gottes ging Israel wieder neu auf Abwege und verwarf später – zumindest in der geistlichen Führung – weitgehend den Messias und musste erneut in eine Zeit des Gerichts.

Um wie viel größer ist das Zeichen Gottes an die Völker *in unserer Zeit*: Israel ist neuerlich in sein Land zurückgekehrt, es ist neu erwacht und blüht auf! Die Wüste beginnt zu leben und wirtschaftlich ist Israel *das* High-Tech-Land mit immer neuen Innovationen.[260]

260 Der allseits bekannte USB-Stick kommt z. B. von einem Start-up-Unternehmen aus Israel.

6.5.6 Segen aus Zion

Es wird ein gegenseitiges Geben und Nehmen unter dem Segen Gottes sein.

Der Prophet **Jesaja** hat in den Kapiteln **60–62** eine weitreichende Schau erhalten, dass sowohl Segen von Zion/Israel in Richtung der Völker fließt, als auch umgekehrt die Völker von ihrem Reichtum nach Israel bringen. Es wird ein gegenseitiges Geben und Nehmen unter dem Segen Gottes sein.[261] Die Anklänge an das Schlussbild der Vollendung in Offb 21;22 sind unverkennbar.

Die verdichteten Worte des Propheten lassen nicht scharf erkennen, wie weit er mit seinem „Fernrohr" sieht:

- Auf Israels Jetztzeit in der Völkerwelt, damals (7./8. Jh. v. Chr.) und heute,
- auf das 1000-jährige Reich der Friedensherrschaft Jesu oder
- auf die Vollendung in der Neuen Welt.

Ich sehe zwei mögliche Ansätze:

1. Der von Israel ausgehende Segen Gottes für alle Völker, der mit der Zusage an Abraham begonnen hat (1Mo 12,3), steigert sich über diese „heilsgeschichtlichen Etappen" immer weiter bis zur Vollendung.
2. Zugegebener Maßen eine gewagte These: Die „Berggipfel" Millennium und Neue Welt sind nur verschiedene Perspektiven auf den *einen* Vorgang, wie sich die Vollendung der Herrschaft Jesu vollzieht.[262]

---

261 Diese Gedanken werden in Abschnitt 6.6.4 *Gesegnete Nationen* fortgesetzt. Dabei lassen sich inhaltliche Überschneidungen nicht völlig vermeiden.

262 Diese These impliziert, dass dann auch die Gerichte über den Antichristen bei der Wiederkunft Jesu und der letzte Kampf gegen Satan am Ende des Millenniums (und vor der Vollendung) zu *einem* Ereignis verschmelzen. (Vgl. dazu Abschnitt 11.3.)

Jes 60 (zusammengefasst): Zion! Dein Licht ist gekommen (das ist letztlich Jesus, das Licht der Welt) und die Herrlichkeit Gottes[263] ist über dir aufgegangen. Währenddessen lebt die Erde noch in Finsternis und die Völker tappen mit ihrer fehlenden Gotteserkenntnis im Dunkeln.

Alle versammeln sich in Israel und bringen ihren Reichtum mit.

Aber die Nationen kommen zu diesem Licht und ebenso ihre Könige bzw. Kanzler und Präsidenten.[264] Alle versammeln sich in Israel und bringen ihren Reichtum mit.[265]

Dies wird auch in der Neuen Welt so stattfinden, dann in Vollendung. Die Tore werden Tag und Nacht offenstehen, damit der Reichtum ununterbrochen hereingebracht werden kann. (Offb 21,24–26)

Und auch die „Kinder Israels" werden mit ihrem in den Nationen erworbenen Reichtum zurückkehren – wie Tauben in ihren Schlag. Mit den Alija-Wellen unserer Zeit passiert genau das.

Fremde werden dir, Jerusalem, beim Bauen helfen – genau das machen die Palästinenser in Israel heute und sind froh, wenn sie dort einen Job bekommen und einreisen dürfen.

Es wird allerdings trotz dieses fast schon paradiesischen Zustandes noch einmal eine Scheidung geben **(V12):**

---

263 Das ist die *Schechina*, die sichtbare Herrlichkeit Gottes, z. B. durch die Wolken- und Feuersäule während der Wüstenwanderung oder auf dem Gesicht von Mose, als dieser nach der Begegnung mit Gott vom Berg herunterkam und förmlich „strahlte". (2Mo 34,29) In Jesus war sie nach jahrhundertelanger Abwesenheit endlich wieder da.

264 Vgl. Jes 2,2.3 und Ps 102,16.

265 Vgl. Jes 49,18; Jes 61,6; 5Mo 33,19.

- Manche Nationen werden Gott ehren und ihre Reichtümer unter Seine Herrschaft bringen,
- andere, die die Anerkennung Israels (immer noch) verweigern, werden letztlich zugrunde gehen.[266]

JHWH wird sich als Retter Zions erweisen und die Könige und ihre Nationen werden Israel dienen – und Israel seinerseits wird zum Segen für die Völker sein.

Edelmetalle, Frieden und Gerechtigkeit sind die gottgegebenen Kennzeichen der Stadt Jerusalem mit dem heiligen Berg Zion. Der Ruhm Gottes hat sich endlich durchgesetzt, Gewalttat und Verwüstung gibt es nicht mehr.

Sonne und Mond braucht es als Lichtquellen nicht mehr, weil Jesus selbst als Licht der Welt alles erhellt.[267]

Israel wird als Volk Gottes gerechtfertigt und anerkannt sein und auf ewig das verheißene, ihm von Gott zugesagte Land besitzen.

Jes 61,3ff (zusammengefasst): Zion wird in sichtbarer Herrlichkeit wieder hergestellt. Das Land wird wieder aufgebaut und fruchtbar, Ausländer werden dort arbeiten. *Ihr aber sollt Priester des Herrn heißen.* (V6a) Man wird in euch die Diener Gottes (und damit auch als Diener an den Menschen!) erkennen und ihr werdet den Reichtum der Nationen genießen, den sie euch zum Dank bringen.

Das war ein schwieriger Weg mit diesem *halsstarrigen* Volk, auf dem Israel doppelte Schmach und Schande erfahren hat. Im Unterschied zu den Völkern, hatten sie bereits die Weisungen

266 Dieser Einschub könnte darauf hindeuten, dass Jesaja vorher in das Millennium, die Herrschaft Jesu auf dieser Welt nach seiner Wiederkunft, schaut. Letztlich verschwimmt das aber wieder mit der Vollendung, weil die Offenbarung zum Schluss dieselben Bilder gebraucht.

267 Vgl. auch wieder im Bild der Vollendung: Offb 21,23; 22,5.

JHWHs, aber sie wollten sich nicht danach richten. Jetzt aber – am Ziel – wird deshalb auch die ewige Freude doppelt so groß sein.

Warum ist das so?

Gott liebt das Recht (die Gerechtigkeit), aber ER hasst ebenso Unrecht und Raub. In Treue und Wahrheit gibt Gott Seinem Volk den Lohn, wofür? Als Ausgleich für die schweren Strafen? Und ER bekräftigt, dass Sein Bund ein ewiger ist.[268]

Die Rettung der Welt beruht allein auf dem souveränen Beschluss Gottes.

Das Heil Zions – und von dort ausgehend: die Rettung der Welt – beruht allein auf dem souveränen Beschluss Gottes: ER will es so und ER verfolgt beharrlich Seinen Plan, bis alles erfüllt ist.

Dass der Segen Gottes besonders auf den – zuerst erwählten – Juden liegt, werden dann noch *alle* Völker (an-)erkennen. (V9) Das gilt auch und erst recht in der Neuen Welt.

Israel wird jubeln und sich wieder in seinem Gott freuen **(V10)**

- in Kleidern der Rettung (das sind wohl die weißen Gewänder, die die Vergebung anzeigen),
- im Mantel der Gerechtigkeit (die Gerechtigkeit, die vor Gott gilt und die ER geschaffen hat, umschließt alles),
- mit dem Kopfschmuck der Priester (als dienende Mittler leiten sie den Segen weiter, den sie selbst empfangen haben),
- geschmückt wie eine Braut (Gott hat Seinen *Liebling*, der so oft auf Abwegen war, endlich heimgeholt).

268 **2Tim 2,13:** *Wenn wir untreu sind, so bleibt er dennoch treu, denn ER kann seine Treue nicht aufgeben.*

V11: *Denn genauso, wie die Pflanzen aus der Erde wachsen und die Samen im Garten aufgehen, werden Gerechtigkeit und Lob Gottes vor allen Völkern aufgehen.*

Jes 62 (zusammengefasst): Jerusalems/Zions Gerechtigkeit und Heil soll die ganze Welt erhellen und die Nationen werden es sehen – *das* ist Gottes Ziel und ER wird nicht schweigen und nicht ruhen, bis ER es erreicht hat.

Es heißt immer wieder *die Nationen,*[269] nicht: „Gläubige *aus* den Nationen". Es wäre auch nicht *logisch*, wenn die Linie der Nationen mit dem Ende des Millenniums und dem Weltgericht – für die, die Jesus noch nicht persönlich kennengelernt haben – völlig abbrechen würde.

Gottes Ziel ist von jeher (Abraham!): Segen für alle Völker – ausgehend von Israel, Jerusalem/Zion und der Jesusgemeinde. Und das sollte ausgerechnet vor dem Ziel der Neuen Welt nicht mehr gelten? Dann hätte Gott wirklich Sein Ziel verfehlt.

Gottes Ziel ist von jeher: Segen für alle Völker!

Zion/Jerusalem ist die Krone, das Diadem der Neuen Welt in der Hand Gottes – und es wird von Gott dann auch einen neuen Namen bekommen. Das Neue Zion ist die uneingeschränkt anerkannte und geschätzte Braut Gottes.

Ab **V6** schaut Jesaja eher in die nahe Zukunft. Wächter auf den Mauern sollen Gott keine Ruhe lassen, bis ER Jerusalem wieder aufgerichtet hat, *bis ER es zum Lobpreis auf der ganzen Erde gemacht hat.* – Alle Welt soll die Herrlichkeit Jerusalems sehen und anerkennen – diese Linie zieht sich durch bis in die Neue Welt.

269 Oder synonym: Völker bzw. Heiden.

Gott verbürgt sich dafür, dass Israel wieder seine Früchte selbst essen und seinen Most wieder selbst trinken wird.

V10–12: Bahnt den Weg! Gott kommt mit Seinem Heil nach Zion. Und die Welt soll es hören – und in das Lob einstimmen.

Jesaja beendet sein Buch mit einer großen Jerusalem-Perspektive:

Jes 66,10–14a: *Freut euch mit Jerusalem und jubelt über die Stadt, alle, die ihr sie liebhabt; freut euch mit ihr, alle, die ihr vorher über sie traurig gewesen seid! Denn ihr sollt an den Brüsten ihres Trostes saugen und davon satt werden; ihr sollt euch an der Fülle ihrer Herrlichkeit laben. Denn so spricht der HERR: Siehe, ICH breite bei ihr den Frieden wie einen Strom aus und die Herrlichkeit der Nationen wie einen überfließenden Bach; da könnt ihr euch satt trinken. Ihr sollt auf den Armen getragen werden, und man wird euch auf dem Schoß liebkosen.*

ICH will euch trösten, wie man von seiner Mutter getröstet wird[270]*; ja, ihr sollt an Jerusalem getröstet werden. Ihr werdet es sehen, und euer Herz wird sich freuen, und eure Lebenskraft soll wieder grünen wie frisches Gras.*

270 Es ist wichtig, diesen bekannten V13 im Zusammenhang zu lesen: Es geht um die Zukunft Jerusalems und die Fürsorge Gottes für Seine Stadt!

6.6 Zukunft der Völker

Auch die Propheten im Alten Testament weisen immer wieder auf den Aspekt der Völker und deren Teilhabe am Segen hin, der ja schon Abraham verheißen war.[271]

Unterscheiden muss man hier ggf.

aus allen Völkern (das gilt dann auch für die Gemeinde Jesu allein) und

alle Völker (umfassend, nicht nur auf die Gemeinde Jesu begrenzt).

Es heißt aber auch nie: *alle* aus *allen* Völkern.

Bei diesen Propheten ist bisweilen unscharf, ob das Fernlicht in die Zeit des 1000-jährigen Reiches auf *dieser* Welt oder in die *Neue*, vollendete Welt aufblendet. Bisweilen scheint sich das auch zu überschneiden – wie Berggipfel, die man aus großer Entfernung nicht differenzieren kann.

Aufgrund der Aussagen von Offb 21,24–26; 22,1–2 wird man aber *nicht* sagen können, dass die Aussagen der Propheten (insbesondere, was die Nationen betrifft) *nur* auf das 1000-jährige Friedensreich Jesu zu deuten sind.

Besonders der Prophet Jesaja hat in seinen letzten Kapiteln 60–66 eine umfassende Schau auf die letzte Zeit und das ewige Ziel – zuvor auch schon ab Kapitel 56: *Heil und Gericht über die Nationen.*

---

271 **1Mo 12,3:** *Ich will segnen, die dich segnen, und verfluchen, die dich verfluchen; und* ***in dir sollen gesegnet werden alle Geschlechter*** [bzw. Völker] ***auf der Erde.***

6.6.1 Schwerter zu Pflugscharen

Bereits am Anfang seiner Prophetie blendet Jesaja (2,1–5) seinen Scheinwerfer ganz weit auf Fernlicht[272]: Er sieht das Ziel der Weltgeschichte. Der Prophet Micha hat denselben Text und noch einen Zusatz:

Mi 4,1–4:[273] *In den letzten Tagen wird der Berg, auf dem der Tempel Gottes steht, feststehen. Er wird höher als alle Berge und über die Hügel erhaben sein, und die Völker werden zu Ihm laufen. Dann werden sich viele Völker aufmachen und sagen: Kommt, lasst uns hinauf zum Berg des HERRN gehen und zum Haus des Gottes Jakobs. ER soll uns Seine Wege lehren und wir wollen auf Seiner Straße wandeln!* [D. h. tun, was Recht ist] *Denn von Zion wird die Weisung ausgehen und das Wort des HERRN aus Jerusalem.*

ER wird unter großen Völkern Recht sprechen und viele Völker zurechtweisen. Dann werden sie ihre Schwerter zu Pflugscharen und ihre Speere zu Winzermessern machen. Es wird kein Volk mehr geben, das gegen andere sein Schwert erheben wird und sie werden nicht mehr lernen, wie man Krieg führt. Stattdessen wird jeder ohne Angst unter seinem Weinstock und Feigenbaum [ein Bild vollkommenen, umfassenden Friedens – SHALOM] *wohnen; denn der Mund des HERRN der Heerscharen hat's gesagt.*

Der Berg Zion in Jerusalem wird das Zentrum der messianischen Weltregierung sein. Und die Basis dafür ist die Hingabe Jesu und sein Sieg auf Golgatha über Gottes Erzfeind Satan.

---

272 Die beiden Propheten Jesaja und Micha wirkten im Südreich Juda zur selben Zeit (zwischen 740 und 720 v. Chr.) vor der Deportierung des Nordreiches Israel. Es ist anzunehmen, dass sie sich gekannt haben. Der Prophet Sacharja (etwa 520 v. Chr. nach der ersten Rückkehrwelle aus der babylonischen Gefangenschaft) hat in Kap 8,20–23 dasselbe Bild: Alle Welt strömt nach Jerusalem.

273 Meistens wird der Text dem Millennium zugeordnet, es gibt aber auch deutliche Parallelen zum Schlussbild der Neuen Welt in Offb 21;22.

Geografisch liegen Zion und Golgatha nah beieinander, oder sie sind sogar identisch. Es ist im Übrigen auch der Ort, an dem Abraham seinen verheißenen Sohn Isaak wieder hergeben sollte (1Mo 22). Morija – Zion – Golgatha: Das ist die heilsgeschichtliche Linie, mit der Gott seine Geschichte schreibt.

Morija – Zion – Golgatha: Das ist die heilsgeschichtliche Linie, mit der Gott seine Geschichte schreibt.

Dann werden die anderen Völker nach Israel strömen, weil sie – endlich – Gott erkennen und Anteil am Segen haben wollen, der von dort ausgeht. Der Prophet Sacharja ergänzt ca. 200 Jahre später:

Sach 8,20–23: *So spricht der HERR Zebaoth: Es werden noch viele Völker und die Bewohner vieler Städte* [nach Zion] *kommen; und die Bürger einer Stadt werden zur nächsten Stadt gehen und sagen: Kommt, lasst uns gehen, um den HERRN anzubeten und den Allmächtigen zu suchen. Ich will auch mitgehen. … So spricht der HERR Zebaoth: Zu der Zeit werden zehn Männer aus verschiedenen Fremdsprachen einen jüdischen Mann beim Rockzipfel ergreifen und sagen: Wir wollen mit dir gehen; denn wir hören, dass Gott mit euch ist.*

Hans Brandenburg[274]: *„So wird die Gottesbotschaft durch die Völker gehen. „Sein Wort läuft schnell", sagt der Psalm 147,15. Und weil es das tut, gibt es immer mehr Menschen, die es hören: Jahve ist mit Seinem Volk! ER ist der wahre Gott! Es wacht das Verlangen nach Wahrheit und Leben unter den Völkern auf, und sie suchen die Zeugen und Boten, um durch sie hinzugetan zu werden zur Gemeinde der Letztzeit."*

274 *Das lebendige Wort*, Band 11, S. 75.

Von Jerusalem aus wird Jesus mit Seiner Gemeinde die Welt mit Seinem Wort und nach den Grundsätzen der Bergpredigt regieren.[275]

Dann gibt es keine politischen Verhandlungen und Dauerkonferenzen ohne Ergebnis mehr: Jesus wird als *Fürst des Friedens* (mit Seiner Gemeinde) Recht sprechen und entscheiden – nicht als tyrannischer Diktator[276], sondern als fürsorglicher Hirte und König zum Wohle der Menschen.

Das, wovon die Menschheit träumt, wird durch GOTT (!) Wirklichkeit.

Die vom Machtkampf und Egoismus befreiten Völker werden ihre Rüstungsetats streichen und ihr Kriegsgerät für zivile Nutzung umbauen. Das, wovon die Menschheit träumt[277], wird durch GOTT (!) Wirklichkeit, weil die vorhergehende antichristliche Weltdiktatur endgültig bestätigt hat, dass *wir* es ohne Gott eben nicht allein hinkriegen.

6.6.2 Das große Freudenmahl

Jesaja, Kapitel 24–27 ist ein zusammenhängender Abschnitt mit Botschaften über Gericht, Heil und Rettung in der letzten Zeit, mit besonderen Verheißungen für Israel.

---

275 Vgl. Kapitel 5 *Regierungserklärung* in Band 1. Jesus dreht die Welt auf links ...

276 Vgl. Abschnitt 4.1.2 *Blitzlicht: Ist Gott ein Diktator?*

277 Schon vor der deutschen Wiedervereinigung 1989 war ein Motto: „Schwerter zu Pflugscharen!“ –, aber in den Realitäten *dieser* Welt ist das noch eine Illusion gewesen.

Mitten darin findet sich in **Jes 25,6–9** aber auch eine fantastische Perspektive für *alle* Völker:

Und Gott wird allen Völkern auf diesem Berg Zion ein fettes Mahl zubereiten, ein Festmahl mit bestem Wein und feinsten Speisen. Und ER wird auf diesem Berg den Schleier wegziehen, mit dem alle Völker bis dahin verhüllt waren, und die Decke, mit der alle Nationen zugedeckt sind. ER wird den Tod auf ewig verschlingen[278]*; und JHWH wird die Tränen von jedem Angesicht abwischen*[279] *und ER wird die Schmach Seines Volkes* [also die Verachtung durch jede Form des Antisemitismus], *die in allen Ländern anzutreffen war, endgültig beenden; denn der HERR hat's gesagt.*

Ist das nicht ein wunderbares Bild:

Dieses Festmahl für die Völker ist doch keine Henkersmahlzeit!

Gott lädt alle Völker[280] zum Festmahl an einen reich gedeckten Tisch ein. Prof. Siegfried Zimmer[281] sagt dazu: Das ist doch keine Henkersmahlzeit, nach der die Gäste anschließend in die Hölle geworfen werden!

Die Verhüllung des Himmels, die die Welt Gottes bis jetzt vor unseren Augen verbirgt, wird weggezogen. Alle Völker dürfen nun die himmlische Realität sehen.

---

278 Paulus zitiert das später in seinem hervorragenden Auferstehungskapitel, 1Kor 15,55 (vgl. auch Hos 13,14).

279 Ein Bild, das ganz zum Schluss in der Perspektive der Neuen Welt wieder auftaucht: Offb 21,4.

280 „Alle Völker" ist zunächst einmal umfassend und ohne Ausschluss. Allerdings steht hier auch nicht „alle aus allen Völkern", V10–12 sagt auch sogleich, dass „Moab", als Sinnbild für fortgesetzten Hochmut gegen Gott, hier keinen Platz haben wird – Vgl. auch die Ausschlüsse aus der Neuen Welt in Offb 21,8.27.

281 Vgl. Abschnitt 3.3.

Der Tod ist vorbei, verschlungen in den Sieg Jesu am Kreuz, alle Tränen werden abgewischt, Israel wird voll rehabilitiert und endlich als Volk und besonderer Segensträger Gottes anerkannt.

Alle auf Gott gesetzten Hoffnungen haben sich erfüllt. Seine gnädige Hand ruht auf diesem Berg Zion, auf dem ER schon immer seinen Regierungssitz haben wollte.

Diese Prophetie zeigt wieder

- *einerseits* die umfassenden Heilsabsichten Gottes für alle Völker mit einer fantastischen Zukunft (V6–9) und
- *andererseits* aber auch die Verwehrung des Zutritts in die Welt Gottes für den, der in Stolz und Rebellion gegen Gott bleibt. (V10–12)

Jes 55,1–5 bestätigt Gottes großzügiges Angebot, das über Israel an die Völker gehen soll: unverdienter, kostenloser Überfluss aus der Fülle des Schöpfers – wenn wir denn auf Ihn hören.

Also dann, alle, die ihr durstig seid, kommt her zum Wasser! Und die ihr kein Geld habt, kommt her, kauft und esst; kommt her und kauft ohne Geld und umsonst beides, Wein und Milch!

Warum wollt ihr euer Geld ausgeben, wenn gar kein Brot da ist? Warum gebt ihr es für Dinge aus, die niemanden wirklich satt machen können?

Hört MIR doch endlich zu und esst das Gute, dann wird eure Seele an Meinen Köstlichkeiten echte Freude haben. Richtet eure Ohren auf Mich und kommt her zu Mir, hört auf Mich, dann wird eure Seele leben.

***ICH will mit euch einen ewigen Bund der Gnade schließen**, so wie ICH es schon David versprochen habe. Seht doch, dass ICH David bereits zum Zeugen, ja zum Fürsten und Gebieter der Völker, bestellt habe. Du [Israel] wirst Nationen herbeirufen, die du nicht kennst; und Völker, die dich nicht kennen, werden zu dir laufen um des HERRN, deines Gottes, willen und wegen des Heiligen in Israel, der dich herrlich gemacht hat.*

6.6.3 Himmel und Erde: alles neu!

Die Aussagen in der Bibel, dass es einmal einen Neuen Himmel und eine Neue Erde geben wird, sind ausgesprochen spärlich. Abgesehen von dem Schlussbild in der Offenbarung gibt es nur beim Propheten Jesaja in den SchlussKapiteln und später beim Apostel Petrus einen Hinweis, *dass wir auf den Neuen Himmel und die Neue Erde warten, die Gott versprochen hat und in denen Gerechtigkeit herrschen wird.* **(2Petr 3,13)**

Ob es sich dabei um etwas völlig Neues handelt oder um eine Neuschöpfung aus den Ruinen des Alten – im Sinne einer Wiederherstellung oder Restauration –, muss offenbleiben.

Den umfassendsten Blick in diese weit entfernte Zukunft hat – neben dem Apostel Johannes in der Offenbarung – Jesaja in seinem vorletzten Kapitel 65.

Jes 65,17–25: *Denn siehe, ICH will einen Neuen Himmel und eine Neue Erde schaffen, sodass man an die Vorherigen nicht mehr denken und sich nicht mehr nach ihnen zurücksehnen wird. Stattdessen werdet ihr euch ewig und grenzenlos freuen und fröhlich sein über das, was ICH [neu] schaffe.*

Denn siehe, ICH will Jerusalem zur Stadt der Freude machen und seine Bewohner sollen mit Glück erfüllt sein. Dann will ICH auch über Jerusalem fröhlich sein und Mich über Mein Volk freuen und man soll darin nicht mehr Weinen und Klagen hören.

Es soll keine Kinder mehr geben, die nur wenige Tage leben und keine Alten, die zu früh sterben; sondern die Jüngsten sollen erst mit hundert Jahren sterben und wer nicht mindestens 100 wird, wird als verflucht gelten.

Sie werden Häuser bauen und selbst bewohnen; sie werden Weinberge pflanzen und ihre Früchte essen. ... Denn die Tage Meines Volkes werden sein wie die Tage eines Baumes; und das Werk ihrer Hände werden sie bis ins hohe Alter genießen. Sie sollen nicht vergeblich arbeiten und es wird keine [lebensunfähigen] *Frühgeburten mehr geben; denn sie sind die Nachkommen der Gesegneten des HERRN und ebenso ihre Kinder.*

Und es soll geschehen: Noch bevor sie rufen, will ICH antworten; während sie noch reden, will ICH hören. Wolf und Lamm sollen miteinander weiden, der Löwe wird Stroh fressen wie ein Rind, und die Schlangen sollen Erde fressen. Sie werden auf Meinem ganzen heiligen Berge keinen Schaden mehr anrichten, spricht der HERR.

Einerseits beginnt der Abschnitt mit dem Ausblick auf die Neue Erde und den Neuen Himmel. (V17) Danach klingt es aber eher vertraut, wenn auch unbeschwert und ohne Einfluss des Bösen: Freude und Glück, kein Weinen und Klagen mehr, aber auch: Sterben im hohen Alter, Häuser bauen, Früchte essen, friedliche Tiere.

Insgesamt legt dieser Abschnitt eher nahe, dass es sich noch nicht um die Vollendung, sondern das 1000-jährige Friedensreich Jesu handelt, denn zum Schluss in der Ewigkeit gibt es ja keinen Tod mehr.

Aber warum beginnt dann der Abschnitt mit dem Neuen Himmel und der Neuen Erde? Sind es doch zwei Perspektiven auf dasselbe Geschehen? Oder blickt Jesaja einfach „unscharf" auf die Berggipfel in der Ferne, so dass Millennium und Vollendung nicht zu unterscheiden sind?[282, 283]

---

282 Die „Informationen" zum 1000-jährigen Friedensreich sind auch in der Offenbarung 20,4–6 ausgesprochen dünn. Scheinbar sollen wir das gar nicht so genau wissen, wie Gott Himmel und Erde neu macht bzw. erneuert.

283 Zum messianischen Friedensreich vgl. auch Jes 8,23–9,6: *Verheißung des Friedefürsten und Abschnitt 13.3 1000 Friedensjahre.*

Eine Schwierigkeit besteht für uns darin, dass die beiden wesentlichen Ur-Sprachen der Bibel jeweils nur *ein* Wort für *Himmel* haben: *schamajim* (Plural!) im Hebräischen und *ouranos* im Griechischen. Bei uns im Deutschen ist das ebenso: Wir differenzieren nicht zwischen

- dem *sichtbaren* Himmel, dem Luftraum über der Erde, der Atmosphäre bzw. auch den Weiten des Alls als Bestandteile der Schöpfung und
- dem *unsichtbaren* Himmel, dem Wohnort des Schöpfers.[284]

6.6.4 Gesegnete Nationen

Es gibt viele Aussagen in der Bibel, dass Gott sowohl für Sein Volk Israel eine herrliche Zukunft vorbereitet hat, als auch, dass durch Israel die ganze Welt in diesen Segen einbezogen werden soll.[285]

Die meisten Aussagen dazu finden sich beim Propheten **Jesaja.**[286]

Jes 56,6–7: *Und die Fremden, die sich dem HERRN zugewendet haben, um Ihm zu dienen, die Seinen Namen lieben, den Sabbat einhalten und Meinen Bund festhalten, die will ICH zu Meinem heiligen Berg bringen und will sie erfreuen in Meinem Tempel, und ihre Opfer und Brandopfer auf Meinem Altar sollen Mir angenehm sein; denn* ***Mein Tempel wird ein Bethaus für alle Völker heißen.***

284 Die englische Sprache ist da einfallsreicher und differenziert zwischen *heaven* und *sky*.

285 Eine inhaltliche Überschneidung mit Abschnitt 6.5.6 *Segen aus Zion* lässt sich hier nicht völlig vermeiden.

286 Neben den nachfolgend zitierten Stellen z. B. auch noch Jes 18,7 (Kusch); 19,18ff (Ägypten); 51,4.4 (Licht der Völker).

Jes 60,3–5: *Und die Völker werden zu deinem Licht ziehen und die Könige zum Glanz, der über dir aufgeht. Schau dich um: Diese alle sind versammelt und kommen zu dir. Deine Söhne werden von ferne kommen und deine Töchter werden auf dem Arm hergetragen werden.*

Dann wirst du es sehen und vor Freude strahlen, und dein Herz wird hüpfen und weit werden, wenn sich die Schätze der Völker am Meer zu dir kehren und der Reichtum der Völker zu dir kommt. [Dies kann sich zunächst auch auf die Rückkehr der Juden aus den Völkern beziehen.] …

V11: *Deine Tore sollen stets offenstehen und weder Tag noch Nacht zugeschlossen werden, damit der Reichtum der Völker zu dir gebracht und ihre Könige hereingeführt werden können* [vgl. das Schlussbild in Offb 21,24.25]. …

V16: *Du sollst Milch von den Völkern saugen, und an der Brust der Könige sollst du dich satttrinken, damit du erfährst, dass ICH, der HERR, dein Heiland bin und ICH, der Mächtige Jakobs, dein Erlöser.*

Jes 61,6: *Ihr aber sollt Priester des HERRN genannt werden, und man wird euch Diener unseres Gottes nennen. Ihr werdet die Güter der Völker essen und euch ihrer Herrlichkeit rühmen. …*

V9–11: *Und man soll ihre Nachkommen unter den Völkern kennen …, damit jeder, der sie sieht, erkennen soll, dass sie vom HERRN gesegnet sind.*

Ich freue mich im HERRN, und meine Seele ist fröhlich in meinem Gott; denn ER hat mir die Kleider des Heils angezogen und mich mit dem Mantel der Gerechtigkeit gekleidet, wie einen Bräutigam mit priesterlichem Kopfschmuck geziert und wie eine Braut, die in ihrem Hochzeitskleid strahlt.

Denn genauso wie Pflanzen aus der Erde wachsen und Samen im Garten aufgehen, lässt Gott der HERR Seine Gerechtigkeit aufgehen und Seinen Ruhm vor allen Völkern.

Jes 62,2: *... dass die Völker Deine Gerechtigkeit und alle Könige Deine Herrlichkeit sehen. Und du sollst mit einem neuen Namen genannt werden, welchen des HERRN Mund nennen wird.*

Jes 66,12: *Denn so spricht der HERR: Siehe, ICH breite bei ihr* [der Stadt Jerusalem] *den Frieden wie einen Strom aus und den Reichtum der Völker wie einen überströmenden Bach. Da werdet ihr trinken, auf dem Arm wird man euch tragen und auf den Knien euch liebkosen. ...*

V18: *ICH kenne ihre Taten und Gedanken. Deshalb werde ICH alle Völker und* **Nationen** *versammeln, und sie werden kommen und Meine Herrlichkeit sehen. ...*

V20–23: *Und sie werden alle eure Brüder aus allen Völkern dem HERRN zum Geschenk herbringen. Sie kommen auf Pferden und Wagen, in Sänften, auf Maultieren und Dromedaren nach Jerusalem zu Meinem heiligen Berg, spricht der HERR, genauso wie die Israeliten ihre Opfergaben in reinen Gefäßen zum Hause des HERRN bringen.*

Und ICH will auch aus ihnen [aus den Völkern!] *Priester und Leviten nehmen, spricht der HERR. Denn wie der Neue Himmel und die Neue Erde, die ICH mache, vor Mir Bestand haben werden, spricht der HERR, so soll auch euer Geschlecht und euer Name bestehen bleiben.*

Und alle Menschen werden *einen Neumond nach dem anderen und einen Sabbat nach dem anderen* ***kommen, um vor Mir anzubeten, spricht der HERR.***

Aber auch bei vielen der **anderen Propheten** finden sich entsprechende Aussagen, z. B.:

Hes 47,12:[287] *Und an dem Strom werden an seinem Ufer auf beiden Seiten allerlei fruchtbare Bäume wachsen; und ihre Blätter werden*

287 Hier allerdings ohne ausdrücklichen Bezug zu den Nationen, aber es ist eine deutliche Parallele zu Offb 22,1.2, wo es heißt, dass die Blätter der Lebensbäume zur Heilung *der Nationen* dienen werden.

nicht verwelken und mit ihren Früchten nimmt es kein Ende. Sie werden jeden Monat neue Früchte tragen; denn ihr Wasser fließt aus dem Heiligtum. Ihre Früchte werden zur Speise dienen und ihre Blätter zur Arznei.

Jer 3,17: *Sondern zu jener* [der letzten] *Zeit wird man Jerusalem „Des HERRN Thron" nennen, und es werden sich zu Jerusalem alle Völker wegen des Namens des HERRN sammeln, und sie werden nicht mehr nach dem leben, was ihr böses Herz will.*

Hag 2,7: *Dann will ICH alle Völker erschüttern, dass die Kostbarkeiten aller Völker kommen, und ICH will dieses Haus* [den Tempel] *mit Herrlichkeit füllen, spricht der HERR Zebaoth.*

Mal 1,11: *Auf der ganzen Welt – von dort, wo die Sonne aufgeht bis dahin, wo sie untergeht – wird Mein Name unter den Völkern geehrt. An unzähligen Orten werden Mir würdige Opfer gebracht, weil sie Mich, den allmächtigen Gott, ehren.*

Sach 2,14.15: *Freue dich und sei fröhlich, du Tochter Zion! Denn siehe, ICH komme und will bei dir wohnen, spricht der HERR. Zu der Zeit sollen sich viele Völker dem HERRN anschließen und sie sollen* [auch] *Mein Volk sein; und ICH will bei dir wohnen ...*

Sach 8,20–23: *Zehn Heiden werden sich an einen Juden hängen, weil sie merken: Gott ist mit ihnen.* (Vgl. Abschnitt 6.6.1)

7 Jesus – was sagst DU zum Thema?

7.1 Warum ICH gekommen bin …

Neben den bekannten ICH-BIN-Worten, die der Evangelist Johannes überliefert,

- ICH BIN das Brot des Lebens – unverzichtbar,
- ICH BIN das Licht der Welt – erhellend,
- ICH BIN die Auferstehung und das Leben,
- ICH BIN die Tür – in die Welt des Vaters,
- ICH BIN der gute Hirte – fürsorglich,
- ICH BIN der Weg, die Wahrheit und das Leben,
- ICH BIN der Weinstock – an den ihr angeschlossen sein sollt,[288]

hat Jesus noch häufiger dieses ICH BIN gesagt. Damit hat ER Seinem Volk ständig vermittelt: ICH BIN identisch mit JHWH, dem, der sich Mose mit Seinem Namen vorgestellt hat: ICH BIN, der ICH BIN.

---

288 Vgl. Joh. 6,35: Brot, Abschnitte 134 *Brotkönig* und 137 *Jetzt reicht's wirklich* in Band 1;
Joh 8,12: Licht, Abschnitt 176 *Zwei Welten* in Band 2;
Joh 10,9.11: Tür und Guter Hirte, Abschnitt 184 *ICH BIN JAHWE* in Band 2;
Joh 11,25: Auferstehung und Leben, Abschnitt 228 *Bloß keine Hektik* in Band 2;
Joh 14,6: Weg, Wahrheit und Leben, Abschnitt 296 *Keine Ahnung* in Band 2;
Joh 15,5: Weinstock, Abschnitt 299 *Dranbleiben* in Band 2.

Besonders aufschlussreich sind die Sätze, in denen Jesus selbst sagt: ICH BIN *gekommen* …

- … um zu dienen und Mein Leben zur Erlösung für *viele* zu geben. (Mt 20,28; Mk 10,45)
- … um die Sünder zur Buße (= Erkenntnis und Umkehr) zu rufen und nicht die Gerechten. (Mt 9,13; Mk 2,17; Lk 5,32)
- … um zu suchen und selig zu machen, was verloren ist. (Lk 19,10)
- … um die Wahrheit zu bezeugen. (Joh 18,37)
- … um Meinen Schafen (= den Menschen, die sich Mir anvertrauen) das Leben und immer genug zu geben. (Joh 10,10b)
- … um überall die *Gute Nachricht* vom Reich Gottes zu verkünden. (Mk 1,38)
- … Feuer auf die Erde zu werfen und ICH wünschte, dass es schon brennen würde[289]. (Lk 12,49)
- … im Namen (d.h. des Auftrags) Meines Vaters im Himmel aus diesem Himmel. (Joh 5,43; 6,51; 7,28; 8,14.42 u. v. m.)
- … damit die Blinden sehend und die Sehenden blind[290] werden. (Joh 9,39)

Manchmal sagt Jesus auch, wozu ER *nicht* gekommen ist …

- … um das Gesetz von Mose außer Kraft zu setzen, sondern um es zu erfüllen. (Mt 5,17)
- … um Frieden zu bringen auf die Erde, sondern ICH bringe das Schwert.[291] (Mt 10,34; Lk 12,51)
- … um die Welt zu richten, sondern zu retten. (Joh 12,47)

289 Jesus meint damit die Entzündung seiner Nachfolger durch den Heiligen Geist (Apg 2,3) und die weltweite Ausbreitung des Evangeliums. Das soll ein richtiger *Flächenbrand* in der ganzen Welt werden.

290 Damit meint Jesus wohl: Wer sich selbst für schlau und wissend hält, wird von meiner Botschaft nichts verstehen. Das ist dann „geistliche Blindheit".

291 Jesus meint damit, dass der Kampf gegen den Einfluss des Bösen noch nicht zu Ende ist.

Dies sind insgesamt zwölf überlieferte Aussagen, die doch eindeutig die *positiven* Absichten des Kommens Jesu in diese Welt deutlich machen.

Das Ziel von Jesus ist die Rettung zum vollen Leben und nicht die Vernichtung.

Als Jesus sich das erste Mal in der Synagoge seiner Heimatstadt Nazareth als der erwartete Messias „geoutet" hat, wurde Ihm die Schriftrolle zur Textlesung gereicht. (Lk 4,16–21)

Jesus war zuvor aufgestanden und hatte damit signalisiert, dass ER heute den Text lesen wollte – das konnte im Synagogengottesdienst jeder religionsmündige Mann tun. Alle Augen richteten sich daraufhin erwartungsvoll auf Ihn. Da die Texte seit Esra für jeden Tag des Jahres festgelegt waren (das gilt bis heute), war bekannt, welcher Text jetzt kommen würde: Jesaja 61,1.2 (hier ergänzt mit Jes 42,7).

Der Geist des HERRN ist bei mir, weil ER Mich gesalbt hat. ER hat Mich [auf die Erde] *geschickt, um*

- *das Evangelium den Armen zu verkündigen,*
- *die gebrochenen Herzen zu heilen,*
- *den Gefangenen und Gebundenen zu predigen, dass sie frei werden sollen,*
- *den Blinden das Licht wiederzugeben*
- *und das Gnadenjahr des HERRN auszurufen.*

Jesus gab die Schriftrolle zurück und setzte sich wieder. Es war mucksmäuschenstill, alle Augen waren auf Ihn gerichtet: und nun?

Dieses Wort ist heute vor euren Ohren erfüllt!
Das ist MEIN Programm.

Wozu also ist Jesus gekommen?

Johann Ludwig Konrad Allendorf (1736) hat es in seinem wunderschönen Lied so ausgedrückt:

Jesus ist kommen Grund ewiger Freude

Jesus ist kommen, **Grund ewiger Freude**;
A und O, Anfang und Ende steht da.
Gottheit und Menschheit vereinen sich beide;
Schöpfer, wie kommst DU uns Menschen so nah!
Himmel und Erde, erzählet's den Heiden:
Jesus ist kommen, Grund ewiger Freuden.

Jesus ist kommen, **nun springen die Bande**;
Stricke des Todes, die reißen entzwei.
Unser Durchbrecher ist nunmehr vorhanden;
ER, der Sohn Gottes, der machet recht frei.
Bringet zu Ehren aus Sünde und Schande;
Jesus ist kommen, nun springen die Bande.

Jesus ist kommen, **der starke Erlöser**;
Bricht dem gewappneten Starken ins Haus.
Sprenget des Feindes befestigte Schlösser;
Führt die Gefangenen siegend heraus.
Fühlst du den Stärkeren, Satan, du Böser?
Jesus ist kommen, der starke Erlöser.

Jesus ist kommen, **der König der Ehren**;
Himmel und Erde, rühmt Seine Gewalt!
Dieser Beherrscher kann Herzen bekehren;
Öffnet Ihm Tore und Türen fein bald!
Denkt doch, ER will euch die Krone gewähren;
Jesus ist kommen, der König der Ehren.

Jesus ist kommen, der **Fürste des Lebens**;
Sein Tod verschlinget den ewigen Tod.
Gibt uns, ach höret's doch ja nicht vergebens,
ewiges Leben, der freundliche Gott.
Glaubt Ihm, so macht ER ein Ende des Bebens;
Jesus ist kommen, der Fürste des Lebens.

Jesus ist kommen, ein **Opfer für Sünden**;
Sünden der ganzen Welt träget dies Lamm.
Sündern die ew'ge Erlösung zu finden,
stirbt es aus Liebe am blutigen Stamm.
Abgrund der Liebe, wer kann Dich ergründen?
Jesus ist kommen, ein Opfer für Sünden.

Jesus ist kommen, die **Quelle der Gnaden**;
Komme, wen dürstet, und trinke, wer will!
Holet für euren so giftigen Schaden
Gnade aus dieser unendlichen Füll!
Hier kann das Herze sich laben und baden;
Jesus ist kommen, die Quelle der Gnaden.

Jesus ist kommen, die **Ursach zum Leben**.
Hochgelobt sei der erbarmende Gott,
der uns den Ursprung des Segens gegeben;
Dieser verschlinget Fluch, Jammer und Tod.
Selig, die Ihm sich beständig ergeben!
Jesus ist kommen, die Ursach zum Leben.

7.2 Exklusivinterview

Guten Morgen, Jesus! Schön, dass DU gekommen bist.

Keine Ursache, ICH habe schon auf dich gewartet.

Ich darf doch einfach Du sagen, oder?

Natürlich! Das machst du ja sonst auch. Und wir kennen uns doch nun schon etliche Jahre.

Ja, es sind sogar Jahrzehnte.
Ich möchte mit Dir heute gern über das große und schwere Thema von Gericht und Gnade sprechen. Es gibt viele Menschen, die das bewegt.

Ja, das verstehe ICH. Das ist wirklich ein wichtiges Thema, über das ihr mehr sprechen solltet. Dann schieß mal los!

DU sagst, dass wir nicht über den anderen richten sollen. Das scheint sogar ein roter Faden durch die ganze Bibel zu sein. Wie soll das gehen? Wir urteilen und beurteilen doch ständig. Und Richter müssen auch von Berufs wegen richten – also Entscheidungen zur Rechtsprechung treffen.

Was ICH meine, ist das herabsetzende Ver-urteilen, das den anderen erniedrigt und sich selbst in eine bessere Position bringt. Ihr mäkelt gern an den Defiziten des anderen herum, aber nehmt die eigenen Schwachstellen nicht wahr. Seid barmherzig mit dem anderen – und mit euch selbst. Perfektionismus ist ein absoluter Beziehungskiller.

Seid barmherzig – Perfektionismus ist ein absoluter Beziehungskiller.

ICH habe schon damals gesagt, dass aus eurem Mund das herauskommt, was im Herzen ist, sowohl Gutes wie Böses. Achtet auf das, was ihr sagt, denn ICH höre das auch und werde euch noch einmal danach fragen.[292]

DU hast Dich damals immer wieder mit der geistlichen Obrigkeit angelegt, weil sie das Gesetz (von Mose) Deiner Meinung nach völlig falsch verstanden hatten. Gleichzeitig hast DU gesagt, dass DU es nicht ungültig gemacht hast. Wie sollen wir das verstehen?

Die Bestimmungen, die Wir[293] euch durch Mose gegeben haben, sollten euch nie einschränken, sondern euch den Weg zu Unseren lebensfördernden Ordnungen weisen. Das Problem dabei war, dass ihr immer versucht habt, es allein – ohne Uns – hinzukriegen. Deswegen bin ICH gekommen, um euch zu zeigen, wie ein Leben in ständiger Verbindung mit dem Vater aussieht: ICH habe die Gebote erfüllt, ohne sie aufzuheben.[294]

Besonders heikel war es immer, wenn DU am Sabbat „verbotene" Aktionen gemacht hast.

Ja, an diesem Punkt musste es ständig eskalieren. Mit seinem ausgefeilten Regelsystem hatte sich der damalige Klerus eine Machtstellung gesichert, um das religiöse Leben zu kontrollieren und die Menschen gefügig zu machen. Diese Tendenz gibt es zu allen Zeiten – bis heute.

Aber so war das nie gemeint gewesen! Der Sabbat (bei euch heute der Sonntag) ist ein Geschenk an euch, um in der Mühsal des wöchentlichen Alltags aufatmen zu

Der Sonntag ist mitten in der Mühsal des Alltags ein Geschenk an euch.

---

292 Vgl. Mt 7,1–5; 12,35–37; 15,11–20; Mk 7,14–23; Lk 36–42.

293 Jesus spricht hier, wenn er *wir* oder *uns* sagt, als Person des dreieinen Gottes aus Vater, Sohn und Heiligem Geist.

294 Vgl. Mt 5,17.

können. Und wenn ihr das dann sogar nutzt, um Uns zu begegnen, dann ist es genau das, was Wir wollten.[295]

Jesus, ich komme zum Kern der Sache: Wie sollen wir die unermessliche Liebe Gottes und Sein Gerichtshandeln zusammenkriegen?

Zunächst einmal: Dass es euch überhaupt gibt, war ein Akt der Liebe. Wir wollten Menschen schaffen, die mit Uns freiwillig in Gemeinschaft leben. Dies setzte allerdings voraus, euch eine *wirkliche* Entscheidungsfreiheit zu lassen. Leider, aber voraussehbar, haben Adam und Eva sich für einen Weg unabhängig von Uns entschieden. Damit begannen eure Probleme, aber Unsere Liebe hat das nicht vermindert.

Ja, aber warum müsst ihr immer mit Gericht drohen (und es ggf. dann auch vollziehen), wenn sich der Mensch auf seinen eigenen Wegen doch sowieso verheddert?

Wir müssen oft gar nicht mit Gericht drohen. Wenn Wir's einfach laufen lassen und der Mensch in seinen Problemen ohne Uns untergeht, dann ist das auch schon Gericht.

Wir rufen und warnen, aber die Entscheidung bleibt immer bei euch.

Wir rufen und warnen immer wieder, aber um euretwillen greifen Wir auch manchmal direkt ein, damit ihr die Wege verlasst, die euch kaputt machen und nicht zum Ziel führen. Aber die Entscheidung bliebt immer bei euch.[296]

295 Vgl. Mk 2,27; Mt 15,1–10; Kapitel 23 (die Weherufe gegen die Pharisäer und Schriftgelehrten); Mk 7,1–13.

296 Vgl. Mt 11,28.29; Röm 1,18–32 (dahingegeben).

Und was ist das Ziel?

Wir arbeiten seit dem, was ihr Sündenfall nennt, daran, die Beziehung zu den Menschen wieder herzustellen. Aber ihr müsst schon mitmachen, Wir zwingen euch nicht. Wenn du die letzten Seiten der Bibel liest, kannst du erahnen, wie dieses Ziel aussieht. Wir werden es erreichen!

Aber ihr könnt auch richtig wütend werden, oder?

Nicht wütend, Wut ist unkontrolliert. Aber zornig, ja zornig können Wir schon werden. Kannst du das verstehen? Warst du schon mal „heillos verknallt", so dass schon das Hören des Namens den Puls höherschlagen ließ? So richtig: Schmetterlinge im Bauch?

Warst du schon mal „heillos verknallt"?

Immer wieder wird der Name Gottes missbraucht und verlästert, werden Unsere Mahnungen in den Wind geschlagen, werden Unsere Regeln für ein gelingendes Miteinander verachtet und vor allem: Wir tun alles für euch, aber Unsere Liebe wird nicht erwidert, sondern mit Füßen getreten. Ihr wollt lieber ohne Uns so weitermachen.

Und wie kommen wir da raus?

Lies mal nach, was ICH euch damals schon als „Goldene Regel" gegeben habe und was ICH zum Doppelgebot der Liebe gesagt habe – eigentlich ist es sogar ein Dreifachgebot. Das ist aber ein „alter Hut", bei Mose steht das nämlich auch schon.[297]

297 Vgl. Mt 7,12; 22,35–40; Mk 12,29–31; Lk 10,25–28; 5Mo 6,5; 3Mo 19,18.

Ein ganz großes Thema ist bei DIR Vergebung. Könnte man sagen, dass daran letztlich alles hängt?

Absolut! Das war der Sinn Meines ganzen Auftretens vor 2000 Jahren. Wir haben alles getan, damit ihr zurückkommen könnt. Dem Volk Israel haben die Propheten das übrigens auch schon immer wieder angesagt: JHWH vergibt euch, die Schuld ist getilgt.

Vergebung ist der Schlüssel, um zerbrochene Beziehungen zu heilen.

Vergebung ist der Schlüssel, um zerbrochene Beziehungen zu heilen und wieder in Ordnung zu bringen. Das fängt bei jedem Einzelnen an, wenn er beschließt: Ich will dem anderen die Fehler und Versäumnisse, ja meine Verletzungen, nicht mehr nachtragen. Das ist der Weg zum Frieden, den Wir meinen.

Ihr sollt aus Unserer Vergebung leben, aber die muss sich dann auch *unter* euch zeigen und fortsetzen, sonst funktioniert das nicht. Weil das so wichtig ist, habe ICH es im Anschluss an Mein Mustergebet für euch ausdrücklich noch einmal hervorgehoben.[298]

Und wenn wir von dieser Erde abtreten, stehen wir plötzlich vor Dir und dann legst DU Deinen Maßstab an unser Leben an.

In der Tat, darauf läuft alles hinaus. Vater hat MIR die Vollmacht zum Gericht übertragen, weil ICH für alle Schuld mit Meinem Leben bezahlt habe. ICH werde mit jedem noch einmal ausführlich über sein Leben reden – und zwar unabhängig davon, ob er jetzt schon einen Anfang mit Mir gemacht hat oder nicht.

ICH werde mit jedem noch einmal ausführlich über sein Leben reden.

298 Vgl. Mt 5,7; 6,14.15.

Da werden wir alles gemeinsam durchgehen und alles Misslungene, Fiese, Perverse oder wie auch immer Böse muss weg und entsorgt werden. Dem Einsichtigen vergebe ICH das.

Da stehe ich dann ganz allein und nackt vor Dir ...

... ja, so kann man es sagen. Aber du bist ja nicht allein, ICH bin ja da und der Richterstuhl ist gleichzeitig der Gnadenthron. Und du bleibst auch nicht nackt. Du musst zwar „in Meinem Blut" reingewaschen werden, aber danach gibt's Feierkleider für das große Fest.

Ja, das ist mir alles geläufig, das gilt für Christen, die sich in *diesem* Leben für einen Anfang mit Dir entschieden haben. Aber was ist mit all den anderen, denen das nicht vergönnt war?

Unterschätze die Gnade Gottes und die Reichweite der Wirksamkeit Meines Todes auf Golgatha nicht. ICH habe in der Bibel immer wieder gesagt, dass das Gericht (oder wenn du so willst: die Rechtsprechung) über die *Werke* erfolgt.[299]

In der Lebensführung zeigt sich bei jedem seine Gesinnung. Und wenn du sagst, dass du Gott liebst, dann sollte man das auch am Umgang mit der Schöpfung und den Mitgeschöpfen erkennen.

Das habe ich verstanden. Sagst DU nicht auch, dass die, die eifrig HERR, HERR rufen, Dich ggf. gar nicht gekannt haben?

Das ewige Leben erfolgt nicht (allein) aufgrund eines Lippenbekenntnisses.

Ja, richtig! Das ewige Leben erfolgt nicht (allein) aufgrund eines Lippenbekenntnisses.[300] Es geht um die

299 Vgl. z. B. Mt 10,42; 25,31ff; Offb 20,12.13.

300 Vgl. Mt 7,21–23; 10,28; Joh 17,3.

Beziehung zu MIR und dem Vater und um eine Lebensführung, die damit im Einklang steht. Diese Beziehung zu Uns kann jetzt und hier beginnen und wird dann in der Neuen Welt weiterentwickelt.

Jesus, DU hast das letzte Wort. Was möchtest DU den Lesern noch mit auf den Weg geben?

Drei Dinge sind MIR wichtig.

Zum einen, macht euch mit Meinem Wort vertraut.[301] Lest, was ICH damals schon gesagt habe und was Meine Mitarbeiter seinerzeit aufgeschrieben haben. Das gilt uneingeschränkt immer noch und es ist die Basis, um eine neue Beziehung aufzubauen.

Lasst mich beim Beten auch mal zu Wort kommen.

Zum anderen, wenn ihr mit MIR sprechen wollt, dann redet über das, was euch wirklich bewegt – und lasst Mich dann auch zu Wort kommen.

Als Drittes, ihr dürft euch über das freuen, was ihr erkannt und verstanden habt. Aber weil die Bibel ein riesiges Puzzle ist, bleibt eure Erkenntnis immer unvollkommenes Stückwerk – und die Umsetzung in der Praxis sowieso. Setzt euer Stückwerk bitte nie absolut für andere. Wenn ihr einige Puzzleteile zusammenbekommt, dann macht weiter – ICH helfe euch dabei.

301 Deswegen sind hier bei den Antworten von Jesus nur Bibelstellen, aber keine Texte angegeben. Bibelstellen, die im nachfolgenden *Bonusmaterial* erwähnt werden, werden hier nicht aufgeführt. Empfehlung: Nimm deine Bibel und lies selbst, am besten auch die jeweiligen Parallelstellen oder Querverweise, die in vielen Bibeln angegeben sind. Und: Lies ganze Text- und Sinnabschnitte, nicht nur einzelne Verse.

Danke, Jesus, dass DU Dir die Zeit für dieses Gespräch genommen hast.

ICH sage danke. MIR gehört sowieso alle Zeit. Das war ein gutes Gebet.

7.3 Bonusmaterial I – Storyteller

Jesus war auch ein Meister der erzählenden Predigt, ein echter *Storyteller*, der die Menschen erreichte, weil ER nicht so predigte wie die Gelehrten. Keine hölzerne Theologie voller Ge- und Verbote, sondern ganz praktische Anknüpfungen an die Lebenswirklichkeit der Menschen.

Dabei hat Jesus manchmal nur einfache Bilder gebraucht, wie z. B.

- *Sauerteig* für unaufhaltsame Ausbreitung,
- *Perle* und *Schatz im Acker* für die Kostbarkeit der Gottesbeziehung,
- *Salz* und *Licht* für die Unverzichtbarkeit von Gott *begeisterter* Menschen.

Auch fünf der unter Abschnitt 7.1 aufgeführten ICH-BIN-Worte sind solche Bilder.

Jesus predigt machtvoll und mit Vollmacht.

Besonders eingängig waren aber die von Jesus konstruierten größeren Szenen, mit denen ER Seine Botschaften transportiert hat. Abgesehen von der umfassenden Heilungstätigkeit als *Arzt der Kranken* war es wahrscheinlich diese besondere Ausstrahlung durch Seine Gleichnisse, so dass die einfachen Menschen sagten: DER predigt aber anders als die Pharisäer und Schriftgelehrten, machtvoll und mit Vollmacht.

Die Evangelisten Matthäus und Lukas führen eine ganze Reihe dieser Erzähl-Gleichnisse an, in denen Jesus zu den Themen

- Vergebung und Barmherzigkeit,
- Warten auf Gott,
- Gericht,
- Lohn des Lebens und
- Ewigkeit

illustrierende Geschichten erzählt hat,[302] insbesondere:

1. Der sogenannte Schalksknecht, der die empfangene Vergebung wieder verspielt. (Mt 18,21–35)
   → Abschnitt **166** *Dr. Mair, Müllher, Schulße* in Band 1.
2. Das berühmte Gleichnis vom unglaublichen Vater und den beiden verlorenen Söhnen. (Lk 15,11–32)
   → Abschnitt **223** *Was für ein Papa!* in Band 2.
3. Der barmherzige Fremde, der sich – anders als die Frommen – um den Überfallenen kümmert. (Lk 10,25–37)
   → Abschnitt **194** *Der Nächste bitte* in Band 2.
4. Der Pharisäer, der sich im Tempel – dort gemeinsam mit einem offensichtlichen Sünder – für etwas Besseres hält. (Lk 18,9–14)
   → Abschnitt **232** *Wen nimmt Gott an?* in Band 2.
5. Die fünf klugen und fünf dummen Brautmädchen, die sich unterschiedlich gut auf die Ankunft des Bräutigams vorbereitet haben. (Mt 25,1–13)
   → Abschnitt **279** *Startklar* in Band 2.
6. Jesus trennt im Weltgericht Schafe und Böcke. (Mt 25,31–44)
   → Abschnitt **281** *Hopp oder topp* in Band 2.

302 Ich kann mich an dieser Stelle auf Hinweise zu den vorausgegangenen Buchbänden 1 und 2, *Jesus dreht die Welt auf links ...*, *... und die Welt legt IHN aufs Kreuz*, beschränken, in denen ich bereits entsprechend kommentierende Ausführungen gemacht habe.

7. Die anvertrauten Pfunde und was die Empfänger daraus machen. (Mt 25,14–30 und Lk 19,11–28)
   → Abschnitt **280** *Macht was draus* in Band 2.
8. Der barmherzige Arbeitgeber, der allen Arbeitern den Tageslohn gibt, auch wenn sie erst kurz vor Feierabend angefangen haben zu arbeiten. (Mt 20,1–16)
   → Abschnitte **240** *So ein Chef!*;
   → **241** *Kommunismus?* sowie
   → **242** *Ungerecht! Unfair!* in Band 2.
9. Der Reiche am Ort der Qual und der arme Lazarus in Abrahams Schoß[303]. (Lk 16,19–31)
   → Abschnitt **226** *Rechts oder links – war's das?* in Band 2.
10. Die königliche Hochzeit, zu der keiner kommen will. (Mt 22,1–14)
    → Abschnitte **259** *Wichtigeres*,
    → **260** *Liebe und Zorn* sowie
    → **261** *Unwürdig*
    und Lk 14,16–24,
    → Abschnitt **220** *Absage der VIPs*, alles in Band 2.
11. Die bösen Weingärtner als Bild für die Prophetenkiller im Alten Testament. (Mt 21,33–41)
    → Abschnitt **257** *Mafia* in Band 2.
12. Jesus sagt, dass ER einen Weltenbrand anzünden will. (Lk 12,49–53)
    → Abschnitt **208** *Unkrautvernichter* in Band 2.

Wer sich hier selbst auf die Suche macht, wird schnell weitere Gleichnisse in Bildern oder Geschichten finden.[304]

---

303 Dieser Bericht wird von manchen Auslegern nicht als Gleichnis eingestuft, sondern der Reiche und der arme Lazarus seien reale Personen gewesen. Das ändert an der Botschaft m. E. aber wenig.

304 Dank Internet und Wikipedia geht das heute sehr schnell: Unter https://de.wikipedia.org/wiki/Liste_der_Gleichnisse_Jesu findet sich eine Übersicht von mehr als 50 – inkl. der Angabe der Bibelstellen.

7.4 Bonusmaterial II – Meetings

Ein weiteres Merkmal in den Lebensberichten über Jesus sind die Begegnungen mit den Menschen aller Art:

- Den einfachen Leuten,
- den klugen Köpfen,
- den Armen und Bedürftigen,
- den richtig schrägen Typen und
- den frommen Besserwissern.

In den drei Jahren Seiner öffentlichen Wirksamkeit hat Jesus niemanden *gerichtet* i. S. v. verurteilt – jedenfalls nicht mit ewig gültiger Konsequenz:[305]

1. Jesus verurteilt die Frau am Jakobsbrunnen nicht, trotz ihrer zweifelhaft-problematischen Vergangenheit mit mehreren Männern – sie wurde sogar zur ersten Missionarin. (Joh 4,1–42)
   → Abschnitte **025** *No-go-area!*,
   → **026** *Heiß und kalt* sowie
   → **027** *Seht selbst* in Band 1.
2. Der frisch ertappten Ehebrecherin rettet Jesus das Leben, während ihre Ankläger schon die Steine in der Hand haben. (Joh 8,3–11)
   → Abschnitt **175** *Amazing grace* in Band 2.
3. Beim Gauner-Zöllner Zachäus lädt Jesus sich zum Essen ein, zum Entsetzen der Superfrommen. (Lk 19,1–10)
   → Abschnitt **247** *Komm runter!* in Band 2.
4. Den als Gastgeber unmöglichen Pharisäer Simon entlarvt Jesus zwar öffentlich, aber das soll ihm zur Selbsterkenntnis helfen. (Lk 7,36–50)
   → Abschnitte **095** *Wie kann sie es wagen?* sowie
   → **096** *Unmöglich, dieser Gastgeber* in Band 1.

305 Auch hier kann ich mich wieder auf Verweise in die beiden vorangegangenen Bände beschränken.

5. Den jungen Neureichen liebt ER, obwohl der sich nach der zentralen Frage zum ewigen Leben wieder von Ihm abwendet, weil ihm die Antwort von Jesus nicht passt. (Mk 10,17–27 und Lk 18,18–27)
   → Abschnitt **236** *Armer Reicher* sowie
   Mt 19,16–26,
   → Abschnitte **237** *Falsche Frage!* und
   → **238** *Un-Möglich? – !* in Band 2.
6. und so weiter und so fort …

Natürlich hat Jesus auch die Missstände in den Herzenshaltungen der Menschen und den Lebenspraktiken Seiner Zeit angeprangert. ER hat mit drastisch-scharfen Worten, die heute gegen alle Regeln der Political Correctness verstoßen würden, mit den Pharisäern und Schriftgelehrten Tacheles geredet: *Ihr seid eine gefährliche Schlangenbrut und ein widerliches Otterngezücht!* (Mt 12,34; 23,33)

Mit Seinem göttlichen Scharfblick des Schöpfers *musste* ER das tun. Jesus konnte die Missstände und Fehlhaltungen nicht ignorieren oder einfach darüber hinwegsehen.

Aber das überragende Ziel – auch dieser Klartextreden – war immer: Besinnung, Umkehr, Wiedergewinnung in eine lebendige Gottesbeziehung, die von Seiner Gnade getragen ist.

8 Was sagen die Apostel?

In den folgenden Abschnitten sollen einige markante Texte

- in der Apostelgeschichte[306] und
- in den apostolischen Briefen des Neuen Testaments

zum Thema Gericht, Gnade und Liebe Gottes (weitgehend) unkommentiert für sich sprechen.[307]

8.1 Acts

Die Apostelgeschichte ist ein Bericht des Arztes Lukas über die Ausbreitung des Evangeliums nach Pfingsten. Er schließt an sein Evangelium an. Lukas war – zumindest zeitweilig – auch ein Reisebegleiter von Paulus und damit Augenzeuge der Geschehnisse.

Die Apostelgeschichte enthält kaum Lehraussagen, dafür aber einige markante Zeugnisse derer, die das Evangelium – gegen wachsenden Widerstand – in die Welt getragen haben. Sie haben das, was sie als Wahrheit erkannt und erlebt hatten, fast alle mit einem unnatürlichen Tod in der Verfolgung „bezahlt".

306 Die englische Bezeichnung *Acts* ist viel besser. Da war richtig was los, als die erste Christengeneration die gesetzestreuen Judaisten und das römische Reich herausgefordert und bereits sehr unter Verfolgung gelitten hat.

307 In diesem Kapitel werden die längeren Bibelzitate zur besseren Unterscheidung von kommentierenden Texten meinerseits nicht nur kursiv, sondern zweispaltig gesetzt.

8.1.1 Stress mit der Religionsbehörde

Apg 3,6–8: *Petrus kann wie Jesus durch sein Wort einen Almosenbettler vor dem Tempel heilen: Petrus sagte zu ihm: Gold und Silber habe ich nicht; aber was ich habe, das gebe ich dir:* ***Im Namen Jesu Christi von Nazareth steh auf und geh umher!*** *Er ergriff ihn bei der rechten Hand und zog ihn hoch. Sofort wurden seine Schenkel und Knöchel fest. Der Bettler sprang auf, konnte aufstehen und gehen. Er ging mit Petrus und Johannes in den Tempel, sprang herum und lobte Gott.*

Wegen dieses Wunders und des ungewöhnlichen Jubels im Tempel – gibt es schon wieder eine Revolte, so dass gleich die Römer einschreiten? – müssen sich die beiden Apostel am nächsten Morgen vor dem Hohen Rat, der obersten Religionsbehörde, verantworten.

Apg 4,7b-12: *Sie werden gefragt: „Mit welcher Kraft oder in welchem Namen habt ihr das getan?“ Petrus, erfüllt mit dem Heiligen Geist, sprach zu ihnen: Verehrte Oberste des Volkes und ihr Ältesten von Israel. Wenn wir heute wegen dieser Wohltat an dem kranken Menschen, durch die er geheilt worden ist, verhört werden, dann sage ich euch und allem Volk von Israel Folgendes:*

Das ist in dem Namen des Jesus Christus von Nazareth geschehen, *den ihr* [zwar] *gekreuzigt habt, den Gott* [aber wieder] *von den Toten auferweckt hat. Deswegen steht dieser Mensch jetzt wieder gesund vor euch.*

Jesus Christus ist der Stein, den ihr Bauleute verworfen habt, der zum Eckstein geworden ist. ***Es gibt keinen anderen, der uns retten kann,*** *und es ist den Menschen auch kein anderer Name unter dem Himmel gegeben, in dem wir selig werden können.*

Als der Hohe Rat daraufhin ein Redeverbot ausspricht, sagen die beiden Apostel unverfroren:

Apg 4,19b.20: *Entscheidet doch selbst, ob es vor Gott richtig ist, euch mehr zu gehorchen als Gott.* [Bei der nächsten Verhandlung wiederholen sie dies, Apg 5,29.] ***Wir können's ja nicht lassen, wir müssen von dem reden, was wir gesehen und gehört haben.***

8.1.2 Der erste Märtyrer

Stephanus war der Erste, der als Märtyrer wegen seines Christusbekenntnisses durch Steinigung ermordet wurde.[308]

Apg 7,54–60: *Als sie* [das umfangreiche und geschichtlich gut begründete Zeugnis von Stephanus, V2–53] *hörten, ging's ihnen durchs Herz, und sie knirschten wütend mit den Zähnen.*

Stephanus jedoch, erfüllt vom Heiligen Geist, blickte zum Himmel auf. Er sah die Herrlichkeit Gottes und Jesus zur Rechten Gottes stehen.

Da rief er aus: Unglaublich! ***Ich sehe in den offenen Himmel und der Menschensohn steht dort zur Rechten Gottes.***

Seine Gegner aber schrien wie wahnsinnig, hielten sich die Ohren zu und stürmten alle miteinander auf ihn ein. Sie stießen ihn zur Stadt hinaus, um ihn dort zu steinigen. …

Während der Steinigung rief Stephanus: HERR Jesus, nimm Meinen Geist auf! Er kniete nieder und schrie laut: ***HERR, behalte ihnen diese Sünde nicht!*** *Und als er das gesagt hatte, erlag er seinen Verletzungen.*

308 Saulus war als fanatischer Pharisäer zugegen (V58). Ob er selbst einen Stein geworfen hat, wissen wir nicht. Jedenfalls hatte er „Wohlgefallen an seinem Tod" (8,1).

8.1.3 Türen auf!

Petrus kam ja auch ganz aus dem jüdischen Hintergrund und musste erst noch lernen, dass mit Jesus eine völlig neue Zeit angebrochen war. Die Bedeutung des Mose-Gesetzes war zwar nicht aufgehoben. Die strenge Einhaltung der ganzen Regeln hatte aber keine Relevanz für die ewige Errettung, die allein durch Christus geschieht.

Außerdem war jetzt der Zeitpunkt in Gottes Plan gekommen, an dem ER sich, über Israel hinaus, allen Nationen in der Welt offenbaren wollte. Die Sonderrolle Israels als zuerst berufenes Volk würde deutlich in den Hintergrund rücken. Das war eine harte Nuss für das Selbstverständnis der Juden.

Gott schenkte Petrus daher eine besondere Dach-Vision[309] (**Apg 10,9–15**), an deren Ende (V15) Jesus für seinen Jünger klarstellt: *Was Gott gereinigt hat, das sollst du nicht* [mehr] *unrein nennen.*

Also im Klartext: ICH wende Mich jetzt den (als unrein geltenden, heidnischen) Nationen zu.

Gleichzeitig hatte Gott den römischen Hauptmann Kornelius in Cäsarea ebenfalls durch eine Vision aktiviert – das war ca. 50 km entfernt im Norden. Dieser Römer war gottesfürchtig und den Juden gegenüber sehr freigiebig. Gott fordert ihn auf, den Apostel aus Joppe holen zu lassen.

309 Apg 9,43 ist eine interessante Randbemerkung. Petrus wohnte eine lange Zeit in Joppe (heute Jaffa) bei einem Gerber Simon. Der wohnte außerhalb der Stadt, weil das Gerberhandwerk eine außerordentlich übelriechende Angelegenheit war: Die Lederbearbeitung erfolgte mit tierischen und menschlichen Fäkalien. Echt ein Sch …ßjob! Aber Petrus war sich nicht zu schade, bei *so einem* Quartier zu nehmen.

Petrus weiß zwar nicht warum, aber er geht mit der Abordnung von Kornelius nach Cäsarea. Als sie dort ankommen, fällt ihm, dem jüdischen Gemeindeleiter, der römische Besatzerhauptmann zu Füßen und betet Petrus an. Petrus wehrt sofort ab **(V26):** *Steh auf, ich bin auch nur ein Mensch.*

Der Besatzerhauptmann fällt dem jüdischen Gemeindeleiter zu Füßen.

Petrus darf als Jude eigentlich gar nicht in das Haus eines Heiden gehen, deswegen muss er erklären, warum er es jetzt doch tut. **(V28b)** *Gott hat mir* [in einer Vision] *klargemacht, dass ich keinen Unterschied mehr zwischen Juden und Nicht-Juden machen soll.*[310]

Danach erzählt der Hauptmann, was Gott zu ihm in den letzten Tagen gesagt und warum er seine Leute geschickt hat, um Petrus aus Joppe zu holen. *Und jetzt wollen wir hören, welche Botschaft du für uns hast.*

Da bekennt Petrus **(V34.35):** *Jetzt erkenne ich wahrhaftig, dass Gott keinen Unterschied macht, sondern in jedem Volk denjenigen annimmt, der Ehrfurcht vor Ihm hat und tut, was gut und* [vor JHWH] *richtig ist.*

Anschließend verkündet Petrus der ganzen Hausgemeinde das Evangelium (V36–43) und rennt dabei offensichtlich offene Türen ein (die der Heilige Geist bereits geöffnet hatte). Sie bekehren sich und Petrus ordnet sofort ihre Taufe an.

310 Roland Werner übersetzt in *Das Buch: Doch Gott hat mir gezeigt, dass ich keinen Menschen grundsätzlich als minderwertig oder unrein bezeichnen darf.*

Und die gläubigen Juden, die mit Petrus aus Joppe nach Cäsarea gekommen waren? Die waren außer sich und können es gar nicht fassen, dass der Heilige Geist jetzt auch unter den Nicht-Juden angefangen hat zu wirken. (V45)

Am Ende seines Berichtes schreibt Lukas in **Apg 28,17ff** noch kurz über die Zeit von Paulus in Rom. Da man ihm eigentlich nichts nachweisen konnte, hatte Paulus offenbar weitgehende Freiheiten. Er befand sich quasi unter Hausarrest, konnte aber weiter evangelisieren und auch Gäste empfangen.[311]

Unter den Leitenden der orthodox-jüdischen Gemeinde führte er allerdings auch wieder Streit und Spaltung herbei.

Apg 28,25–28: *Da sie aber untereinander uneinig waren, gingen sie weg, als Paulus das eine Wort redete: Sehr zutreffend hat der Heilige Geist bereits durch den Propheten Jesaja zu unseren Vätern gesagt* (Zitat aus Jes 6,9.10): *„Gehe hin zu diesem Volk und sprich:*
Mit den Ohren werdet ihr's hören, und nicht verstehen; und mit den Augen werdet ihr's sehen, und nicht erkennen. Denn das Herz dieses Volkes [Israel] *ist verstockt. Sie sind schwerhörig und schläfrig, so dass sie auch später mit den Augen nichts sehen und mit den Ohren nichts hören werden. Sie werden in ihrem Herzen unverständig bleiben, so dass sie sich nicht bekehren wollen und ich ihnen* [deswegen noch] *nicht helfen kann."*
Deswegen sage ich euch, dass die frohe Botschaft des Evangeliums jetzt zu den Nationen geht – und die werden sie hören und annehmen.

311 Aus den späten Briefen von Paulus – insbesondere 1+2Tim und Titus – ist zu schließen, dass Paulus noch einmal frei kam und weitere Missionsreisen unternahm, ehe er nach dem Brand in Rom im Zuge der großen Christenverfolgung unter Nero erneut inhaftiert und dann hingerichtet wurde.

8.1.4 Polarisierung in Antiochia

Während der ersten Missionsreise von Paulus, Barnabas und zeitweise Johannes Markus bestätigt sich der Weg zu „den Heiden" im syrischen Antiochia[312] (wo die Jesusnachfolger zuerst *Christen* genannt wurden, Apg 11,26b): Nachdem Paulus in der Synagoge nach der festgelegten Schriftlesung das Evangelium gepredigt hatte (Apg 13,22–41), waren die Leute in der Stadt am nächsten Sabbat wieder auf den Beinen, um diese neue Botschaft Gottes zu hören.

Apg 13,45–51: *Als die* [orthodoxen] *Juden jedoch die Menge an Volk sahen* [die zur Synagoge strömte], *wurden sie neidisch und widersprachen dem, was Paulus predigte, sie opponierten und lästerten gegen sie. Paulus und Barnabas sprachen jedoch frei und öffentlich:*

Euch musste zuerst das Evangelium gesagt werden. Weil ihr es aber abweist und das ewige Leben nicht annehmen wollt, ***werden wir uns jetzt den Nationen zuwenden****. Der HERR hat uns beauftragt: „ICH habe Dich für die Nationen zum Licht gesetzt, um das Heil bis an das Ende der Erde zu bringen."*[313]

Als das die Nicht-Juden hörten, freuten sie sich sehr und lobten das Wort des HERRN. Und viele, die zum ewigen Leben berufen waren, fingen an, sich Gott neu anzuvertrauen. Das Wort des HERRN breitete sich daraufhin in der ganzen Gegend aus.

Die [orthodoxen] Juden stifteten jedoch die gottesfürchtigen und vornehmen Frauen und die Obersten der Stadt an, so dass sie eine Verfolgung gegen Paulus und Barnabas anzettelten und

312 Die Apg erwähnt später noch das „Antiochia in Pisidien", das in Südgalatien (heutige Türkei) liegt.

313 Paulus bezieht hier das Wort aus Jes 49,6 auf seine Mission.

die beiden über die Stadtgrenzen hinaus wegjagten. Paulus und Barnabas schüttelten jedoch nur den Staub von ihren Füßen[314] und liefen weiter nach Ikonion.

8.1.5 Der unbekannte Gott

Bei seiner zweiten Missionsreise reist Paulus auch nach Athen (**Apg 17,16–34**) und er ist erschrocken über die vielen verschiedenen Götzenbilder und -altäre, die es dort gibt. Wie immer geht Paulus zuerst zu den frommen Juden in die Synagoge. Aber er predigt auch offen auf dem Marktplatz.

Die Griechen sind schon immer scharf auf Neuigkeiten (V21) – auch in religiösen Angelegenheiten. Paulus scheint wirklich etwas Neues zu verkündigen. Deshalb führen sie ihn auf den Areopag, dort soll der Apostel öffentlich sagen, was er Neues zu verkündigen hat.

Paulus nutzt diese Chance natürlich und knüpft an das an, was er in der Stadt gesehen hat. **(V23)** *Ich bin durch eure Stadt gegangen und habe eure Heiligtümer gesehen. Dabei ist mir ein Altar aufgefallen, auf dem geschrieben stand:* ***Dem unbekannten Gott.***

Und dann nimmt sich Paulus die Freiheit zu sagen: Ich kenne diesen Gott, den ihr noch nicht kennt und dem ihr in Unwissenheit dort einen Altar aufgestellt habt.

Ich kenne euren unbekannten Gott!

314 Das ist ein Zeichen für das Gericht, das sie selbst zu verantworten haben. „Wir haben euch die Botschaft gesagt. Ihr wolltet sie nicht annehmen und wir nehmen nicht einmal den Staub an unseren Füßen von hier mit. Ihr habt keinen Grund uns später irgendetwas anzuhängen.“

Anschließend verkündigt er ihnen kurz und knapp den Schöpfer der Welt, der uns durch den Erlöser Jesus Christus ganz nahegekommen ist und der uns Rettung aus dem Gericht, dem sich keiner entziehen kann, anbietet. (V24–31)

Die Reaktion ist wie immer, wenn Gottes Wort verkündet wird (V32–34):

- Die einen spotten und lachen sich halb tot über „so einen Blödsinn“,
- andere schieben ihre Entscheidung auf des Teufels liebstes Möbelstück:[315] *Lass uns ein andermal mehr hören,* aber
- einige werden auch vom Geist Gottes ernsthaft bewegt und sogar überzeugt. Sie wollen mehr hören und sind bereit, sich in der Nachfolge weiter schulen zu lassen.

8.1.6 Paulus – ein Fanatiker?

Bei seiner dritten Missionsreise war Paulus auch längere Zeit[316] in Ephesus, um dort in dieser kulturellen und wirtschaftlichen Metropole eine Gemeinde Jesu zu beginnen.

In **Apg 20, 17ff** wird ein herzlicher und tränenreicher Abschied beschrieben. Paulus muss nach Jerusalem und weiß nicht, was ihn dort erwartet. Irgendwie wissen – oder ahnen zumindest – alle: Wir werden uns in diesem Leben nicht mehr wiedersehen.

Paulus formuliert hier quasi sein Testament **(V24):** *Ich halte mein Leben für nicht der Rede wert.* [Das ist völlig unerheblich.] *Ich*

---

315 Das ist „die lange Bank“.

316 Nach Apg 19,10 waren das mehr als zwei Jahre, in denen er u.a. eine Art Bibelschule für gläubige Juden und Griechen aufgebaut und geleitet hat.

will nur mit Freuden meinen Lauf vollenden und den Auftrag ausführen, den ich vom HERRN Jesus empfangen habe, nämlich: das Evangelium von der Gnade Gottes zu bezeugen.

Wenig später sagt er es in Cäsarea, als ihm der Prophet Agabus die Gefangenschaft in Jerusalem voraussagt, noch deutlicher (**Apg 21,13**): *Warum weint ihr und brecht mir das Herz? Ich bin nicht nur bereit, mich gefangen nehmen zu lassen, sondern auch in Jerusalem für den Namen des HERRN Jesus zu sterben.*

Paulus wusste sich, wie sein Herr Jesus, ganz im Willen Gottes, wenn er sein Leben ganz und gar für die *Gute Botschaft* einsetzen müsste – und sei es durch einen gewaltsamen, unnatürlichen Tod. Hier gab es für ihn keine Kompromisse: Niemals wollte er seinen Herrn verleugnen und die Botschaft, die er so hingegeben ausgerichtet hatte, widerrufen.

Dafür gab es sicherlich mehrere Gründe:

Gott hatte den fanatischen Pharisäer und Christenverfolger 180° rumgedreht.

- Zum einen natürlich sein dramatisches Bekehrungserlebnis vor Damaskus, als ihm der HERR selbst auf seiner Verfolgungstour in den Weg trat: *Saul, Saul, warum verfolgst du MICH?* **(Apg 9,4)** Paulus hat dieses einschneidende Erlebnis immer wieder erzählt, z. B. Apg, 22,6ff; 26,12ff. Gott hatte den fanatischen Pharisäer[317] und Christenverfolger 180° rumgedreht und zu einem glühenden Vertreter des Evangeliums gemacht.

317 Paulus selbst sagt später vor König Agrippa, dass er zu der Zeit *nach der allerstrengsten* [gesetzlichen] *Sekte der Juden als Pharisäer* gelebt hat. (Apg 26,5)

- Zum anderen hatte Paulus seinen Herrn in vielen Wegführungen und Bewahrungen erlebt und kennengelernt.
- In 2Kor 12,1b-4 deutet Paulus an, dass er – wie später Johannes – einen Blick in die himmlische Realität tun durfte und dort unaussprechliche Dinge gehört (und wohl auch gesehen) hat.
- Deswegen hatte er eine unverrückbare Gewissheit: Wenn ich jetzt sterben muss, werde ich bei meinem Herrn im Himmel sein. So konnte er sagen, dass ihm sogar das *Sterben ein Gewinn* sein würde. (Phil 1,21)[318]
- Paulus wusste natürlich auch, dass für jeden Christen im Hintergrund ein geistlicher Kampf zwischen den Mächten Gottes und denen Satans stattfindet. Er war entschlossen, den Angriffen dieses Feindes nicht nachzugeben.

Nach der Gefangennahme in Jerusalem wurde Paulus auf eigenen Wunsch nach Rom überstellt, weil er sich darauf berief, dass er auch römischer Staatsbürger sei. Zuvor muss er noch einmal vor dem Hohen Rat antreten und bekennt (**Apg 23,6b**): *Ich werde angeklagt, weil ich die Hoffnung* [auf das ewige Leben mit Jesus] *und die Auferstehung der Toten verkündigt habe.*[319]

Da der Hohe Rat aus Sadduzäern (die die Auferstehung der Toten leugneten)[320] und Pharisäern (die sie dagegen lehrten) bestand, kriegten sich die hohen Ratsherren so kräftig in die Wolle,

318 Dies ist zweifellos auch die Kraft, mit der Christen aller Zeiten in den Verfolgungen durchhalten können. Und weil sie bereit sind, im Ernstfall ihren Glauben mit der Hingabe ihres irdischen Lebens zu unterschreiben, sind sie umso überzeugender für die, die noch auf der Suche sind – und sich dadurch ebenfalls Jesus zuwenden, weil sie die ewige Dimension verstanden haben, die über dieses Leben hinausweist.

319 Später wiederholt Paulus dies als Grund für die Anklage gegen ihn vor dem römischen Statthalter Felix (Apg 24,21) und ebenso vor König Agrippa (Apg 26,6–8).

320 Vgl. die Auseinandersetzung, die Jesus mit ihnen hatte, als die Sadduzäer Jesus eine Falle stellen wollten. (Mt 22,23–33; Mk 12,18–27; Lk 20,27–40 und Abschnitt 263 *7 Men, 1 Woman – no Kids* in Band 2)

dass die Römer einschreiten mussten. Sie fürchteten, dass ihr Gefangener – unter ihrer Verantwortung – zwischen den Fronten zerrieben werden könnte. (23,7ff)

V11: *In der darauffolgenden Nacht stand der HERR bei ihm und sprach: Sei getrost, Paulus! Denn so, wie du MICH in Jerusalem bezeugt hast, musst du MICH auch in Rom bezeugen.*

Vor dem König Agrippa bekennt Paulus rückblickend seine Vergangenheit als fanatischer Verfolger der neuen Christen-Sekte, bevor er auch dem König sein Bekehrungserlebnis vor Damaskus erzählt:

Apg 26,9–11: *Ich war damals auch überzeugt, dass ich den Namen Jesus von Nazareth* [und diese neue Sekte] *heftig bekämpfen müsste. Das habe ich dann auch in Jerusalem getan, weil ich viele Heilige ins Gefängnis geworfen habe. Dazu hatten mir die Hohenpriester Vollmacht erteilt. Und wenn jemand hingerichtet werden sollte, habe ich dem Urteilsspruch zugestimmt. Durch alle Synagogen bin ich gezogen und habe sie* [die Jesusleute] *oft gezwungen* [gegen ihren Jesus] *zu lästern. Ich war so fanatisch wütend auf sie, dass ich sie sogar noch bis in ausländische Städte verfolgt habe.*

Anschließend bekennt Paulus, dass er bisher alle Mordanschläge überstanden habe (**V22.23**):

Aber mit Gottes Hilfe lebe ich noch bis auf diesen Tag und ich bezeuge sowohl den Unbedeutenden wie den Großen,

- *dass Christus leiden musste,*
- *dass ER der Erste aus der Auferstehung von den Toten sein sollte und*
- *dass ER als Licht für die Juden und die Nationen verkündigt werden muss.*

Das ist im Übrigen nichts anderes als das, was unsere Propheten auch schon vorausgesagt haben.

Agrippa ist so beeindruckt von diesem merkwürdigen Gefangenen, dass er sagt (**V28**): *Es fehlt nicht viel und du überredest mich auch noch Christ zu werden.*

Die biblischen Schriften berichten nichts über das Lebensende von Paulus. Es ist aber davon auszugehen, dass auch er in Rom als Märtyrer später noch (um 67 n. Chr. bei der großen Christenverfolgung unter Kaiser Nero) hingerichtet worden ist. Als römischer Bürger wurde er nicht qualvoll gekreuzigt, sondern enthauptet.

8.2 Depesche nach Rom

Der sogenannte *Römerbrief*, den Paulus an die Gemeinde in Rom geschrieben hat, um seinen Besuch dort vorzubereiten, ist ein gewaltiges Zeugnis des Glaubens, der sich allein auf die Gnade Gottes in Jesus Christus gründet.

Gleichzeitig ist er *das* Kernstück christlicher Theologie, das vermutlich wie kein anderes die Entwicklung – und immer wieder Erneuerung – des christlichen Glaubens beeinflusst hat.[321]

Man darf wohl mit Fug und Recht sagen, dass alle späteren Theologen nur dem *nachgedacht* haben, was Paulus hier unter der Leitung des Geistes Gottes niedergelegt hat.

Im Folgenden werden einige für das Thema markante Auszüge wiedergegeben.

---

321 Es wird allerdings weitgehend davon ausgegangen, dass der Galaterbrief früher verfasst wurde (wahrscheinlich während der Zeit der Gemeindegründung in Korinth). Auch hier streitet Paulus vehement für das Evangelium allein aus Gnade und tritt damit den Judaisten gegenüber die meinten, dass für die Erlösung auch noch das Einhalten der mosaischen Gesetze nötig sei.

8.2.1 Dahingegeben

Röm 1,18–31: *Gottes Zorn wird vom Himmel her über alles gottlose Wesen und über alle Ungerechtigkeit der Menschen, die die Wahrheit in Ungerechtigkeit unterdrücken, offenbart. Denn was man von Gott wissen kann, ist den Menschen längst von Gott gezeigt worden. Gottes unsichtbares Wesen, das ist Seine ewige Kraft und Gottheit, kann ohne Weiteres an Seinen Werken, nämlich an der ganzen Schöpfung, wahrgenommen werden.*

Deswegen hat niemand eine Entschuldigung, weil sie zwar [in ihrem Innersten] *wussten, dass nur ein Gott ist, Ihn aber weder als Gott* [anerkannt und] *gelobt geschweige denn Ihm gedankt haben. Stattdessen sind sie in ihrem ganzen Denken und Leben stolz und selbstherrlich geworden, so dass sich ihr uneinsichtiges Herz völlig verfinstert hat.*

Weil sie sich für besonders schlau gehalten haben, sind sie zu Narren geworden [die gar nichts mehr verstehen]. *Sie haben die Herrlichkeit des unvergänglichen Gottes in ein Bild* [gemeint sind wohl die nichtigen Götzenbilder] *verwandelt, das dem vergänglichen Menschen, den Vögeln und sogar den vierfüßigen sowie kriechenden Tieren gleich ist.*

***Deswegen hat Gott sie auch dahingegeben**, so dass sie nach Herzenslust ihre eigenen Körper unsittlich missbrauchen können. Sie haben die Wahrheit Gottes als Lüge hingestellt und das Geschöpf mehr verehrt – und ihm gedient – als den Schöpfer, dem allein doch das Lob in Ewigkeit gebührt. Amen.*

***Darum hat Gott sie auch dahingegeben** in ihre begehrlichen Leidenschaften, so dass sich die Frauen auf unnatürlichen Sex eingelassen haben. Genauso haben auch die Männer den natürlichen sexuellen Umgang mit ihren Frauen verlassen. Sie haben sich gegenseitig in ihrer maßlosen Begierde aufgegeilt und Mann mit Mann Schande getrieben.*[322] *Den Lohn für ihre Verirrung haben sie*

322 Paulus wettert hier gegen die Missstände in der römischen Oberschicht: Man ließ sich Lustknaben kommen, um sich den besonderen

dann (so wie es kommen musste) an sich selbst empfangen.

Genauso wie sie es abgelehnt haben, Gott anzuerkennen, **hat Gott sie** *dann auch in ihren verkehrten* [egoistischen und von Gott abgewandten] *Sinn* ***dahingegeben****, so dass sie nun ungehindert tun* [und lassen] *können, was sich nicht gehört* [nicht den Ordnungen Gottes entspricht].

Als Folge davon [von dieser Gottverlassenheit] *sind sie voller Ungerechtigkeit, Hurerei, Boshaftigkeit, Geiz, Neid, Mordlust, Streitsucht, Hinterlist, Gift, Gerüchteverbreitung, Verleumdung, Gottesverachtung, Gewalttat, Stolz, Prahlerei, Übeltäter, rebellisch gegen ihre Eltern, unvernünftig, treulos, lieblos, unversöhnlich, unbarmherzig* [und so weiter und so fort].

Sie wissen zwar um die Gerechtigkeit [und die Maßstäbe] *Gottes, dass die, die solches tun, Todeskandidaten sind.* ***Aber es reicht ihnen nicht, dass sie es selbst so treiben, sondern es gefällt ihnen auch noch, wenn andere mitmachen.***

Paulus sagt hier, wie auch schon die Propheten im Alten Testament, dass es *eine* Form des Gerichtes Gottes ist, sich zurückzuziehen, zu schweigen und die Menschen in die Konsequenzen ihrer Entscheidungen gegen Ihn hineinlaufen zu lassen.[323]

Diesem *Dahingegeben* des Menschen, wenn er Gottes Mahnungen und Warnungen immer wieder verworfen hat, steht das große *Dahingegeben Gottes* gegenüber: ER gibt sich selbst auf Golgatha völlig an die menschliche Bosheit hin – um sie zu überwinden und uns die Tür zum Vater wieder zu öffnen.

Wo ist solch ein Gott?

---

sexuellen Kick zu geben. Wir würden heute sagen, dass Paulus hier sehr mutig ein Statement gegen Kinderpornografie und sexuellen Missbrauch abgegeben hat.

323 Vgl. Abschnitt 6.1.1.

8.2.2 Allein aus Gnade

Röm 3,21–30: *Nun ist ohne Mitwirkung des Gesetzes die Gerechtigkeit, die vor Gott gilt, offenbart. Das bezeugen bereits sowohl das Gesetz als auch die Propheten. Ich rede aber von einer solchen Gerechtigkeit vor Gott, die durch den Glauben an Jesus Christus kommt, und zwar zu allen, die sich Ihm anvertrauen.*

Denn es ist hier überhaupt kein Unterschied: ***Alle Menschen sind Sünder*** *und haben die Herrlichkeit, die sie [eigentlich] bei Gott haben sollten, verloren. Aber sie werden ohne eigenes Zutun [von Gott] durch Seine Gnade und die Erlösung, die durch Jesus Christus geschehen ist, gerechtfertigt.*

Diesen Jesus hat Gott öffentlich als Ort der Sühne vorgestellt, und zwar durch den Glauben an Sein Blut.[324] *Dadurch beweist Gott die Gerechtigkeit, die vor Ihm gilt, dass ER [auch] die früheren Sünden vergibt, über die ER bisher in göttlicher Geduld hinweggesehen hatte.*

Jetzt bietet ER die Gerechtigkeit, die vor Ihm gilt, allen an, die ihr Leben Jesus Christus anvertrauen. Und das bedeutet: ***Gott allein ist gerecht und nur ER macht gerecht.***

Will sich jetzt noch irgendjemand selbst loben? Das ist ausgeschlossen! Macht etwa das Gesetz gerecht? Oder die Werke, die wir aufgrund des Gesetzes tun? Nein! Gerecht macht jetzt allein das „Gesetz des Glaubens". Also schließen wir daraus, dass der Mensch allein durch den Glauben [sein Vertrauen auf Jesus] gerecht wird und zwar völlig ohne die Werke, die das Gesetz forderte.

---

324 Mit dem Ort der Sühne wird wahrscheinlich auf den Sühnedeckel angespielt (2Mo 25,17–22; auch: Hebr 9,5). Dieser befand sich als Teil der Bundeslade im Allerheiligsten zwischen dem Kasten, in dem u. a. die Gesetzestafeln aufbewahrt wurden, und den goldenen Cherubim darüber. Am großen Versöhnungstag (3Mo 16) wurde dieser „Sühnedeckel" mit dem Blut der Opfertiere besprengt, um das Volk symbolisch von den Sünden des vergangenen Jahres zu reinigen. – Es ist ein Geheimnis Gottes, dass ohne Blutvergießen keine Vergebung der Sünden geschehen kann. (Hebr 9,22)

Glaubt ihr eigentlich, dass Gott nur der Gott der Juden ist? Ist ER nicht genauso auch der Gott der Heiden? Selbstverständlich ist ER auch der Gott der Heiden. Es gibt doch nur einen einzigen Gott, der sowohl die Juden als auch die Heiden[325] *für gerechtfertigt erklärt – und zwar durch den Glauben.*

Grundsätzlich ist jeder Mensch für eine Gemeinschaft mit Gott völlig ungeeignet.

Wenn grundsätzlich jeder Mensch für eine Gemeinschaft mit Gott völlig ungeeignet ist[326] und es trotzdem einen Weg zurück zum Vater gibt, dann liegt das ausschließlich und allein an der immerwährenden Liebe und Gnade Gottes, die sich in Kommen, Werk und Tod des Messias Jesus Christus manifestiert hat.

Niemand, nicht der moralisch Beste, nicht der am ernsthaftesten Suchende und auch nicht der frömmste Schriftkenner kann dazu selbst etwas beitragen.

Sollte diese grund- und voraussetzungslose Gnade, die über Zorn und Gericht triumphiert, in ihrer Wirkung von Ewigkeit zu Ewigkeit begrenzt sein?

Weitere Schriftstellen:
Röm 5,18–21: *Genauso wie durch die Sünde von Adam die Verdammnis über alle Menschen gekommen ist, so ist auch durch die Gerechtsprechung* [es ist Gottes rechtskräftiges Urteil!] *von Jesus der*

---

325 LUT1912 wörtlich: [Denn] *es ist ein einiger Gott, der da gerecht macht die Beschnittenen aus dem Glauben und die Unbeschnittenen durch den Glauben.*

326 Röm 3,10–12, König David wusste das 1000 Jahre vorher auch schon. Paulus zitiert hier **Ps 53,3.4:** *Gott sieht vom Himmel auf die Menschenkinder, damit er feststelle, ob jemand klug ist und nach Gott fragt. Aber sie sind alle abgefallen und allesamt untüchtig; da ist keiner, der Gutes tut, auch nicht einer.*

Freispruch zum Leben für alle Menschen erfolgt. Genauso wie durch den Ungehorsam Adams viele zu Sündern geworden sind, werden auch viele durch den Gehorsam von Jesus zu Gerechten erklärt.

Das Gesetz von Mose kam nur dazu, damit sich die Sünde immer deutlicher zeigte [bzw. als solche überhaupt erkannt wurde]. ***Wo aber die Sünde mächtig geworden ist, da ist doch die Gnade noch viel mächtiger geworden.*** *Darum soll jetzt die Gnade – durch die Gerechtigkeit zum ewigen Leben durch Jesus Christus, unsern* HERRN *– zum Leben herrschen, so wie zuvor die Sünde zum Tode geherrscht hat.*

Die Begnadigung ist ein Rechtsakt Gottes, den ER aus lauter Güte verfügt, weil Jesus durch Sein Leiden die Gott-Mensch-Beziehung wieder hergestellt hat.

Die Begnadigung ist ein Rechtsakt Gottes, den ER aus lauter Güte verfügt.

Dies bedeutet aber nicht, dass wir nun „auf Gnade hin" kräftig drauflos sündigen könnten – diesem Missverständnis tritt auch Paulus sofort entgegen. (Röm 6,1.2)

Aber weil Gott eben in Seinem Wesen Liebe *ist* – mit den daraus folgenden Eigenschaften: gnädig, barmherzig, gütig und geduldig – und Ihm seine – uns gerechter Weise „zustehende" – Strafe bald leidtut, wird im Gericht, das über das Böse an sich ergehen *muss*, am Ende über den Sünder die Gnade triumphieren, weil die Wirkung des Blutes Jesu das Böse überwunden und verschlungen hat.

Gal 3,6–9.13–14.28–29: *Abraham hat Gott vertraut und das ist ihm zur Gerechtigkeit angerechnet worden. Daraus könnt ihr erkennen, dass alle, die glauben* [Gott vertrauen], *Abrahams Kinder sind.*

Die Schrift [das Alte Testament] *hat schon* [längst] *vorausgesehen, dass* **Gott auch die Völker durch den Glauben gerecht machen will***; darum verkündigte sie dem Abraham: „In dir sollen alle Völker gesegnet werden." Folglich werden nun alle, die sich Gott* *anvertrauen, genauso wie der gläubige Abraham gesegnet. …*

V13 *Christus aber hat uns vom Fluch des Gesetzes befreit, weil ER selbst für uns zum Fluch gemacht wurde (denn es steht geschrieben: „Verflucht ist jeder, der am Holz* [= Kreuz] *aufgehängt wird!“,* 5Mo 21,23*). Dadurch soll nun durch Jesus Christus der Segen Abrahams zu den Nationen kommen und wir sollen durch den Glauben den verheißenen Geist empfangen. …*

V28 *Es gibt jetzt keinen Unterschied mehr zwischen*

- *Juden und Griechen* [als Synonym für alle Heiden],
- *Knechten und Freien,*
- *Männern und Frauen,*

weil ihr allesamt in Jesus Christus eins seid. Wenn ihr jetzt also Christus gehört, dann seid ihr genau der Same [die glaubenden Nachkommen] *Abrahams und nach der Zusage Gottes auch Erben.*

Gal 4,4–7: *Als die Zeit* [nach Gottes Plan] *erfüllt war, sandte ER Seinen Sohn. ER wurde* [ganz natürlich] *von einer Frau geboren und unter das Gesetz* [den Wirkungsbereich des Gesetzes von Mose] *getan.*

ER sollte uns, die wir unter dem Gesetz leben mussten, erlösen, damit wir die Gotteskindschaft empfangen könnten.

Weil ihr jetzt Kinder Gottes seid, hat Gott den Geist Seines Sohnes in eure Herzen geschickt, und der ruft dort: Papa, mein lieber Vater!

Also gibt es hier nun keine Knechte [der Sünde bzw. des Gesetzes] *mehr, sondern nur noch Kinder; wenn ihr aber Kinder seid, dann seid ihr durch Christus auch Gottes Erben.*

Eph 2,4–10: Gott ist reich an *Barmherzigkeit. Aufgrund Seiner großen Liebe, mit der ER uns geliebt hat, hat ER uns zusammen mit Christus lebendig gemacht, denn ihr seid* [einzig] *aus Gnade selig geworden.*

Wir waren tot in unseren Sünden [d. h. von Gott getrennt], *aber ER hat uns gemeinsam mit Jesus Christus auferweckt und einen Platz im Himmel gegeben.*

ER zeigte damit bereits den überschwänglichen Reichtum Seiner

Gnade durch Seine Güte an uns in Jesus Christus für die zukünftigen Zeiten.
Denn ihr seid [einzig und allein] *aus Gnade und aufgrund eures Gottvertrauens gerettet worden. Und* [selbst] *das kommt nicht aus euch, sondern es ist Gottes Geschenk. Es kommt auch nicht aus irgendwelchen Werken, damit sich niemand etwas darauf einbilden kann.*
Vielmehr sind wir Sein Werk, in Jesus Christus zu guten Werken geschaffen. Und die hat Gott schon vorher für uns vorbereitet, damit wir sie in unserem Leben ausführen und danach leben.

8.2.3 Und die Werke?

Vgl. hierzu auch Abschnitt 10.3 – eine ausgearbeitete Predigt zum Thema „Glaube und Werke".

Hört auf über andere zu urteilen!

Röm 2,1–6: *Lieber Mensch, du kannst dich nicht entschuldigen, wer du auch bist, der da* [über andere] *richtet. Denn so wie du einen anderen richtest, verdammst du dich selbst; weil du nämlich genau dasselbe tust, was du* [am anderen] *verurteilst. Denn wir wissen, dass Gottes Urteil über diejenigen gerecht ist, die das tun.*

Glaubst du denn, lieber Mensch, der du [über andere] *richtest, dass* [ausgerechnet] *du dem Urteil Gottes entrinnen könntest, wenn du selbst das tust, was du an anderen kritisierst? Verachtest du den Reichtum der Güte, Geduld und Nachsicht Gottes* [die auch jedem anderen gilt]?

Weißt du nicht, dass dich Gottes Güte zur Umkehr bewegen soll? *Sonst häufst du dir selbst – wegen deines verstockten und unbußfertigen Herzens – den Zorn Gottes an, und zwar bis zum Tag Seines Zornes und der Offenbarung des gerechten Gerichtes Gottes.*

Jeder bekommt, was ihm „zusteht".

Röm 2,7–11: *Gott wird jedem nach seinen Werken geben: Lob, Ehre und Unvergänglichkeit denen, die mit Ausdauer in guten Werken* *nach dem ewigen Leben getrachtet haben. Denen aber, die selbstgerecht und streitsüchtig sind und die sich nicht nach der Wahrheit richten, sondern nach der Ungerechtigkeit, denen gelten Ungnade und Zorn Gottes. Bedrängnis und Angst wird über alle Seelen der Menschen kommen, die Böses tun. Das gilt besonders den Juden* [weil sie ja die Gebote Gottes kennen], *aber auch den Griechen* [stellvertretend für alle Nicht-Juden]. *Lob, Ehre und Friede gilt allen, die da Gutes tun, vornehmlich den Juden und auch den Griechen. Denn* ***vor Gott gibt es kein Ansehen der Person.***

Das Gesetz im Herzen der Heiden.

Röm 2,12–16: *Wer gesündigt hat, ohne das Gesetz gekannt zu haben, der wird auch ohne Gesetz ins Verderben laufen. Und die, die gesündigt haben, obwohl sie das Gesetz hatten, die werden aufgrund des Gesetzes verurteilt werden. Es sind nämlich nicht die vor Gott gerecht, die das Gesetz hören, sondern die danach tun, die werden gerecht sein.*

Die Heiden, die das Gesetz [von Mose] *nicht haben, jedoch von Natur aus das tun, was den Geboten Gottes entspricht, tragen die Anforderungen Gottes in sich selbst. Durch ihren Lebenswandel beweisen sie, dass das, was* **Gottes Ordnungen** *verlangen,* ***in ihre Herzen geschrieben ist.***

Außerdem regt sich ihr Gewissen in ihnen und auch ihre Gedanken verklagen oder entschuldigen sich untereinander. Das gilt bis zu dem Tag, an dem ***Gott das Verborgene der Menschen durch Jesus Christus richten wird*** – *und zwar gemäß des Evangeliums* [der Guten Nachricht von der Gnade Gottes], *das ich verkündige.*

Ist es da zu viel interpretiert, dass das entsprechend auch für die Menschen gilt, die die *Gute Nachricht* von Jesus einfach nicht gehört haben, sie also genauso wenig kannten wie das Gesetz von Mose und sich deswegen gar nicht „für Jesus entscheiden“ konnten?

Paulus war gewiss kein *Allversöhner*, aber hier macht er die Tür für die Gnade Gottes und die weitgehende Wirksamkeit der Erlösungstat Jesu sehr weit auf.

Ohne Werke ist der Glaube tot.

Jakobus wird oft als der Widerpart zu Paulus betrachtet, der sehr auf die Bedeutung der Werke pocht und dabei das „allein aus Gnade" klein zu machen scheint. Luther hat den Brief des Jakobus ganz ans Ende der neutestamentlichen Briefe gesetzt und ihn eine „stroherne Epistel" genannt. Luther war eben auch ganz von *sola gratia* erfasst.

Aber Jakobus hatte ein anderes Anliegen. Er wollte deutlich machen, dass das frömmelnde Gerede ohne Taten, die dem Glauben entsprechen, hohl und wertlos ist und letztlich nur offenbaren, dass „nichts dahinter" ist.

Jak 1,22–26: *Seid aber Täter des Wortes und nicht allein Hörer, denn sonst würdet ihr euch nur selbst betrügen. Wenn jemand nämlich nur ein Hörer des Wortes ist und nicht auch entsprechend* [seines Glaubens] *lebt, dann ist er wie einer, der zwar sein Gesicht im Spiegel angesehen hat. Nachdem er sich nämlich angeschaut hat, geht er weg und vergisst sofort, wie er genau ausgesehen hat.*[327] *Wer aber bis in das vollkommene Gesetz der Freiheit durchblickt und daran festhält, der ist kein vergesslicher Hörer, sondern er tut auch, was er gehört hat. So einer wird durch seine Taten gesegnet sein.*

Wenn sich jemand unter euch einbildet, dass er Gott dient, aber seine Zunge nicht im Zaum halten kann, der betrügt sein eignes Herz und dessen Gottesdienst kannst du vergessen.

Jak 2,12–17.24–26: *Also redet und handelt als solche, über die durch das „Gesetz der Freiheit"*[328] *Recht gesprochen werden soll.*

---

327 Was wissen wir eigentlich noch am Montag vom Gottesdienstbesuch am Sonntag? Alles einfach nur vorbeigerauscht?

328 Das „Gesetz der Freiheit" meint hier den Willen Gottes, wie er im Evangelium von Jesus Christus, der *Guten Nachricht* von der Gnade Gottes, zum Ausdruck kommt.

Es wird aber ein unbarmherziges Gericht über den ergehen, der nicht Barmherzigkeit getan hat; ***die Barmherzigkeit aber triumphiert über das*** [oder: im] **Gericht** [oder: sie behält im Gericht das letzte Wort].

Was nützt es, ihr Lieben, wenn jemand sagt, dass er an Gott glaubt, aber an seinem Leben erkennt man das nicht? Kann denn so ein Glaube ihn retten?
Wenn zum Beispiel ein Bruder oder eine Schwester keine Kleidung oder nichts zu essen hat, und jemand unter euch würde zu ihnen sagen: „Gottes Segen begleite euch, zieht euch warm an und esst euch satt!“

Wenn ihr ihnen dann nicht auch das gebt, was sie brauchen, würde ihnen das gar nichts helfen. [Im Gegenteil: Es wäre blanker Hohn.] *Wenn also euer Glaube an Gott* [euer Gottvertrauen] *keine dementsprechenden Werke nach sich zieht, ist er in sich selbst tot. …*

V24 *So seht ihr nun, dass der Mensch aufgrund seiner Taten* [oder: Lebensführung] *gerecht gesprochen wird, und nicht allein durch den Glauben* [bzw. das Bekenntnis].

Nehmt die Hure Rahab als Beispiel[329]*: Wurde sie nicht aufgrund ihrer Glaubenstat gerettet, weil sie die Boten Israels aufnahm und ihnen einen anderen Weg zeigte, damit sie entkommen konnten? Also: Genauso wie der Leib ohne den Geist tot ist,* ***so ist auch der Glaube ohne Werke tot.***

Gal 5,6: *In Jesus Christus ist es völlig egal, ob einer* [als Jude] *beschnitten ist oder* [als Heide] *nicht, sondern* ***was zählt, ist der Glaube, der durch die Liebe tätig ist.***

Der aus Gnade geschenkte Glaube muss in der praktischen Lebensführung erkennbar sein.

Mit diesem Satz löst Paulus selbst den scheinbaren Widerspruch zu Jakobus auf. Sie waren da völlig einer Meinung: Der – aus Gnade geschenkte – Glaube muss

329 Vgl. Josua 2 und 6,22–25.

in der praktischen Lebensführung erkennbar sein und ihm entsprechen.

Gal 6,7–10: Irrt euch nicht! Gott lässt sich nicht verspotten. *Denn was der Mensch sät, das wird er ernten. Wer sich auf seine selbstsüchtige Natur verlässt, der wird entsprechend auch das Verderben ernten; wer aber den Geist Gottes wirken lässt, der wird auch von diesem Geist das ewige Leben ernten.*

Lasset uns also Gutes tun und darin nicht müde werden. Wenn es so weit ist, werden wir auch den vollen Segen ernten. Lasst uns die Gelegenheiten nutzen, die sich bieten, und allen Menschen Gutes tun, besonders natürlich denen, die ebenfalls zur Gemeinde Jesu gehören.

Hebr 12,12–16: *Richtet die lässigen Hände und die steifen Knochen wieder auf und tut mit euren Füßen wieder feste Schritte, damit keiner wie ein Lahmer strauchelt, sondern vielmehr gesund wird.* ***Jaget dem Frieden nach gegen jedermann und der Heiligung***[330]*, ohne die niemand den HERRN sehen wird.*

Passt auf,

- *dass keiner die Gnade Gottes verpasst* [bzw. sich (wieder) davon ausschließt]*;*
- *dass auf keinen Fall eine bittere Wurzel* [in euch] *aufwächst und Unfrieden anrichtet, durch den viele andere in Mitleidenschaft gezogen werden und*
- *dass niemand sexuell ausschweifend lebt oder so gottlos handelt wie Esau, der sein Erstgeburtsrecht für eine Linsensuppe verkauft hat.*[331]

Phil 1,6: *Ich bin zuversichtlich, dass Gott, der in euch das gute Werk angefangen hat, es auch vollenden wird – bis zum Tag Jesu Christi.*

330 Mit der „Heiligung" ist ein Leben gemeint, das (immer mehr) dem Willen Gottes entspricht und Seine guten Lebensregeln einhält.

331 Vgl. 1Mo 25,29–34.

Phil 2,13: *Gott ist's, der in euch beides wirkt, das Wollen und das Vollbringen, so wie es Ihm gefällt.*

Paulus meint hier zwar vorrangig das „Werk des Glaubens". Wenn Gott jedoch auch die „guten Taten" für uns vorbereitet und in uns wirkt, damit wir sie ausführen,[332] kann man diese Aussagen durchaus auch auf die ganz praktischen Taten beziehen, die aus dem Glauben folgen sollen. Jesus sagt: *Ohne MICH könnt ihr NICHTS tun.* (Joh 15,5b)

Wie viel oder wie wenig ist NICHTS?

Es soll sich letztlich niemand etwas auf seinen Glauben, seine Frömmigkeit oder auf seine „guten Taten" einbilden oder gar stolz darauf sein.[333] Es ist *immer* Gottes Werk und Initiative, von Anfang an. ER macht sich auf den Weg, Seine verlorenen Schafe wiederzufinden und nach Hause zu tragen.

Warum Gott bei manchen Menschen früh, bei anderen erst spät und bei weiteren in *diesem* Leben (scheinbar) noch nicht zum Ziel kommt – das bleibt Sein unergründliches Geheimnis. Es hängt aber sicherlich auch mit der Entscheidungsfreiheit des Menschen zusammen, die ER uns – als Ebenbilder Seiner selbst – gegeben hat.

Sollte Gott Seinen *eigenen* Anfang in mir erbarmungslos verwerfen?

Letztlich wird ER die „Werke Seiner Hand" nicht aufgeben. Wäre es nicht geradezu absurd zu glauben, dass Gott Seinen *eigenen* Anfang in einem Menschen erbarmungslos verwirft, nur weil er *jetzt* noch nicht zum Ziel gekommen ist?

332 **Eph 2,10:** *Denn wir sind sein Werk, in Jesus Christus für gute Werke geschaffen, für die Gott uns schon vorher vorbereitet hat, damit wir darin leben* [d. h. sie ausführen] *sollen.*

333 Vgl. den Pharisäer im Tempel, der sich selbst lobt und den Sünder verachtet, Lk 18,9–14 und Abschnitt 232 *Wen nimmt Gott an?* in Band 2.

Jeder, der mit Jesus einen bewussten Anfang gemacht hat, wird entdecken, dass die Spuren Gottes in seinem Leben auch schon *vorher* dagewesen sind. Wir waren uns dessen bloß nicht bewusst. *Vor* meiner Entscheidung war Gottes Geist schon längst in mir am Arbeiten.

8.2.4 Israels Sonderrolle

Röm 10,1–4: *Mein Herzenswunsch ist, und ich flehe für Israel auch zu Gott, dass sie gerettet werden. Denn ich gebe ihnen das Zeugnis, dass sie* [zwar] *um Gott eifern, aber unverständig. Denn sie erkennen die Gerechtigkeit* [durch Glauben], *die vor Gott gilt,* [noch] *nicht, sondern sie wollen* [weiterhin] *ihre eigene Gerechtigkeit* [nach den Werken] *aufrichten, … Jetzt gilt aber:* ***Christus ist das Ende des Gesetzes*** [von Mose]*; wer sich Jesus Christus anvertraut, der ist Gott angenehm.*

Röm 11,1–32 (Auszüge): *Ich frage also: Hat Gott denn Sein Volk Israel verstoßen? Auf keinen Fall! Denn ich bin doch auch ein Israelit aus der Abstammung von Abraham, aus dem Geschlecht Benjamin.* ***Gott hat Sein Volk, das ER zuvor erwählt hat, nicht verstoßen. …***

V5 *Die, die übrig geblieben sind, sind nach Gottes Gnadenwahl erwählt. Wenn das aus Gnade geschieht, dann ist es offensichtlich kein Verdienst aufgrund von Werken; sonst würde Gnade ja nicht Gnade sein. Wäre* [die Erwählung] *ein Verdienst durch Werke, dann bräuchte es keine Gnade …*

V11 *Ich frage also weiter: Sind die Israeliten deshalb gestrauchelt, damit sie nie mehr aufstehen sollen? Ganz und gar nicht! Sondern* ***durch ihren Sturz ist das Heil zu den Heiden gekommen,*** *damit Israel ihnen nacheifern soll.*[334] *Wenn also der Sturz Israels für*

334 Oder: um sie zur Eifersucht zu reizen, weil die Heiden jetzt den Segen Gottes erfahren, den sie selbst verspielt haben.

die Welt schon zum Reichtum wird, … wie wird das dann erst sein, wenn Israel selbst vollständig umkehrt? …

V15 Wenn also Israels [gegenwärtige] Verwerfung der Welt die Versöhnung [in Christus] bringt, was wird Seine [neuerliche] Annahme anderes sein, als eine Auferstehung aus den Toten?

[Im Bild gesprochen:] Wenn das erste Brot heilig ist, dann ist auch der ganze Teig heilig [mit dem man weitere Brote backt]. Wenn die Wurzel heilig ist, so sind auch die Zweige heilig.

Wenn nun etliche von den Zweigen [aus dem Ölbaum[335]] ausgebrochen sind, [die gescheiterten Israeliten] und ihr Heiden, die ihr ein verwilderter Ölbaum gewesen seid, seid in ihn eingepfropft und habt damit Anteil an der Wurzel und dem Saft des Ölbaums, dann überhebt euch nicht über die ausgebrochenen Zweige.

Wenn du dich [über die gescheiterten Israeliten] überheben wolltest, so sollst du wissen, dass **du nicht die Wurzel trägst, sondern die Wurzel trägt dich.** Vielleicht sagst du dann: Die Zweige sind ausgebrochen, damit ich [an deren Stelle] hineingepfropft werden konnte.

Ja, das stimmt! Sie sind wegen ihres Unglaubens ausgebrochen worden; aber du stehst auch nur durch den Glauben fest. Sei also nicht stolz, sondern sei in Ehrfurcht vor Gott achtsam. Wenn Gott die natürlichen Zweige nicht verschont hat, wird ER dich auch nicht verschonen [wenn du den Glauben verlässt].

Sieh also sowohl die Güte als auch die Strenge Gottes: die Strenge gegenüber den Israeliten, die gefallen sind, die Güte aber an dir, sofern du an der Güte Gottes bleibst; sonst wirst du auch wieder ausgebrochen.

V25 Ich will euch dieses Geheimnis nicht vorenthalten …: Israel ist zum Teil Blindheit widerfahren [oder: verhärtet worden], und zwar so lange, bis die volle Anzahl der Menschen aus den Nationen [die Gott berufen will] zum Glauben an Jesus Christus gekommen ist.

335 Der Ölbaum ist in der biblischen Bildersprache immer ein Bild für Israel.

Dann soll Israel vollständig gerettet werden, *so wie es bereits geschrieben steht* **(Jes 59,20; Jer 31,33):** *„Es wird derjenige* [= Christus] *aus Zion* [= Jerusalem] *kommen, der da rettet und das gottlose Wesen von Jakob* [= Israel] *abwendet. Und dies ist Mein Testament mit ihnen, wenn ICH ihre Sünden wegnehmen werde."*

V28 *Gegenüber dem Evangelium sind die Juden zwar Feinde um euretwillen* [damit das Evangelium zu euch kommen sollte]; *aber* ***nach der Erwählung Gottes bleiben sie die Geliebten*** *um der Väter willen. Gott kann nämlich Seine Gaben und Berufungen nicht zurücknehmen.*

Denn so, wie ihr bisher nicht an Gott geglaubt habt, jetzt aber – wegen ihres Unglaubens – Barmherzigkeit empfangen habt, so wollten auch sie jetzt die Barmherzigkeit nicht wahrhaben, die ihr erfahren habt. Aber sie sollen ebenfalls noch die Barmherzigkeit Gottes erfahren.

Denn ***Gott hat alle zu Gefangenen ihres Ungehorsams gemacht, weil ER auch allen Sein Erbarmen schenken will.***

Allein dieser Abschnitt im Römerbrief, in dem Paulus sicherlich eine Offenbarung Gottes wiedergibt, die er empfangen hat, entzieht jeder Ersatztheologie, nach der die Gemeinde Jesu die Stelle Israels im Heilsplan Gottes eingenommen hat, jede Grundlage. Israel ist *nicht* für alle Zeit verworfen, sondern im gesamten Rettungsplan Gottes lediglich eine Zeit lang zur Seite gesetzt worden.

Röm 15,8–12: *Ich sage aber, dass Jesus Christus* [zunächst] *ein Diener der Juden gewesen ist, um die Wahrhaftigkeit Gottes zu bezeugen und die Verheißungen zu bestätigen, die schon den Vätern gegeben worden sind: Die Heiden werden Gott wegen der Barmherzigkeit loben, so wie es bereits geschrieben steht*[336]*:*

336 Man kann daran sehr deutlich erkennen, dass Paulus (und andere Autoren des Neuen Testaments) die Psalmen nicht nur als subjektive Gebete, sondern auch als prophetisches Wort, inspiriert vom Geist Gottes, verstanden haben.

Ps 18,50: *„Darum will ich Dich loben unter den Heiden und Deinem Namen singen."*

Und abermals, **5Mo 32,43:** *„Freut euch, ihr Heiden, mit Seinem Volk!"*

Und noch einmal, **Ps 117,1:** *„Lobt den HERRN, alle Heiden, und preiset Ihn, alle Völker!"*
Und schließlich sagt Jesaja, **Jes 11,10:** *„Es wird die Wurzel Isais*[337] *auferstehen, um über die Völker zu herrschen; auf den werden die Nationen hoffen."*

8.3 Ach, ja, die Korinther ...

Zur Gemeinde in Korinth hatte Paulus eine besondere Beziehung. Er hatte sie auf seiner zweiten Missionsreise gegründet und dann von Ephesus aus, wo er sich – während der dritten Reise – mindestens zwei Jahre lang aufgehalten hatte, einen intensiven Kontakt gepflegt.[338]

Korinth war eine Hafenstadt mit regem internationalem Handel, etwa so wie heute z. B. Hamburg oder Amsterdam. Hier pulsierte das Leben, insbesondere mit allen seinen zweifelhaften Freizügigkeiten eines Lebens ohne Gott. Aber in diesem Umfeld war es trotzdem gelungen, eine Jesusgemeinde zu etablieren. Diese Gemeinde hatte jedoch einige sittliche Probleme und allerlei interne Streitigkeiten, in die Paulus involviert war und in die er – auch von Ephesus aus – versuchte klärend und schlichtend einzugreifen.

In diese in vielen Passagen konfliktreichen Briefe sind jedoch auch etliche „Perlen" von grundsätzlicher Bedeutung eingewoben.

337 Isai war der Vater von König David. Gemeint ist Jesus Christus als rechtmäßiger Nachkomme auf den Königsthron Davids.

338 Es gab auch (nicht mehr erhaltene) Briefe *an* Paulus und Paulus hat mindestens vier Briefe an die Korinther geschrieben, von denen aber nur noch der zweite (1Kor) und der vierte (2Kor) erhalten sind.

8.3.1 Christen vor Gericht

In den beiden überlieferten Briefen gibt Paulus deutliche Hinweise, dass auch die grundsätzlich durch Christus geretteten Christen mit ihrer „Lebensleistung" noch vor dem Herrn erscheinen müssen. Auch das Leben (bzw. die Werke) der Begnadigten wird im Lichte des wahrhaftigen und gerechten Gottes beurteilt – und je nach den gesammelten *Schätzen* gibt es entsprechend mehr oder weniger Lohn, der sich dann auf die Stellung und die Aufgaben in der Neuen Welt auswirkt.

2Kor 5,1–10: *Wir wissen aber, dass wir, wenn unsere irdische Hütte abgebrochen wird* [= der sterbliche Leib vergeht], *eine neue Behausung haben werden* [= den Auferstehungsleib]. *Die ist von Gott errichtet, ein Haus, das nicht mit Händen gemacht ist, sondern ewig im Himmel. Und deshalb sehnen wir uns auch nach unserer Behausung, die vom Himmel ist, und wir haben Verlangen danach, dass wir mit ihr überkleidet werden; wir werden dann nicht schutzlos und nackt sein.*

Denn solange wir noch in unserer irdischen Hütte sind, sehnen wir uns [nach der neuen] *und sind bedrückt; denn wir wollen ja lieber nicht nackt dastehen, sondern überkleidet werden, damit das Sterbliche von dem* [neuen] *Leben verschlungen würde.*

Gott hat uns dazu vorbereitet und uns als Anzahlung [für die Herrlichkeit, die uns erwartet] *Seinen Heiligen Geist gegeben. So sind wir also jederzeit zuversichtlich und wissen, dass wir, solange wir noch in diesem vergänglichen Körper wohnen, fern vom HERRN leben*[339]*; denn wir leben im Glauben, und noch nicht im Schauen.*

Wir sind aber guten Mutes und haben vielmehr Lust, diesen Körper zu verlassen und bei dem HERRN zu Hause zu sein. Darum sind wir auch fleißig, dem Herrn zu gefallen, egal ob wir noch hier

339 Christen leben zwar „im Geist" und haben durchaus praktische Erlebnisse mit Gott, aber sie *sehen* Ihn natürlich noch nicht, weil sie zu Seiner Welt noch keinen sichtbaren Zutritt haben.

in diesem Körper sind oder bereits bei Ihm zuhause.

***Denn dann müssen wir alle vor dem Richterstuhl Christi offenbar werden**, damit jeder das Urteil über sein Leben* [und den entsprechenden Lohn], *das er gelebt hat, empfängt, ob es gut oder böse gewesen ist.*

Das Lohngericht steht unter dem positiven Zeichen der Vergebung.

Hier zeigt sich wieder sehr deutlich, dass auch bei Christen die Lebensführung (die „Werke") eine erhebliche Rolle spielt. Dieses „Lohngericht" steht allerdings grundsätzlich unter dem *positiven* Vorzeichen, dass ein Christ, der sich ernsthaft Jesus Christus zugewendet hat, auch die Vergebung erhalten und angenommen hat, die Christus am Kreuz erwirkt hat.

Jesus selbst hat mehrfach deutlich gemacht, dass es im Himmelreich *Große* und auch *Kleinste* geben wird – aber eben: im Himmelreich. Eine Verdammnis ist hier definitiv kein Thema mehr.

Im 1. Korintherbrief hatte Paulus dieses *Offenbarwerden* der Christen vor Jesus ebenfalls schon thematisiert. Wir müssen dabei beachten, dass Paulus hier an Christen schreibt!

1Kor 3,11–15: *Ein anderes Lebensfundament kann niemand legen, außer dem, das bereits gelegt ist. Und das ist Jesus Christus.*

Wenn aber jemand auf diesem Fundament Gold, Silber und edle Steine oder Holz, Heu und Stroh baut, so wird das Lebenswerk von jedem [vor Christus] *offenbar werden: Der Tag* [des Gerichts] *wird es klar machen. Denn das Feuer wird es offenbar machen und bewähren, wie jemand wirklich gelebt hat.*

Wenn das Lebenswerk, das jemand auf [dem Fundament Christus] *gebaut hat, bleibt, dann wird er dafür den entsprechenden Lohn bekommen.*[340] *Wenn jedoch das Lebenswerk von jemandem verbrennt, so wird er zwar Schaden nehmen; aber er selbst wird gerettet werden, allerdings so wie durchs Feuer hindurch.*

Der unbekannte Schreiber des Hebräerbriefes macht zusätzlich deutlich, dass jeder Mensch zur Beurteilung seines Lebens vor Gott erscheinen muss. Irren wir uns nicht!

Hebr 9,26b–28: *Am Ende der Zeiten*[341] *ist Christus einmal erschienen, um durch Sein eigenes Opfer die Sünde zu beseitigen. Und wie es* ***für den Menschen festgesetzt ist, einmal zu sterben, so kommt danach gewiss das Gericht****: So ist auch Christus einmal geopfert, um die Sünden von vielen wegzunehmen. Wenn ER zum zweiten Mal kommt, kommt ER nicht noch einmal wegen der Sünde, sondern für die, die auf Ihn warten, zur endgültigen Rettung.*

8.3.2 Versöhnung mit Gott

Vergebung und Versöhnung gehen *immer* von Gott aus.

Gott will die Sünden vergeben und die Beziehung zum Menschen wieder herstellen. Die Basis dafür ist Seine Bereitschaft zur Versöhnung. Vergebung und Versöhnung ermöglichen einen Neuanfang. Und das geht *immer* von Gott aus, wir sind nur Empfänger und können zu diesem Geschenk lediglich DANKE sagen und dann vorsichtig anfangen, es auszupacken.

2Kor 5,17–21: *Darum, wenn jemand in Christus ist* [d. h. sein Leben mit Ihm vertrauensvoll verbunden hat], *dann ist er ein neuer Mensch geworden; das alte Leben* [ohne Gott] *ist vergangen,*

340 Vgl. dazu z. B. auch das Gleichnis von Jesus zu den anvertrauten Talenten, Mt 25,14–30; Lk 19,12–27 und Abschnitt 280 *Macht was draus* in Band 2.

341 Das meint die Zeit des ersten Kommens von Jesus in die Welt.

es hat tatsächlich ein neues Leben [mit Gott] *begonnen!* ***Aber das alles wirkt Gott, der uns durch Jesus Christus mit sich selbst versöhnt hat.***

ER hat uns beauftragt, nun die Versöhnung zu verkündigen. Denn Gott selbst war in Christus und ER versöhnte die Welt mit sich selbst und rechnet uns nun unsere Sünden nicht mehr an, sondern ***ER hat unter uns das Wort von der Versöhnung aufgerichtet.*** *Deshalb sind wir nun anstelle von Christus Botschafter der Versöhnung, denn Gott ermahnt durch uns:* ***Lasst euch versöhnen mit Gott.***

Auch in anderen Briefen von Paulus und ebenfalls Johannes wird dieser umfassende Versöhnungs- und Friedenswille Gottes aufgezeigt.

Eph 2,11–22: *Darum denkt daran, dass ihr* [die nicht-jüdischen Menschen aus den Nationen] *… keine Hoffnung hattet und ohne Gott in der Welt wart. Jetzt seid ihr – die ihr früher außerhalb des Volkes Gottes gewesen seid – in Christus und ihr seid uns* [Juden] *durch das Blut Christi nahegekommen.*

Denn Christus ist unser Friede. *ER hat aus beiden* [Juden und Nicht-Juden] *eins* [ein neues Volk Gottes] *gemacht und den Zaun abgebrochen, der zwischen uns war, indem ER durch Sein Sterben die Feindschaft beendet hat.*

ER hat das Gesetz mitsamt den Geboten außer Kraft gesetzt [weil ER es erfüllt hat], *damit ER aus Juden und Nicht-Juden einen neuen Menschen* [nämlich Christusnachfolger] *in sich selbst schaffen und Frieden machen konnte. Durch Seinen Tod am Kreuz hat ER beide mit Gott versöhnt und in sich selbst die Feindschaft* [zwischen Juden und Nicht-Juden] *beendet.*

Ja, ER ist gekommen und hat euch im Evangelium den Frieden verkündigt, sowohl euch [Nicht-Juden], *die ihr weit weg wart, und den Juden, die Gott schon näher waren. Durch Jesus haben wir nun alle beide den Zugang in einem Geist zum Vater im Himmel.*

So seid ihr nun auch nicht mehr Gäste oder Ausländer, sondern Mitbürger mit den Heiligen [von Gott Auserwählten] *und Gottes Familienmitglieder.*

Wir sind gemeinsam auf den Grund der Apostel und Propheten aufgebaut. Und Jesus Christus ist der Eckstein, auf welchem der ganze Bau ineinandergefügt zu einem heiligen Tempel in dem HERRN heranwächst. Auf diesem Eckstein werdet auch ihr nun mit aufgebaut zu einer Wohnung Gottes im Geist.

1Tim 2,4–6: *Gott will, dass allen Menschen geholfen wird und sie zur Erkenntnis der Wahrheit kommen. Denn es gibt nur einen Gott und nur einen Vermittler zwischen Gott und den Menschen, nämlich Jesus Christus, der sich als Mensch selbst für alle zur Erlösung hingegeben hat. Dies soll jetzt verkündigt werden.*

Das große Angebot Gottes lautet: Du darfst mit deinen Verfehlungen jederzeit zu Mir kommen – nach Hause. Herzlich willkommen! Du darfst alles bei Mir abladen. ICH nehme dir deinen Rucksack ab und du kannst befreit weitermachen.

Das ist Gottes Angebot: Du darfst mit all deinen Verfehlungen nach Hause kommen.

1Joh 1,9–2,2: *Wenn wir aber unsere Sünden bekennen* [d. h. anerkennen, zugeben und aussprechen], *dann ist ER treu und gerecht, dass ER uns die Verfehlungen vergibt und uns von aller Ungerechtigkeit befreit. Wenn wir allerdings sagen: „Ich habe doch gar nicht gesündigt“, dann machen wir Ihn zum Lügner, und Sein Wort ist nicht in uns. Meine lieben Kinder [Gottes], ich schreibe euch das, damit ihr nicht sündigt. Und wenn jemand doch einen Fehltritt hat, dann haben wir einen Fürsprecher bei dem Vater, Jesus Christus, der gerecht ist. Und derselbe ist die Versöhnung für unsere Sünden, nicht allein aber für unsere, sondern auch für die der ganzen Welt.*

8.3.3 Agape

Das Kapitel **1Kor 13** wird auch als das „Hohe Lied der Liebe" im Neuen Testament bezeichnet. Paulus schreibt hier – unter der Leitung des Geistes Gottes –, was die wahre, die göttliche Liebe ausmacht. Im Griechischen steht dafür das Wort *Agape*. Es ist eine Liebesqualität von Hingabe, Fürsorge und Zuwendung, die wir Menschen aus eigener Kraft nicht produzieren können – dauerhaft schon gar nicht.

In **V1–3** beschreibt Paulus, dass selbst die großartigsten Dinge ohne diese Agape nichts wert sind:

- Alle irdischen und himmlischen Sprachen beherrschen,
- alle Weisheit, Erkenntnis und Glauben, der Berge versetzt, haben
- alles Hab und Gut, ja das eigene Leben, einsetzen.

Im nachfolgenden Abschnitt **(V4–7)** beschreibt Paulus, was diese Agape-Liebe ist und tut bzw. was sie nicht tut – insgesamt in 15 Aspekten[342]:

Die Agape-Liebe ist
geduldig und freundlich,
sie freut sich mit, wenn die Wahrheit siegt,
sie vergibt alles,
sie glaubt alles,
sie hofft alles,
sie hält allem stand.

Diese Liebe ist nicht neidisch,
sie treibt nicht Mutwillen,
sie bläst sich nicht selbst auf,
sie benimmt sich nicht unanständig,

342 Ich habe hier – anders als im Originaltext – die positiven und negativen Aussagen sortiert.

sie sucht nicht den eigenen Vorteil,
sie lässt sich nicht verbittern,
sie denkt nichts Böses,
sie freut sich nicht über Unrecht.

Wenn Gottes *Wesen* in Ewigkeit – und damit auch im Gericht – grundsätzlich diese Agape-Liebe bleibt – und das dürfen wir annehmen, weil ER sich nicht ändert, sondern *gestern, heute und in alle Ewigkeit derselbe bleibt* **(Hebr 13,8)** –, und wenn ER *uns* schon auffordert

- die Feinde zu lieben und sogar für unsere Verfolger Fürbitte zu tun (Mt 5,44),
- das Böse mit Gutem zu überwinden (Röm 12,21) und
- unendlich oft zu vergeben (Mt 18,22),

ist es dann so abwegig, anzunehmen, dass der allmächtige und liebende Gott, das dann auch *selbst* tut – und zwar vollkommen!?

Dann ist es doch kaum vorstellbar, dass sich am Ende noch jemand dem Einfluss Seiner umfassenden Liebe entziehen kann und will.

Wenn also Gottes Liebe am Ende alles Böse überwunden hat, *wenn* der Tod – die von Gott verfügte Begrenzung des irdischen Sündenzustandes – dann in den Auferstehungssieg Jesu verschlungen ist (1Kor 15,54.55; Jes 25,8),
dann kann der gescheiterte Mensch doch eigentlich gar nicht mehr anders, als zum Angebot der gnädigen Befreiung JA zu sagen. Wie stur, stolz und dickköpfig müsste man denn sein, ein solches Angebot der höchsten Richterautorität auszuschlagen?

Das ist doch wirklich *alternativlos*!

Das Gnadenangebot der höchsten richterlichen Autorität ist wirklich alternativlos.

Aber, man *kann* trotzdem immer noch NEIN sagen: Danke, das will und brauche ich nicht. Gott, lass mich endlich in Ruhe. So schlimm wird das mit der Hölle ohne Dich schon nicht sein.

Dann wird Gott allerdings auch sagen: ICH wollte es nicht so, aber dann soll **dein Wille geschehen.**

Das Kapitel geht weiter:

1Kor 13,8–10.13: ***Diese Liebe hört nie auf***, *auch wenn die prophetischen Voraussagen, das Reden in Zungen und die Erkenntnis* [der Gedanken Gottes, die ER in Seinem Wort übermittelt hat] *aufhören wird.* **Denn unser Wissen ist** [jetzt] **Stückwerk** *und unser prophetisches Verständnis ebenfalls. Wenn aber alles vollendet sein wird, dann wird auch unser Stückwerk aufhören. …*

V13 *Bis das so weit ist, bleiben aber Glaube, Hoffnung, Liebe, diese drei; aber die Agape-Liebe ist die größte unter ihnen.*

Am Ende des Kapitels 8 im Römerbrief bringt Paulus die umfassende Liebe Gottes zum Ausdruck, die sich nicht gescheut hat, sich für unsere Rettung aufzuopfern. Gleichzeitig ist dies von einer großen Gewissheit getragen, dass diese Agape-Liebe Gottes uns auch durch alle Schwierigkeiten *dieses* Lebens tragen wird.

Röm 8,31–39: *Was wollen wir nun hierzu*[343] *sagen?* ***Ist Gott für uns, wer kann dann noch gegen uns sein?*** *ER hat doch Seinen eigenen Sohn nicht verschont, sondern ER hat Ihn für uns alle* [in den grausamen Tod am Kreuz] *dahingegeben; wie sollte ER uns denn mit Ihm nicht alles schenken? Wer will die Auserwählten Gottes denn anklagen? Gott selbst spricht sie doch gerecht. Wer will uns verdammen? Christus vertritt uns doch. ER ist nicht nur gestorben, sondern vielmehr: ER ist auch auferweckt und sitzt jetzt zur Rechten Gottes.*

343 Paulus entfaltet zuvor (V31) einen Gedankenstrang: Die Kinder Gottes sind vorherbestimmt – berufen – gerechtfertigt – teilhaftig der Herrlichkeit Gottes.

Wer [oder was] ***will uns denn von der Liebe Gottes trennen?*** *Bedrängnis oder Angst, Verfolgung oder Hunger, Entbehrungen, Lebensgefahr oder gewaltsamer Tod?*

Es steht doch schon geschrieben **(Ps 44,23):** *„Um Deinetwillen werden wir den ganzen Tag mit dem Tod bedroht; wir sind verachtet* [und preisgegeben] *wie Schafe, die geschlachtet werden sollen."*

Aber in alle dem überwinden wir weit durch den, der uns geliebt hat: [Gott in Jesus Christus.]

Denn ich bin gewiss, dass weder Tod noch Leben, weder Engel noch Weltreiche oder Gewalten, weder Gegenwärtiges noch Zukünftiges, weder Hohes noch Tiefes uns von der Liebe Gottes trennen kann, die in Jesus Christus, unserem HERRN, ist. Und erst recht keine andere Kreatur.

Röm 5,5–10: *Unsere Hoffnung wird nicht enttäuscht werden. Denn die Liebe Gottes ist durch den heiligen Geist, der uns gegeben ist, in unser Herz ausgegossen.*

Denn Christus ist damals für uns Gottlose gestorben, als wir noch hilflos [der Sünde ausgeliefert] *waren. Nun stirbt kaum jemand für einen Gerechten; eher vielleicht noch für einen wirklich Guten.*

Gott jedoch beweist Seine Liebe zu uns dadurch, dass Christus für uns gestorben ist, als wir noch Sünder waren.
Dann werden wir durch Ihn auch umso mehr vor dem Zorn [des Gerichtes Gottes] *bewahrt werden, nachdem wir jetzt durch Sein Blut gerecht geworden sind.*

Denn wenn wir durch den Tod Seines Sohnes mit Gott versöhnt sind, als wir noch Seine Feinde waren, wie viel mehr werden wir dann durch Sein [Auferstehungs-] *Leben gerettet werden, nachdem wir nun versöhnt sind?*

Röm 13,8–10: *Bleibt niemand irgendetwas schuldig, besonders nicht die Liebe untereinander; denn* ***wer den anderen liebt, der hat das Gesetz erfüllt.***

Denn was da gesagt ist: „Du sollst die Ehe nicht brechen; du sollst nicht morden; du sollst nicht stehlen; du sollst keine falsche Aussage machen; du sollst kein

Verlangen nach dem haben, was dem anderen gehört[344]", und was es sonst noch an Geboten geben mag, das wird alles in diesen Worten zusammengefasst: ***„Du sollst deinen Nächsten lieben wie dich selbst."*** [345] *Denn die Liebe tut dem Nächsten nichts Böses. Also ist die Agape-Liebe die Erfüllung des Gesetzes.*

Besonders dem Apostel Johannes war es wichtig, in seinen Schriften die unbedingte und bedingungslose Liebe Gottes immer wieder in den Vordergrund zu rücken. Er sagt ganz einfach und zentral: **Gott ist Liebe!** – Und zwar in Seinem ganzen Wesen und unveränderlich für Zeit und Ewigkeit.

1Joh 4,7–21: *Ihr Lieben, lasst uns untereinander Liebe üben; denn die Liebe ist von Gott, und wer den anderen liebt, der ist von Gottes Geist geboren und er kennt Gott.* ***Wer nicht liebt, der kennt Gott nicht; denn Gott ist Liebe!***

Darin ist die Liebe Gottes für uns erschienen, dass Gott Seinen einziggeborenen Sohn in die Welt gesendet hat, damit wir durch Ihn leben sollen. Die Liebe besteht nicht darin, dass wir Gott geliebt hätten, sondern dass ER uns geliebt hat, indem ER uns Seinen Sohn zur Versöhnung für unsere Sünden geschickt hat.

Ihr Lieben, wenn Gott uns so sehr geliebt hat, dann sollen wir uns auch genauso untereinander lieben. Niemand hat Gott jemals gesehen. Aber wenn wir uns untereinander lieben, dann bleiben Gottes Geist und Seine Liebe völlig in uns. Daran erkennen wir, dass wir in Ihm bleiben und ER in uns ist, dass ER uns von Seinem Geist [der Liebe] *gegeben hat.*

Und wir haben gesehen und bezeugen, dass der Vater den Sohn zum Heiland der Welt gesandt hat. Wer nun bekennt, dass Jesus Gottes Sohn ist, in dem bleibt Gott und er bleibt in Gott. Und wir haben

344 Vgl. die Zehn Gebote in 2Mo 20 und 5Mo 5.

345 3Mo 19,18; darauf nimmt Jesus in Mt 19,19; 22,39; Mk 12,31.33; Lk 10,27 Bezug, vgl. Abschnitte 194 *Der Nächste bitte*, 237 *Falsche Frage!* und 264 *Liebesdreieck* in Band 2.

die Liebe, die Gott zu uns hat, erkannt und geglaubt.

Gott ist die Agape-Liebe; *und wer in dieser Liebe bleibt, der bleibt in Gott und Gott in ihm.*

V17 *Darin ist die Liebe bei uns vollkommen, dass* ***wir am Tag des Gerichts freimütig und zuversichtlich sein können****; denn genauso wie Jesus* [mit dem Vater verbunden] *ist, so sind wir es in dieser Welt auch* [durch Jesus mit dem Vater verbunden].

In dieser Liebe ist keine Angst [vor Strafe] *mehr, sondern die völlige Liebe vertreibt diese Angst; denn nur der hat Angst, der sich noch vor Strafe fürchtet. Wer also vor Gott noch Angst hat, der ist nicht vollkommen in Seiner Liebe* [bzw. er hat Gottes Liebe noch nicht vollkommen verstanden und angenommen].

Lasst uns Gott lieben; denn **ER hat uns zuerst geliebt**. *Wenn jemand sagt: „Ich liebe Gott", aber seinen Bruder hasst, dann ist er ein Lügner. Denn wer seinen Bruder nicht liebt, den er sieht, wie kann er dann Gott lieben, den er nicht sieht? Deswegen haben wir dieses Gebot von Ihm, dass, wer* [sagt, dass er] *Gott liebt, der soll auch seinen Bruder lieben.*

Gott droht nicht bei jeder Verfehlung gleich mit Liebesentzug!

In V17ff spricht Johannes hier sehr deutlich von einer Gottesbeziehung, die von Liebe und Vertrauen getragen ist. In einer solchen Beziehung darf ich geborgen sein und brauche keine Angst mehr zu haben, dass der Vater bei der nächsten Verfehlung gleich wieder den Knüppel rausholt und mit Liebesentzug droht.

Natürlich: Gott wird immer wieder auf Fehlentwicklungen und -haltungen hinweisen und – mal behutsam, mal deutlich – daran gehen, sie zu korrigieren, damit wir Ihm immer besser entsprechen und in das von Ihm entworfene Ebenbild hineinwachsen.[346]

346 Und, ja: Jesus sagt auch (Mt 10,28), dass wir vor dem **Ehrfurcht** haben sollen, der die Seele in der Hölle verderben kann. – Gott kann das,

Aber ist es nicht eine fatale Verkündigung, die meint, sie müsste ständig mit dem „Verlorensein in der Hölle" drohen, die allen Ernstes meint, die *Froh*botschaft des Evangeliums auch als *Droh*botschaft verkündigen zu müssen: *Wenn du dich nicht entscheidest, dann ...*?

Vor Gott Angst machen und gleichzeitig Seine unbedingte Liebe verkündigen, ist schizophren.

Das impliziert doch, dass wir erst einmal ordentlich vor Gott, als dem unerbittlichen Richter, der alle Verfehlungen genau protokolliert, Angst machen müssen. Und gleichzeitig wollen wir den Menschen dann die unbedingte Liebe Gottes (nicht: den „lieben Gott!") „verkaufen"? Das passt doch nicht! Das ist schizophren!

8.3.4 Auferstehung

Das Kapitel 15 im 1. Korintherbrief[347] ist die weitreichendste Mitteilung Gottes über die Auferstehung und das neue Leben im neuen, völlig anderen Auferstehungsleib.

Paulus schreibt das mit einer großen Gewissheit. Grund dafür ist sicherlich seine persönliche Begegnung mit dem Auferstandenen vor Damaskus (als er noch Christenverfolger war). In 2Kor 12,2–4 sagt Paulus (sehr verhalten), dass er – dabei oder

selbstverständlich, aber das ist nur die ultima ratio für die hartnäckig Gottlosen, die partout ohne Ihn leben *wollen*. Die Hölle ist nie Gottes *Ziel* für den gescheiterten Menschen, der sich in seinem Unfrieden verheddert hat.

347 Lies einmal dieses ganze Kapitel im Zusammenhang und meditiere darüber, was Paulus – durch den Geist Gottes – hier über das Auferstehungsleben entfaltet.

danach – auch in „den dritten Himmel“ entrückt war und dort unaussprechliche Dinge gehört – und wohl auch gesehen – hat. Paulus durfte einen Blick in die Realität der Neuen Welt haben.

Grundlage des allgemeinen Auferstehungsglaubens ist natürlich das Ereignis der Auferstehung des Messias Jesus Christus von den Toten – historisch eines der am besten bezeugten Ereignisse der Antike. In 1Kor 15,6 erwähnt Paulus 500 Brüder, die Jesus nach Seiner Auferstehung *gleichzeitig* gesehen haben. Er intendiert damit: Die meisten davon leben noch, die könnt ihr als Augenzeugen befragen.

Ohne Auferstehung könnt ihr alles vergessen.

1Kor 15,12–14.32b: *Wenn doch gepredigt wird, dass Christus von den Toten auferstanden ist, wie sagen dann etliche unter euch, dass es keine Auferstehung der Toten gibt?*

Wenn es keine Auferstehung der Toten gibt, dann ist auch Christus nicht auferstanden. *Wenn aber Christus nicht auferstanden ist, dann ist unsere Predigt vergeblich, und euer Glaube ist auch sinnlos. …*

V32b *Wenn es keine Auferstehung der Toten gibt, dann lasst uns essen und trinken; denn morgen sind wir tot!* [Dann müssen wir uns auch vor keinem Gott verantworten.]

Wenn wir die Entwicklung von Raupe – Puppe – Schmetterling vergleichen mit natürlicher Mensch – (geistlich) wiedergeborener Mensch – auferstandener Mensch, dann ist der auferstandene Jesus Christus wie der erste Schmetterling unter lauter Raupen und Puppen.

Der auferstandene Christus ist wie der erste Schmetterling unter lauter Raupen und Puppen.

Die Auferstehung ist gewiss.

1Kor 15,20–26: *Nun ist Christus aber* [tatsächlich] *von den Toten auferstanden und zwar als der Erste von denen, die gestorben sind. Wahr ist, dass durch einen Menschen der Tod* [in die Welt] *gekommen ist und dass durch einen* [neuen] *Menschen die Auferstehung der Toten erfolgt. Denn genauso wie sie in Adam alle sterben müssen, werden sie in Christus auch alle wieder lebendig gemacht werden.*

Dies erfolgt für jeden in der [von Gott] *bestimmten Reihenfolge:*

- *zunächst der Erste, Jesus Christus;*
- *danach alle, die zu Christus gehören, wenn ER wiederkommen wird;*
- *abschließend die Vollendung, wenn Christus Gott-Vater die Königsherrschaft wieder übergeben wird, wenn ER alle* [widergöttliche] *Herrschaft, Macht und Gewalt beseitigt haben wird.*

ER muss aber als König herrschen, bis ER alle Seine Feinde unter Seine Füße gelegt hat. ***Der letzte Feind, der vernichtet wird, ist der Tod.*** [Wenn es keinen Tod mehr gibt, muss ja alles wieder zum Leben erweckt worden sein.]

Auch den Römern schreibt Paulus Entsprechendes, aber viel prägnanter:
Röm 8,11: *Wenn nun der Geist Gottes, der Jesus von den Toten auferweckt hat, in euch wohnt, so wird dieser Gottesgeist auch eure sterblichen Körper wieder lebendig machen, und zwar deswegen, weil Sein Geist* [jetzt schon] *in euch wohnt.*

Hebr 8,5: [Die irdischen Priester] *dienen* [nur] *dem Vorbild und dem Schatten des Himmlischen; so wie die göttliche Antwort an Mose war, als er die Stiftshütte vollenden sollte: „Sieh zu", sprach Gott, „dass du alles nach dem Vorbild machst, das dir auf dem Berg gezeigt worden ist."*[348]

---

348 Vgl. 2Mo 25,40; 26,30. Offenbar hatte Mose bei der Begegnung mit Gott auf dem Berg Sinai einen Blick in den Himmel getan und dort das Original des himmlischen Tempels gesehen. Den sollte er als Vorbild für den Bau der Stiftshütte nehmen.

Das bedeutet: Das Irdisch-Sichtbare ist nur ein Schatten bzw. ein Abbild der himmlischen Wirklichkeit. Aus dem Schatten kann man zwar die Konturen, nicht aber die Einzelheiten des Originals erkennen.[349] Das für uns jetzt Unsichtbare ist die eigentliche Wirklichkeit. Im Sterben treten wir aus dem Schatten in diese Wirklichkeit ein.

Das Irdisch-Sichtbare ist nur ein Schatten der himmlischen Wirklichkeit.

Der Auferstehungsleib: völlig anders.

1Kor 15,35.36: *Vielleicht fragt jetzt jemand: Wie werden die Toten denn auferstehen, und in was für einem Körper werden sie kommen? Wie blöd ist das denn? Du müsstest doch wissen: Was du säst, wird nicht wieder lebendig, sondern es muss vorher sterben.*[350]

1Kor 15,42–57: *So ist es auch mit der Auferstehung der Toten.*

- *Es wird vergänglich gesät, aber unvergänglich auferstehen.*
- *Es wird in Niedrigkeit gesät, aber in Herrlichkeit auferstehen.*
- *Es wird in Schwachheit gesät, aber in Kraft auferstehen.*
- *Es wird ein natürlicher Leib gesät, aber es wird ein geistlicher Leib auferstehen.*

So wie es einen natürlichen Leib gibt, so wird es auch einen geistlichen Leib geben. …

V47 *Der erste Adam ist von der Erde genommen und irdisch; der zweite Adam* [Christus] *kommt aus dem Himmel. …*

---

349 In 1Kor 13,12 schreibt Paulus, dass wir die himmlischen Realitäten jetzt nur undeutlich wie durch einen dunklen Spiegel sehen. – Die Spiegel im Altertum waren dabei keine glatten, versilberten Flächen wie bei uns heute, sondern lediglich blankpolierte Metallscheiben, die nur ein Zerrbild des Originals erkennen ließen.

350 Jesus selbst hatte von sich als dem Weizenkorn gesprochen, das in die Erde gelegt werden und sterben muss, damit es dann viel Frucht bringen kann. (Joh 12,24; vgl. Abschnitt 270 *Es ist so weit* in Band 2.)

V49 *Und so wie wir jetzt als Nachkommen des irdischen Adam gestaltet sind, so werden wir dann auch als Nachkommen des himmlischen Adam gestaltet werden. Das sage ich euch aber:* **Fleisch und Blut können das Reich Gottes nicht ererben**; *auch wird das Vergängliche nicht das Unvergängliche [Ewige] erben.*

V51 *Jetzt passt mal genau auf, denn ich sage euch ein Geheimnis*[351]*: Wir werden nicht alle sterben, aber wir werden alle verwandelt werden; und zwar sehr plötzlich, in einem Augenblick, zur Zeit der letzten Posaune. Denn es wird die Posaune ertönen, und die Toten werden in einem neuen, unvergänglichen Leib auferstehen und wir werden verwandelt werden. Denn dieses Vergängliche und Sterbliche muss die Unvergänglichkeit und Unsterblichkeit anziehen.*

V54 *Wenn [… das passiert], dann wird das Wort erfüllt werden, das geschrieben steht (Jes 25,8; Hos 13,14):* **„Der Tod ist verschlungen in den Sieg. Tod, wo ist dein Stachel? Hölle, wo ist dein Sieg?"** *Aber der Giftstachel, der uns den Tod gebracht hat, das ist die Sünde [= die Entfernung und Trennung von Gott] und durch das Gesetz hat sie ihre Kraft ausgeübt.*

Gott aber sei Dank, der uns jetzt durch unseren HERRN Jesus Christus den Sieg gegeben hat! *Darum bleibt fest und unerschütterlich [im Glauben] und setzt euch mit ganzer Kraft für das Werk des HERRN ein, denn ihr könnt gewiss sein, dass eure Arbeit in dem HERRN nicht vergeblich ist.*

Plötzlich sind alle Christen weg.

In 1Kor 15,51.52 hatte Paulus das *Geheimnis* der Entrückung der Christen schon angesprochen, gegenüber den Thessalonichern führt er es genauer aus:

351 Vgl. den nachfolgenden Abschnitt aus 1Thess 4.

1Thess 4,13–18: *Wir wollen euch aber nicht darüber im Unklaren lassen, was mit denen ist, die schon gestorben sind.*[352] *Ihr sollt nicht traurig sein, wie die Menschen, die keine Hoffnung haben. Wenn wir glauben, dass Jesus gestorben und auferstanden ist, so wird Gott auch diejenigen, die bereits gestorben sind, durch Jesus* [wenn ER wiederkommt] *mit Ihm führen.*

Denn das sagen wir euch als ein Wort des HERRN:[353] *Wir, die dann bei der Ankunft des HERRN leben, werden gegenüber denen keinen Vorteil haben, die bereits vorher gestorben sind. Der HERR selbst wird mit dem Befehlston und der Stimme des Erzengels und mit der Posaune Gottes vom Himmel herabkommen.*

Dann werden die, die in Christus bereits gestorben sind, [sogar] *zuerst auferstehen. Danach werden wir, die zu der Zeit leben, gleichzeitig mit ihnen in der Luft und in den Wolken dem HERRN entgegengerückt. Dann werden wir für immer bei dem HERRN sein. So tröstet euch nun untereinander mit diesen Worten.*

Paulus scheint regelrecht eine „Todessehnsucht" zu haben.

Phil 1,20–24: *Ich erwarte und hoffe sehnlichst, dass ich mich nicht wegen irgendeiner Verfehlung* [vor Gott] *schämen muss. Sondern mit aller Freude soll Christus in meinem Leben über alles gelobt werden.*

Das war bisher so und so soll es auch bleiben und zwar gleichermaßen durch mein Leben wie auch durch meinen Tod. ***Denn Christus ist mein Leben, und Sterben ist mein Gewinn.***

Wenn jedoch mein weiteres Leben dazu dient, hier mehr Frucht

352 Die erste Generation Christen hatte eine klare Erwartung, dass ihr Herr sehr bald wiederkommen würde. Paulus selbst hatte diese Naherwartung auch. Von daher war es ein Problem: Was ist mit denen, die vorher schon gestorben sind – denn das war mittlerweile eine Realität.

353 Paulus sagt damit ausdrücklich, dass er diese Einsicht von Gott empfangen und sich nicht selbst ausgedacht hat.

zu schaffen, dann weiß ich nicht, was ich wählen sollte. Denn ich bin tatsächlich hin- und hergerissen: Einerseits habe ich Lust zu sterben und bei Christus zu sein, was [für mich] *zweifellos viel besser wäre; aber um euretwillen ist es jetzt doch nötiger, noch in diesem Leben zu bleiben.*

Paulus weiß klar um sein Lebensziel.

Phil 3,12–14.20–21: *Ich bilde mir nicht ein, dass ich das Ziel* [oder: den Lohn des Siegers] *schon erreicht habe oder schon vollkommen bin. Aber ich jage ihm nach, weil ich's unbedingt ergreifen möchte, nachdem ich selbst von Jesus Christus ergriffen worden bin.*

Ihr Lieben, ich behaupte also nicht, dass ich's schon erreicht hätte. Aber eins kann ich [guten Gewissens] *sagen: Ich vergesse* [das Vergangene], *das hinter mir liegt, und ich strecke mich zu dem* [Zukünftigen] *aus, das vor mir liegt. So jage ich auf das* [von Gott] *angezeigte Ziel zu, um den Siegerpreis zu gewinnen, den die himmlische Berufung Gottes durch Jesus Christus* [für mich] *bereithält. …*

V20 *Unser Bürgerrecht ist im Himmel, von dort erwarten wir auch den Heiland Jesus Christus, den HERRN. Der wird unseren vergänglichen Leib verwandeln, so dass er Seinem verwandelten Auferstehungsleib entsprechen wird. Das wirkt ER mit der Kraft, mit der ER alle Dinge überwinden kann.*

8.3.5 Ausschluss

Bei allen wunderbaren Zusagen Gottes und Aussichten auf Seine Gnade gilt aber auch: Alles Widergöttliche wird in Seinem Reich keinen Platz haben können. Das haben die Propheten angesagt und die Apostel Jesu wussten das auch.[354]

354 Auch die Schlussbilder der Offenbarung bekräftigen das: Offb 21,8; 22,15.

Eph 5,5.6: *Denn das sollt ihr wissen, dass keiner, der sexuell ausschweifend lebt,*[355] *kein Unreiner und kein Geiziger – Geiz ist nämlich Dienst am Götzen Geld – ein Erbteil Im Reich Christi und bei Gott haben wird. Lasst euch von niemandem durch dummes Geschwätz einreden, dass so etwas bei Gott durchgeht; denn wegen dieser Dinge kommt der Zorn Gottes über die, die Ihm nicht gehorchen wollen.*

2Tim 3,1–9: *Das sollst du aber wissen: In den letzten Tagen werden schwere Zeiten kommen. Denn es werden dann Menschen leben, die viel von sich selbst halten. Sie sind geizig und stolz, sie inszenieren sich selbst.*

Es sind Lästermäuler, den Eltern ungehorsam, undankbar, gottlos, lieblos, unversöhnlich, Verleumder, hemmungslos, gewalttätig, sie hassen regelrecht das Gute. Sie sind Verräter, leichtsinnig, aufgeblasen, sie lieben Ausschweifung und Vergnügen mehr als Gott.

Sie geben sich zwar dem Anschein nach [zum Teil] *noch gottesfürchtig, aber die Kraft* [des Heiligen Geistes in ihrem Leben] *kennen sie nicht wirklich. Halte dich von solchen Menschen fern.*

Zu solchen Leuten gehören auch die [Irrlehrer], *die leichtgläubige Frauen umgarnen, um sie für ihre Sache zu gewinnen. Diese Frauen sind in ihren Sünden gefangen und werden von ihren Begierden beherrscht*[356].

Dazu gehören auch die, die vorgeben, ständig zu lernen und trotzdem nie wirklich zur Erkenntnis [der Wahrheit] *kommen. … Sie widerstehen sogar der Wahrheit, weil sie Menschen mit einer verdorbenen Gesinnung sind. Sie sind letztlich unfähig zum Glauben.*

---

355 Wörtlich: *die Hurer* bzw. *Unzüchtigen.*

356 Paulus schreibt das in seinem wahrscheinlich letzten Brief im Zusammenhang mit seinem Kampf gegen die Irrlehrer. Bei den „Begierden" bzw. „Leidenschaften" geht es nicht primär um sexuelle Zügellosigkeit, sondern eher um den Drang, trotz unbereinigter eigener Vergangenheit, überall mitreden zu wollen. So ließen sich diese Frauen von den Irrlehrern gut für ihre Zwecke instrumentalisieren, um Unruhe in den Gemeinden zu schüren.

Aber damit werden sie auf Dauer [bei Gott] *nicht durchkommen, denn ihr Unverständnis wird vor jedermann deutlich werden.*

1Kor 6,9–11: *Wisst ihr nicht, dass die, die Unrecht tun, das Reich Gottes nicht ererben werden? Täuscht euch nicht!*

- *Weder die, die sexuell ausschweifend leben,*[356] *noch die Götzendiener,*
- *weder die Ehebrecher, die Lustknaben noch die Knabenschänder,*[357]
- *weder die Diebe noch die Geizhälse oder die Trunkenbolde,*
- *weder die Lästermäuler noch die Räuber:*

Keiner von denen wird das Reich Gottes ererben.

Und solche sind etliche von euch gewesen; aber jetzt seid ihr [durch die Vergebung Jesu] *reingewaschen worden. Ihr seid geheiligt und durch den Namen des HERRN Jesus und durch den Geist unseres Gottes gerecht* [gesprochen] *geworden.*

Ich weiß, mit welcher Vergangenheit ihr hier im Gottesdienst sitzt.

Paulus hatte die Gemeinde in Korinth gegründet und kannte die Leute ganz genau. Er sagt hier im Prinzip: Ich weiß, mit welcher Vergangenheit ihr hier im Gottesdienst sitzt. Aber ihr habt eure gottlose und ausschweifende Vergangenheit verlassen und mit Jesus ein neues Leben angefangen, weil ER euch alles vergeben hat, als ihr euch Ihm zugewendet habt.

Das ist Grund zur Hoffnung: Keiner, der sich in dem „Lasterkatalog" wiederfindet, muss so bleiben. Die Tür zum Vater steht offen! Aber kommen und hindurchgehen musst du schon selbst.

357 Paulus spielt hier möglicherweise wieder, wie auch in Röm 1,26ff, auf die Kinderpornografie in den dekadenten Oberschichten der Großstädte an.

8.4 Hoffnung

Die Welt sagt gern, wenn alles aussichtslos erscheint: „Die Hoffnung stirbt zuletzt.“ Gemeint ist: Es wird schon *irgendwie* weitergehen und das Elend oder die Schwierigkeiten werden *irgendwann* aufhören.

Stirbt die Hoffnung wirklich zuletzt?

Die Hoffnung der Christen gründet sich auf Gewissheit, weil die Auferstehung Jesu von den Toten eine von Gott gesetzte Tatsache ist. Das gibt uns den Zielpunkt auch für unser Leben an. Dieser Zielpunkt liegt allerdings „hinter dem Horizont“ dieses Lebens und deswegen kann man ihn nur im gottvertrauenden Glauben entdecken und annehmen.

Aus dem Brief an die Hebräer (Verfasser unbekannt):

Hebr 11,1: *Es ist aber der Glaube eine feste Zuversicht auf das, was man hofft, und ein Nichtzweifeln an dem, das man nicht sieht.*

Hebr 10,19–23.34–36: *Wenn wir nun durch das Blut Jesu mit Freude in das Heiligtum gehen können …*

V21 *und dort einen Hohenpriester über das Haus Gottes haben* [der für uns eintritt]*: Dann lasst uns mit wahrhaftigem Herzen und voller Gewissheit hineingehen, mit gereinigtem Herzen und befreit vom bösen Gewissen, ganz und gar mit reinem Wasser gewaschen. So lasst uns am Bekenntnis der Hoffnung festhalten und nicht abirren;* ***denn ER ist treu,*** *ER hat uns diese Hoffnung fest zugesagt. …*

V34 *Ihr habt* [nicht nur] *mit den Verfolgten Mitleid gehabt,* [sondern sogar] *selbst den Raub eurer Güter mit Freuden erduldet.* [Dies konntet ihr nur,] *weil ihr wisst, dass ihr für euch selbst einen besseren und bleibenden Besitz im Himmel habt. Werft also eure Hoffnung nicht weg, denn es wartet auf euch eine große Belohnung. Ihr müsst jedoch geduldig sein, damit ihr den Willen Gottes tut und bekommt, was ER euch zugesagt hat.*

Auch der Apostel Petrus ermutigt die Gemeinden zur **festen und lebendigen Hoffnung.**

1Petr 1,3–9: *Gelobt sei Gott und der Vater unseres HERRN Jesus Christus, der uns nach Seiner Barmherzigkeit durch die Auferstehung Jesu Christi von den Toten* ***zu einer lebendigen Hoffnung wiedergeboren*** *hat. Ihr seid zu einem unzerstörbaren und makellosen Erbe wiedergeboren, das für euch im Himmel bereitgehalten wird. …*

V6 *Dann werdet ihr, die ihr jetzt eine kleine Zeit, wenn es sein soll, in mancherlei Prüfungen angefochten seid, euch über eure Rettung freuen. Durch die Prüfungen soll euer Glaube bewährt werden und sich als viel kostbarer erweisen als das vergängliche Gold, das durchs Feuer geläutert wird.*

Diese Bewährung dient dann zu Lob, Preis und Ehre der Offenbarung von Jesus Christus. Ihr habt Jesus zwar noch nicht [direkt mit euren Augen] *gesehen, aber ihr liebt Ihn trotzdem und vertraut Ihm. Wenn ihr das Ziel eures Glaubens erreicht haben werdet, nämlich die Rettung eurer Seelen, dann werdet ihr euch überschwänglich freuen.*

1Petr 3,14b-16: *Fürchtet euch aber nicht vor den Drohungen* [derer, die euch Böses tun wollen] *und erschreckt darüber nicht. Sondern bleibt mit ganzem Herzen bei Gott dem HERRN.* ***Seid aber jederzeit bereit, jedem eine klare Antwort zu geben, der wissen will, welche Hoffnung in euch ist.*** *Und das sollt ihr mit Sanftmut und in Ehrfurcht vor Gott tun. Dann habt ihr ein gutes Gewissen, so dass die, die euch übel nachgeredet haben, selbst zu Schanden werden, weil sie euer vorbildliches Leben in Christus beleidigt haben.*

2Petr 3,3–4.8–13: *Zuerst sollt ihr wissen, dass in den letzten Tagen Spötter kommen werden, die ihre eigenen Begierden ausleben. Sie werden lästern: „Na, wo bleibt denn euer Jesus, ER kommt wohl doch nicht wieder?“ Denn* [tatsächlich scheint ja] *alles so zu bleiben, wie es seit Menschen Gedenken gewesen ist:*

Unsere Väter sind auch schon gestorben. ...

V8 *Eins aber sei euch nicht verborgen: Ein Tag ist vor dem HERRN wie tausend Jahre, und tausend Jahre sind vor Ihm wie ein Tag. Der HERR verzögert die Einlösung Seiner Zusagen nicht, auch wenn das etliche so denken.* ***ER hat vielmehr noch Geduld mit uns und will nicht, dass irgendjemand am Ziel vorbei geht, sondern dass alle zur Umkehr zu Ihm finden.***

Allerdings wird [irgendwann] *der Tag des HERRN wie ein Dieb in der Nacht kommen* [plötzlich und unerwartet]. *Dann werden die Himmel mit großem Krachen vergehen; die Elemente werden vor Hitze zerschmelzen, und die Erde wird – mit all den Werken, die darauf sind – verbrennen.*

Wenn das alles so vergehen soll, wie müsst ihr dann mit einem geheiligten Leben und in Ehrfurcht vor Gott vorbereitet sein, damit ihr den Tag des HERRN erwartet, ja sogar herbeisehnt.[358]

Denn wir erwarten nach Seiner Verheißung einen Neuen Himmel und eine Neue Erde, in denen [dann endlich] *Gerechtigkeit wohnt.*

Der Apostel Johannes betont noch einmal die **Gewissheit der Gotteskindschaft** für die, die zu Jesus gehören:

1Joh 3,1–3: *Seht doch, welch eine Liebe uns der Vater* [im Himmel] *gezeigt hat:* ***Wir sollen Gottes Kinder heißen!*** *Deswegen kennt euch die Welt nicht; denn sie kennt Gott nicht.*

Meine Lieben, wir sind nun [zwar schon] *Gottes Kinder, aber es ist jetzt noch verborgen, was wir einmal sein werden. Wir wissen aber, wenn es* [oder: ER] *offenbar wird, dann* ***werden wir Ihm gleich sein. Und wir werden Ihn sehen, wie ER ist.*** *Und ein jeder, der diese Hoffnung auf Ihn hat, der hält sich rein, so wie auch ER rein ist.*

358 Vgl. das Gleichnis Jesu von den zehn Brautmädchen, von denen nur fünf richtig vorbereitet waren, Mt 25,1–13 und Abschnitt 279 *Startklar* in Band 2.

Nichts kann uns von der Liebe Gottes trennen!
Paulus proklamiert in **Röm 8,38.39** entschieden:

Denn ich bin gewiss,
dass weder Tod noch Leben,
weder Engel, Machthaber oder Gewalten,
weder Gegenwärtiges noch Zukünftiges,
weder Hohes noch Tiefes und
erst recht keine andere Kreatur

uns von der Liebe Gottes, die in Jesus Christus, unserem HERRN, ist, trennen kann.

9 Großer Himmel – kleine Hölle?[359]

Jens Kaldewey ist nach ca. 50 Jahren als Verkündiger und Seelsorger umfassend der Frage nachgegangen, wie es sich – biblisch begründet – mit Gericht, Hölle und Himmel verhält – soweit die Bibel darüber Auskunft gibt.

Ich fasse hier die Grundzüge seiner Ausführungen mit seinem Einverständnis in Kürze zusammen.[360]

9.1 Der Richter und das Gericht

Grundlegend ist, dass Gott als *Richter* der Gleiche ist wie der *Schöpfer* und der *Erlöser*. Da ER sich in alle Ewigkeit nicht ändert, ist ER in Seinem ganzen Wesen immer *Liebe*, die sich durch Gnade, Barmherzigkeit, Güte und Geduld konkretisiert – das gilt auch im Gericht.

Zweifellos *gibt* es ein Gericht, in dem jedes einzelne Leben beurteilt werden muss – mit allem Positiven und allem Negativen. *Das Böse* muss in jeder Form zur Sprache kommen und

359 Das Buch von Jens Kaldewey habe ich im Januar 2022 „verschlungen" – es hat mir entscheidende neue Impulse gegeben. Diese Zusammenfassung von mir wurde auch bereits 2022 in meinem Buch *Jesus dreht die Welt auf links und die Welt legt Ihn aufs Kreuz*, Band 2, Vindobona-Verlag Frankfurt/Wien – mit Einverständnis des Autors – als Anhang 8 veröffentlicht. Für dieses Buch habe ich die Zusammenfassung noch einmal leicht überarbeitet.

360 Die Fußnoten in diesem Kapitel sind ergänzende Kommentare und Hinweise von mir. Zugespitzte Aussagen, die so nicht bei J. Kaldewey stehen, habe ich mit MB kenntlich gemacht.

gerichtet werden. Auch das Gute, Gott Wohlgefällige, wird betrachtet und gewürdigt werden. In nahezu jedem Leben wird es beides geben.

J. Kaldewey entfaltet danach, dass nicht *allein* eine „Entscheidung für Jesus" der *einzige* Maßstab ist, der über die Ewigkeit mit oder ohne Gott entscheidet, sondern dass es insgesamt acht derartige Maßstäbe gibt, die alle – mit unterschiedlichem Gewicht – an die Bewertung eines Lebens angelegt werden – und das gilt für Christen genauso wie für alle anderen Menschen.

Gottes Rechtsprechung ist außerordentlich komplex und urteilt nicht nur *eindimensional* (Ja oder Nein zu Jesus), sondern *multidimensional* – und in seiner Gesamtheit völlig gerecht.

Diese Maßstäbe lassen sich aus der Geschichte Gottes mit Seinem Volk, den Aussagen Jesu und der Realität der Gemeinde des Christus ableiten.

Diese acht Maßstäbe sind:

1. **Jesus Christus** und das ***Buch des Lebens***: Das ist der wichtigste Maßstab! Aber wer ist letztlich in diesem *Buch des Lebens* verzeichnet/aufgenommen?
   Hängt dies *allein* an einer bewussten „Entscheidung für Jesus"? Zweifel sind erlaubt, weil es weitere Beurteilungskriterien gibt.[361]
   Wem wird die Erlösungstat Jesu *sonst noch* zugerechnet?
2. **Unsere Reue** – die ehrliche Einsicht in das Fehlverhalten. Beispiel: König David nach Ehebruch und Auftragsmord. Aufgrund seiner ehrlichen Buße musste er zwar die *Folgen* seiner Untaten tragen, aber er wurde von Gott nicht verworfen.

361 Vgl. auch Abschnitt 12.2 *Schafe und Böcke* mit den Gedanken zum Weltgericht. (Mt 25,31ff)

3. **Gottes Gebote** – Es wird eine Rolle spielen, inwieweit wir unser Leben (bei aller Unvollkommenheit und Fehlerhaftigkeit) *grundsätzlich* nach den Zehn Geboten,[362] dem Liebesgebot und den Grundsätzen der Bergpredigt gestaltet haben.
4. **Gottes Barmherzigkeit** – Wenn *wir* hier schon miteinander barmherzig sein sollen, dann wird *Gott* es mit uns – auch im Gerichtsverfahren – erst recht sein. Im Gericht wird Seine Gnade und Barmherzigkeit über das Böse triumphieren.
5. **Gottes Offenbarung** – Es wird eine Rolle spielen, was wir vom Willen Gottes gewusst bzw. erkannt haben und ob wir unser Leben auch danach gestaltet haben: Wissen führt zu verantwortlichem Umgang damit (wem viel gegeben ist …). Nichtwissen schützt zwar vor Strafe nicht, es kann aber auch nicht automatisch die „Todesstrafe" nach sich ziehen. Es gibt gewissermaßen, wie im irdischen Gerichtsprozess, „mildernde Umstände" für die, die wenig Erkenntnis über den Willen Gottes gehabt haben. Gott kann in Seiner Allwissenheit sogar berücksichtigen, was wir getan *hätten*, wenn wir mehr über Ihn gewusst hätten.
6. **Unsere Früchte** – Welche guten Früchte (Gal 5,22) – oder welche schlechten – hat unser Leben hervorgebracht? Es wird immer beide geben. Gott wird das *insgesamt* bewerten und die Zeit des Gerichts ist auch Zeit für ein großes Erntedankfest. Dann werden die Schatzkammern geöffnet, in die wir gesammelt haben. Haben wir *insgesamt* eher Segensspuren hinterlassen oder Spuren von Spaltung, Hass und Verwirrung?
7. **Unsere Absichten** – Mitentscheidend sind unsere *Motive* und grundsätzlichen Herzenshaltungen, auch wenn wir in bestimmen Situationen – aus Mutlosigkeit oder Feigheit – ggf. dagegengehandelt haben. – Ein Aspekt des Gerichts könnte eine umfassende Mediation Gottes sein, in der alle Taten und Beweggründe mit ihren Folgen aufgearbeitet werden.

---

362 Die Zehn Gebote hat Gott über Mose *zuerst* dem Volk Israel gegeben, sie sind aber *grundsätzlich* der allgemeingültige Maßstab für *alle* Völker.

Das Ziel ist *Anerkennung* der Verfehlung und des Schadens, Buße, Heilung und *Wiederherstellung* von Beziehungen. Im kleinen Maßstab fängt das bei uns heute schon an – und wenn das hier bereits gelingt, muss es in *der* Angelegenheit später vor Gott nicht mehr geregelt werden!

8. **Ausgleichende Gerechtigkeit** – Dies ist ein Prinzip Gottes, das sich in der Sozialgesetzgebung des AT (Auge um Auge … als Begrenzung der Vergeltung), verstärkt durch Jesus in der Bergpredigt, findet. – Die in dieser Welt Benachteiligten, Geschundenen, Vergewaltigten … werden zu ihrem Recht kommen und wiederherstellende Gerechtigkeit erfahren. Es ist schwer vorstellbar, dass diese elenden Menschen dann auch noch in die Hölle geworfen werden, nur weil sie Jesus nicht erkannt haben – oder mangels Information gar nicht erkennen konnten!

Jedes Leben soll mit seinen Licht- und Schattenseiten unter dem liebenden Blick Gottes *zurechtgebracht* werden.

Wir können deshalb also erwarten, dass im Gericht nicht nur (nach dem ersten Maßstab: kognitiv-bewusstes Ja oder Nein zu Jesus) *abgeurteilt* wird[363], sondern dass jedes Leben mit seinen Licht- und Schattenseiten unter dem **liebenden** Blick Gottes *beurteilt*, *geheilt* und *zurechtgebracht* werden soll – und das unter den Vorzeichen Seiner Gnade und Barmherzigkeit, Güte und Geduld.

„In diesem Gericht wird nicht nur überführt, korrigiert und zur Wiedergutmachung verpflichtet, sondern auch bestätigt, gewürdigt, gelobt, geehrt, belohnt und gekrönt.“ (S. 53)

363 Und das mit dem Ergebnis, dass mehr als 80% aller Menschen aller Zeiten in der Hölle landen, weil sie sich nicht „für Jesus entschieden“ haben.

In all dem spielen die Nachfolger Jesu natürlich eine besondere Rolle: Mit ihnen will Jesus die Neue Welt *regieren*, d.h. das Leben hier ist Ausbildungszeit für die Übernahme von Regierungsverantwortung im Reich Gottes! Sie werden später mit Ihm im Mega-Palast des Neuen Jerusalem residieren.

ABER, und dieser Aspekt wird häufig übersehen[364]: Neben dem Neuen Jerusalem mit den Wohnungen für die Christen und der „Hölle“ (als dem Ort der endgültigen Gottesferne) gibt es auf der Neuen Erde auch Nationen *außerhalb* des Neuen Jerusalem. Die Menschen, die dort leben, können in diese Stadt rein und raus, aber sie leben nicht dort.

Sie sind aber auch nicht in der Hölle, sondern leben fröhlich und zufrieden unter der „liebend-zugewandten Regierung“ von Jesus und Seinen Nachfolgern. (vgl. Offb 21,3.24–26) Diese Nationen werden dann sogar weiterhin umfassend Heilung erfahren für das, was ihnen hier in diesem Leben an Verletzung und Elend widerfahren ist. (Offb 22,2)

Die Schwarz-Weiß-Botschaft „*mit* Jesus im Himmel, *ohne* Jesus in der Hölle“ – im Sinne einer kognitiv-bewussten „Entscheidung für Jesus – kann deswegen nicht richtig sein! Zumindest ist sie sehr stark verkürzt. Es gibt einen dritten ewigen Aufenthaltsort, einen dritten Ausgang aus dem Gerichtsverfahren: **Auf der Neuen Erde, aber nicht im Neuen Jerusalem**.

Diese Hierarchie wird für alle Beteiligten in Ordnung sein. Zu dieser göttlichen Regierung, von der Segensströme in die Neue Welt fließen, gibt es keine Opposition mehr. Folglich stehen auch die, die zu den Nationen in der Neuen Welt gehören, im *Buch des Lebens* – denn sonst würden sie ja in die *Hölle* verwiesen.

---

364 J. Kaldewey, Teil I, Nr. 16 und Teil III, Nr. 4.

Diesen Menschen wird – auch unwissentlich und ohne „persönlich-bewusste Entscheidung" – die Erlösung durch Jesus *zugerechnet*. Ohne diese Gnade geht es zweifellos nicht. – Aber wer diese Gnade dauerhaft, in verblendeter Bosheit und sogar noch im Angesicht Gottes arrogant nicht haben *will*, der geht dann wirklich am Ziel vorbei.

9.2 Die kleine Hölle

Kein Zweifel: Die Bibel bezeugt eindeutig einen Ort der ewig-dauerhaften Trennung von Gott.

Da kommt aber nur das bzw. der *wirklich* Böse hin, d.h. solche Menschen, die derart vom *Bösen* (also der Person des Satans) besessen sind, dass sie unfähig zur Umkehr in ihrer Rebellion gegen Gott, ihren Schöpfer, verharren. Sie *wollen* einfach keine Gemeinschaft mit diesem Gott der Liebe haben, sie *wollen* sich Seiner guten Herrschaft nicht unterordnen. Dann werden sie auch keinen Platz in der Neuen Welt haben: Im Neuen Jerusalem sowieso nicht, aber auch nicht bei den Nationen außerhalb dieser Stadt. Diesen Feinden Gottes wird schon die Begegnung mit Ihm *zur Hölle*.

J. Kaldewey betrachtet anschließend umfassend und mit vielen Schriftbelegen die drei Varianten des „Höllenverständnisses":

- Die „klassische" Lehre von der *nicht endenden Qual* nach dem Urteilsspruch. Dies hieße dann – konsequent gedacht –, dass der liebende Gott gleichzeitig ein Sadist ist, der sich an der ewigen Niederlage und Qual Seiner Feinde ergötzt (MB), während ER auf der Neuen Erde in einem Friedensreich regiert. Kann das sein? Gott sagt in Hes 18,23.32 ausdrücklich, dass ER *kein* Gefallen am Tod des Gottlosen hat.
- Die *Annihilation* geht stattdessen davon aus, dass der Vollzug des Urteils über die ewige Trennung von Gott dann auch die

Vernichtung des bösen Lebens bedeutet. Ohne Anschluss an die Quelle des Lebens gibt es überhaupt kein Leben mehr. Es ist aus und vorbei. Darin könnte man sogar noch eine „*abschließende Gnade*“ Gottes sehen. Es gibt keinen ewig-dauerhaften Ohne-Gott-Zustand.

- Die *Allversöhnung* (bzw. Allerlösung), die zwar die Hölle nicht verneint, aber davon ausgeht, dass jeder nach einer angemessenen Haftzeit früher oder später geläutert ist und deshalb wieder *entlassen* werden kann. Es gäbe demnach kein Ewig-Lebenslänglich ohne Gott. Selbst für Satan nicht, der sich dann als Letzter auch noch bekehrt.

Während zu Beginn der Christenheit – bis in das 5. Jahrhundert – alle drei Sichtweisen nebeneinander stehengelassen wurden, hat später der Kirchenvater Augustinus (354–430 n. Chr.) mit seiner Lehrautorität die „Sicht der ewigen Qual“ als *einzig* richtige zementiert. 553 n. Chr. hat das Konzil von Konstantinopel dies bestätigt und die anderen Sichtweisen offiziell verworfen und letztlich zur *Irrlehre* erklärt.

Die großen Reformatoren, Luther, Zwingli, Calvin, haben diese Positionierung nicht in Frage gestellt, auch der große englische Prediger Ch. H. Spurgeon hat sie vertreten. Die Konsequenz ist, dass Menschen durch *diese* Vorstellung von der Hölle aus Angst in die Arme Jesu getrieben werden sollen.

Aber, kann man solch einen Gott *lieben*, zu dem man sich *aus* Angst flüchten soll? Jesus sagt doch, dass die vollkommene Liebe die Angst austreibt.[365] (MB)

Kann man solch einen Gott *lieben*, zu dem man sich *aus* Angst flüchten soll?

365 **1Joh 4,18:** *In der vollendeten Liebe ist keine Angst mehr, sondern die völlige Liebe treibt die Furcht aus. Wer sich fürchtet, der erwartet Strafe. Aber wer sich* [noch vor Gott] *fürchtet, in dem ist die Liebe* [zu Ihm noch] *nicht vollkommen.*

Schon aus dem 2./3. Jahrhundert n. Chr. war u.a. durch Clemens von Alexandrien und Origines die Annahme der Allversöhnung bzw. Allerlösung präsent: Die Hölle als Erziehungsmaßnahme Gottes. Letztlich kommt ER mit *allen* zum Ziel. Ab dem 17. Jahrhundert lebte die Diskussion, u.a. durch den Pietismus in Deutschland, wieder neu auf.

Nach einer umfassenden Erörterung der drei Positionen und diverser weiterer Aspekte zur *Hölle* kommt Jens Kaldewey in seinem Fazit zu dem Schluss: Alle drei Positionen lassen sich biblisch begründen, aber die biblischen Befunde schließen auch keine davon definitiv aus. Er selbst hält die Annihilation für die *wahrscheinlichste* Variante: Vernichtendes und endgültiges Ende nach dem Urteil.

Er schließt daraus: Gott lässt uns absichtlich in dieser Frage in der Unklarheit oder Mehrdeutigkeit. Vielleicht gehören alle drei Sichtweisen zu der einen, ganzen Wahrheit, die wir jetzt nur unvollständig, in Bruchstücken erkennen können, weil unser begrenzter Verstand nicht ausreicht, sie umfassend zu verstehen. – Vielleicht gibt es noch Puzzleteile, die *jetzt noch gar nicht* auf dem Tisch liegen, die Gott uns in dieser Weltzeit noch gar nicht so klar offenbart, wie *wir* das gern hätten.

Könnte es sogar sein, dass *jede* der Sichtweisen bzw. Blickwinkel „teilweise Recht“ hat?

Könnte es sogar sein, dass *jede* der Sichtweisen bzw. Blickwinkel „teilweise Recht“ hat? Es lohnt jedenfalls nicht, sich in der Gemeinde Jesu deswegen zu zerstreiten.

Gemäß eindeutiger Schriftaussagen wie z.B. Hes 18,23.32 betont Gott selbst, dass ER kein Gefallen am (ewigen) Tod des Gottlosen hat, sondern dessen Umkehr von seinen verkehrten Wegen erreichen will. Der Schöpfer will das Leben – jedoch nicht am Willen des Menschen vorbei.

9.3 Der große Himmel

Klar ist aus dem Vorherigen: Der *Himmel*, als Ort der ungetrübten Gemeinschaft mit Gott (im Englischen: *heaven*, nicht *sky*!) ist nicht nur der Mega-Palast des Neuen Jerusalem. Der sitzt quasi wie „die Krone der Schöpfung" auf der Neuen Welt (ein Kubus von ca. 2000 km Kantenlänge![366]). Von dort aus regiert Jesus mit Seiner Gemeinde.

Aber außerdem gibt es jede Menge Völker bzw. Nationen (Milliarden von Menschen) auf der Neuen (bzw. erneuerten) Erde, die von dort aus in einem ewigen Friedensreich regiert *werden*. Sie kommen alle aus dem Gerichtssaal des gnädig-barmherzigen Richters und wurden *nicht* aus der Gegenwart Gottes und in die Hölle verwiesen. Sie sind *Bewohner* der Neuen Welt, aber nicht deren Regenten.

Gott wird Seine gefallene Schöpfung heilen und zurechtbringen.

Siehe, ICH mache alles neu, sagt Gott. Aber was heißt „neu"? Könnte es nicht sein, dass „neu" – zumindest auch – heißt: erneuert? Gott wird diese Welt erneuern, wieder herstellen, sanieren. ER wird Seine gefallene Schöpfung heilen und zurechtbringen.

Sanierung, das ist auch bei uns jetzt schon: aufbauend auf dem Vorhandenen, vielleicht sogar schon Verfallenen, etwas Neues, Schöneres gestalten. Aber das Alte ist Basis und Voraussetzung für das Neue.

Bei der *Bekehrung* (Hinkehr zu Gott) eines Menschen ist es doch auch so: Das alte Leben (ohne Gott) ist vorbei, ein neues (mit Gott) hat begonnen. (2Kor 5,17) – Aus dem Alten wird durch

366 Wenn man die Maßangabe 12.000 Stadien wörtlich nimmt. Aber es ist ein Bild, vgl. Abschnitt 13.5 *Das Neue Jerusalem – keine Megastadt*.

Veränderung das Neue hervorgebracht, aber das Alte ist nicht „einfach weg“.

Der Alte Bund Gottes mit Israel war Voraussetzung und Hinführung für (bzw. auf) den Neuen Bund durch Jesus. Der Alte Bund ist damit nicht aufgehoben, aber ER wurde weiterentwickelt. Und auch die besonderen Zusagen an Israel wird Gott noch aufgrund des Alten Bundes vollständig einlösen – während der Neue Bund schon gilt.

Jesus wird mit uns essen und Wein trinken!

Es wird einen fundamentalen Wandel geben, eine neue Schöpfungsordnung (auch Tiere werden sich nicht mehr gegenseitig fressen!), aber wir werden auch Bekanntes wiederentdecken: Jesus wird mit uns essen und Wein trinken!

Und wir werden nach dem reinigenden Gericht endlich erkennen, wer wir im Innersten wirklich sind, was unsere Identität vor und von Gott ist, weil ER alles durchleuchtet hat und weil alles Boshafte benannt, erkannt und durch Buße und Vergebung weggeräumt ist.

So sind wir dann einerseits ganz neu – und doch irgendwie „die Alten“: Im neuen, weißen Anzug bzw. Kleid der Gerechtigkeit Gottes [– rausgeputzt, statt in Jeans und Pullover, MB].

Offb 21–22 zeigt in vielerlei Hinsicht die Wiederherstellung der anfänglichen Schöpfung, des – jetzt noch verlorenen – Paradieses aus 1Mo 1–2. Insbesondere: Der Baum des Lebens entfaltet wieder seine volle Wirkung, sein Strom geht zum Segen in die neue/erneuerte Völkerwelt.

Gleichzeitig geht die „Wiederherstellung aller Dinge" (vgl. Apg 3,19–21[367]) über eine reine Rekonstruktion des ursprünglichen Zustandes deutlich hinaus. Sie ist zwar auch *Erde*, aber eben doch ganz anders. So wie auch der Auferstehungsleib weit über das hinausgeht, was wir jetzt als Leib kennen. Der *Garten Eden* ist dann zu einem riesigen Regierungspalast „herangewachsen".

Erde 2.0 ist mehr als nur ein Update.

J. Kaldewey resümiert: *„Das „Neue" der kommenden Welt beinhaltet sowohl die Restauration der alten Welt als auch ihre Verbesserung und Verwandlung zu etwas, das weit darüber hinausgeht."* (S. 296)

Diese neue, von jeglichem Bösen befreite Welt Gottes wird dann „unvergänglich, unbefleckt und unverwelklich" sein. (vgl. 1Petr 1,3–5) [D. h. sie ist unkaputtbar, in jeder Hinsicht völlig rein und gerecht und jederzeit frisch, duftend und niemals langweilig. (MB)] *„Das gründliche Gericht Gottes hat ja alle Beziehungen völlig geklärt und befriedet."* (S. 300)

Die Neue Welt ist unkaputtbar und niemals langweilig.

In der Neuen Welt werden die (jetzigen) Spannungen aus Individualismus und Kollektivismus perfekt ausbalanciert sein, das Wohl der Allgemeinheit und die Freiheit des Einzelnen stehen im Einklang, wenn dann tatsächlich jeder – nach der „goldenen Regel" – in gegenseitiger Unterordnung das tut, was er vom anderen erwartet. (MB)

367 Aus diesem *einen* Vers entwickeln die Vertreter der Allversöhnung im Wesentlichen ihre Lehre.

Der Clou aber ist: Die „klassische" Botschaft vom „doppelten Ausgang" – Himmel oder Hölle – aus dem Gericht ist unzutreffend – zumindest verkürzt. Vielmehr gilt: Es gibt einen *dreifachen* Ausgang.[368]

Die Existenz von Völkern/Nationen auf der Neuen Welt ist in Offb 21+22 und in vielen Texten der Psalmen und Propheten gut bezeugt.[369] Warum wird dieser Aspekt bei der Diskussion um Gottes Gerichtshandeln und die Zukunft der Welt so wenig berücksichtigt?

Offenbar gehört es auch in der Neuen Welt zu Gottes Konzept, dass es dort ebenfalls ein erwähltes Volk – nämlich die erlöste Gemeinde – gibt und diesem zugeordnet viele Nationen, denen dieses erwählte Volk vom himmlischen Jerusalem aus *segensreich dienen* soll – so wie es jetzt schon Israels Berufung gegenüber der Völkerwelt ist.

Dabei wird jeder – nach dem Gerichtsprozess und der Aufarbeitung *dieses* Lebens – mit der Platzanweisung Gottes zufrieden und im Einklang sein – sei es innerhalb oder außerhalb des himmlischen Jerusalem. Dann ist alles in bester Ordnung, gegen die niemand mehr rebelliert. Offb 22,2 sagt sogar, dass die *Heilung der Nationen* auf der Neuen Erde noch Fortsetzung findet. Am Ende wird alles durch Jesus in Gott versöhnt sein – bis auf diejenigen, die sich zuvor durch dauerhaft bleibende Rebellion gegen Gott disqualifiziert haben.

Also: Die Neue Erde (in unserer Vorstellung: der „Himmel") ist wirklich ein neuer/erneuerter und bewohnter Planet. Die Bewohner sind nicht nur die durch Jesus als Gemeinde Erlösten, die in ihrem Palast ewig feiern, sondern es gibt noch viel mehr

---

368 Ich verkürze hier die Ausführungen von J. Kaldewey und vertiefe sie selbst in Abschnitt 13.6.

369 Vgl. hierzu z. B. die Abschnitte 4.1.5, 6.5.5, 6.5.6 und 6.6.4.

Begnadigte in den Nationen, die in ihren zugewiesenen Lebensräumen die Neue Erde bevölkern – unter der göttlichen Generalregierung aus dem Neuen Jerusalem.

Die Jesusgemeinde soll nicht ewig in ihrem Palast feiern, sondern durch Dienen herrschen.

„Gott will kein Ihm ausgesondertes Volk im Himmel, das nur für sich selbst existiert!" (S. 330) Nein, es soll herrschen durch dienen – und das entspricht im besten Sinne dem Auftrag des „untertan Machens" von Beginn an. Die einen wohnen im himmlischen Jerusalem, die anderen bevölkern als Nationen die Neue Erde – und das zur gegenseitigen Freude.[370]

In der Konsequenz heißt das auch: Im *Buch des Lebens* stehen nicht nur die, die sich „bewusst für Jesus entschieden" haben, sondern auch die, denen das Erlösungswerk Jesu und das ewige Leben im Gericht aufgrund ihres Lebenswandels ebenfalls gnädig *zugerechnet* wird. Dabei wird das „verborgene", nicht offenkundig gewordene, Gottvertrauen (= Glaube), das Gott trotzdem sieht, eine besondere Rolle spielen.

Es gilt zweifellos: Wer sein Leben mit Jesus verbunden hat, der ist gerettet – all inclusive. Es gilt aber umgekehrt *nicht*, dass alle, die das – aus welchem Grund auch immer – vor ihrem Tod (noch) nicht getan haben oder nicht tun konnten, *nicht* gerettet sind. Diese Schwarz-Weiß-Botschaft entspricht *nicht* dem biblischen Gesamtzeugnis.

Aber es bleibt auch: Niemand wird durch seine *Werke* gerechtfertigt, sondern *ausschließlich* durch die Gnade Gottes, die die Beziehung zum Menschen wieder herstellt – auf der Basis von Golgatha.

---

370 So bekommt auch das Wort Jesu, dass *„viele berufen, aber nur wenige auserwählt"* (Mt 22,14) sind, einen neuen Klang. (MB)

Letzter Gedanke: Im Sinne der „klassischen Schwarz-Weiß-Botschaft" wird oft das Gleichnis Jesu vom schmalen und breiten Weg (Mt 7,13.14) angeführt. Die gängige Interpretation ist: Nur wenige erreichen auf dem schmalen Weg das Ziel im Himmel, die meisten aber gehen auf dem breiten Weg daran vorbei – und zwar in die Hölle.

Diese seit Jahrhunderten tradierte Interpretation ist keineswegs zwingend – insbesondere nicht, wenn man den Textzusammenhang beachtet – und das sollte man immer tun!

Das Gleichnis steht am Ende der Bergpredigt, in der Jesus zu seinen *Jüngern* über die *Ethik* im Reich Gottes spricht. *„Er behandelt in Seiner Rede nicht die Frage, wie man in das Reich Gottes hineinkommt, sondern wie man in ihm lebt und bleibt."* (S. 352)

So verstanden, bedeutet das Gleichnis eher: Die enge Pforte, das ist der tägliche Gehorsamskampf, in dieser Welt den Geboten Jesu treu zu bleiben und entsprechend zu handeln und sich ggf. zu positionieren – auch wenn es deswegen brenzlig wird.

Der breite Weg ist dann der bequeme Mainstream, der es vermeidet, den Widerspruch der Welt herauszufordern. *„Es ist so, wenige, zu wenige, gehen durch die vielen engen Pforten alltäglicher Situationen, in denen radikale Liebe verlangt wird. Zu viele bleiben auf dem herkömmlichen breiten Weg, verweigern den Durchgang durch die Enge einer unbequemen Entscheidung und verwehren damit Jesus den wirklichen Gehorsam."* (S. 354)

J. Kaldewey betont zum Schluss, dass seine Einsichten über Jahrzehnte gewachsen sind, dass er damit aber trotzdem falsch liegen kann und dass auch sein Wissen natürlich nur Stückwerk ist. – Dem schließe ich mich gern an, aber für mich (MB) sind seine Ausführungen durchweg stimmig, gut mit Worten der Bibel belegt und sie bringen mein eigenes Forschen, Fragen und Überlegen in der Frage von „Gnade und Gericht" zu einem guten (vorläufigen) Ende.

10 Was erwartet Gott von uns?

10.1 Kurz und knapp

Der Prophet **Micha 6,8** fasst es gut zusammen:

Es ist dir gesagt, Mensch, was gut ist und was der Herr von dir erwartet (bzw. fordert) – nämlich:

Gottes Wort halten,
Liebe üben und
demütig sein vor deinem Gott.

Gottes Wort halten: Ja, ER hat uns alles gesagt, wie das Leben „funktionieren" soll, wissend, dass wir es aus eigener Kraft nicht hinkriegen. Aber ER in mir will es im Wettstreit mit meinem widerspenstigen Ego hinkriegen. Und ER schafft das auch – in diesem Leben oder auch noch danach, sonst wäre ER nicht der allmächtige Gott, der Seinen Willen zu Seinem Ziel bringt. (Jes 46,9.10![371])

Liebe üben und Gutes tun: Zaghaft fängt das hier an und es gelingt uns (mit Gottes Hilfe) sogar hier und da. Aber wenn Gott am Ziel alles in allem und allen ist, dann gibt's tatsächlich nichts anderes mehr.

Demut vor Gott: Das ist, Ihn als Schöpfer allen Lebens respektieren, anerkennen, loben, ehren und anbeten. Diese Ehre will und wird ER mit keinem von Menschen erdachten Götzen teilen – und

371 **Jes 46,9.10:** *Denkt an das, was schon früher galt: ICH BIN der einzige Gott. Es gibt sonst keinen anderen. Ich sage voraus, was später geschehen soll, lange bevor man es erkennt. Und ICH sage: Mein Ratschluss steht fest, und was ICH mir vornehme, das tue ICH auch.*

schon gar nicht mit Seinem Erzfeind Satan. Das Gegenteil, den frechen und selbstgerechten **Stolz**, wird Gott verurteilen. (1Petr 5,5)

Zum Text Micha 6,8 habe ich eine Predigt ausgearbeitet, die ich nachfolgend wiedergebe.[372]

10.1.1 Einführung

Die *Hauptsumme* aller Lehre.

Es gibt im AT und besonders im NT etliche Stellen, die kurzgefasst zum Ausdruck bringen, wie sich Gott das Leben mit Ihm und untereinander vorstellt, z. B.:

Pred 12,13.14: *Lasst uns die Hauptsumme aller Lehre hören[373]: **Habe Ehrfurcht vor Gott und halte Seine Gebote**; denn das gehört sich für alle Menschen. Denn Gott wird alle Werke vor Gericht bringen, alles, was verborgen ist, es sei gut oder böse.*

In **1Tim 1,5** sagt Paulus: *Die Hauptsumme aller Gebote ist Liebe aus reinem Herzen, mit gutem Gewissen und aus ungeheucheltem Glauben.*

Ebenfalls Paulus sagt in **Gal 6,2:** *Jeder soll die Last des anderen mittragen, damit erfüllt ihr das Gesetz des Christus.*

Auch **Jesus** selbst hat es prägnant zusammengefasst:

---

372 Die Predigt ist auch als MP3-Audiomitschnitt eines Gottesdienstes auf meiner Homepage www.masabank.de verfügbar.

373 Es sind die letzten zwei Verse von Salomo im Buch *Prediger*.

Mt 22,37–40: *An der Erfüllung des Doppelgebotes der Liebe*[374] *hängt das ganze Gesetz und die Propheten.*

Mt 7,12: (Die goldene Regel) *Alles, was ihr von den Menschen erwartet, das sie euch tun sollen, das tut ihr ihnen* [zuerst selbst] *auch! Denn darin besteht das Gesetz und die Propheten.*

Na, dann ist ja alles klar! – Ende der Durchsage!

Oder sollten wir es doch etwas genauer betrachten?

Denn ganz so einfach ist es ja offensichtlich nicht, wenn schon der große Apostel Paulus in Röm 7 quasi eine öffentliche Bankrotterklärung abgibt: ICH schaffe es nicht!

Der große Apostel Paulus gibt eine öffentliche Bankrotterklärung ab: Ich schaffe es nicht!

Röm 7,15–24: *Ich weiß nicht, was ich tue. Denn ich tue nicht, was ich will; sondern, was ich hasse, das tue ich. Wenn ich aber das tue, was ich nicht will, dann gebe ich zu, dass das Gesetz gut und richtig ist.*

Also handele ich nun nicht selbst, sondern die Sünde, die in mir wohnt, steuert mich. Denn ich weiß, dass in mir, also meiner natürlichen Person, nichts Gutes wohnt.

Ich will zwar das Gute tun, aber ich kriege es [aus eigener Kraft] *einfach nicht hin. Denn das Gute, das ich will, das tue ich nicht; sondern das Böse, das ich* [eigentlich] *nicht tun will, genau das tue ich dann doch. Wenn ich aber trotzdem das tue, was ich eigentlich nicht tun will, dann*

374 **Mt 22,37–40:** *Jesus sagte zu dem Schriftgelehrten: „Du sollst Gott, deinen HERRN, von ganzem Herzen lieben,* [und zwar] *mit ganzer Seele und mit ganzem Verstand." Dies ist das erste und größte Gebot. Das zweite ist dem aber gleich: „Du sollst deinen Nächsten lieben wie dich selbst." An diesen zwei Geboten hängt das ganze Gesetz und die Propheten.*

verleitet mich die Sünde, die in mir wohnt, dazu.

So finde ich in mir also folgende Gesetzmäßigkeit: Ich will zwar das Gute tun, aber das Böse hängt mir ständig um die Füße. In meinem Innersten will ich gern nach den Geboten Gottes leben. Aber diese andere Gesetzmäßigkeit [der Sünde], *die ständig in mir gegen das streitet, was Gott will, nimmt mich regelrecht gefangen.*

Ich elender Mensch! Wer wird mich aus dieser Verstrickung, die nur den Tod nach sich ziehen kann, befreien?

Die Textgrundlage aus dem Propheten **Micha 6,8** sagt:

Es ist dir, Mensch, gesagt, was gut ist und was der Herr von dir erwartet [bzw. fordert] – das sollen wir durch den Geist *erkennen.*

Und zwar:

- *Gottes Wort halten,*
- *Liebe üben* – beim Halten und Üben geht es um das *Tun* und
- *demütig sein vor deinem Gott.* – hier geht es um das *Sein*, also den Charakter bzw. die Grundeinstellung.

10.1.2 Gottes Wort halten

Gottes Wort ...?

Ist die Bibel nur ein respektables Stück Weltliteratur?

Mit welcher Grundeinstellung gehst du eigentlich an die Bibel heran? Wie liest du sie?

Davon hängt viel ab!

Betrachtest du sie als ein respektables Stück Weltliteratur?

Nimmst du sie als eine Art Steinbruch, aus dem du dir heraussuchst, was dir gefällt?

Oder gehst du davon aus, dass Gott dir durch die Bibel als Seinem Wort etwas sagen will – auch wenn es dir nicht in den Kram passt?

Wir sollten die Bibel als Wort Gottes, als Seine Mitteilungen an eine von Ihm abgewandte Menschheit, ernst nehmen, denn es gibt kein vergleichbares Buch.

Es wurde

- über mindestens 1500 Jahre,
- von mehr als 40 Autoren unterschiedlichster Profession, von denen sich die meisten untereinander nicht kannten,
- in drei Sprachen und
- auf drei Kontinenten[375]

geschrieben – geleitet durch den *einen* Geist. Die Bibel bildet die ganze Menschheitsgeschichte von der Schöpfung bis zu ihrer Vollendung ab – und zwar realistisch. Die Bibel beschönigt auch die Fehler ihrer „Glaubenshelden" nicht, sie waren allesamt auch fehlbare Menschen.[376]

Wir sollten akzeptieren, dass die Bibel *uns* in Frage stellt, aber dass wir *sie* nicht in Frage zu stellen haben.

Was wir noch nicht verstehen, können wir getrost erst einmal beiseitelassen.

---

375 Hebräisch und Aramäisch im AT, Griechisch im NT; Europa, Asien und Afrika.

376 Man denke nur an den großen König David, der wegen seines unerschütterlichen Gottvertrauens „ein Mann nach dem Herzen Gottes" war – und sich dennoch in Ehebruch und Auftragsmord verstrickte.

Mark Twain hat einmal sinngemäß gesagt: *„Mir bereitet an der Bibel nicht das Kopfschmerzen, was ich* ***nicht*** *verstehe, sondern das, was ich verstehe.“*

… einhalten!

Das heißt: Gottes Wort einhalten, sich danach richten, es anwenden oder auch: festhalten.

Aber das bedeutet zweifellos: Ich muss es erst einmal kennen! Wie will ich mich denn sonst nach etwas richten, wenn ich es nicht kenne?

Wie gehst du mit einem Gerät um, das du gerade neu gekauft hast? – Meistens: auspacken, ausprobieren – geht doch, oder eben auch nicht.

Dabei gibt es eine Gebrauchsanleitung, die uns durch die Tücken des Objektes leiten und Fehler bei der Bedienung vermeiden will. Aber nein, wir werkeln erst einmal so rum – ohne die Anleitung.

Willst du nicht doch mal in Meine Gebrauchsanleitung schauen?

Ist es in unserem Leben nicht oft auch so? Wir werkeln mehr oder weniger erfolgreich – oder eben auch erfolglos – in unserem Leben herum, vieles gelingt nicht, wir gehen unnötige Umwege. Und Gott steht die ganze Zeit daneben und fragt: *Willst du nicht doch mal in Meine Gebrauchsanleitung schauen*?

Aber wir sind ja stolz genug und sagen lieber: *Danke, ich komm schon zurecht* – wissend, dass es nicht wirklich so ist.

Bis wir irgendwann an den Punkt kommen, an dem Paulus auch war: Ich schaffe es allein nicht, ich brauche tatsächlich die Gebrauchsanleitung Gottes, sonst gelingt das Leben nicht. Und das heißt: Bibel lesen und umsetzen, was du verstanden hast – so gut es eben geht. Dabei bleibst du immer ein Lernender, der weiterhin Fehler macht.

Aber wieder ist die Grundeinstellung Gott gegenüber – unser Gottesbild – entscheidend:

Glaubst du, dass Gott als strafender Lebenspolizist Knöllchen verteilt?

- Glaubst du, dass Gott nur darüber wacht, dass du auch alles richtig machst und dass ER Strafzettel/Knöllchen für jede Abweichung verteilt? Also Gott als strafender Lebenspolizist?
- Oder kannst du das Angebot Gottes annehmen, aus Seiner Vergebung zu leben. Du darfst mit deinem Versagen immer wieder zum Papa im Himmel kommen, Vergebung empfangen und weitermachen. Einer meiner Lieblingsverse drückt das in **1Joh 1,9** so aus: *Wenn wir unsere Sünden bekennen, dann ist ER treu und gerecht, dass ER uns die Sünden vergibt und uns reinigt von allem, was schief gegangen ist.*

Warum ist das so?

Weil Jesus bereits alle Anforderungen des göttlichen Gesetzes vollkommen erfüllt hat – auch für mich und dich! (Mt 5,17)

10.1.3 Liebe üben

Liebe …?

Was meinen wir überhaupt mit „Liebe"?

Wir reden ständig davon und die Werbung beschallt uns pausenlos damit.

Unsere Sprache ist da ziemlich arm, weil sie nur *ein* Wort dafür hat, während es im Griechischen mindestens drei verschiedene Worte für ganz unterschiedliche Qualitäten von Liebe gibt:

- *Philia*: Das ist die freundschaftlich-kameradschaftliche Liebe, von der man ggf. noch *Storge* für die besondere familiäre Verbundenheit unterscheiden kann.
- *Eros*: erklärt sich von selbst. Es ist die körperliche Hingabe zweier Menschen aneinander. Und das gehört nach Gottes „Gebrauchsanweisung für ein gelingendes Leben" in den Schutzraum der verbindlichen Ehe. Das ist im Übrigen auch für die Beteiligten am besten.
- *Agape*: Das ist die göttliche Qualität der Liebe, die sich *selbstlos* hingibt und für den anderen aufopfernd einsetzt. Das schließt die Feindesliebe ein, die sogar den Gegner noch durch Gutes überwinden und gewinnen will. Diese Liebe kriegen *wir* ohne den Geist Gottes in uns nicht ansatzweise hin.

Die göttliche Qualität der Liebe kriegen wir *allein* nicht ansatzweise hin.

Paulus schreibt in seinem berühmten **Hohelied der Liebe**, wie diese Liebe sich ausdrückt[377]:

377 Vgl. Abschnitt 8.3.3 *Agape*.

1Kor 13,4–7: *Die Agape-Liebe ist geduldig und freundlich. Sie ist nicht neidisch, sie treibt nicht Mutwillen, sie bläht sich nicht auf, sie benimmt sich nicht unanständig, sie sucht nicht den eigenen Vorteil, sie lässt sich nicht verbittern, sie denkt nichts Böses, sie freut sich nicht über Unrecht. Sondern sie freut sich mit, wenn die Wahrheit siegt, sie vergibt alles, sie glaubt alles, sie hofft alles, sie hält allem stand.*

Welche Liebe sollen *wir* also einüben?

Um *eros* geht es hier sicher nicht.

Der freundschaftliche, ungetrübte Umgang mit *unseresgleichen* in Familie und Gemeinde wäre immerhin schon mal ein Anfang.

Aber das reicht nicht! Gott/Jesus will mehr – aber das kann sich nur entwickeln, wenn die Rebe am Weinstock bleibt.

... einüben!

Ja, wir müssen dieses Lieben einüben, sowohl das kameradschaftlich-freundschaftliche, aber umso mehr das göttliche – das nicht aus uns selbst, nicht aus dem natürlichen Menschen, kommen kann.

Aber wie denn? Es gelingt doch so oft nicht!

Unsere Probleme, die uns ständig anhängen, sind

- *Gewohnheiten*, die wir über Jahre eingeübt haben,
- unser *Charakter*, der durch viele Begegnungen, Erfahrungen und Enttäuschungen geformt wurde,
- *Egoismus* und eigene Interessen (*ich* muss *mich* doch behaupten),
- *Machtkämpfe*, weil wir nicht „klein beigeben" oder „das Gesicht verlieren" wollen.

**Wir wollen zwar mit Jesus im *Herzen* leben –
aber der Opa steckt uns noch in den Knochen!**

Die in der Familiengeschichte angelegten Verhaltensmuster prägen uns mehr, als uns bewusst und lieb ist.[378]

Paulus ruft aus: **Ich elender Mensch,** wer wird mich erretten?

Wie komme ich aus diesem destruktiven Strudel raus?

Und dann gibt er sich in **Röm 7,25** selbst die Antwort: *Ich danke Gott durch Jesus Christus, unseren Herrn.* – Nämlich, dass ER das für mich getan hat.

Jesus in mir und ich in Ihm – die Rebe in Verbindung mit dem Weinstock: Das ist die Lösung. Dann hat Neues begonnen (auch wenn noch nicht alles perfekt ist und weiterhin manches misslingt).

Der Anfang ist gemacht und von dem aus soll das neue Leben weiterwachsen, aus dem Senfkorn soll ein mächtiger Baum werden. Nicht von heute auf morgen, aber beständig und immer mehr. Wenn wir angefangen haben, mit Jesus zu leben, sind wir ja immer noch *in* dieser Welt, aber in uns lebt jetzt der, der nicht *von* dieser Welt ist. Mein Leben bleibt unvollkommen, aber ich lebe es unter Gottes Verheißungen, Seinen Zusagen.
ER hat's begonnen und ER vollendet es deshalb auch. (Phil 1,6)
Die Unvollkommenheit trägt die Möglichkeit des Scheiterns in sich. Na und?
Wir kennen doch das „Rezept": bekennen, vergeben,[379] aufstehen, Krone richten und weitermachen.

---

378 Vgl. Peter Scazzero *Glaubensriesen – Seelenzwerge?*

379 Das heißt sowohl den anderen um Vergebung bitten als auch ihm die Vergebung zuzusagen – und das sogar unabhängig von seiner Bitte. Und ebenso: die zugesprochene Vergebung annehmen, so dass die Verfehlung wirklich erledigt ist.

10.1.4 Demütig sein vor deinem Gott

Denk einmal darüber nach, was *NICHTS* bedeutet!

Demütig sein …

Was heißt denn überhaupt *Demut*?

Wir verbinden das schnell mit *demütigen*, im Sinne von erniedrigen, verachten, klein machen.

Das ist aber ursprünglich nicht damit gemeint. Demut, das meint: *Mut zum Dienen.* Und das bedeutet zum Beispiel

- ich kann mich zurücknehmen,
- ich muss nicht immer die erste Geige spielen,
- ich muss nicht immer das letzte Wort haben,
- ich kann mir auch mal die Schürze umbinden, anstatt mich bedienen zu lassen (Jesus hat das eindrücklich bei der Fußwaschung am Vorabend Seiner Kreuzigung demonstriert[380]).

Demut, das heißt auch anzuerkennen, dass es einen Gott über mir gibt, dem ich nie „das Wasser reichen" kann. Ich akzeptiere, dass Jesus sagt: … *ohne MICH könnt ihr nichts tun!*

Bilde dir bloß nicht so viel auf deine guten Taten ein!

Ich habe vor Gott letztlich nichts zu bieten, gar nichts, auch nicht meine vermeintlich guten Werke. Wenn an denen wirklich etwas gut war, dann hat ER sie in mir gewirkt! Bilde dir bloß nicht so viel auf deine guten Taten – oder was du dafür hältst – ein.

Am Ende ist ALLES nur Gnade!

---

380 Vgl. Joh 13,1–15 und Abschnitt 286 *Sklavendienst* in Band 2.

Ein demütiger Mensch war z. B. Johannes der Täufer, der von sich sagte: *Jesus muss wachsen* [in seiner Bedeutung zunehmen], *ich muss abnehmen. Ich bin nicht einmal würdig, Ihm die Sandalen nachzutragen.* **(Joh 3,30)**

Damit sagt der prominente Wüstenprediger, wegen dem die Leute auf den Gottesdienst in Jerusalem verzichteten, um ihn in der Wüste zu hören: Hört nicht auf mich. Was ich zu sagen habe, ist völlig unbedeutend im Vergleich zu dem, was dieser Jesus euch zu sagen hat.

Paulus, der fanatische Christenverfolger, der von Jesus selbst vor Damaskus zur Strecke gebracht wurde, sagt von sich später **(1Kor 15,8):** *Nach all den anderen Aposteln ist* [der auferstandene] *Jesus auch mir erschienen, obwohl ich gewissermaßen eine Missgeburt* [oder Fehlgeburt] *gewesen bin.*

In **Apg 20,24** bekennt Paulus bei seinem Abschied aus Ephesus:

Aber ich achte nicht [auf die Möglichkeit von Gefangenschaft und Trübsal], *ich halte mein Leben auch selbst nicht für so wichtig. Ich will nur mit Freude meinen Lebensweg vollenden und die Berufung leben, die ich vom HERRN Jesus empfangen habe: nämlich das Evangelium von der Gnade Gottes zu bezeugen.*

… vor deinem Gott

„Vor *deinem* Gott" heißt natürlich nicht: vor deinen selbstgemachten oder erdachten Götzen, sondern vor dem, der wirklich dein Schöpfer und HERR ist. Es geht um den Gott der Bibel: JHWH und Jesus Christus!

Wir sollen zwar auch miteinander in Demut umgehen– das ist eines der vielen „einander-Worte“ in den neutestamentlichen Briefen. *In Demut, Sanftmut und Geduld sollen wir einander in der Liebe* ***ertragen!*** [ja, sogar aushalten][381] **(Eph 4,2)**

Wenn das keine Herausforderung ist!

Aber hier in Micha 6,8 geht es eindeutig um Gott, JHWH, Jesus: Ihm sollen wir uns in Demut unterordnen.

Und das fängt damit an, dass wir Ihn als Schöpfer der Welt und Herrn über alles Leben anerkennen.

Was Gott überhaupt nicht leiden kann – das ist einer der roten Fäden durch die ganze Bibel –, ist der selbstherrliche Stolz, der zu Gott im Prinzip sagt: *Lass mich das mal machen, davon hast DU keine Ahnung.*

Und: *Deine Gebrauchsanleitung fürs Leben, die brauche ich sowieso nicht. Bemüh' dich nicht weiter, ich kriege das schon allein hin.“*

Gott, bemüh' dich nicht weiter, ich kriege das schon allein hin.

Stolz ist das genaue Gegenteil von Demut. Und bei Satan beinhaltet dies zusätzlich die Aufforderung: Gott, geh runter von Deinem Thron, da will *ich* drauf!

Mit einer solchen Haltung können wir natürlich keine (erneuerte) Gemeinschaft mit Gott finden. *Die* ist aber das Ziel, das Gottes Liebe für jeden Menschen verfolgt.

381 Vgl. Abschnitt 071 *Wehrlose Deppen*? in Band 1. Dort sind etliche dieser einander-Worte (oder: einer den anderen) zusammengetragen.

Jesus sagt **(Joh 17,3)**: *Das ist aber das ewige Leben, dass sie Dich, den allein wahren Gott, und den DU gesandt hast, Jesus Christus, erkennen.*

„Erkennen“, das heißt weit mehr als „von Ferne sehen“. Das meint eine innige, vertraute, ja intime Gemeinschaft, so wie zwischen Mann und Frau, wenn sie sich lieben.

Deswegen bezeichnet Jesus sich auch als Bräutigam und Seine Gemeinde als Braut.

Adam „erkannte“ sein Weib und anschließend war sie schwanger.

Schon ganz am Anfang heißt es: … *und Adam* ***erkannte*** *sein Weib* (1Mo 4,1.25) – und anschließend war sie schwanger.

Wir sollen Jesus/JHWH „erkennen“ und zwar so intim, wie Braut und Bräutigam in der Hochzeitsnacht – im Bild natürlich.

Das ist das Ziel, da will Gott mit Seiner Menschheit hin. Die Schlussbilder der Offenbarung an Johannes geben uns eine Ahnung davon, wie herrlich und umfassend das sein wird.

Lies das mal im Zusammenhang: Offb 21,1–22,5!

Die Offenbarung ist nicht in erster Linie ein Katastrophen-, sondern ein Hoffnungsbuch mit einem klaren Ziel: Wiederherstellung der Gemeinschaft von Gott und Mensch – und zwar noch großartiger als das anfangs im Paradies schon der Fall war.

10.1.5 Aber …

Wie ist das denn mit der Reihenfolge dieser „Anforderungen"?

Hat der Prophet das bewusst in *dieser* Reihenfolge geschrieben?

1. Gottes Wort halten (tun, Werke)
2. Liebe üben (positive Einstellung zum Mitmenschen)
3. Demütig vor Gott sein („richtige" Haltung Gott gegenüber)

Wie würdest du die Reihenfolge setzen?

Müsste es nicht eigentlich „von hinten nach vorn" lauten?

- Ich denke, es kann nur mit der richtigen Haltung gegenüber Gott anfangen. Das sagen auch **Psalm 111,10** und mehrfach Salomo in den Sprüchen (Spr 1,7; 4,7; 9,10): *Der Anfang aller Weisheit und Erkenntnis ist die Ehrfurcht vor Gott.*
  Mit der Ehrfurcht[382] vor Gott, Seiner Anerkennung als dem großartigen Schöpfer des Himmels, der Erde und des ganzen Kosmos, ist der richtige Same in einem Menschen gelegt.
- Dann kann allmählich die Liebe zu Gott, zu den Mitmenschen und auch zu sich selbst wachsen.
  Dabei muss die proklamierte Liebe zu Gott ihre Echtheit immer an der Liebe gegenüber den Mitmenschen beweisen. Darauf hat auch Johannes seine Gemeinden hingewiesen: *Was sagt ihr denn, dass ihr Gott, den ihr* ***nicht*** *seht, liebt, aber den Mitmenschen, den ihr seht, liebt ihr nicht?* **(1Joh 4,20)**
- Und wenn das die treibende Kraft in unserem Leben wird, werden wir uns – fast automatisch – auch an die guten Ordnungen Gottes halten, die ER uns gegeben hat, damit das Leben gelingt.

382 Besonders in den Lutherübersetzungen ist oft von *Furcht* die Rede. Das meint nicht *Angst* vor Gott, sondern diese anerkennende *Ehrfurcht*.

Ohne Jesus *in dir* wird das alles nichts. Vergiss es!

Nur, ohne Jesus *in dir* wird das alles nichts. Vergiss es! Dann findest du dich in demselben armseligen Kampf und auf verlorenem Posten wieder wie der große Paulus es in Röm 7 beschrieben und veröffentlicht (!) hat. Dass das inzwischen Milliarden von Menschen digital auf der ganzen Welt lesen können, wusste Paulus damals natürlich nicht.

10.2 Fasten für Gott

Durch den Propheten **Jesaja** redet Gott in Kapitel **58,1–14** Klartext, was ER von der frommen Praxis – insbesondere dem rituellen Fasten – Seines Volkes hält.[383]

Jesaja soll die Vergehen und Sünden Israels herausschreien, obwohl

- sie Gott Tag für Tag befragen (Bibel lesen, „Stille Zeit" halten),
- sie Gottes Wege kennen und sie durchaus auch für richtig halten,
- sie scheinbar gerecht leben (das meinen sie selbst wenigstens) und
- sie sich gern Gott nähern (z. B. in die Gottesdienste gehen).

Gott, interessiert Dich unser frommes Treiben eigentlich? – NEIN!

Diese fromme Selbstgerechtigkeit fragt dann auch noch anklagend: Gott, interessiert Dich unser frommes Treiben eigentlich?

383 Man lese diesen Text einmal im Zusammenhang, ich gebe den Inhalt hier mit eigenen Worten wieder.

NEIN! Denn eure *alltägliche Praxis* sieht ganz anders aus. Sie entspricht nicht dem, was ihr zelebriert!

Ihr arbeitet z. B. am Fastentag und drängt auch eure Untergebenen dazu. Bei euch ist Zank, Streit und Gewalttat – noch während ihr fastet.

Und da erwartet ihr auch noch, dass ICH euch erhöre? Glaubt ihr ernsthaft, dass ICH an den *äußeren* Zeichen von Demut Gefallen habe, wenn ihr in Sack und Asche daherkommt?

Gott will *praktizierte* Gerechtigkeit, Barmherzigkeit und Nächstenliebe. Dazu gehört z. B.

- ungerechtfertigte Gefangenschaft beenden,
- die Knoten des Jochs öffnen (also Lasten abnehmen),
- gewaltsam Misshandelte befreien,
- Hungrigen Brot geben,
- Heimat- und Obdachlose beherbergen,
- Bedürftigen Kleidung geben, letztlich:
- Entzieh dich nicht dem Nächsten, der deine Hilfe braucht, sondern wende dich ihm zu.[384]

An solch einem *Fasten*, das ggf. persönliche Einschränkungen und Opfer verlangt, hat Gott Gefallen. (V6a)

Du bist nicht das Zentrum des Universums, um das sich alle anderen drehen müssen.

Wenn du das tust, wird es in dir selbst Licht werden und du selbst wirst dadurch gesund werden – nämlich von den Umdrehungen um die eigene Achse und den

384 Jesus hat dies später eindrucksvoll im Gleichnis vom *barmherzigen Samariter* deutlich gemacht (Lk 10,25–37), vgl. Abschnitt 194 *Der Nächste bitte* in Band 2.

eigenen Egoismus. Du bist nicht das Zentrum des Universums, um das sich alle anderen drehen müssen.

Und dann werde ICH auch deine Gebete erhören, weil ein solches Fasten Meiner Gerechtigkeit und Herrlichkeit entspricht. Also,

- schaff die Bedrückungen weg, die unter euch sind,
- hör mit den bösen Lästerreden und dem nichtsnutzigen Geschwafel auf,
- gib dem Hungrigen zu essen und
- hilf der „gebeugten Seele", also den Trauernden, den Depressiven und den Belasteten.

Dann wird es auch in dir wieder hell wie die Sonne am Mittag, wenn sie am höchsten steht.

Dann verspricht Gott auch neuen Segen und der äußert sich z. B. in

- einer beständigen Leitung durch Seinen Geist,
- einer gesättigten Seele, die auch Dürrezeiten übersteht,
- und gesundheitlicher Stabilität.

Dann bist du wie ein bewässerter Garten, dem das Wasser nicht ausgeht.[385]

Jesaja richtet diese Anklage an Israel, *bevor* die Assyrer eingefallen sind und die Bewohner deportiert wurden. Er sieht das Gericht Gottes voraus und sagt es dem Volk als Warnung.

---

385 Vgl. z. B. **Ps 1,1–3:** *Wohl dem, der nicht im Rat der Gottlosen wandelt und nicht auf den Weg der Sünder tritt noch sitzt, wo die Spötter sitzen, sondern der sich am Wort Gottes freut und davon Tag und Nacht redet!*
Der ist wie ein Baum, gepflanzt an den Wasserbächen, der seine Frucht bringt zu seiner Zeit, und seine Blätter verwelken nicht; und was er macht, das gelingt ihm richtig gut.

Die Botschaft ist: Wenn du dich von deinen Wegen, die Gott nicht gefallen, abwendest, dann könnte das Gericht noch verhindert werden (so wie bei Ninive). Wenn das nicht passiert, wird die Zerstörung kommen, aber, wenn du *dann* endlich zur Besinnung kommst und wirklich wieder anfängst nach Gottes Willen zu leben, dann wird auch dein Land wieder aufgebaut werden und zu neuer Blüte gelangen.

Der Prüfstein für Israel war von jeher die Einhaltung des Sabbats als Tag der Ruhe und der besonderen Begegnung mit Gott – das gilt für uns heute gleichermaßen für den Sonntag!

Leg dich an diesem Tag doch einfach mal in die Sonne Gottes und genieß' die Gemeinschaft mit Ihm, der Schöpfung und den Mitgeschöpfen. **(Jes 58,13.14)**

Sonntag, leg dich an diesem Tag doch einfach mal in die Sonne Gottes.

Das beinhaltet **(V13.14)**:

- Lass an diesem Tag Gottes alle deine Alltagsgeschäfte ruhen[386],
- hüte dich vor leerem Geschwätz und blöden Sprüchen,
- führ auch keine Verhandlungen und mach keinen Deal,
- such stattdessen die Begegnung mit Gott und den Mitmenschen,
- freu dich an diesem Tag an Jesus und an Seiner guten Schöpfung.

Wer sich daran hält, den will Gott segnen. Es ist geradezu, als ob Gott mit der Einrichtung des Sabbats wieder ein Fenster in den Himmel öffnet. An jedem 7. Tag bietet ER uns in besonderer Weise an, die beim Rauswurf aus dem Paradies verloren gegangene Gottesgemeinschaft neu einzuüben.

386 Wie wäre es z. B. mit 24 Stunden ohne Internet und Handy?

Jesus hat die frömmelnde Scheinheiligkeit immer wieder angegriffen.

Auch Jesus hat die frömmelnde Scheinheiligkeit in seiner Zeit immer wieder angegriffen – besonders gegenüber den Klerikern: Getünchte Gräber seien sie, die mit ihrer frommen Show nur verdecken, dass es *in* ihnen ganz finster ist.[387]

Auch in der Gleichnisrede vom Weltgericht (Mt 25,31ff: Trennung in Schafe und Böcke) wird deutlich: Die *Erkenntnis* an sich und auch das (formale) Lippen-*Bekenntnis* zu Jesus sind nicht wirklich entscheidend. Entscheidend sind die *barmherzigen Taten* – nämlich als Früchte des Geistes Gottes, der sie – durch Sein Wirken in uns – hervorbringen will.

Die gottgewirkte Erkenntnis *allein* ist also noch *keine* Frucht, aber sie ist deren Voraussetzung. Sie ist der Same, aus dem die Frucht hervorgehen und wachsen soll.

10.3 Nicht Glaube allein?[388]

10.3.1 Einführung

Sola fide, sola gratia, sola scriptura, solus Christus – das war und ist der reformatorische Wiedergewinn des Evangeliums.

387 Man lese hierzu z. B. mal die sog. Weherufe in Mt 23, vgl. Abschnitte 266 *Pressekonferenz* und 267 *Volle Attacke* in Band 2.

388 Auch hierbei handelt es sich um eine ausgearbeitete Predigt zum Thema „Glaube und Werke", die auf meiner Homepage www.masabank.de ebenfalls als MP3-Audiodatei und separates Skript vorliegt.

Allein aus Glauben, allein durch Gnade, allein durch die Schrift (die Bibel als Quelle der Gotteserkenntnis), allein in Christus können wir gerettet werden.

Wer wollte das heute bestreiten, sofern er sich noch ernsthaft als evangelischer Christ bekennt? Die Kapitel 1 bis 8 in Paulus' Brief an die Gemeinde in Rom sind Pflichtlektüre für jeden Christen!

Zentral ist z. B. **Röm 3, 21–28** (vgl. Abschnitt 8.2.2).

10.3.2 Allein der Glaube!

Paulus konfrontiert sein Volk in seinen Schriften – besonders im Galaterbrief und im Römerbrief – immer wieder damit, dass der Alte Bund mit den auferlegten Gesetzen letztlich nicht zum Ziel der Gemeinschaft mit Gott führen konnte.

Ich kann den Anforderungen Gottes nicht aus eigener Kraft gerecht werden. Das ist die *Bankrotterklärung*.

Die *Bankrotterklärung* ist: Der Mensch kann aus eigener Kraft den Anforderungen des heiligen Gottes nicht gerecht werden. Er schafft es einfach nicht, so gut sein Wille auch sein mag und so sehr er sich auch anstrengt.

Warum hat Gott den Juden dann überhaupt Sein Gesetz auferlegt, wenn sie es sowieso nicht halten konnten? Paulus sagt (Röm 7,7ff): Das Gesetz war nötig, damit wir überhaupt erkennen können, wie weit wir vom Wesen Gottes entfernt sind („*Aber die Sünde erkannte ich nicht außer durchs Gesetz.*“).

Wenn ich keinen Maßstab habe, weiß ich nicht, wie weit ich von der Norm entfernt bin – oder wie nah dran. Wenn ich kein

Urmeter habe, weiß ich nicht, ob eine Elle im Verhältnis dazu viel oder wenig ist.

Das Gesetz soll und muss uns letztlich in die Erkenntnis und den Bankrott treiben: **Ich schaffe es nicht.**

Dann brauche ich folglich einen *Erlöser*, einen, der mich aus dieser aussichtslosen Lage befreit. Luther hat es so gesagt: Das Gesetz war der „Zuchtmeister auf Christus" hin.

Wir können die verlorene Beziehung zu Gott weder durch fromme Rituale noch durch gute Werke wieder herstellen.

Letztlich geht es immer um die *Beziehung* des Menschen zu Gott bzw. Gottes Beziehung zu den Menschen. In allen Religionen ist zwar die Ahnung vorhanden, dass es da etwas oder einen Höheren geben muss, aber wir schaffen es nicht, von uns aus die verlorene Beziehung zu Gott wieder herzustellen. Es geht einfach nicht, weder durch das Ableisten frommer Rituale noch durch gute Werke.[389]

Wie sieht es bei uns aus?

- Wollen wir vielleicht ganz heimlich mit unseren Spenden,
- dem regelmäßigen Besuch von Gottesdiensten und anderen Veranstaltungen oder
- mit guten Taten Gott einen Gefallen tun?
- Wollen wir uns doch ein Stück Herrlichkeit selbst verdienen,
- von uns aus der Befreiungstat durch Christus noch etwas hinzufügen?

389 Wenn die Beziehung zu meiner Frau durch Streit belastet ist, nützt es auch nichts, wenn ich ihr dann Blumen kaufe. *Erst* ist Aussprache, Klärung und ggf. Vergebung nötig, die Beziehung muss bereinigt werden.

Paulus würde sagen: **Das sei ferne!** Also: Nein! Das geht gar nicht! Aber der „alte Adam" ist zäh und möchte sich doch so gern selbst etwas gutschreiben, oder sich – wie Münchhausen – an den eigenen Haaren aus dem Sumpf ziehen.

Na, dann ist ja alles klar:

Röm 10,9.10: *Wenn du mit deinem Mund bekennst, dass Jesus der Herr ist, […] wirst du gerettet werden. Denn man wird für gerecht erklärt, […] wenn man seinen Glauben mit dem Mund bekennt.*[390]

Also, ich *bekenne*, dass ich Jesus angenommen habe, dass ich Kreuz und Auferstehung für *wahr halte* und alles ist gut – die Ewigkeit ist gebongt.

Doch Vorsicht, ganz so einfach ist es nicht – das Zitat aus Röm 10 war eben unvollständig, dazu später.

10.3.3 Nicht allein der Glaube!

Jakobus legt den Finger in die Wunde, indem er sagt: *Betrügt euch nicht selbst, seid nicht nur Hörer des Wortes!* **(Jak 1,22)**

Luther konnte im Kontext seiner „Sola-Erkenntnis" mit dem Jakobusbrief nichts so richtig anfangen, hat ihn an das Ende des Schriftkanons gesetzt und eine „stroherne Epistel" genannt. Denn Jakobus hat seinen Ansatz weiter zugespitzt:

Jak 2,14–17.21–26: *Was nützt es, ihr Lieben, wenn jemand sagt, dass er an Gott glaubt, aber an seinem Leben erkennt man das nicht? Kann denn so ein Glaube ihn retten?*
Wenn zum Beispiel ein Bruder [oder eine Schwester] *keine*

390 Hier sind zunächst bewusst zwei Satzteile weggelassen.

Kleidung oder nichts zu essen hat, und jemand unter euch würde zu ihnen sagen: „Gottes Segen begleite euch, zieht euch warm an und esst euch satt!“

Wenn ihr ihnen dann nicht auch das gebt, was sie brauchen, würde ihnen das gar nichts helfen. [Im Gegenteil: Es wäre blanker Hohn.] *Wenn also euer Glaube an Gott* [euer Gottvertrauen] *keine dementsprechenden Werke nach sich zieht, ist er in sich selbst tot. …*

V21 *Ist nicht Abraham, unser Vater, durch die Werke* [des Glaubens] *gerecht geworden, weil er* [bereit war] *seinen Sohn Isaak auf dem Altar zu opfern? Daran kannst du erkennen, dass* [sowohl] *der Glaube an seinen Werken mitgewirkt hat,* [als auch, dass] *durch die Werke der Glaube vollkommen geworden ist.*

So ist die Schrift erfüllt, in der steht (**1Mo 15,6**)*: „Abraham hat Gott vertraut* [geglaubt], *und das ist ihm zur Gerechtigkeit angerechnet worden.“ Deshalb wurde er ein Freund Gottes genannt* (**Jes 41,8**).

So seht ihr nun, dass der Mensch aufgrund seiner Taten [oder: seiner Lebensführung] *gerecht gesprochen wird, und nicht allein durch den Glauben* [bzw. das Bekenntnis].

Nehmt die Hure Rahab als Beispiel[391]*: Wurde sie nicht aufgrund ihrer Glaubenstat gerettet, weil sie die Boten Israels aufnahm und ihnen einen anderen Weg zeigte, damit sie entkommen konnten?*

Also, genauso wie der Leib ohne den Geist tot ist, so ist auch der Glaube ohne Werke tot.

Also muss ich der Erlösung durch Christus doch selbst noch etwas durch „Werke“ hinzufügen?

391 Vgl. Josua 2 und 6,22–25.

Worum geht es denn beim „Glauben“?

a) In unserem Kontext ist es wohl nicht von der Qualität „ich glaube, dass morgen wieder schönes Wetter sein wird“ – also ein *Spekulieren* über Dinge, die man nicht genau wissen kann.
b) Es ist auch nicht das rein kopfmäßig-kognitive *für-wahr-Halten* eines Sachverhaltes, wie „Ich glaube (bin überzeugt), dass der Mensch vom Affen abstammt“. Oder auch: „Ich glaube (bin überzeugt), dass die Auferstehung Christi eine historische Tatsache ist.“
c) Glauben im christlichen Sinn heißt doch: *„(sich an-) vertrauen“*, „sich mit seinem Leben auf Christus einlassen“, „eine Lebensverbindung, ja, sogar eine Liebesbeziehung mit Gott eingehen“.

Glauben heißt: eine vertrauensvolle Lebensverbindung mit Christus eingehen.

Christus in mir, das ist der Schlüssel: In meinem Vertrauensschritt auf Christus hin ist ER in mein Leben gekommen, und nun möchte ER es christusgemäß erneuern und umgestalten. Paulus sagt es in **Gal 2,20** so: *Ich lebe, doch nun nicht ich, sondern Christus lebt in mir.* Das war Paulus’ Lebensthema:

- Nicht allein die Bekehrung *zu* Christus,
- sondern die Lebensgemeinschaft *mit* Ihm und
- die Lebensgestaltung *durch* Ihn

– das heißt vertrauensvoll „glauben“.

Und dazu sagt Jakobus: *Sei Dir nicht zu sicher*. Wenn man von „Christus in Dir“ in deinem Lebenswandel nichts erkennen kann, dann sind Zweifel daran erlaubt, ob Christus *überhaupt* in Dir lebt und wirken kann. Vielleicht unterliegst Du einer gefährlichen Selbsttäuschung, die meint, das kopfmäßige für-wahr-Halten wäre schon genug und würde reichen, „um in den Himmel zu kommen“.

Wenn der Glaube – also das Vertrauen auf Gott – echt ist, wenn Christus wirklich als Herr in euch lebt, dann muss und wird sich das in „Werken“, d. h. im Verhalten, im Umgang mit Menschen und in der gesamten Lebensführung auch nach außen zeigen.

Das geht gar nicht anders: Die Rebe am Weinstock (Joh 15) *wird* Frucht bringen, die Lebensverbindung mit Christus *wird* Ihn in der Welt erkennbar machen.

In toten Reben fließt kein Saft mehr, sie sind nutzlos – bis auf den Heizwert.

Noch einmal: Wenn da gar nichts zu erkennen ist, dann muss ernsthaft bezweifelt werden, ob Christus *überhaupt* in dir wirksam ist. Jesus selbst sagt das im Weinstockgleichnis auch: Reben ohne Frucht, die nicht (mehr) in Ihm sind, werden weggenommen und verbrannt, weil sie abgestorben sind. In toten Reben fließt kein Saft mehr, sie sind nutzlos – bis auf den Heizwert.

Problematisch erscheint im Licht der sola-gratia-Theologie des Paulus **Jak 2,24:** *„Der Mensch wird durch Werke gerecht, nicht durch Glauben – allein.“*

Im Kontext heißt dies jedoch, dass die „Werke“ die *Echtheit* des Glaubens bestätigen müssen und beides zusammen (V22) die Gerechtigkeit ist, die vor Gott gilt: *Daran kannst du erkennen, dass* [sowohl] *der Glaube an Abrahams Werken mitgewirkt hat,* [als auch, dass] *durch die Werke sein Glaube* [d. h. sein Gottvertrauen] *vollkommen geworden ist.*

Glaube und Werke gehören zusammen wie Weinstock und Rebe, Wurzel und Frucht.

Also, erst der Glaube – der Anschluss an Gott, den ER aus Gnade schenkt – und dann geradezu zwangsläufig dementsprechende „Werke“ (Lebenswandel). Glaube und Werke gehören zusammen wie Weinstock und Rebe, Wurzel und Frucht.

Oder: Gnade und Nachfolge sind zwei Seiten derselben Münze. Aber eben nicht: Nachfolge abgekrampft aus eigener Kraft, um Gott zu gefallen, sondern durch Christus in mir. Prof. Hans-Joachim Eckstein hat es einmal so gesagt: *Versprich Ihm nichts mehr, aber erlaub Ihm alles.*

10.3.4 Tätiger Glaube!

Paulus und Jakobus widersprechen sich letztlich gar nicht.

Fritz Grünzweig kommentiert das in WStB (sinngemäß) so: *Die verschiedenen Aussagen von Paulus und Jakobus kollidieren gar nicht, „weil die Züge nicht auf demselben Gleis fahren". Paulus geht es darum, wie der Mensch* **ins** *Haus Gottes aufgenommen wird: nämlich durch Gnade ohne Vorbedingung.*

Jakobus beleuchtet, wie sich das Leben des begnadigten Menschen dann **im** *Haus Gottes weiterentwickelt.*

In einem Bild: Die 2-€-Münzen werden von den Ländern und Kleinstaaten zum einen in regulären Kursmünzen, ansonsten aber auch in Form von Sondermünzen herausgegeben – inzwischen über 300 Stück.

Die *eine Seite* ist für alle Ausgaben gleich: Das Fundament, die Basis ist immer und für alle die Gnade Christi.

Die *andere Seite* lässt jedoch Raum für die individuelle Prägung, ohne dass ein Staat dem anderen da etwas vorzuschreiben hätte. So ist es auch in der Nachfolge: Die ist für jeden Christen mit seinem Herrn höchst individuell – wenn auch in einem definierten Rahmen (bei der 2-€-Münze im Bild: rund, 25 mm Durchmesser, Bimetall).

Glaube ist ohne Werke unglaubwürdig und Werke ohne Glaube führen in die Selbstgerechtigkeit.

Bei der Münze gehören *beide Seiten* untrennbar zusammen und so ist es im Prinzip mit dem Glauben und den Werken auch: Der Glaube ist ohne Werke unglaubwürdig und Werke führen ohne Glauben in die Selbstgerechtigkeit.

Paulus hat das auch immer zusammen gesehen. Im Text aus Röm 10 habe ich zu Beginn (Abschnitt 10.3.2) zwei Passagen unterschlagen, vollständig steht dort:

Röm 10,9.10: *Wenn du mit deinem Mund bekennst, dass Jesus der Herr ist,* ***und in deinem Herzen glaubst****, dass Gott Ihn aus den Toten auferweckt hat, wirst du gerettet werden. Denn man wird für gerecht erklärt,* ***wenn man mit dem Herzen glaubt****, man wird gerettet, wenn man seinen Glauben mit dem Mund bekennt.*

Im oder mit dem Herzen glauben, was ist das anderes als in einer echten Lebensbeziehung mit Christus zu leben – eben im Sinne von „sich anvertrauen"?

Und so sagt Paulus es auch im Eingangstext[392] **Röm 3,26**: *Und heute beweist Gott Seine Gerechtigkeit dadurch, dass ER den für gerecht erklärt,* ***der aus dem Glauben an Jesus LEBT****.*

Einen Schlüssel zur Verbindung von Paulus und Jakobus habe ich schon vor längerem im **Galaterbrief 5,6** gefunden: *„Denn in Jesus Christus gilt … der Glaube, der durch die Liebe tätig ist."*

Auch **Jesus** selbst sagt das wiederholt, z. B. am Ende der Bergpredigt (**Mt 7**): **V24** *Darum, wer diese Meine Rede hört* ***und danach lebt****, der gleicht einem klugen Mann, der sein Haus auf Fels gebaut hat. … Das wird Bestand haben.*

392 Vgl. Abschnitt 8.2.2 *Allein aus Gnade*.

V26 *Und wer diese Meine Rede hört* **und nicht dementsprechend lebt**, *der gleicht einem dummen Mann, der sein Haus auf Sand gebaut hat. ... Das wird fortgerissen werden.*

Oder, *an den Früchten werdet ihr sie erkennen.* **(Mt 7,16.20)** Wenn keine Früchte vorhanden sind, kann man auch keinen Glauben erkennen.

Also, was sollen wir denn nun tun?

So haben die betroffenen Zuhörer auch zu Pfingsten gefragt. Und Petrus sagt ihnen: *Kehrt um* [tut Buße], *nehmt die Vergebung Gottes an und empfangt den Heiligen Geist.* (**Apg 2,38**) Lasst es euch gefallen, dass Gott *alles* getan hat, um die Verbindung zu uns Menschen wieder herzustellen. Wir können und müssen nichts dazu tun, wir dürfen einfach zugreifen und es als Geschenk annehmen.

Aber wenn diese Hinwendung zu Gott/Jesus echt ist, dann werden Werke der Liebe das bestätigen: in Evangelisation, in Diakonie und in persönlichen Vertrauensschritten.

Bei der ersten Gemeinde äußerte sich das z. B. darin, dass sie ihr Hab und Gut verkauften, es teilten und täglich einmütig beieinander waren: Sie haben sich ganz und gar der weiteren Versorgung durch Gott anvertraut und gleichzeitig gegenseitig geholfen. Sie waren ein Zeugnis in ihrem Umfeld und haben dabei Jesus als den Christus verkündigt.[393] Auch für uns wird es immer beides sein: Zeugnis in Wort und Tat.

---

393 Die ersten Christen waren allerdings auch davon überzeugt, dass Christus *sehr bald* wiederkommen und diese Weltzeit beenden würde. Weil das nicht der Fall war, verarmte die Ur-Gemeinde in Jerusalem, so dass Paulus von „seinen" Gemeinden in Korinth, Mazedonien und Kleinasien eine Nothilfespende sammelte und diese selbst nach Jerusalem brachte.

10.4 *Die Hütte* – auf dem Richterstuhl

Seit mehr als zehn Jahren kursiert – nicht nur – in christlichen Kreisen der Bestseller *DIE HÜTTE* – von manchen geliebt, von anderen schnell verworfen, jedenfalls umstritten.[394]

Autor William Paul Young zeichnet hier umfassend – in menschlich verständlichen Bildern und eindrücklichen Dialogen – das Wesen der Liebe Gottes nach, die dieser innerhalb Seiner Dreieinheit und zu Seinen Geschöpfen in der Bibel offenbart hat. Das überragende Ziel dieser Liebe Gottes ist es, den Menschen zurechtzubringen und zurückzugewinnen, nicht ihn zu vernichten. Die Beziehung soll wieder hergestellt, nicht abgebrochen werden.

Die Hauptperson Mackenzie erhält eine mysteriöse Einladung von „Papa" – so bezeichnet seine Frau Gott. Auf dem Weg zu der HÜTTE, in der vor Jahren Spuren der Ermordung seiner nie wiedergefundenen kleinen Tochter Missy entdeckt wurden, erleidet er einen schweren Autounfall – der Hauptteil der Geschichte ist quasi eine Nahtoderfahrung in der Welt Gottes.

Zentral ist Kapitel 11 *Die Stunde des Richters*. Jesus schickt Mack allein auf einen Bergweg, an dessen Ende er Sophia begegnet – der Weisheit Gottes. Sie ist die atemberaubend schöne Richterin im höchsten Gericht, thront aufrecht und königlich auf ihrem Thron.

Mack wird mit seinem Urteilen über Menschen und Gott, aber auch der Liebe zu seinen fünf Kindern konfrontiert. Sie spitzt

394 Ich bin der Meinung: Wer dieses Buch schnell wieder weglegt (oder den Film abschaltet), weil er die (anfängliche) Darstellung von Gott-Papa als schwarze Frau und die des Heiligen Geistes als etwas flippige Asiatin grundsätzlich (und dogmatisch) ablehnen muss, verpasst viel an grundsätzlichen Erkenntnissen über die Liebe Gottes und das Wesen des Menschen.

die Lage zu: „Aber nicht *du* stehst hier vor Gericht. – Du *bist* der Richter."

Unerbittlich macht sie Mack seinen Richtgeist deutlich, insbesondere auch gegenüber Gott, bis er zugeben muss, was er denkt:

Setz dich auf den Richterstuhl – jetzt.

Ja, Gott ist schuldig.

Das gilt besonders für die Ermordung seiner geliebten Tochter Missy durch einen Serienmörder mit einer kranken Seele. Gott hatte es zugelassen, nicht verhindert, war dem Bösen nicht in den Arm gefallen.

Es gibt kein Entrinnen. Mack sitzt auf dem Richterstuhl und „die Weisheit Gottes" (die schöne Sophia) fordert ihn heraus:

„Dann, wenn du so leicht über Gott dein Urteil fällen kannst, kannst du gewiss auch über die Welt richten. – Du musst zwei deiner Kinder auswählen, die dann die Ewigkeit in Gottes Neuem Himmel und auf seiner Neuen Erde verbringen dürfen. Aber nur zwei. – Und du musst von deinen Kindern drei auswählen, die dann die Ewigkeit in der Hölle verbringen werden."

Wenn du so leicht dein Urteil über Gott fällen kannst, kannst du gewiss auch über die Welt richten.

Dies ist natürlich eine äußerste Zumutung, denn Mack liebt sie ja alle *fünf*. Er gerät in Panik. Aber Sophia lässt nicht locker.

„Ich bitte dich lediglich darum, etwas zu tun, von dem du glaubst, dass Gott es auch tut."

Unnachgiebig besteht Sophia darauf, dass er *nur zwei* seiner geliebten Kinder für den Himmel auswählen kann: Du *musst* entscheiden. *Jetzt.* Du kannst nicht ausweichen, dich nicht weigern, du musst …

Bis Mack kapituliert: *Kann ich an ihrer Stelle hingehen?* – Für die anderen drei in die Hölle. Bitte, lass mich für meine Kinder dorthin gehen. Ich liebe sie doch alle.

Der Punkt ist erreicht, an dem sie ihn haben wollte: *„Nun klingst du wie Jesus. Du hast ein gutes Urteil gefällt. Ich bin so stolz auf dich!"*

W. P. Young spitzt hier sehr dramatisch zu, was viele – insbesondere evangelikale – Christen glauben: Gott wird nur diejenigen in den Himmel lassen, die sich jetzt und hier, in diesem Leben, kognitiv und willentlich „für Jesus entschieden" haben. Alle anderen gehen *verloren*, d. h. das Urteil des Weltenrichters heißt:

Abmarsch in die Hölle.

Und das soll ein gnädig-barmherziger, ewig-gütiger Gott sein, dessen Wesen durch und durch Agape-Liebe ist, die sich am Kreuz auf Golgatha für eine verirrte Menschheit aufgeopfert hat?

Teil III

Vom Ziel her denken

Nach der umfangreichen Recherche in der Bibel im Teil II bin ich zu dem Schluss gekommen, das Thema noch einmal vom Ziel her zu betrachten. Es ist immer gut zu wissen, wohin man will – und auch wohin Gott mit seiner Schöpfung will. Dadurch ergibt sich ein vollständigeres, aber auch fokussierteres Bild.

Vorab formuliere ich noch einmal drei zugespitzte Fragen an die Vertreter des „Entscheidungsdogmas“:

1. Wie passt das zusammen mit dem Wesen Gottes, der grundsätzlich Liebe ist, der Rettung und Leben will und nicht Vernichtung und Tod?
   Wird dieser *Gott der Liebe* (nicht: „der liebe Gott“) letztlich auch alle vernichten, die – warum auch immer – keine Chance hatten, sich bewusst „für Jesus zu entscheiden“?
   Wer das bejaht, müsste konsequenterweise darauf verzichten, weiterhin von *bedingungsloser* Liebe, Gnade, Barmherzigkeit, Güte und Geduld Gottes zu sprechen.
2. Wie passt dazu die Botschaft vom abschließenden Weltgericht über die Völker bzw. Nationen? (Offb 20,11-15)
   In diesem Gericht geht es um die Taten bzw. Werke der Barmherzigkeit, letztlich den *Lebenswandel*, der den Charakter eines Menschen widerspiegelt. Jesus sagt in Mt 25,31ff, dass *dieses* Weltgericht zwei Ausgänge für Gesegnete und Verfluchte hat.
   Will man ernsthaft behaupten, dass diese „Gesegneten“ dann mit Anerkennungsorden in die Hölle marschieren, weil sie sich nicht bewusst „für Jesus entschieden“, aber immerhin barmherzige Taten vorzuweisen, hatten?
3. Die letzten Seiten der Bibel sprechen klar von zwei Aufenthaltsbereichen in der Neuen Welt (diese Aussagen kann man nicht einfach in das 1000-jährige Reich verschieben!).
   Es gibt das Neue Jerusalem (als Bild für die Gemeinde bzw. die Braut Jesu) und es gibt Völker außerhalb dieser Stadt. Zwischen der Gemeinde und den Völkern gibt es einen regen Austausch.
   Wo bitte kommen diese Nationen plötzlich her, wenn nicht als (ebenfalls) Begnadigte aus dem Weltgericht?

11 Enthüllung

Die „Offenbarung des Johannes" ist eine missverständliche Bezeichnung. Es geht hier nicht darum, dass Johannes etwas offenbart hätte, sondern er ist der *Empfänger* der Apokalypse. Das zugrunde liegende griechische Wort meint: Enthüllung.

Bei dieser Enthüllung geht es nicht in erster Linie um einen katastrophischen Endzeitfahrplan, sondern es geht um die Enthüllung des auferstandenen Christus als dem Weltregenten und letztlich auch dem unbestechlichen, aber gnädigen Weltenrichter.[395]

Das vorrangige Thema dieser Enthüllung ist der Sieg der Herrlichkeit Gottes über alles Böse, was allerdings heftige Endkämpfe auf dieser Erde mit sich bringt. Das Ziel am Horizont ist: Wiederherstellung der Beziehung zwischen dem heiligen Gott und Seinen verirrten Menschen.

11.1 Gottes Welt ist real

Gibt es überhaupt einen Himmel, eine übernatürliche Welt, ein Jenseits bzw. (mindestens) eine Dimension des Lebens, die grundsätzlich unserer naturwissenschaftlichen Erforschbarkeit entzogen ist?

Die Bibel bezeugt dies sowohl aus der Sicht von Menschen als auch aus der Sicht Gottes, der sich in der Bibel mitteilt, unzweifelhaft: JA!

395 E. G. Fitsch hebt in seinem Buch *Die Vision von Patmos* sehr klar diese christologische Sicht auf die Offenbarung hervor.

Mit unseren naturwissenschaftlichen Möglichkeiten können wir nur *innerhalb* der natürlichen Gegebenheiten Erkenntnisse darüber gewinnen, wie die Schöpfung funktioniert und wie alles zusammenwirkt – die natürlich-sichtbare und ebenso die natürlich-unsichtbare Welt. Wir nehmen sie wahr, können und dürfen sie erforschen.[396]

Für die *über*natürliche – und normalerweise unsichtbare – Welt Gottes gilt das nicht – sie ist für uns naturwissenschaftlich nicht erforschbar. Über sie können wir nur etwas wissen, wenn Gott sich von dort aus mitteilt (offenbart) und wir uns darauf im vertrauenden Glauben einlassen.

Über Gottes Welt können wir nur etwas wissen, wenn ER sich offenbart.

Etliche Gottesmänner durften jedoch für kurze Zeit einen Blick in diese Welt Gottes tun, die für uns normalerweise nicht sichtbar ist.

Von *Henoch* wird berichtet, dass er als besonders gottesfürchtig auffiel und deshalb ohne zu sterben direkt in den Himmel aufgenommen wurde. (1Mo 5,24; Hebr 11,5)

Mose wurde zu Gott auf den Berg gerufen und durfte dort das himmlische Vorbild der Stiftshütte schauen. (2Mo 25,9.40)

Die Propheten *Elia* und sein Nachfolger *Elisa* schauten in die ansonsten unsichtbare Realität um sie herum, ehe Elia – ebenfalls direkt – in die himmlische Welt aufgenommen wurde. (2Kö 2,1–11)

396 Während früher die meisten Naturwissenschaftler (z.B. Isaac Newton, Blaise Pascal) die Schöpfung aus ihrer Ehrfurcht vor Gott heraus erforschten, ist dies heute vielfach dem Hochmut gewichen: Weil wir das alles erforscht haben und jetzt wissen, wie es funktioniert, brauchen wir keinen Gott und keinen Schöpfer mehr zur Erklärung.

Der Prophet *Hesekiel* bekam eine besondere, außergewöhnliche Schau auf die Herrlichkeit des Herrn, die er nur in uns wirr erscheinenden Bildern wiedergeben kann. (Hes 1)

Jesaja sieht bei seiner Berufung zum Propheten den Thron Gottes und die Ihn umgebende Welt der Seraphim. (Jes 6,1–7)

Der Jesusnachfolger *Stephanus* sieht bei seiner Steinigung den Himmel offen. (**Apg 7,55**: *Er sah die Herrlichkeit Gottes und Jesus an der rechten Seite Gottes stehen.*)

Johannes darf umfassend in die himmlische Welt eintreten und von dort aus das Weltgeschehen sehen. Er hat eine unmittelbare Begegnung mit dem auferstandenen Jesus Christus. (Offb 1,12–20) Nachdem er die Botschaften für die sieben Gemeinden empfangen hat, bekommt er die Einladung: *Steig herauf, ich will dir zeigen, was nachfolgend geschehen soll.* (**Offb 4,1**)

Der große Völkermissionar *Paulus* berichtet immer wieder von seinem Damaskuserlebnis, als der auferstandene Jesus diesem fanatischen Christenverfolger selbst in den Weg getreten war: *Saul, Saul, warum verfolgst du* ***Mich****?* (**Apg 9,4**)

In **2Kor 12,2–4** sagt Paulus von sich selbst (allerdings distanziert in der dritten Person): *Ich kenne einen Menschen, der in Christus lebt; der wurde vor vierzehn Jahren*[397] *bis in den dritten Himmel entrückt. Ob er dabei in seinem Leib gewesen ist oder ob es nur im Geist geschah, das weiß ich nicht. […] der wurde in das Paradies entrückt und hörte dort unaussprechliche Worte, die kein Mensch wiedergeben kann.*

Und nicht zuletzt:

397 Von der Zeitangabe her wäre dies etwa 37/38 n. Chr. und könnte im Zusammenhang mit dem Damaskuserlebnis und der darauffolgenden Auszeit stehen.

Die Menschen zur Zeit Jesu merkten: DER weiß, wovon ER redet!

Als *Jesus von Nazareth* über diese Erde ging, war es für Ihn selbstverständlich, dass ER in ständigem (Gebets-) Kontakt mit Seinem Vater im Himmel stand. Immer wieder sprach ER direkt und in Bildern vom Himmel, so dass die Menschen an Seiner Vollmacht merkten: DER weiß, wovon ER redet!

Bei einem besonderen Ereignis, wenig vor Seiner Erniedrigung und Kreuzigung, trat Jesus auf dem „Berg der Verklärung" in direkt sichtbaren Kontakt mit der himmlischen Welt und begegnete dort Mose und Elia, den bedeutenden Repräsentanten des Alten Bundes – der Mittler des Gesetzes und der große Prophet. Die Jünger Petrus, Johannes und Jakobus waren völlig überwältigt von dieser Erscheinung.[398] (z. B. Lk 9,28–33)

Was feiern wir an einem Donnerstag im Mai? Christi Himmelfahrt! Das ist die Rückkehr von Jesus in die Welt des Vaters, aus der ER gekommen war, und zwar als Sieger über Tod und Teufel auf den Thron zu dessen rechter Hand.

Die Bibel erschließt sich als ständige Interaktion zwischen Himmel und Erde, zwischen Gott und den Menschen.

Wenn man das einmal grundsätzlich als Faktum stehen lässt – und nicht als fantastisches Märchen abtut –, dass es eine *außerirdische Welt* Gottes gibt –, dann erschließt sich die Bibel als ständige Interaktion zwischen Himmel und Erde, zwischen Gott und den Menschen.

398 Vgl. dazu in Band 1 den Abschnitt 151 *Herrliches Spektakel.*

11.2 Zum Verständnis der Offenbarung

Mit „der Offenbarung“ ist hier das letzte Buch der Bibel gemeint, die allgemein als „Offenbarung *des* Johannes“ bezeichnet wird – besser aber als „Offenbarung *an* Johannes“, denn es geht tatsächlich um die Offenbarung des auferstandenen Christus als Herrn der Welt.

11.2.1 Kein Endzeitfahrplan

Ausleger aller Jahrhunderte gehen an *die Offenbarung* sehr unterschiedlich heran: Man kann sie z. B. lesen

- *historisch*, also im Kontext ihrer Abfassung im 1. Jahrhundert, als die Christen unter Kaiser Domitian schwer verfolgt wurden; Johannes wurde deswegen nach Patmos verbannt.
- *kirchengeschichtlich*: Insbesondere in den sieben Sendschreiben sieht man dann sieben Epochen der Kirchengeschichte mit all ihren Mängeln, die Christus ansprechen muss.
- *zeitgeschichtlich*: Man versucht – mit der Tageszeitung neben der Bibel – zu bestimmen, wo wir aktuell stehen bzw. wie weit der „Zeiger Gottes an der Weltenuhr“ vorgerückt ist. Dies führt dann zu konkreten – aber oft fragwürdigen – Rückschlüssen von der Tagespolitik auf die bildhaften Gerichtsaussagen der Offenbarung.
- *endgeschichtlich*: Dies ist die „Spielwiese der Endzeitspezialisten“, die die Einzelheiten der katastrophischen Ereignisse und die Entrückung der Gemeinde erforschen.

Es geht in erster Linie um den Herrn der Geschichte: Jesus Christus.

Ich folge hier der klaren Positionierung von E. G. Fitsch zu einer *christologischen* Sicht. *Dies ist die Offenbarung des Jesus Christus* **(Offb 1,1)**. Es geht in erster Linie nicht um die in

Bildern beschriebenen Ereignisse der Weltgeschichte, sondern um den Herrn dieser Geschichte. ER zieht den Schleier beiseite, enthüllt sich und Seine Allmacht gegenüber Johannes, als derjenige, *dem alle Macht im Himmel und auf der Erde gegeben ist*, und der *bei euch ist an allen Tagen.* (**Mt 28,18.20**)

11.2.2 Bilder, Zahlen und Symbole[399]

Wie anderen Gottesmännern wird Johannes eine besondere Schau in die himmlische Welt gewährt. Was er dort sieht, ist so fantastisch, dass es sich für die Verhältnisse auf dieser Erde, die wir kennen, kaum in Worte fassen lässt.

Johannes muss daher auf Bilder zurückgreifen, die eine Brücke zwischen unserem diesseitigen Verständnis und der himmlischen Herrlichkeit, die er sehen darf, schlagen.

Beim Gang durch die Offenbarung darf man diesen Aspekt an keiner Stelle vergessen: Es handelt sich (jedenfalls weitgehend) um *Bilder voller Symbolik*, die versuchen, eine kaum zugängliche Realität zu vermitteln. Dies gilt

- für die Selbstvorstellung von Jesus in Kapitel 1,
- für die sogenannten Sendschreiben an sieben damalige Gemeinden in Kapitel 2 und 3,
- für den Blick in den Himmel an verschiedenen Stellen, insbesondere in den Kapiteln 4, 5, 19, 21 und 22,
- für die Gerichtsserien, die über die Erde gehen und
- für den Antichristen und seinen Propheten sowie
- für das Leiden der Gemeinde Jesu unter Verfolgungen.

399 Vgl. hierzu auch Abschnitt 13.4 *New Salem – keine Megastadt.*

Die Symbolik betrifft auch die Zahlen. Auch diese sollten nicht ohne weiteres mathematisch-wörtlich genommen werden, z. B. steht

- die 3 für die göttliche Dreieinigkeit; sie ist die Zahl Gottes: Vater, Sohn und Heiliger Geist,
- die 7 für die Vollkommenheit und Harmonie bzw. auch Vollzähligkeit, Vollendung (z. B. 7 Geister Gottes, 7 Gemeinden),
- die 10 für die Verantwortlichkeit des Menschen vor Gott (Zehn Gebote),
- die 12 für die dem Menschen von Gott übertragene Verwaltung der Schöpfung[400] (12 Stämme Israels, 12 Apostel Jesu).

So können z. B. die 144.000 Erlösten vor dem Thron Gottes (Offb 14,3) als eine Symbolzahl aus $12 \times 12 \times 10^3$ interpretiert werden. Ebenso die 12.000 Stadien für das Abmaß des Neuen Jerusalem (Offb 21,16): 12×10^3. Gott, Mensch und die gesamte Schöpfung sind dann herrlich vereint am Ziel der Geschichte angelangt und vollendet.

11.2.3 Ein gewaltiges Gesamtgemälde

Man wird der Offenbarung mit ihren Bildern und Symbolen kaum gerecht, wenn man sie *chronologisch* liest. Johannes konnte ja nicht anders, als alles *nacheinander* aufzuschreiben und in seine (und letztlich auch unsere) Zeit zu transportieren. Es heißt aber immer wieder: ***Und** ich sah …* bzw. ***Dann** oder **danach** sah ich …* Was Johannes *nacheinander sieht* und aufschreiben soll, bedeutet aber nicht, dass dies auch in gleicher Weise nacheinander *geschieht.*

Es scheint eher so, als ob Johannes wie in einer Galerie vor einem riesigen Gemälde steht, bei dem er sich nacheinander verschiedene

400 Vgl. Kiene, Paul F.: https://www.bibelkommentare.de/kommentare/332/was-bedeuten-die-zahlen-in-der-bibel

Details ansehen kann, sie quasi herauszoomt und dann beschreibt – sie sind aber bereits alle gleichzeitig vorhanden.

In unserer heutigen digitalen Welt ist es selbstverständlich, innerhalb von Dokumenten zu anderen Quellen zu verlinken und dadurch zu weiteren Informationen und tieferen Verständnisebenen zu kommen. Diese Vorgehensweise dürfte für Gott in Seinen Mitteilungen an die Menschen auch kein Problem sein.

Diese Sicht gilt im Übrigen für die ganze biblische Offenbarung. Gottes Wort in der Bibel ist wie ein riesiges 3D-Puzzle und letztlich kann nur ER selbst uns zeigen, welches Teil an welche Stelle gehört und wie die Zusammenhänge sind.

Die biblische Wahrheit wird nicht dadurch falsch, dass wir noch nicht wissen, wo welche Puzzleteile hinkommen. Aber im Laufe der Zeit finden die Teile ihren Platz und das Gesamtbild vervollständigt sich. So schreitet die Enthüllung der göttlichen Wahrheit *im Detail* immer weiter voran und unser Verständnis wächst – unter der Leitung Seines Geistes.

11.3 Chronologie (?) des Weltfinales

Auch wenn man die „Offenbarung an Johannes" nicht strikt chronologisch lesen sollte, weil sie eher ein Gesamtbild mit verschiedenen Aspekten zeigt, die unterschiedlich „herausgezoomt" werden, so ist bei den Auslegern doch weitgehend unstrittig, dass

- Jesus bei Seiner Wiederkunft die Weltherrschaft des letzten Antichristen (im Bild: das Tier und der falsche Prophet) beendet (Offb 19,11–21),
- *dann* der Teufel für eine lange Zeit (10^3 Jahre) gebunden wird (20,1–3a),
- *zugleich* (oder vorher?) die erste Auferstehung der Christusgläubigen (die sogenannte Entrückung) zur Herrschaft mit

Jesus während dieser 10^3 Jahre auf dieser alten Erde erfolgt (20,4–6),

- *dann* nach dieser langen Zeit göttlichen Friedens der Satan noch einmal auf die Menschheit losgelassen wird (20,3b.7–9) – letzte Bewährungsprobe und Prüfung auf Echtheit für die Menschen,
- *dann* der Teufel endgültig im feurigen Pfuhl vernichtet wird (20,10),
- *dann* (bzw. ggf. gleichzeitig) das große Weltgericht erfolgt (20,11–15) – Himmel und Erde fliehen vor Gottes Angesicht, allgemeine Auferstehung zum Gericht, Öffnung der Bücher – insbesondere des bedeutenden *Buches des Lebens*.
- *Nach* diesem Weltgericht schafft Gott einen Neuen Himmel und eine Neue Erde. (Offb 21,1–22,5)

Wenn man die Bilder der Offenbarung *grundsätzlich* als Ausschnitte aus einem großen Ganzen versteht, ist es nicht ganz schlüssig, warum man dann für die letzten drei Kapitel plötzlich auf eine *chronologische* Interpretation umschwenken sollte.

Es ist durchaus denkbar, dass auch diese SchlussKapitel verschiedene Perspektiven auf den Endkampf zwischen Gott und Satan sind, bis das Böse endgültig besiegt ist und die Schöpfung ihr Ziel bei Gott erreicht hat.

11.4 Millennium[401] und Neue Welt I

Wenn man der These zustimmt, dass die Offenbarung grundsätzlich *nicht* chronologisch zu lesen ist – warum sollte dies für die letzten Kapitel 20–22 und das Finale der Menschheitsgeschichte nicht auch gelten?

Könnte es nicht sein, dass das „1000-jährige" Friedensreich, das Jesus nach Seiner Wiederkunft mit der Gemeinde errichten wird und das bereits eine umfassende Wiederherstellung der (durch menschlichen Egoismus und göttliche Gerichte) geschundenen Erde mit sich bringt, gewissermaßen *organisch* in die ewige, Neue Welt hineinwächst – ohne dass diese (alte) Schöpfung *komplett zerstört und vernichtet* wird?[402]

Unterbrochen wird dies nur durch eine letzte, von Gott zugelassene Rebellion des Satans (Offb 20,7–11), um *die* Menschen noch „herauszuschmelzen", die sich neuerlich dem Satan anschließen und deshalb dann in der Neuen Welt Gottes tatsächlich nichts zu suchen haben. Es werden allerdings noch einmal viele sein, die in einem letzten großen Krieg gegen die Herrschaft von Jesus rebellieren.

Allerdings ist das physische Sterben in einem Krieg noch nicht gleichbedeutend mit dem zweiten Tod, der endgültigen Trennung von Gott, nach dem *individuellen* Erscheinen jedes Einzelnen vor dem Richterstuhl Gottes.

---

401 Das sog. „1000-jährige Reich" verstehe ich grundsätzlich ebenfalls als eine Symbolzahl (10^3) für einen langen Zeitraum des Friedens unter der guten Herrschaft des Lebenserfinders Jesus Christus.

402 Ein interessanter Hinweis in dieser Richtung findet sich in **Ps 102,26.27:** *Du hast vor Zeiten die Erde gegründet, und die Himmel sind das Werk deiner Hände. Sie werden vergehen, aber du bleibst. Sie werden veralten wie ein alter Mantel; sie werden gewechselt wie ein Kleid, wenn du sie* **verwandeln** *(!) wirst.* Andere übersetzen allerdings auch: *... und sie zerfallen bzw. verschwinden.*

Die letzten Rebellen gegen die gute Herrschaft Gottes werden zwar der Rechtsprechung im Gericht übergeben, aber dies *muss* nicht zwangsläufig auch die komplette Zerstörung der Erde und den finalen Weltuntergang bedeuten.

Lediglich **Offb 20,11**, „*Und ich sah einen großen, weißen Thron und den, der darauf saß; vor Seinem Angesicht flohen die Erde und der Himmel, und es wurde keine Stätte für sie gefunden*", scheint darauf hinzuweisen. – So klar ist das aber nicht: Es kann auch einfach heißen, dass alles, was zur alten Schöpfung gehört (in *der* Form) vor dem Richterstuhl Gottes keinen Bestand haben kann – und fliehen muss.

Sind also das 1000-jährige Friedensreich (Offb 20,4–6) und die Neue bzw. erneuerte Erde (samt Neuem Himmel, Offb 21,1–22,5) ebenfalls zwei verschiedene Perspektiven auf das eine große Ziel Gottes mit Seiner Schöpfung?

Bei den Propheten im Alten Testament, die wie in einer Bergkette auf die weit entfernten Gipfel geschaut haben, ist häufig durchaus nicht klar, ob ihr Blick auf das Friedensreich *vor* der letzten Rebellion oder die endgültig Neue Welt ging[403] – oder ob beides letztlich miteinander in der Vollendung der Schöpfung verschmilzt.

Gegen die chronologische Sicht auch in den letzten Kapiteln der Offenbarung spricht, dass es immer nur heißt – insgesamt 14 Mal:

Und ich sah/hörte ... bzw. *Und der Engel zeigte mir ...*

Johannes spricht hier von *seiner Wahrnehmung* (wie in einer Bildergalerie, eines nach dem anderen), was aber nicht gleichbedeutend mit einer zeitlichen Abfolge der *Ereignisse* sein muss.

403 Vgl. insbesondere Jesaja, Kapitel 2; 11; 65; Micha 4; Sacharja 8; 12.

Und ich sah …

- den offenen Himmel und den wiederkommenden Christus (19,11),
- einen Engel, der die Vögel zum Aufräumen nach dem letzten Gericht herbeiruft (19,17),
- das Tier und die Könige, die gegen Christus (bei Seiner Wiederkunft) Krieg führen (19,19),
- einen Engel, der den Satan inhaftiert (20,1),
- Throne und darauf die Märtyrer (20,4),
- den Thron Gottes, vor dem Himmel und Erde fliehen (20,11),
- die Toten vor dem Thron und offene Bücher (20,12),
- einen Neuen/erneuerten Himmel und eine Neue/erneuerte Erde (21,1),
- die Heilige Stadt, das Neue Jerusalem (21,2),
- (hörte) die Stimme Gottes: Siehe da … (21,3–5a) und
- komm, ich will dir die Braut zeigen (21,9.10),
- keinen Tempel in der Stadt (21,22),
- den Strom lebendigen Wassers, der vom Thron Gottes ausging,
- und die Lebensbäume entlang des Stromes (22,1–2).

All das, was Johannes hier nacheinander sieht und aufschreibt (bzw. was ihm nacheinander gezeigt wird), spricht *nicht* – auf keinen Fall zwangsläufig! – für einen chronologischen Ablauf der Ereignisse.

Mit dieser Sicht ist es fast unerheblich, ob die (undifferenzierten) prophetischen Bilder im AT auf das 1000-jährige Friedensreich, die endgültige Erneuerung der Schöpfung oder auf beides zielen.

12 Weltgericht – alles kommt raus

Bemerkenswert ist, dass die Offenbarung an Johannes dem Weltgericht nur wenige Verse widmet: Offb 20,11–15. Jesus selbst redet ausführlicher in Mt 25 in Bildern darüber. Ansonsten ist es aber ein roter Faden durch die ganze Bibel: Gott sieht jedes einzelne Leben und ER wird darüber am Ende ein gerechtes Urteil sprechen – getragen von Seiner grundsätzlichen Bereitschaft zu Vergebung, Gnade und Barmherzigkeit.

12.1 Tod – und kein Ende

Dieser Abschnitt schließt an Abschnitt 8.3.4 *Auferstehung* an. Im 1. Brief an die Korinther hat Paulus im Kapitel 15 die umfangreichsten Ausführungen über die Auferstehung niedergeschrieben.

Dort heißt es u.a. zur Ordnung der Auferstehung (**1Kor 15,22–24**):

Denn genauso wie sie in Adam alle sterben, werden sie auch in Christus ***alle*** *wieder lebendig gemacht werden.*

Dies erfolgt für jeden in der [von Gott] *bestimmten Reihenfolge:*

- *zunächst der Erste: Jesus Christus;*
- *danach alle, die zu Christus gehören, wenn ER wiederkommen wird;*
- *abschließend die Vollendung, wenn Christus Gott-Vater die Königsherrschaft wieder übergeben wird, wenn ER alle* [widergöttliche] *Herrschaft, Macht und Gewalt beseitigt haben wird.*

Nachdem mit der Auferstehung von Jesus Christus ein neuer Anfang gemacht worden ist, gibt es danach für die Menschen also zwei Auferstehungs*termine*.

- Als Erstes für alle, die sich Christus zu Lebzeiten zugewendet haben und (zu) Ihm gehören. Dies geschieht im Zusammenhang mit der sichtbaren Wiederkunft von Jesus.[404]
- Zum Ende der Geschichte gibt es dann eine generelle Auferstehung *zum Gericht* für alle anderen. (Offb 20,5a.12.13)

Die „Auferstandenen der ersten Generation“ leben als bereits Gerettete im Frieden (Shalom) Gottes. Sie sind durch ihre Lebensverbindung mit Christus *safe*, auf der „sicheren Seite“ bei Gott angekommen.

Der „zweite Tod“, die endgültige Verwerfung, hat für sie keine Bedeutung mehr. Da kann nichts mehr passieren. Wer zu Christus gehört, kann definitiv nicht mehr „verloren“ gehen.

Wenn Christus zur Aufrichtung Seines 1000–jährigen Friedensreiches wiederkommt, werden sie mit Ihm als königliche Priester die Welt regieren und dienend herrschen. Sie können auch vom Satan in der letzten Rebellion nicht mehr verführt werden.

Alle Menschen, die zu Lebzeiten *keinen* Anfang mit Jesus gemacht haben, müssen in der Untersuchungshaft (Totenreich) auf das große Weltgericht warten.

---

404 **Offb 20,5b.6:** *Dies ist die erste Auferstehung. Selig und heilig ist der, der bei der ersten Auferstehung dabei ist. Über diejenigen hat der zweite Tod keine Macht mehr; sondern sie werden Priester Gottes und Christi sein und mit ihm tausend Jahre lang regieren.*
Davon spricht auch 1Thess 4,16.

An der „Wiederbelebung“ in der Auferstehung kommt aber letztlich niemand vorbei, keiner kann sich ihr entziehen.[405]

Der „Wiederbelebung“ kann sich niemand entziehen.

Auch die Offenbarung an Johannes sagt in 20,13, dass zum Weltgericht das Totenreich[406] völlig entleert wird. Die Untersuchungshaft wird beendet, das „Gefängnis der Geister“ (1Petr 3,19) hat ausgedient. Es kann dann wie eine leere Verpackung entsorgt werden und landet deswegen im Feuersee. (Offb 20,14)

Dann hat Jesus mit Seiner Schlüsselgewalt (Offb 1,18) den Befehl zum finalen Exodus aus dem Totenreich gegeben. Alle müssen raus aus der U-Haft und in die Gerichtsverhandlung, die mit einem Urteilsspruch enden wird.

Jetzt kommt alles raus!

Dann steht jeder allein mit seinem Leben vor seinem Schöpfer.[407] Gott hat alles mitbekommen, auch das Geheime, Gemeine und Verborgene.

Das ist im Übrigen keine neue Erkenntnis. König David wusste das vor 3000 Jahren auch schon und hat es in **Psalm 139** aufgeschrieben: Egal, was ich denke, rede oder tue – DU, Gott, weißt es. **V6:** *Diese Erkenntnis ist mir zu wunderbar und zu hoch, ich kann sie nicht begreifen.*

405 **Hebr 9,27:** *Es ist für den Menschen* [von Gott] *festgesetzt, dass er einmal sterben muss. Danach aber kommt das Gericht.*

406 Gr.: Hades, Hebr.: Scheol.

407 Vgl. Abschnitt 6.1.4 *Allein vor Gott* zu Hes 18.

Dann gibt es kein Entrinnen mehr. *Die Toten* – Promis und angesehene Menschen, Nichtse und Loser gleichermaßen, ausnahmslos *alle* – können jetzt nicht mehr fliehen. Sie müssen vor dem lebendigen Gott stehen: Jetzt verantworte dich für das, was du aus dem Leben gemacht hast, das ICH dir geschenkt habe.

Ausweglos kann der Mensch nun nicht mehr vor seinem Schöpfer weglaufen, der Tod ist eben nicht das Ende. Der, der das A und das Z[408], der Anfang und das Ende ist, der setzt mit Seinem Urteil jetzt den Schlusspunkt.

Der Mensch steht vor Gott – und hat nichts mehr zu sagen.

Der Mensch steht vor Gott – und hat nichts mehr zu sagen. Es gibt nichts mehr zu erklären und zu rechtfertigen. Gott weiß sowieso und längst alles. Die Werke und die Motivationen, die dahinterstecken. „Werke": Das ist denken, reden, tun, alles, was aus der grundlegenden Lebenseinstellung und dem Charakter folgte.

Da stehst du dann im Scheinwerfer der göttlichen Gerechtigkeit. Der Schöpfer durchleuchtet dich umfassender und perfekter als ein ambitionierter Überwachungsstaat in dieser Welt das je hinbekommen könnte.

Der vergessliche Mensch mit all seinen Verdrängungsmechanismen und Erinnerungslücken wird nun mit seiner ganzen Geschichte und Vergangenheit konfrontiert.

Das Gerichtsurteil, also die Rechtsprechung nach den Maßstäben des Reiches Gottes,[409] erfolgt nach den aufgezeichneten „Werken".

408 Im Griechischen: das Alpha und das Omega.

409 Vgl. dazu die Bergpredigt von Jesus in Mt 5–7 und das Kapitel 5 *Regierungserklärung* in Band 1.

Die Beweisaufnahme ist abgeschlossen.
Dem ist nichts mehr hinzuzufügen.
Keine weiteren Zeugen.

Dass Gott auch bei einem „unbekehrten Leben“ alles weiß und jede Verfehlung gesehen hat, bedeutet aber nicht *zwangsläufig*, dass diese „Unseligen“ automatisch in die ewige Gottesferne (Hölle) abserviert werden.

Gott muss das Böse ernstnehmen – und beseitigen.

Wir befinden uns hier zweifellos in der Spannung, dass Gott zwar in Seinem ganzen *Wesen* Liebe (gr.: *Agape*) ist, aber gerade deswegen das Böse nicht einfach übersehen und durchgehen lassen kann. ER muss es ernstnehmen – und beseitigen. Dann wird aufgearbeitet, was Gott Jahrtausende lang in Geduld ertragen hat.

Adolf Pohl geht in seiner Auslegung zur Offenbarung ebenfalls der Frage nach, ob *ausschließlich* die Teilhaber an der ersten Auferstehung „gerettet“ und alle anderen „verloren“ sind.[410]

Pohl kommt zu dem Resümee, das ich hier in meinen Worten wiedergebe: Nein, das Urteil Gottes ist differenzierter. Der Eintrag im *Buch des Lebens* entscheidet sich nicht ausschließlich an der Frage, ob sich jemand in diesem Leben bewusst und willentlich „für Jesus entschieden“ hat.

Anders gefragt: Wie weit reicht die *unverdiente* Gnade Gottes und die Kraft des Blutes Jesu?

Oder: Was muss Gott bei allem Gnadenwillen letztlich doch als *heillos* ansehen und der Verdammnis preisgeben?

410 WStB zur Offenbarung, Teil 2, zu Offb 20,11–15, S. 288–300 – es ist sehr lohnenswert diesen ganzen Kommentarabschnitt zu lesen!

12.2 Schafe und Böcke[411]

Bei der Diagnose an die Gemeinde in Thyatira schreibt Johannes im Auftrag von Jesus: *Alle Gemeinden sollen erkennen, dass ICH es bin, der die Nieren und Herzen erforscht; und ICH werde einem jeglichen unter euch nach euren Werken geben.* **(Offb 2,23)** [412]

An den *Werken* bzw. den *Früchten*, also dem Tun, wird Gott letztlich die wahre Herzenshaltung und Motivation jedes Menschen erkennen. Und das gilt für Christen und Nicht-Christen gleichermaßen.

Es gibt nichts Gutes, außer man tut es.

Im Prinzip gilt also der alte Sponti-Spruch: „Es gibt nichts Gutes, außer man tut es."

In den biblischen Ausführungen über das Weltgericht ist nicht zu erkennen, dass das Fehlen eines *verbal-kognitiven* Bekenntnisses zum *wahren* Gott bereits vom Himmel ausschließt.

Jesus hat zum Weltgericht selbst das Gleichnis von den Schafen und Böcken erzählt **(Mt 25,31–46)**, die im Gericht nach rechts ins ewige Leben oder nach links in die ewige Verdammnis sortiert werden.

---

411 Dieser Abschnitt wurde bereits in meinem Buch *Jesus dreht die Welt auf links und die Welt legt Ihn aufs Kreuz*, Band 2, Vindobona-Verlag Frankfurt/Wien als Anhang 7 veröffentlicht. Er wurde für Band 3 redaktionell überarbeitet.

412 Mit Bezug zu Jer 17,10 und Ps 7,10. Dazu gibt es noch viele weitere Stellen, z. B. Jer 25,14; Mt 16,27; Röm 2,6; 2Tim 4,14.

Dem Gleichnis gehen zwei andere voraus:

- **Mt 25, 1–13**: Das Gleichnis von den klugen und dummen Brautmädchen, die lange auf die Ankunft des Bräutigams warten müssen und unterschiedlich gut vorbereitet sind.
- **Mt 25, 14–30**: Das Gleichnis von den anvertrauten Zentnern. Drei Menschen wird ein unterschiedlich großes Vermögen anvertraut, um verantwortlich damit umzugehen. Als ihr Chef zurückkommt, beurteilt er, was sie daraus gemacht haben.[413]

Jesus beendet Seine Endzeitreden im Matthäusevangelium danach mit dem Gleichnis über das Weltgericht. Dazu einige Anmerkungen.[414]

1. Vor dem wiederkommenden Christus werden „alle Völker" versammelt (V32) und ER wird sie nach Schafen und Böcken trennen. „**Die Völker**" sind im biblischen Zusammenhang immer alle Völker *außerhalb* des Gottesvolkes Israel – also „die Heiden". Jesus unterscheidet hier *nicht* nach Christen und Nicht-Christen! Gemeint sind aber sicher nicht *die* Völker an sich, sondern die *Menschen* in bzw. aus diesen Völkern.
2. Dieses Weltgericht betrifft also *nicht* ausdrücklich die Jesusnachfolger, sondern die (Heiden-) Völker, die Nationen der Welt, die bei der Wiederkunft Jesu aktuell leben – also während der Zeit des letzten, global wirkenden Antichristen und der weltweiten Christenverfolgung.
3. Von der Auferweckung der **Toten** und dem Gericht über sie spricht Jesus in diesem Gleichnis nicht – warum aber sollte

---

413 Zu den drei Gleichnissen vgl. die Ausführungen in den Abschnitten 279–281 in Band 2.

414 Zugrunde liegen Kommentare von Adolf Schlatter (Erläuterungen zum NT) und Fritz Rienecker (WStB). F. Rienecker (1897–1965) hat dabei offenbar einige Gedanken von Schlatter (1852–1938) übernommen. – Vgl. zu diesem Gleichnis auch Abschnitt 281 *Hopp oder topp* in Band 2.

Jesus mit denen im Gericht anders verfahren, als mit der Generation bei Seiner Wiederkunft?

4. Diese Völker (bzw. die Menschen in/aus ihnen) sind *pauschal* weder alle unter dem Zorn Gottes noch alle unter Seiner Gnade. Gott sieht sich in diesem Gericht jeden einzelnen Menschen (und sein Leben) genau an und weiß, wer – seiner Gesinnung nach – ein „Schaf" und wer ein „Bock" ist.
5. Bei dieser – sicherlich dann eindeutigen und klaren – Trennung zwischen geretteten Schafen und verlorenen Böcken geht es hier in der Rede von Jesus (!) *nicht* direkt um
   - das *Buch des Lebens*, in das man für den Zutritt in die Neue Welt eingetragen sein muss (vgl. Offb 20,15; 21,27).
   - und auch *nicht* um eine vermeintlich notwendige „Entscheidung für Jesus", sondern
6. es geht hier eindeutig um das Gewicht von **sechs** (beispielhaften) **Taten der Barmherzigkeit**, die jemand getan oder unterlassen hat.
7. Der Hauptgedanke des Gleichnisses ist offensichtlich: Jesus, der erhöhte Herr, beurteilt jeden nach seinem **Lebenswandel**, seiner **Herzenshaltung** und seiner **Gesinnung**. Und dieser Grundsatz gilt für alle! (Da wird sich im Gericht über die Christusnachfolger (vgl. 1Kor 3,11ff) wahrscheinlich noch mancher wundern.)
8. Der gnädige Gott sieht auch den **glimmenden Docht** innerster Lauterkeit und Wahrheit in einem unscheinbaren Leben noch. Murren wir, wenn Gott den *nicht* ausbläst? (Jes 42,3) Wenn die *Ersten* darüber ungehalten sind, wer noch alles im Reich Gottes dabei sein wird (vgl. der barmherzige Arbeitgeber, Mt 20, 1–16[415]), können sie sich gleich *hinten* anstellen. Wer dem Geringen die Teilhabe am Reich Gottes nicht gönnt, kann sich sofort in die *letzte* Reihe setzen – so eine Haltung entspricht nicht dem Geist Gottes.

415 Vgl. dazu einen Predigtmitschnitt als MP3-Audio auf meiner Homepage www.masabank.de und die Abschnitte 240–242 in Band 2.

9. Wer sind denn die „**geringsten Brüder**", an denen Barmherzigkeit (nicht) getan wurde? Der Text gibt keinen Anhaltspunkt dafür, dass damit ausschließlich Jesusnachfolger gemeint sind. Schlatter und Rienecker meinen, dass das über den Text hinaus *interpretiert* wäre. Im ganzen Kontext sind „die Völker" und nicht die Jünger bzw. die Gemeinde angesprochen.

Die Basis, dass Jesus uns lobt, ist immer und ausschließlich Seine Gnade!

10. Entscheidend ist, dass *Jesus* die guten Taten der Barmherzigkeit lobt – und nicht wir selbst. Wir haben von Jesus gar nichts zu fordern oder gar einzuklagen. Wir haben keinerlei *Anspruch* auf Zutritt ins und Teilhabe am Reich Gottes. Und Jesus ist uns in keinerlei Weise etwas schuldig oder uns gegenüber zu irgendetwas verpflichtet. Die Basis Seines Lobes und Seiner Annahme ist immer und ausschließlich Seine Gnade!
11. Einen wichtigen Unterschied zeigen V34 und V41:
Das **Reich Gottes** ist seit dem Beginn der Schöpfung[416] für die Menschen bereitet. Sie sollen es erben. Das ist Gottes Plan und das Ziel aller Menschheitsgeschichte. Und warum? Weil Gott Seine Menschen liebt und **segnen** will. Der Segen des Vaters ist der Grund für den Anteil an Seinem Reich – ER hat die Menschen für das Reich Gottes geschaffen, jetzt sollen sie es empfangen.
12. Dem gegenüber ist das **ewige Feuer** (nicht von Anbeginn an!) dem Satan und den Engeln (erst) aufgrund ihrer Rebellion gegen Gott im Himmel bereitet worden – **diese Hölle ist *nicht* in erster Linie für gescheiterte Menschen gedacht!**

Die Hölle ist *nicht* in erster Linie für gescheiterte Menschen gedacht!

416 ELB bevorzugt hier: *seit Grundlegung der Welt.*

Verflucht sind aber die, die den Segen Gottes und Seine Gnade nicht haben *wollen* und die sich mit der Rebellion des Satans gegen Gott bis zuletzt eins machen. – Nach dem Sündenfall stand zunächst die ganze Schöpfung unter dem Fluch Gottes, der ist aber durch Jesu Tod am Kreuz gebrochen worden!

13. Daraus kann man schließen, dass es *grundsätzlich* keine Prädestination (Vorherbestimmung) zur Verdammnis gibt. Allerdings kann es scheinbar *Ausnahmen* geben, wenn Paulus schreibt, dass sich Gott auch Gefäße zur Unehre und zum Zorn machen kann.[417]
14. Die **Verlorenen** stehen (bzw. bleiben) am Ende unter dem Fluch Gottes, nicht weil ER das seit Grundlegung der Welt so wollte oder festgelegt hat, sondern weil sie **Seinen Segen verworfen** haben. Die nicht erwiderte Liebe und die unterlassene Barmherzigkeit wird Jesus im Gericht ebenfalls gerecht vergelten, ja sogar rächen.
    Jesus sieht einerseits gnädig auf die Elenden und wird andererseits über die Unbarmherzigen richten, deren Taten ihre **gottfeindliche Herzenshaltung** ausweisen. Das betrifft insbesondere alle Despoten und deren Helfershelfer, die Christen und andere Menschen erniedrigen, quälen und verfolgen.
15. Vorbehaltlos würdigt, anerkennt und belohnt Jesus jedoch die **barmherzige Tat**, die aus dem Segen des Vaters kommt. Letztlich hat Sein Geist in uns sie bewirkt. Dabei geht es wahrscheinlich nicht hauptsächlich um die *einzelne* Tat, sondern wieder um die grundsätzliche **Herzenshaltung**, die dahintersteckt.

---

417 Vgl. Röm 9,14ff; auch Offb 13,8; 17,8 und Fußnote 440 im Abschnitt 12.5.

16. Es hat sogar den Anschein, als ob Jesus (!) sich bei den Menschen für die barmherzigen Taten *bedankt*, die ER selbst in ihnen gewirkt hat bzw. wirken konnte. Und **das DANKE-Geschenk ist das ewige Leben** in Seinem Reich. So sehr freut sich Jesus über die barmherzigen Taten!

Für unsere barmherzigen Taten bedankt sich Jesus sogar mit dem ewigen Leben.

17. Jesus spricht hier nur von den *guten* Taten der Barmherzigkeit. Die in jedem Leben ebenfalls vorhandenen *schlechten* Taten scheinen hier ausgeblendet zu sein, weil ER sie **barmherzig vergeben** hat. – Wir müssen aber davon ausgehen, dass das, was in diesem Leben *noch nicht* vergeben wurde, dann vor Jesus auch noch zur Sprache kommen wird, um es zu bereinigen – ER sieht nicht einfach darüber hinweg, aber ER will das Misslungene auch dann noch vergeben.
18. Das Gleichnis vom Weltgericht spricht also von
    - einer unausdenkbar großen und **überragenden Gnade Gottes** auch noch im Gerichtsprozess und
    - gleichzeitig von einem **tiefen Ernst** für den, der Gottes Segen verwirft und meint, keine Gnade nötig zu haben – dem ist dann wirklich nicht mehr zu helfen.
19. Das Gleichnis bestätigt, dass das **Liebesgebot** das grundlegende Gebot Gottes ist.[418] Es ist allem anderen übergeordnet und gilt für alle Menschen. Es ist darum auch der bedeutendste Maßstab, mit dem Jesus als Richter **das Herz messen** und über den Menschen und sein Leben Recht sprechen wird.

418 Jesus hat selbst gesagt, dass damit alles andere zusammengefasst ist, vgl. Mt 22,37–40 und Abschnitt 264 *Liebesdreieck* in Band 2.

20. Der fatale Gedanke: Wer als Nicht-Christ in *diesem* Gericht ist, kann zwar noch Lob für gute Taten bekommen, muss dann aber in die Gottesferne gehen („Für den Himmel reicht es nicht.") wird durch dieses Gleichnis Jesu vom Weltgericht *über die Nationen* gerade *nicht* gestützt! **Nein!** Es gibt keinen Abmarsch in die Hölle mit glänzenden Lob-Orden für barmherzige Taten um den Hals. Wie absurd wäre das denn?

Es gibt keinen Abmarsch in die Hölle mit Lob-Orden um den Hals.

12.3 Richterstuhl und Gnadenthron

Der große, weiße Thron Gottes, von dem das Weltgericht ausgeht, ist einerseits so gewaltig und bedrohlich, dass die ganze erste Schöpfung davor fliehen muss.[419] Sie wird abgewickelt und entsorgt und der Mensch kann sich ohne einen Zufluchtsort nicht mehr verstecken, nackt muss er vor seinem Schöpfer nun offenbar werden.

Es ist das strahlende Weiß des triumphalen Siegers: Endlich hat Gott über alle lebensfeindlichen Gegenmächte gesiegt.[420]

Andererseits ist es aber auch der Thron, von dem aus Gott dem Sünder Begnadigung zusprechen kann. Christen wird im Hebräerbrief sogar ausdrücklich zugesprochen, dass sie – jetzt

419 Wenn es in **Offb 20,11** heißt, dass *die Erde und der Himmel vor dem großen, weißen Thron und dem Angesicht Gottes fliehen muss und dass für sie keine Stätte mehr gefunden wird*, dann spricht dies zunächst gegen den Gedanken, dass die Neue Welt in einer Art Restauration aus der Alten hervorgehen könnte (vgl. auch Jes 51,6 und 2Pe 3,10).

420 Vgl. zu diesem Thron auch Offb 4,2; Dan 7,9ff und Jes 6,1.

schon – zu diesem Thron der Gnade Zutritt haben und davon reichlich Gebrauch machen dürfen.[421]

Wer sitzt auf diesem Thron? Es ist natürlich El Schaddai,[422] der allmächtige HERR, der, der die ganze Schöpfung ins Leben gerufen hat. Nun ist auch dem Letzten klar: DAS ist wirklich der *eine* wahre Gott. Es ist gleichzeitig DER, den Jesus immer wieder als Seinen „Vater im Himmel" bezeichnet hat.

Nun ist auch dem Letzten klar: DAS ist wirklich der *eine* wahre Gott.

Wir können hier natürlich die göttliche Dreieinheit nicht auseinanderdividieren. Jesus ist mit dabei. ER sitzt zur Rechten des Vaters und ER ist derjenige, der in diesem Gericht Sein auf Golgatha für uns vergossenes Blut in die Waagschale wirft.

Wenn wir uns an unseren weltlichen (rechtsstaatlichen!) Verhältnissen orientieren, ist es doch so: Ein „gerechtes Gericht" setzt zunächst voraus, dass jemand eigenverantwortlich urteilen, entscheiden und handeln konnte. Ansonsten kann man ihn ja nicht „zur Rechenschaft" ziehen. Auch in unserer irdischen Gerichtsbarkeit gibt es „mildernde Umstände" und sogar „strafverhindernde Unzurechnungsfähigkeit".

Gleichzeitig setzt eine Begnadigung das Ernstnehmen der Verfehlung – und zwar auf beiden Seiten, bei Richter und Angeklagtem – und ein Urteil voraus. Der begnadigte Verbrecher am

421 **Hebr 4,16:** *Darum lasst uns mit Zuversicht vor den Gnadenthron Gottes treten, damit wir rechtzeitig Barmherzigkeit empfangen und Gnade finden, wenn wir Hilfe nötig haben.*

422 Das Hebräische kennt sehr viele verschiedene Namen für den Gott, der sich Mose im Dornbusch als JHWH (Jahwe) vorgestellt hat. Vgl. dazu z. B. das Buch von Chr. D. Hudson *Du bist der Gott, der mich sieht.*

Kreuz hat zunächst seine Schuld und das gerechtfertigte Todesurteil anerkannt![423]

Das gerechte Urteil über den zugefügten Schaden oder das begangene Verbrechen muss dann entweder vollstreckt oder durch Begnadigung überwunden und außer Vollzug gesetzt werden. – Einspruch, Widerspruch oder Revision gibt es beim heilig-gerechten Gott nicht mehr. ER ist die höchste und letzte Instanz.

In der Begnadigung korrigiert Gott Sein Urteil **nicht**: Ich, Matthias, bin und du, …, bist nach Seinen Maßstäben schuldig! Das müssen wir zunächst einmal anerkennen: Wir sind mit unserem offenen oder versteckten Misstrauen gegenüber Gott nicht zu Seiner bedingungslosen Liebe kompatibel.

Gut, dann haben wir uns verstanden. ICH vollstrecke das Urteil nicht.

Es ist fast so, als wenn Gott nach dieser Selbsterkenntnis sagt: Gut, dann haben wir uns verstanden. ICH vollstrecke das Urteil nicht. Du darfst begnadigt raus gehen, lass uns auf dieser Basis anfangen, unsere Beziehung neu aufzubauen.[424]

Auch dem Begnadigten soll angesichts seiner nun offenbaren *Gesamtheit* seiner Werke die unverdiente Gnade richtig groß werden. Es waren ja längst nicht nur liebevolle und barmherzige, die das gerechte Urteil SCHULDIG nach sich ziehen müssen.

---

423 **Lk 23,41:** *Wir hängen hier zurecht, denn wir empfangen, was unsere Taten wert sind; aber dieser* [Jesus] *hat nichts Unrechtes getan.* – Dass Jesus ihm dann die unglaubliche Zusage macht: *Heute noch wirst du mit MIR im Paradies sein*, bedeutet sicher: Mit deiner Hinwendung zu MIR bist du im *Buch des Lebens* eingetragen.

424 In der grandiosen Begebenheit mit der herbeigeschleppten und von Jesus begnadigten Ehebrecherin tut Jesus genau das **(Joh 8,11)**: *Dann verdamme ich dich auch nicht; gehe hin und sündige zukünftig nicht mehr!* – Vgl. Abschnitt 175 *Amazing grace* in Band 2.

Erstaunlicherweise will Jesus offenbar Seine Gemeinde am Gerichtsprozess über „die Welt" beteiligen. Wenn das keine krasse Perspektive ist!

Eine krasse Perspektive: mit Jesus die Welt richten.

In den Sendschreiben gibt es für die Überwinder jeweils eine grandiose Zusage, u. a.

- an Thyatira: ... *ICH will ihnen Macht über die Heidenvölker geben.* **(Offb 2,26f)**
- an Laodicea (eine laue, eingeschlafene Gemeinde, die von Jesus überhaupt kein Lob bekommt!): ... *ICH will ihnen geben mit MIR auf Meinem Thron zu sitzen* ... **(Offb 3,21)**

Auch Offb 20,4 sagt, dass die Märtyrer auf Thronen sitzen werden, dass ihnen die Vollmacht zum Gericht gegeben wird und dass sie mit Jesus die Neue Welt[425] regieren werden.

Paulus schreibt das auch der Gemeinde in Korinth: Wisst ihr das eigentlich nicht mehr? Stattdessen streitet ihr euch als Christen vor weltlichen Gerichten.[426]

---

425 In Offb 20,1–6 geht es dabei zunächst um das 1000-jährige Friedensreich unter der Herrschaft Jesu auf *dieser* Welt, währenddessen der Satan inhaftiert ist.

426 **1Kor 6,1–4:** *Wie kann jemand unter euch, der mit einem anderen eine Auseinandersetzung hat, vor Nicht-Christen streiten, anstatt es in der Gemeinde zu regeln?* ***Wisst ihr nicht, dass die Heiligen*** [also die, die zu Gott gehören] ***die Welt richten werden?*** *Wenn also die Welt einmal von euch gerichtet werden soll, kriegt ihr es dann nicht hin, die vergleichsweise geringen Angelegenheiten dieses Lebens unter euch zu klären?* ***Wisst ihr nicht, dass wir sogar über die Engel richten werden?*** *Dann solltet ihr doch erst recht die alltäglichen Dinge in dieser Zeit unter euch regeln können. Aber nein, in diesen zeitlichen Belangen nehmt ihr euch solche zu Richtern, die in der Gemeinde Gottes nichts gelten* [weil sie nicht zu Gott gehören].

Die Jesusnachfolger sollen dann also mit Christus über die Welt – die „unbekehrten" Menschen in den Nationen – Recht sprechen, aber bis dahin gilt: Richtet nicht (vorzeitig)!

12.4 Das Buch des Lebens II

Dieser Abschnitt schließt mit einer ausführlicheren Betrachtung an Abschnitt 2.3.5 an.

Zentrale Bedeutung für die Begnadigung im Gericht und die Teilhabe an der Neuen Welt hat das *Buch des Lebens*[427]. Was hat es damit auf sich? Und wessen Name ist am Ende in diesem so wichtigen Buch eingetragen?

Der Begriff *Buch des Lebens* findet sich hauptsächlich im letzten Buch der Bibel, der Offenbarung an Johannes, aber dort und auch in der Bibel insgesamt nur selten, was angesichts seiner Bedeutung erstaunlich ist.

Wesentliche Bibelstellen im AT sind:

Ps 69,29: *Tilge sie*[428] *aus dem* **Buch des Lebens,** *sodass sie nicht* [zusammen] *mit den Gerechten aufgeschrieben werden.*

---

427 In Offb 20,12 auch: *das andere Buch*, das neben den Büchern mit den Werken geöffnet wird. Offb 13,8 und 21,27 bezeichnen dieses entscheidende Buch auch als *Buch des Lammes*: Jesus liest die Namen derer vor, die ER begnadigt hat. – Im AT findet sich auch der Begriff *Dein (Gottes) Buch*, was wohl sinngemäß ebenfalls dieses *Buch des Lebens* bezeichnet.

428 *Sie*, das sind die Widersacher – vordergründig des Psalmisten David, hintergründig sind aber die Feinde Gottes gemeint. David betet in Anfechtung und heftiger Bedrängnis. Ps 69 ist in weiten Teilen auch eine Prophetie auf das Leiden des Messias.

Ps 139,16: *Deine Augen sahen mich, als ich noch* [im Mutterleib] *geformt wurde, und alle meine Tage waren schon in* **Dein Buch** [des Lebens] *geschrieben. Sie sollten alle erst noch werden, und von ihnen war noch keiner da.*

Anmerkung:

Weiß Gott nicht nur alles – auch im Voraus! (Ps 139,4) –, sondern legt ER auch alles bereits im Voraus fest (Prädestination)? V16 scheint das auszudrücken: Alles, was noch werden soll, ist bereits in *Deinem Buch* aufgeschrieben.

Aber vielleicht ist es ja so, dass das Lebensbuch zunächst nur *angelegt* ist, aber die Seiten noch leer sind – wie mein Tagebuch am 1. Januar – und sie füllen sich erst nach und nach mit der individuellen Lebensgeschichte, die Gott zwar im Voraus kennt, aber nicht im Sinne einer Vorherbestimmung festgelegt hat.

Es führt letztlich immer wieder zu der Frage, über die schon Luther und Erasmus gestritten haben: Wie (un-)frei ist der Wille des Menschen? Und, wenn letztlich alles vom Wirken des guten Gottesgeistes abhängt, warum lässt ER dem Bösen dann noch so viel Raum, ehe es überwunden wird?

Offenbar soll jeder Mensch eben doch in eigener – dann aber auch gottgewirkter – Entscheidung zu Buße und Umkehr finden.

Dan 12,1: *Zur selben Zeit wird der große Fürst Michael, der für die Kinder Deines Volkes steht, sich aufmachen. Denn es wird eine solche trübselige Zeit sein, wie sie seit Menschengedenken nicht gewesen ist. Zur selben Zeit wird Dein Volk errettet werden, alle, die* ***im Buch*** [des Lebens] ***geschrieben*** *stehen.*

In Neuen Testament sind es hauptsächlich:

Offb 20,12: *Und ich sah die Toten, sowohl Große als auch Kleine* [also bedeutende Persönlichkeiten und No-Names], *vor Gott stehen. Und dann wurden Bücher geöffnet. Und es wurde ein anderes Buch* ***geöffnet****, das ist das* ***Buch des Lebens.*** *Und über alle Toten wurde nach dem, was in den* ***Büchern über ihre Werke*** *aufgezeichnet war, Recht gesprochen.*

Offb 20,15: *Und wenn jemand nicht im* **Buch des Lebens** *gefunden wurde* [weil er nicht darin aufgeschrieben war], *wurde er in den Feuersee geworfen.*

Wenn (nicht: weil) jemand nicht gefunden wurde. *Wenn* ist das Ergebnis einer Suche, es wird etwas vorher Verborgenes offenbar.[429]

Offb 21,27: *Und es wird niemand in das himmlische Jerusalem gehen können, der unrein* [also ohne Vergebung] *ist und der* [weiterhin] *lügt oder sonst tut, was Gott missfällt. Es können nur solche hinein, die in dem* **Lebensbuch des Lammes** *verzeichnet sind.*

Als Jesus zu Seinen Jüngern nach erfolgreichem Praktikum sagt: *Doch freut euch nicht darüber, dass euch die* [bösen] *Geister gehorchen. Sondern freut euch darüber, dass eure* ***Namen im Himmel geschrieben*** *sind* **(Lk 10,20)** – hat ER sicher auch an dieses *Buch des Lebens* gedacht.

Sind 80 % aller Menschen aller Zeiten Schöpfungsausschuss für den Müllhaufen der Weltgeschichte?

Nach klassisch-evangelikaler Sicht finden sich in diesem *Buch des Lebens* alle (und zwar *nur die*), die in diesem Leben aktiv ihr Leben mit Jesus verbunden

429 Vgl. Fitsch, S. 226; außerdem: nach 20,15 (Feuersee; im Original gab es noch keine Kapitel- und Verseinteilung der Bibel) geht es in 21,1 direkt auf der anderen Seite weiter: Neuer Himmel, Neue Erde, Neues Jerusalem.

und dazu eine willentlich-persönliche Entscheidung getroffen und Seine Vergebung angenommen haben. Alle anderen – letztlich mehr als 80 % aller Menschen aller Zeiten – sind „verloren" und kommen in die ewige Gottesferne (Hölle), weil sie eine solche Entscheidung (warum auch immer) nicht getroffen haben: Sie sind demnach Schöpfungsausschuss für den Müllhaufen der Weltgeschichte.

Unstrittig ist, dass alle „echten" Jesusnachfolger in diesem Buch stehen werden und somit vor dem letzten Weltgericht „auf der sicheren Seite" sind. Sie müssen zwar ebenfalls vor dem Thron Christi mit ihrem Lebenswerk erscheinen. Das ist aber keine Frage von Himmel oder Hölle, sondern es geht um das Ausmaß der Belohnung aufgrund der „im Himmel gesammelten Schätze", wozu Jesus ausdrücklich ermutigt.[430]

Aber sind das wirklich abschließend alle?

Zweifel sind erlaubt, denn auch als Ergebnis des Weltgerichtes nach Mt 25,31ff über die Nationen gibt es noch einmal *Gesegnete*, die im Reich Gottes willkommen sind, und *Verfluchte*, die das Ziel wirklich verfehlt haben.[431]

Offen bleibt also die wichtige Frage, ob der Eintrag ins *Buch des Lebens* nur für die erfolgt, die in *diesem* Leben aktiv und bewusst JA zum Gnadenangebot gesagt haben, oder ob die Gnade Jesu auch noch aufgrund der *barmherzigen Werke* und einer zugrunde liegenden „akzeptablen Grundhaltung" zugesprochen (nicht verdient!) werden kann. Gnade ist ja immer unverdient.

Kann die Gnade Jesu auch noch aufgrund der barmherzigen Taten zugesprochen werden?

430 Vgl. Mt 6,19–21 und Abschnitt 078 *Ohne Verfallsdatum* in Band 1.

431 Vgl. Abschnitt 12.2 *Schafe und Böcke*.

Adolf Pohl schreibt:[432] *Wer die Wahrheit sucht, hat unbedingt zwei Gedanken miteinander zu verbinden, nämlich das Gericht nach den Werken und die Rechtfertigung aus Gnaden.*

Entscheidend ist, ob ein Name in diesem alles entscheidenden Buch geschrieben steht. Kann er gelöscht oder auch (wieder?) eingetragen werden?

Wer wird gelöscht?

Nach **2Mo 32,33**[433] wird *der aus* **Meinem Buch** *getilgt, der gegen Mich gesündigt hat …* Das wären dann nach Röm 3,23 erst einmal ausnahmslos **alle**, weil kein natürlicher Mensch noch würdig oder geeignet für die Gemeinschaft mit dem heiligen Gott ist. Dann bliebe der Himmel ohne Menschen leer und Gott mit sich und den Engeln allein.

Das Löschen aus dem *Buch des Lebens* ist eine Option Gottes.

Aber nach der Verheißung an Sardes[434] stehen (auf alle Fälle) in diesem *Buch des Lebens* die Namen der *Überwinder*, die Jesus durch alle Schwierigkeiten und Verfolgungen treu geblieben sind und die ER deswegen *nicht* aus diesem Buch *gelöscht* hat. Das Löschen ist folglich eine *Option* Gottes.

---

432 Vgl. WStB zur Offb, Band 2, S. 295.

433 **2Mo 32,32**: *Nun vergib ihnen ihre Sünde; wenn du das nicht tust, dann* ***tilge mich auch aus deinem Buch**, das du geschrieben hast.* (Mose tritt hier in Fürbitte für sein Volk vor Gott ein, nachdem es sich in seiner Abwesenheit das goldene Kalb als Götzenbild gemacht hatte.) **33:** *Der HERR sprach zu Mose:* ***Ich will den aus meinem Buch tilgen, der an mir sündigt.***

434 **Offb 3,5:** *Wer überwindet, dem sollen weiße Kleider angezogen werden. Und ICH werde seinen Namen* ***nicht aus dem Buch des Lebens entfernen**, sondern ICH will seinen Namen vor meinem Vater und seinen Engeln bekennen.*

Offb 13,8 (und ähnlich 17,8) scheint auf eine Vorfestlegung seitens Gottes (Prädestination) hinzudeuten: *Und alle, die auf Erden wohnen, beten es* [das Tier, gemeint ist der letzte Antichrist] *an. Das sind alle, deren Namen* [schon] *vom Anfang der Welt an nicht in dem* ***Lebensbuch des Lammes*** [Jesus, der ermordet wurde] *aufgeschrieben sind.* [435] (Beachte die Fußnote!)

Könnte es nicht sein, dass zunächst sogar *alle* Menschen in diesem *Buch des Lebens* stehen – weil Gott, der Schöpfer, doch das Leben schafft und nicht den Tod will! Man kann dann allerdings später aus diesem *Buch des Lebens gestrichen* werden, wenn das Leben und Tun Gott völlig missfällt (Werke der Gräueltäter) und Menschen bewusst nichts von Ihm wissen wollen.

Oder andersherum: Sind zunächst einmal alle draußen, weil es um das *geistliche*, an Gott (wieder) angeschlossene Leben geht? Zunächst fehlt allen natürlichen Menschen „der Draht zu Gott". Erst aufgrund ehrlicher Hinwendung zu Ihm würde man dann in dieses Lebensbuch eingetragen. Jesus bezeichnet das als *geistliche Wieder- bzw. Neugeburt.*[436]

Also steht die Frage im Raum: Um welches Leben geht es beim *Buch des Lebens* eigentlich – um das *natürliche* oder das *geistliche?*

---

435 Vgl. zu dieser strittigen Stelle, die nach einer negativen Vorherbestimmung zur Verdammnis klingt, den *Exkurs: vor Grundlegung der Welt* im folgenden Abschnitt 12.5. Man kann das nämlich auch anders übersetzen.

436 Vgl. das nächtliche Gespräch mit dem Pharisäer Nikodemus in Joh 3,1–21 und die Abschnitte 020 *Nochmals geboren* und 021 *So sehr geliebt* in Band 1.

Die Bibel lässt die Antwort grundsätzlich offen:[437]

- Weder im Hebräischen *(chajjim)* noch im Griechischen *(zoä)* gibt es eine sprachliche Differenzierung zwischen dem *natürlichen* und dem *geistlichen* Leben.[438] Bei den markanten Stellen in der Offenbarung heißt es lediglich *biblos zoä (Buch des Lebens).*
- Gott ist grundsätzlich der Geber jeglichen Lebens, sei es zunächst das natürliche oder auch – als eigentliches Ziel – das geistliche, das wieder zu seinem Schöpfer zurückgefunden hat. Dieses Leben soll in der Neuen Welt zur Vollendung gelangen.

12.5 Exkurs: Vor Grundlegung der Welt

Noch einmal zur Stolperstelle Offb 13,8. Gibt es eine Vorherbestimmung zur Verdammnis?

Offb 13,8 (sinngemäß gleichlautend auch 17,8)**:** *Und alle, die auf Erden wohnen, beten es* [das Tier, gemeint ist der letzte Antichrist] *an. Das sind alle, deren Namen* [schon] *vom Anfang der Welt an nicht in dem* ***Lebensbuch des Lammes*** [Jesus, der ermordet wurde] *aufgeschrieben sind.*

---

437 Vgl. z. B. die Ausführungen in Rienecker u. a.: *Lexikon zur Bibel.*

438 An einigen Stellen im NT (Joh 5,24; 17,2.3; Mt 19,29; 25,46) heißt es betreffs des *ewigen* Lebens jedoch: *aionion* zoä, also: äonisches, unvergängliches Leben. Diese Erwähnungen stehen aber *nicht* direkt im Zusammenhang mit dem *Buch des Lebens.*

Interessant, im Englischen (NIRV, NIV) klingt das ganz anders:

New International Readers Version (NIRV, ebenso auch die NIV): *Many people who live on the earth will worship the beast. They are the ones whose names are not written in the Lamb's book of life.* ***The Lamb is the one whose death was planned before the world was created.*** Hier bezieht sich „von Beginn an" oder „vor Grundlegung der Welt" auf den vorherbestimmten Opfertod Jesu und nicht auf die Verdammnis für die verlorenen Anbeter des Antichristen!

Die English Standard Version übersetzt allerdings wie im Deutschen: *... whose name has not been written before the foundation of the world in the book of life ...*

Bei der King James Version ist der Bezug eher unklar: *... whose names are not written in the book of life of the Lamb slain from the foundation of the world. ...*

Letztlich ist es also die Frage, ob sich „von Beginn an" oder „vor Grundlegung der Welt"

a) auf Jesus, das geschlachtete Lamm Gottes oder
b) auf die Anbeter des Antichristen bezieht.

Die NGÜ hat dazu noch die wichtige Anmerkung: *... deren Namen im Buch des Lebens eingetragen sind, im* ***Buch des seit der Erschaffung der Welt geopferten*** *(wörtlich „geschlachteten")* ***Lammes*** *(d. h. wohl: des Lammes, das* ***schon immer von Gott als Opfer vorgesehen*** *war.)*

Im Gesamtkontext der Bibel erscheint es eher stimmig, dass sich die Vorherbestimmung „vor Grundlegung der Welt" auf das *Opfer Jesu* zur Lösung des Sündenproblems bezieht als auf die (irregeleiteten) Anbeter des Antichristen – im Sinne einer negativen Prädestination. Die würde sonst Entscheidungsfähigkeit und Verantwortlichkeit des Menschen außer Kraft setzen.[439]

Damit stimmt auch Petrus überein, *dass Jesus zwar im Voraus, also noch vor Grundlegung der Welt, als Opferlamm ausersehen war, aber erst jetzt* [zur letzten Zeit] *um unseretwillen offenbart worden ist.* **(1Petr 1,20)**

Die Menschen sind *grundsätzlich* dazu bestimmt, wieder in Gemeinschaft mit Gott zu leben.

In **Mt 25,34** sagt Jesus selbst die positive Wendung, dass die Gesegneten, denen aufgrund ihrer barmherzigen Werke im Gericht Gnade zuteilwird, *das Reich Gottes ererben sollen, das ihnen seit Grundlegung der Welt bereitet ist.* – Also, die Neue Welt, das Reich Gottes, das verlorene Paradies ist längst vorhanden und die Menschen sind *grundsätzlich* dazu bestimmt, wieder in Gemeinschaft mit Gott zu leben.

Paulus bestätigt in Eph 1,4, dass wir *in Jesus* vor Grundlegung der Welt auserwählt wurden, um in Liebe heilig und tadellos vor Ihm zu leben.

---

439 Allerdings verteidigt Paulus in **Röm 9,19–23** die Souveränität Gottes am Beispiel des Töpfers, der sich sowohl „(wertvolle) Gefäße zur Ehre" als auch „(minderwertige) Gefäße zur Unehre" bzw. sogar „zum Zorn" machen kann. – Es geht hierbei insgesamt jedoch um das zuerst erwählte Volk Israel, das nun den Zorn Gottes zu spüren bekommt, und um die Heidennationen, denen ER sich jetzt bevorzugt zuwendet. Aber: Auch die Juden, die jetzt vorübergehend (im Heilsplan) zur Seite gesetzt sind, sollen am Ende wieder in Gottes Erbarmen und Seine Herrlichkeit eingeschlossen werden!

12.6 Endstation Feuersee?

Der *Feuersee* (früher: der feurige Pfuhl), der mit Schwefel brennt, wird nur in den bilderreichen Worten der Offenbarung erwähnt.[440]

Wer bzw. was kommt da rein?

1. Das **Tier**, also der personifizierte Antichristus[441], im Prinzip aber auch *alle* gegen- oder anstelle-von-Gott-Diktatoren. Christen aller Zeiten, die unterdrückt, benachteiligt und verfolgt werden, müssen gewiss nicht mehr auf *den* Antichristus am Ende der Geschichte warten. Es kann aber gut sein, dass sich zum Schluss die satanische Rebellion gegen Gott noch einmal in *einer* Person, dem Anti-Messias, bündelt.
2. Der zugehörige **falsche Prophet**, der für „das Tier" die Zeichen der Verführung getan hat, ein Propagandaminister.
3. Der **Satan**, der Erz-Rebell gegen Gott, der von Anfang an und ständig den Schöpfergott von Seinem Thron stoßen und selbst die Weltherrschaft übernehmen wollte.
4. Der **Tod**, also der *Zustand* der Trennung von Gott. Es ist hier nicht gesagt, ob es sich auf den leiblichen oder den geistlichen Tod oder auf beides bezieht. – Der Tod ist endgültig überwunden und wird beseitigt.
5. Der **Hades** (bzw. Scheol), also das Totenreich, die „Untersuchungshaftanstalt" bis zum Gerichtstermin. Da der Hades zum Gericht völlig entleert wird (Offb 20,13), hat er seine Funktion erfüllt und kann weggeworfen werden wie ein leerer Karton.
6. Diejenigen, die *nicht* im ***Buch des Lebens*** gefunden werden (vgl. dazu Abschnitt 12.4).

---

440 Dies sind die Textstellen: Offb 14,10; 19,20; 20,10.14.15; 21.8.

441 Die griechische Vorsilbe *anti* heißt sowohl *gegen* als auch *anstelle-von*. Alles, was sich an die Stelle von Christus setzen will, ist ebenso antichristlich wie die offensichtliche Feindschaft.

7. Letztere sind wohl gleichbedeutend mit den in Offb 21,8 Genannten: **Götzendiener,** Feige, Treulose, mit Gräueln befleckte, Mörder, Unzüchtige, Zauberer, Lügner. Hier finden sich dann auch solche, die bei den verführten Anbetern des Antichristen (Offb 14,10.11; 19,20) bereits „auffällig" waren und nicht umkehren wollten.

Und dann sind da noch die **verführten Anbeter** des Antichristen:

Erwähnt werden in Offb 19,20 – neben dem *Tier* und dem falschen Propheten – auch die, die das „Malzeichen des Tieres" (also z. B. Hitlers Hakenkreuz) angenommen *und dieses* – anstelle von Gott – und sein Bild *angebetet* haben: also die vom Antichristen Verführten. Sie kommen jedoch *nicht* (automatisch) in den Feuersee. Es heißt klar *die zwei*: Der Antichristus und sein falscher Prophet – die kommen verdientermaßen an diesen wahrhaft gottverlassenen Ort.

Allerdings werden in **Offb 14,10.11** diese Verführten ebenfalls durch den *Zornkelch Gottes mit Feuer und Schwefel gequält* – und zwar *vor den heiligen Engeln und dem Lamm* – also im Gerichtssaal?

Der Schwerpunkt des „Vergehens" dieser Verführten scheint die *Anbetung* des Antichristus und seines Bildes (was sich in der Annahme seines Malzeichens dokumentiert hat) zu sein.

Ja, Gottes Zorn kann sich auch im Gericht noch einmal Bahn brechen!

Ja, Gottes Zorn kann sich auch im Gericht noch einmal Bahn brechen! Das klingt jedoch eher nach einem *begrenzten* Zornesausbruch im Gerichtssaal. Dort unter dem Zorn Gottes zu stehen, wird eine Qual sein! *Tag und Nacht keine Ruhe*, d. h. der Prozess kann länger dauern. Aber „Tag und Nacht" sind Begriffe der jetzigen Welt. In der Neuen Welt gibt es weder Sonne noch Mond (Offb 21,23), also auch nicht „Tag und Nacht" im bisherigen Sinn.

Dass diese Qual der Verführten neben der ewigen *Herrlichkeit* ständig weitergeht, ist schwer vorstellbar. Wollte Gott, von dem ständig Segensströme ausgehen (Offb 22,1), sich – und den Erlösten – das antun? Es wäre absurd zu glauben, dass der Gott der Liebe in alle Ewigkeit den Verlust einiger Seiner Geschöpfe *genießen würde.*

Ausdrücklich von einer *Endstation* Feuersee ist in Offb 14,10.11 *nicht* die Rede. Und dass der Rauch ihrer Qual – wie ein Mahnmal: „Vergesst nie eure Irrwege fern von MIR" – von Ewigkeit zu Ewigkeit aufsteigt, heißt nicht zwangsläufig, dass auch ewig weiter „geräuchert" wird.

Der Feuersee ist gleichbedeutend mit dem *zweiten Tod*, d.h. der endgültig-dauerhaften Trennung vom Schöpfergott.

Wer sind denn diese „Götzendiener & Co."? An irgendeiner Stelle (Lügner, Feige, Treulose, ...) kann sich da doch *jeder* Sünder wiederfinden!

Das ganze Gerichtsgeschehen steht grundsätzlich unter den Vorzeichen der Liebe Gottes.

Da aber das ganze Gerichtsgeschehen grundsätzlich unter den Vorzeichen der Liebe, Barmherzigkeit, Gnade und Vergebung Gottes und dem Ziel der Wiederherstellung der Gemeinschaft zwischen Schöpfer und Geschöpf steht, kann es sich hier nur um diejenigen handeln, die bis zuletzt – selbst im Gerichtssaal vor dem Gnadenthron – immer noch stolz, verblendet und letztlich verstockt an ihrem Kampf gegen den lebendigen Gott festhalten.

Jes 66,24[442] (der letzte Vers im Buch des Propheten Jesaja) weist noch einmal auf das schreckliche Ende derer hin, die mit Gott gebrochen, sich bewusst von Ihm losgesagt haben. Es geht also um die aktive Ablehnung und die willentliche Zurückweisung der Liebe und Gnade Gottes. Dann bleibt für solche Feinde Gottes tatsächlich nur noch die *ewige Pein.*

Unser humanistisches Unverständnis mag gegen die „Option der ewigen Verdammnis“ rebellieren. Entscheidend ist das prophetische Wort, durch das Gott sich mitgeteilt hat, das genau diese „Option“ benennt und einschließt. JHWH, der in Jesus alles investiert hat, um Seine Menschen aus der Gottesferne freizukaufen, ist nicht „der liebe Gott“, der am Ende im Gericht „alle Fünfe gerade sein lässt“.

Der Gott der Liebe *muss* am Ende alles vernichten, was der Ausbreitung Seiner Liebe entgegensteht. Das und *der* Böse müssen vollständig unwirksam gemacht und eliminiert werden. Fordern wir das nicht auch, wenn wir schnell mal sagen: *Warum lässt Gott das Böse zu, warum greift ER nicht (schon jetzt) ein?* – Aber dann müsste ER ja beim Bösen *in mir* anfangen!

Der Gott der Liebe *muss* am Ende alles vernichten, was der Ausbreitung Seiner Liebe entgegensteht.

Wir müssen anerkennen, dass Gott in Seiner Souveränität und Heiligkeit Recht sprechen und (ver-)urteilen wird – aber auch begnadigen kann. Seine Urteile werden unanfechtbar gerecht sein

---

442 **Jes 66,24** (Jesus zitiert das teilweise in Mk 9,44): *Und sie* [die Geretteten] *werden hinausgehen und* [nach dem letzten großen Krieg] *die Leichname der Leute ansehen,* ***die mit MIR gebrochen haben****; denn der Wurm in ihnen wird nicht sterben, und das Feuer niemals verlöschen, und sie werden für alle Menschen abstoßend sein.*

und Seine Gnade ist immer unverdient – ER kann sie aus freier Entscheidung schenken, wem ER will.[443]
Der *Feuersee* ist im Rahmen der Offenbarung sicherlich ebenfalls „nur" ein Bild für die völlige Abwesenheit von Gott, gewiss ein besonders krasses und abschreckendes.

Kein Licht!
Kein Leben!
Kein Segen!
Keine Gemeinschaft!
In der Finsternis der Hölle
bist du mit dir
und deinem Stolz allein.

Es scheint mir, als ob Gott im Gerichtssaal von Seinem Gnadenthron aus nochmals eindringlich sagt: *ICH frage dich jetzt zum letzten Mal: Willst du mit MIR leben oder weiterhin unabhängig von MIR deinen eigenen, gottlosen Weg gehen? Die Konsequenzen kennst du und ICH werde deine Entscheidung ernst nehmen. Niemand* muss *in den Feuersee, Meine Tür steht immer noch offen.*

Wer selbst dann noch bei seinem stolzen NEIN zu Gottes Gnadenangebot bleibt, hat wirklich keinen Platz in der Neuen Welt Gottes. Dort wird es mit Sicherheit keine Rebellion gegen Ihn und Seine gute Herrschaft mehr geben. Es gilt der bekannte Spruch: „Im Himmel und im Feuersee (in der Hölle) gibt es nur Freiwillige."

Im Himmel und in der Hölle gibt es nur Freiwillige.

443 **2Mo 33,19** (von Paulus in Röm 9,15 zitiert): *Wem ICH aber gnädig bin, dem bin ICH gnädig; und wessen ICH mich erbarme, dessen erbarme ICH mich.* – Dies bedeutet nicht, dass Gott seine Gnade *willkürlich* dem einen gibt und dem anderen versagt. Es ist vielmehr ein Hinweis darauf, dass Gott es sich in seiner *Großzügigkeit* vorbehält, wen ER noch unter sein Gnadenangebot einschließen will. Wir würden da wahrscheinlich manchen ausschließen, der bei Gott noch angenommen wird.

13 Vollendung

Meistens werden (insbesondere) die letzten Kapitel der Offenbarung chronologisch verstanden (vgl. Abschnitt 11.3). In diesem Verständnis ist das 1000-jährige Friedensreich (Millennium) der segensreichen Herrschaft Jesu auf *dieser* Welt eine Vorschau auf das endgültige Reich Gottes in der vollendeten Neuen Welt.

Wenn die Propheten im AT auf die große Friedenszeit schauen[444], differenzieren sie in der Regel *nicht* zwischen Millennium als Vorstufe und Neuem Himmel als Vollendung – sie schauen in die große Friedenszeit am Ende der Geschichte: Gott und Menschen im dauerhaften Shalom – umfassender Friede. Manchmal ist sogar das erste Kommen Jesu als Mensch in diese Welt mit im Blick.[445]

Ob es letztlich zwei verschiedene Vollendungsstufen sind oder nur unterschiedliche Perspektiven auf das *eine* Geschehen der Vollendung, muss wahrscheinlich offenbleiben – es ist für unsere Zukunftshoffnung auch unerheblich.

---

444 z. B. Jes 2; 60–62; 65,17ff; 66,5ff.

445 z. B. Jes 9,1–6.

Wenn wir jedoch

- einerseits glauben, dass Jesus bei Seiner Wiederkunft auf diese Erde zur Entmachtung des Satans und *vor* dem 1000-jährigen Reich *mit* Seiner Ihm entgegengerückten Gemeinde[446] wiederkommt,
- andererseits aber auch das Neue Jerusalem, welches ein Bild für die Gemeinde Jesu ist, *nach* dem letzten Gericht vom Himmel auf die Erde herunterkommt (Offb 21,2),

dann könnten dies auch zwei Perspektiven auf denselben Vorgang sein.

In den Abschnitten 13.3 und 13.4 werden beide Bilder getrennt betrachtet.

---

446 **Mt 24,30.31:** *... alle sehen den Menschensohn in den Wolken des Himmels mit großer Kraft und Herrlichkeit kommen ... und seine Auserwählten werden von den vier Winden von einem Ende des Himmels bis zum anderen* ***gesammelt.****;*
Mt 25,6: *... (die wachsamen Brautjungfern gehen) dem Bräutigam* ***entgegen*** *...;*
1Thess 4,16.17: *Der Herr wird ... vom Himmel* ***herunter****kommen. Die Toten, die im Glauben an Christus gestorben sind, und wir, die dann leben, werden Ihm in den Wolken* ***entgegengerückt****.*
Jud 14: *Siehe, der Herr kommt* ***mit vieltausend Heiligen,*** *Gericht zu halten ...;*
Offb 20,4.5: *... die Überwinder wurden wieder lebendig zur ersten Auferstehung und* ***regierten mit Christus*** *1000 Jahre.*

13.1 Am Anfang schuf Gott

1Mo 1 und 2 beschreiben in Bildern die Schöpfung Gottes, wie ER Himmel und Erde geschaffen hat. Fitsch bezeichnet dies als eine *rückwärtsgewandte*, also in die Vergangenheit gerichtete, Offenbarung (= Enthüllung) Gottes[447], während das, was Johannes gezeigt wird, eine *nach vorn*, in die Zukunft gewandte, Offenbarung Gottes ist.

Es gibt erstaunliche Parallelen zwischen den Bildern der Schöpfungsoffenbarung und den Schlussbildern der vollendeten Schöpfung. Dabei wird deutlich, dass die Vollendung nicht lediglich eine *Wiederherstellung* des ursprünglichen Zustandes ist, sondern dieser wird offensichtlich gesteigert.

Die Vollendung ist mehr als Wiederherstellung des ursprünglichen Zustandes.

447 A.a.O, dort Fußnote auf S. 237.

Folgende Gegenüberstellung der Bilder aus **1Mo 2,8–17** und **Offb 22,1–2** in Bezug auf den Garten Eden und das Neue Jerusalem mag dies verdeutlichen:

Garten Eden	**Neues Jerusalem**
Zwei Menschen: Adam und Eva.	Eine *ganze* Menschheit aus Völkern bzw. Nationen.
Ein *Garten.*	Die ganze Neue/erneuerte *Erde.*
Der Strom, der von Eden den Garten bewässert.	Der Strom lebendigen Wassers vom Thron Gottes und des Lammes.
Adam und Eva sollen den Garten bebauen und bewahren.	Anbetung Gottes und Heilung der Völker.
Ein Baum des Lebens.	*Viele* Bäume des Lebens entlang des Stromes, die Früchte im Überfluss bringen.
Der Baum der Erkenntnis von Gut und Böse, Verbot davon zu essen.	Diesen Baum gibt es nicht mehr, die autonome Menschheit hat Gut und Böse schmerzhaft kennengelernt.
Androhung des Todes.	Kein Tod mehr! Er ist überwunden und beseitigt.

13.2 Garten Eden dechiffriert

Der bekannte und vielfach ausgelegte Bericht (die rückwärtsgewandte Offenbarung Gottes!) vom *Garten Eden* lautet im bekannten, bildhaften Wortlaut so:

Der Garten Eden und dessen Verlust: 1Mo 2,8–10.15–17; 3,8–10.21–24[448]

1Mo 2,8-10: *Und Gott der HERR pflanzte einen* **Garten** *in* **Eden** *gegen Morgen und setzte den Menschen hinein, den ER gemacht hatte. Und Gott der HERR ließ aufwachsen aus der Erde allerlei* **Bäume,** *lustig anzusehen und gut zu essen, und den* **Baum** *des Lebens mitten im* **Garten** *und den* **Baum** *der Erkenntnis des Guten und Bösen. Und es ging aus von* **Eden** *ein* **Strom,** *zu wässern den* **Garten.** *[...]*

V15-17: *Und Gott der HERR nahm den Menschen und setzte ihn in den Garten* **Eden,** *dass er ihn baute und bewahrte. Und Gott der HERR gebot dem Menschen und sprach: Du sollst essen von allerlei* **Bäumen** *im Garten; aber von dem* **Baum** *der Erkenntnis des Guten und des Bösen sollst du nicht essen; denn welches Tages du davon isst, wirst du des* **Todes** *sterben.*

> Der Teufel in Gestalt einer Schlange überlistet erst Eva, dann Adam zum „Sündenfall".

1Mo3,8-10: *Und sie hörten die Stimme Gottes des HERRN, der im Garten ging, da der Tag kühl geworden war. Und Adam versteckte sich mit seinem Weibe vor dem Angesicht Gottes des HERRN unter die Bäume im Garten. Und Gott der HERR rief Adam und sprach zu ihm: Wo bist du? Und er sprach: Ich hörte Deine Stimme im* **Garten** *und fürchtete mich; denn ich bin nackt, darum versteckte ich mich. [...]*

---

448 Wörtlich nach Luther 1912

V21-24: *Und Gott der HERR machte Adam und seinem Weibe Röcke von Fellen und kleidete sie. Und Gott der HERR sprach: Siehe, Adam ist geworden wie Unsereiner und weiß, was gut und böse ist. Nun aber, dass er nicht ausstrecke seine Hand und breche auch von dem* **Baum des Lebens** *und esse und lebe ewiglich! Da wies ihn Gott der HERR aus dem* **Garten Eden**, *dass er das Feld baute, davon er genommen ist, und trieb Adam aus und lagerte vor* **den Garten Eden** *die Cherubim mit dem bloßen, hauenden Schwert, zu bewahren den Weg zu dem* **Baum des Lebens**.

Die „Ur-Sünde" ist, dass der Mensch Gott misstraut, Ihn nicht wirklich für *gut* hält und deswegen die Gemeinschaft mit Ihm meidet.

Wenn man als Übertragung

- „**Eden**" als „*Herz*" bzw. „*Gegenwart* Gottes",
- „**Garten**" als „*Gemeinschaft* Gottes mit dem Menschen",
- „**Bäume**" als „allerlei Möglichkeiten, das *Leben in Gemeinschaft mit Gott* zu gestalten",
- „**Wasserstrom**" als „Segen Gottes" und
- „**Tod**" als „Unabhängigkeit bzw. Trennung von Gott"

interpretiert, klingt dieser „Bericht" *dechiffriert* etwa so:

Gott schuf in Seinem Herzen einen Platz für den Menschen.

JHWH (= Gott, der HERR) schuf in Seinem Herzen einen Platz für die Gemeinschaft mit den Menschen und genau dort gab ER den Menschen, die ER gemacht hatte, seinen Platz: in Seinem Herzen. – Und Gott schuf ganz viele Möglichkeiten, das Leben mit Ihm kreativ zu gestalten. Das Leben aus dem Herzen Gottes sollte das Zentrum der Gemeinschaft mit den Menschen sein.

Es gab aber auch eine Option, die der Mensch meiden sollte: Er sollte nicht versuchen, allein und ohne seinen Schöpfer Gutes und Böses zu unterscheiden. – Aus dem Herzen Gottes floss unaufhörlich Segen, damit die Menschen die Gemeinschaft mit Gott unbeschwert und freudig genießen konnten. [...]

Ja, Gott nahm den geschaffenen Menschen in Sein Herz auf. Der Mensch sollte im Herzen Gottes die Gemeinschaft mit seinem Schöpfer ausbauen und gestalten. – Für seine nahezu uneingeschränkten Möglichkeiten, das Leben mit Gott zu gestalten, gab Gott dem Menschen allerdings eine einzige Einschränkung: Versuch bitte nicht, eigenmächtig den Unterschied von Gut und Böse herauszufinden. Wenn du das tust, muss ICH unsere Herzensgemeinschaft beenden.

Nachdem der Mensch diese einzige Einschränkung doch missachtet und Gottes Weisung übertreten hatte:

Adam und Eva hörten die vertraute Stimme Gottes, als ER die Gemeinschaft mit Seinen Geschöpfen pflegen wollte. Aber die hatte sich merkwürdig abgekühlt. Adam und Eva fühlten sich jetzt nämlich unwohl in der Gegenwart Gottes und versuchten, sich vor Ihm zu verstecken. Das Leben mit ihrem Schöpfer machte plötzlich überhaupt keine Freude mehr. – Da rief Gott nach Adam: Wo bist du denn? Warum versteckst du dich auf einmal vor Mir? – Adam antwortete: Ich habe Deine Stimme gehört, als DU mit mir Gemeinschaft gesucht hast. Aber ich hatte Angst vor Dir, weil mir bewusst wurde, dass DU schon längst alles weißt, was ich getan habe. Deshalb habe ich versucht, mich vor Dir zu verstecken, weil ich mich geschämt habe. [...]

Adam und Eva fühlten sich jetzt unwohl in der Gegenwart Gottes.

Als Zeichen Seiner Fürsorge und Vergebungsbereitschaft bedeckte Gott ihre Scham. – Dann sagte Gott-Vater zu Gott-Sohn und dem Geist: Seht ihr! Adam ist wie Wir geworden und weiß jetzt unabhängig von Uns, was gut und böse ist. Jetzt müssen Wir verhindern, dass er in diesem Zustand der Unabhängigkeit von Uns auf ewig das Leben gestalten kann. –

Da verwies Gott die ersten Menschen aus Seiner unmittelbaren Gegenwart und musste die ungetrübte, freudige Gemeinschaft mit Seinen Menschen beenden. Ab sofort sollte Adam seine Beziehungen in der Schöpfung selbst gestalten – ohne den direkten Anschluss an seinen Schöpfer. – Schweren Herzens musste Gott die Menschen aus seiner unmittelbaren Gegenwart und dem Lebensraum, den ER für sie in Seinem Herzen vorgesehen hatte, vertreiben. Gott stellte bewaffnete Engel vor dem eigentlich für Seine Menschen vorgesehenen Lebensraum und sogar vor Sein eigenes Herz. In diesem Zustand der Unabhängigkeit konnten sie dort keinen ewigen Platz mehr haben.

Fortan ist die ganze Menschheitsgeschichte die Fortsetzung der Suche Gottes: *Adam, wo bist du?* Da schwingt auch der Schmerz Gottes über den Verlust mit. Durch die ganze Bibel hallt deshalb die Rückrufaktion Gottes: *Kommt doch zurück zu Mir, warum wollt ihr ohne MICH euer Dasein fristen?*[449]

Adam, wo bist du?
Da schwingt der Schmerz Gottes über den Verlust mit.

Am Anfang lebte der Mensch in **sichtbarer** Gemeinschaft mit Gott – bis sich *Zweifel* an dessen Güte regten und *Misstrauen* wuchs. Die Folgen waren *Ungehorsam*, *Unbehagen* in der Gegenwart

449 Die alte Formulierung *Tut Buße und kehrt um* meint nichts anderes: Erkennt, dass ihr auf dem falschen Weg seid und macht euch neu auf in die richtige Richtung hin zu Gott. Gott wartet darauf! Besonders eindrücklich erzählt Jesus dies im Gleichnis von den verlorenen Söhnen. (Lk 15,11–32, vgl. Abschnitt 223 *Was für ein Papa* in Band 2)

Gottes und *Trennung*. Gott sagt etwa: Wenn du dich bei Mir und in Meiner Gegenwart nicht mehr wohl fühlst, dann geh deine eigenen Wege.

Gott war zwar immer noch da und sogar dem Menschen nah, aber ER entzog sich der Sichtbarkeit. Fortan soll der Mensch „unter erschwerten Bedingungen", dass er Gott **nicht mehr sehen** kann, sein Misstrauen überwinden und wieder zu Vertrauen und Liebe zurückfinden. Gott begleitet ihn **unsichtbar** dabei und gibt ihm allerlei Zeichen Seiner Gegenwart, die ihm den Weg zurück anzeigen sollen.

Es wäre alles so viel einfacher gewesen, wenn der Mensch sein Vertrauen zum Schöpfer während der **sichtbaren** Gemeinschaft nicht weggeworfen hätte. Wäre, hätte …

13.3 1000 Friedensjahre

Zunächst ist festzuhalten: Eine 1000-jährige Friedensherrschaft von Jesus mit Seiner Gemeinde wird so konkret *einzig* in dem kurzen Abschnitt **Offb 20,4–6** erwähnt. Im Rahmen der Symbolik der Offenbarung dürfte auch diese Zahl 1000 (10^3) ein Hinweis auf einen langen Zeitraum sein. Es wird kaum darum gehen, dass man das Ende nach exakt 1000 Jahren *auf den Tag genau* berechnen könnte.

1000 Jahre mit einem Hauch von Ewigkeit.

Fitsch meint, dass die 1000 Jahre – die vor Gott ohnehin wie ein Tag (Ps 90,4) sind – symbolisch *„für die menschliche Vorstellung von Dauer und Vollkommenheit, mit einem Hauch von Ewigkeit, steht."* [450]

---

450 E. G. Fitsch: *Die Vision von Patmos*, S. 219.

Die Rückkehr des auferstandenen und an Himmelfahrt in die Welt Gottes zurückgekehrten Jesus auf diese Welt bringt mit sich:

- Die Beendigung der letzten großen antichristlichen Weltherrschaft (Offb 17–19);
- die Inhaftierung des Satans;
- die Auferstehung und das Offenbarwerden der in dieser Welt oft missachteten und verfolgten Christen und
- den Beginn einer langen Zeit echten Schalom-Friedens mit Gott und unter den Menschen, weil Jesus mit Seiner Gemeinde dann endlich und ungebremst die Welt zum Guten regiert.

13.3.1 Satans Arrest und Freilassung

Mit dem Sieg Jesu ist verbunden, dass der (letzte) Antichrist und sein Lautsprecher sogleich in den Feuersee der ewigen Gottesferne geworfen werden.[451]

Die treibende Kraft Satan wird dagegen zunächst nur „verschlossen im Abgrund“ aufbewahrt, sodass er in der Folgezeit nicht mehr auf der Erde wirken kann. (Offb 20,1–3) Das ist die entscheidende Voraussetzung für dauerhaften Frieden: Es gibt kein satanisches Störfeuer mehr.

Johannes bedient sich hier einer ausgesprochen juristischen Sprache: Satan wird ergriffen, festgenommen, inhaftiert, und in Sicherungsverwahrung genommen.[452]

---

451 Vgl. Offb 19,20; es ist aber nicht abwegig, anzunehmen, dass dies für alle anderen ihnen vorausgegangenen Diktatoren, die die Gemeinde Gottes gehasst und verfolgt haben, ebenso gilt. „Das Tier“ hat sich in vielen Diktatoren dieser Welt auch vor dem letzten Antichristen bereits immer wieder personifiziert (Antiochus IV, Nero, Hitler, Stalin u. v. a.).

452 Vgl. Fitsch a. a. O., S. 218–221.

Am Ende dieser langen Friedenszeit wird der Satan aber noch einmal „auf Bewährung“ aus der Haft entlassen. Er wird allerdings, wie ein notorischer Serienmörder, sofort wieder rück- bzw. straffällig. Es zeigt sich sofort, dass kein Sinneswandel eingetreten ist. Sein Hass auf Gott, Jesus und die Gemeinde ist ungebrochen.

Satan wird sofort wieder rückfällig, wie ein notorischer Serienmörder.

Noch einmal darf er den göttlichen Frieden stören und versuchen, die Menschen gegen Gott zu mobilisieren – was ihm auch tatsächlich gelingt.

Warum kommt Satan nach dieser Segenszeit noch einmal frei?

Ist es eine letzte „Reinigung“, eine Echtheitsprüfung für die, die nun im Millennium zusätzlich „zum Glauben an Jesus gekommen“ sind?

Oder muss noch einmal offenbar werden, wer im Herzen immer noch gegen Gott rebelliert und nur egoistisch Frieden und Wohlstand ohne Dank gegenüber dem Geber aller guten Gaben genossen hat?

Für die Menschen ist es eine letzte Prüfung, ob sie tatsächlich *auf ewig* unter dieser Friedensherrschaft Jesu leben, oder ob sie es doch noch einmal *ohne* Gott versuchen wollen.

E. G. Fitsch sagt, dass diese Bewährungszeit zwei Hoffnungen widerlegt:

1. Der Satan würde sich am Ende auch noch bekehren und davon Abstand nehmen, Gott vom Thron stoßen zu wollen. NEIN! Der Erzfeind Gottes ändert sich nicht. Er bleibt in seiner hasserfüllten Rebellion gegen den Schöpfer.

2. Der Mensch würde endlich *vernünftig* und kompromisslos die Vorzüge der gesegneten Gemeinschaft mit Gott erkennen. NEIN! Der Mensch lernt eben nicht wirklich aus der Geschichte mit und ohne Gott – das durchzieht auch die ganze Geschichte Israels und ebenfalls die der Gemeinde Jesu.[453] In seinem latenten Autonomiebestreben weg von Gott geht der Mensch dem Satan und seinen Versprechungen noch einmal auf den Leim. Aber Gott zwingt niemanden, bei Ihm zu bleiben.

Satan bekehrt sich nicht und die Menschen werden nicht „vernünftig".

Da die Friedensherrschaft Jesu von Jerusalem aus erfolgt und auch die Juden dabei eine besondere Rolle spielen werden, kann es gut sein, dass ein Teil der Menschheit dieser *Sonderrolle* der Juden dann trotz allen Segens wieder überdrüssig geworden ist und neuerlich anfängt, gegen die Pläne Gottes zu rebellieren.[454]

Israel und Jerusalem, die Regierungszentrale des Friedensreiches, werden dann noch einmal im Zentrum eines gewaltigen Krieges stehen, mit dem Satan ein letztes Mal versuchen wird, Jesus vom Thron zu stoßen.[455] Aber Jesus wird Sieger bleiben und der Satan wird dann ebenfalls in den Feuersee verwiesen. (Offb 20,10)

453 Nach Zeiten der Buße, Umkehr und erlebtem Segen Gottes folgt immer wieder ein Abfall in neuerliche Gottlosigkeit – wird sind in Deutschland und Europa wieder auf dem „besten" Weg dort hin.

454 Davon sprechen die Propheten im AT an vielen Stellen, vgl. z. B. Sach 14. V17–19 deuten dort an, dass einige Völker es irgendwann „leid sind", jedes Jahr zum Laubhüttenfest nach Jerusalem zu kommen, um Gott dort anzubeten und Ihm die Ehre zu geben.

455 Ein gewaltiger Aufmarsch des „Gog von Magog" (vgl. Hes 39, auch Sach 12 und 14) wird Israel in aussichtslose Bedrängnis bringen, ehe Jesus selbst eingreift und diese finale Rebellion beendet.

Der Feuersee ist die legitime Todesstrafe für Satan.

Nach dem sofortigen Rückfall in der Bewährungszeit ist dies für den Satan nun der völlig legitime und zwangsläufige Vollzug der ewig gültigen Todesstrafe.

13.3.2 Rehabilitierte Märtyrer

In diesem Friedensreich sind alle wahrhaftigen Nachfolger Jesu vor aller Welt rehabilitiert und mit Gerichtsvollmacht ausgestattet.[456]

Das sind besonders die Märtyrer[457] aller Zeiten, die wegen ihres Glaubens verfolgt wurden und vielfach ihr Leben dafür gelassen haben, weil sie sich geweigert haben, ihren Herrn und Gott zu verleugnen.

Das begann schon unter den römischen Gottgleich-Kaisern und geht weiter bis zu den Diktatoren unserer Zeit, die sich an die Stelle Gottes setzen wollen und Christus und Seine Gemeinde bekämpfen.

456 In **1Kor 6,2** hat Paulus die Korinther angesichts interner Streitigkeiten, die vor weltlichen Gerichten ausgetragen wurden, daran erinnert: Wisst ihr das eigentlich nicht mehr? Ihr sollt einmal am Gericht über die Welt teilhaben.

457 Märtyrer, das meint zunächst einfach nur *Zeuge* bzw. auch *Blutzeuge*. Das sind Menschen, die für ihre Überzeugung auch Leid und Tod in Kauf nehmen, weil sie „ihre Sache" oder eben „ihren Gott" nicht verraten wollen.

Christen, die heute unter zum Teil brutaler Verfolgung leiden[458], brauchen sicherlich nicht mehr auf *den* (letzten) großen Antichristen zu warten. Ihr Leid hat heute und schon zu allen Zeiten dieselbe Dimension.

Nach der Auferstehung und im Friedensreich Jesu ist dann die Spannung zwischen Nachfolge und Verfolgung endlich aufgelöst.

13.3.3 Regieren – über wen?

Genau diese jetzt Verachteten werden dann mit Jesus *königlich regieren*. Und das ist im Hebräischen gleichbedeutend mit: Recht sprechen und durchsetzen.

Die Verfolgten werden dann königlich regieren.

Aber über welche Menschen bzw.
Völker soll die mit Jesus zurückgekehrte Gemeinde der Auferstandenen denn überhaupt regieren?

- Entweder gibt es auch nach dem großen Krieg des Antichristen gegen Israel und die Gemeinde Jesu, den Jesus durch Seine Wiederkunft siegreich beendet, weiterhin Menschen bzw. Nationen auf der arg beschädigten Erde, *über die* die Gemeinde Jesu dann dienend (!) regieren soll.
- Oder die Wiederkunft Jesu mit dem finalen Sieg über die antigöttlichen Mächte führt gleichzeitig zum völligen Ende der Menschheit in der bisherigen Form. Dann müssten durch die auferstanden-Zurückgekehrten in einer erneuerten Welt erst neue Menschen bzw. Völker *geboren* werden.

458 www.opendoors.de berichtet darüber regelmäßig und versucht in einem Weltverfolgungsindex das Ausmaß der Verfolgung zu quantifizieren.

Dies würde allerdings voraussetzen, dass die Erst-Auferstehung in Körpern erfolgt, die weiterhin zeugungsfähig sind. Das steht aber in Konflikt mit anderen Aussagen über den Auferstehungsleib, dass er „gleich wie die Engel" ist.[459]

Letztlich müssen wir das *jetzt* gar nicht so genau wissen. Der Fokus von Offb 20,4–6 liegt eindeutig auf den rehabilitierten Märtyrern und ihrer Aufgabe als königliche Priester (oder priesterliche Könige) und nicht auf denen, denen sie *dienen* sollen.

Ich halte aber die erste Variante für wahrscheinlicher, denn trotz der weltweiten Diktatur des letzten Antichristen ist der Aufmarsch in Israel letztlich ein *regionales* Ereignis – wenn auch von fundamental-weitreichender Bedeutung –, das nicht zum Untergang der gesamten Menschheit führt.

Dann müssen in diesem 1000-jährigen Reich Auferstandene und „Leibliche" nebeneinander leben – so wie der auferstandene Jesus Christus 40 Tage zwischen Ostern und Himmelfahrt auf dieser Erde gelebt hat und dabei den Jüngern immer wieder in Seinem neuen Auferstehungsleib begegnet ist.

Diese Erst-Auferstandenen[460] regieren dann mit Ihm – quasi wie sichtbar gewordene Engel – als Priester Gottes. (Offb 20,4.6) Und diese „Regierung" im Sinne Gottes ist immer *Dienst* an den

459 So Jesus selbst in **Mt 22,30:** *In der Auferstehung werden sie weder heiraten noch sich heiraten lassen, sondern sie sind gleich wie die Engel im Himmel.*

460 Also die Christen aller Zeiten, die im Glauben an Jesus gestorbenen sind und die lebenden Christen, die vor der Wiederkunft Jesu mit ihnen zusammen *Jesus entgegen* gerückt (also von der Erde genommen) worden sind. (vgl. 1Thess 4,13–17; 1Kor 15,51.52; Mt 25,6)

Menschen[461] – die noch im ersten Leib sind. Das Grundgesetz dafür ist die Bergpredigt Jesu.[462]

Da im Millennium die satanischen Verführungen ausbleiben und *der HERR König über alle Länder ist* **(Sach 14,9)**, wird endlich Realität, was menschlicher Idealismus und verzweifelte Politiker nicht schaffen konnten:

Endlich wird Realität, was menschlicher Idealismus und verzweifelte Politik nicht schaffen.

- Weltfrieden und Ende des Nahostkonfliktes,
- umfassende Abrüstung und nützlicher Einsatz der Ressourcen,
- gerechte Weltwirtschaftsordnung zum Vorteil für alle,
- Wohlstand für alle und Überwindung des Hungers,
- Überwindung der Folgen von Klimawandel und Umweltzerstörung,
- Vollendung der Weltmission, insbesondere durch den Segen, der von Israel ausgeht.

Es zeigt sich, dass all diese hehren Ziele, die auch wohlmeinende, atheistische Humanisten verfolgen, eben nur *mit* Gott zu erreichen sind.

461 Jesus sagt selbst ein einfaches Prinzip, das in Seinem Reich als roter Faden gilt: *Jesus setzte sich und rief die Zwölf zu sich: Wenn jemand der Erste sein will, der soll* [erst einmal] *vor allen der Letzte sein und allen dienen.* (**Mk 9,35;** ebenso in Mt 20,26.27)
In **Mk 10,45** fügt Jesus derselben Aussage hinzu: *Denn auch der Menschen Sohn* [womit Jesus sich selbst meint] *ist nicht gekommen, um sich dienen zu lassen, sondern um zu dienen und sein Leben zur Bezahlung* [des Lösegeldes zum Freikauf von der Sünde] *für viele hinzugeben.*

462 Vgl. in Band 1 Kapitel 5 *Regierungserklärung.*

„Mit dem zweiten Kommen Jesu ändert sich die Lebenswirklichkeit auf der Erde, aber auch im Himmel, so dass sie sich menschlicher Beschreibung entzieht.“[463]

Tatsächlich durchdringt zweifellos jetzt schon die unsichtbare Welt Gottes mit Seinen Engeln unsere Realität. ER sendet sie wie Winde und als dienstbare Geister in diese Welt aus.[464]

Im Millennium wird dieses Ineinander durch die bereits auferstandenen Menschen deutlicher sichtbar. Auf der Neuen Erde wird das dann vollendet und für alle sichtbar sein: Gott ist alles in allen.[465]

13.3.4 Millennium und Neue Welt II[466]

Ob das 1000-jährige Reich Jesu und die Neue Welt in unserem Zeit-/Raumverständnis *nacheinander* ablaufen, oder ob es im Sinne einer großen Gesamtschau verschiedene Perspektiven auf das *eine* große Umwandlungs-, Erneuerungs- und Vollendungsgeschehen sind, muss hier offenbleiben.

---

463 Fritz Laubach: *Gottes Weg in eine neue Welt*, S. 109.

464 **Ps 104,3b.4a:** *DU fährst auf den Wolken wie auf einem Wagen und reitest auf den Flügeln des Windes; DU machst Winde zu deinen Engeln* [bzw. Boten, vgl. Hebr 1,7].
Hebr 1,14: *Sind die Engel nicht allesamt dienstbereite Geister, die zum Dienst an denen ausgesendet werden, die die Seligkeit ererben sollen?*

465 **1Kor 15,28:** *Wenn aber alles unter der guten Herrschaft von Jesus sein wird, dann wird auch der Sohn Gottes selbst sich dem Vater unterstellen, der Ihm alles anvertraut hat, so dass dann Gott alles in allen ist.*

466 Dieser Abschnitt schließt an Abschnitt 11.4 an.

Vielleicht gilt ja auch hier wieder: Es ist *beides*, Millennium und Neue Welt sind unauflöslich ineinander verwoben.

Sind Millennium und Neue Welt unauflöslich ineinander verwoben?

Wir denken viel zu oft *eindimensional* und in – sich gegenseitig ausschließenden – Alternativen.[467] Das wird schon im Hier und Jetzt den komplexen Zusammenhängen *dieser* Welt nicht gerecht.

Dann gilt das sicher erst recht für die Welt Gottes, die jetzt zwar für uns noch unsichtbar, aber trotzdem real ist! Gott kann sie uns zunächst nur über (mehr oder weniger deutliche und komplexe) Bilder zugänglich machen, indem diese an die Realitäten der uns bekannten Welt anknüpfen. Das hat Jesus in Seinen Gleichnissen und Bildworten oft und eindrucksvoll getan.

Letztlich können uns diese bildhaften Illustrationen aber nur eine *Ahnung* von dem vermitteln, was wirklich ist:

- Eine unvorstellbare Herrlichkeit Gottes,
- in Gemeinschaft mit Seinen Geschöpfen,
- nachdem jeglicher Einfluss des Bösen eliminiert ist.

Zum Vergleich: Auch ein Embryo kann sich vor der Geburt die „neue Welt" nicht vorstellen, auch wenn es schon Hell und Dunkel und Geräusche wahrnehmen kann.

Embryo und Raupe haben keine Ahnung von ihrer neuen Welt.

---

467 Oft ist „sowohl … als auch" ein besserer Ansatz als „entweder, … oder". Dies entspricht auch dem hebräischen Denken besser als unser griechisch geprägtes Kausaldenken.

Auch die Raupe hat sicherlich ebenfalls keine Ahnung davon, wie das neue Schmetterlingsleben sein wird, wenn die Verpuppung zur grandiosen Verwandlung geführt hat.

Sowohl das Millennium als auch die Neue Welt sind einfach unbeschreiblich, sagenhaft und völlig anders als das, was wir bisher kennen.[468] Die Neue Welt ist gewiss viel mehr als lediglich eine ewige Fortschreibung der *jetzigen* Verhältnisse.

13.3.5 Was interessiert's den Schmetterling …

Eine Gedankenkette zum Leben in der neuen Auferstehungswelt, ausgehend vom Schmetterling:

1. Was juckt es eigentlich den Schmetterling, was aus dem Rest der ausgedienten Puppenhülle wird? Er lässt sie einfach zurück, lebt in seiner neuen Welt und fliegt (!) dort von Blüte zu Blüte – völlig jenseits des Erfahrungshorizontes von Puppe oder Raupe.
2. Jesus sagt den Sadduzäern zu ihrer konstruierten 7–Männerstory:[469] Ihr habt weder von der Auferstehung noch von der Neuen Welt und dem Reich Gottes eine Ahnung. **(Mt 22,23–33)** Wörtlich: *Ihr kennt weder die Schrift noch die Kraft Gottes.* **(V29)**
3. Heiraten, also Ehe und damit auch den hier gottgewollten Sex gibt es dort nicht mehr, sondern die Auferstandenen werden *sein wie die Engel im Himmel.* **(V30)**

---

468 **1Kor 2,9** (Paulus zitiert hier Jes 64,3): *Was kein Auge gesehen und kein Ohr gehört hat und was in keines Menschen Herz gekommen ist, das hat Gott für die vorbereitet, die ihn lieben.*

469 Vgl. Abschnitt 263 *7 Men, 1 Woman – No Kids* in Band 2.

4. Nach **Hebr 1,14** sind die Engel Geistwesen, *dienstbare Geister* – auch wenn sie gelegentlich mit besonderen Aufträgen in Menschengestalt auftreten können. So z. B. bei der „Berufung" des Teenagers Maria zur übernatürlichen Schwangerschaft.
5. Paulus schreibt in **1Kor 15,35–55** und **2Kor 5,1–10** ausführlich über den neuen Auferstehungsleib.[470] Das Resümee ist: dieser neue Leib und die Neue Welt Gottes sind völlig und absolut anders als alles, was wir im Hier und Jetzt kennen.
   Folglich macht es überhaupt keinen Sinn, unsere jetzige Erfahrungswelt in irgendeiner Weise in die Ewigkeit fortschreiben zu wollen. Dieser Versuch springt immer zu kurz.
6. Dass die Herrlichkeit Gottes, Sein Reich und die jenseitige Welt unvorstellbar anders ist, durften einige Gottesmänner für kurze Zeit sehen bzw. hören: z. B. Mose, Jesaja, Hesekiel, Paulus und Johannes.
   Was sie dort sehen durften, war so unglaublich herrlich, dass sie davon nur behelfsmäßig in Bildern (insbesondere Hesekiel und Johannes) weitergeben konnten oder lieber ganz geschwiegen haben, wie Paulus in 2Kor 12,2–4.
7. Offenbar ist also die ganze Neue Welt eine Geistwelt – wie auch Gott selbst Geist ist. **(Joh 4,24)** Sie ist mit unserer materiell-leiblichen Welt überhaupt nicht zu vergleichen.
   Deshalb ist auch das Neue Jerusalem keine glitzernde Megastadt im materiellen Sinn, in der es auch kein Tempelgebäude mehr gibt. Das Neue Jerusalem besteht aus *Geistwesen* – erlösten „Schmetterlingen".
8. Die Hülle, der Leib in dieser Welt, hat dort nichts mehr zu suchen – er wird „zurückgebaut" –, egal ob durch Beerdigung und Verwesung oder Verbrennung. Da wird auch nichts restauriert oder die alten Moleküle wieder zusammengesammelt.[471]

---

470 Vgl. Abschnitt 8.3.4 *Auferstehung*.

471 Lazarus wurde nach 4 Tagen und einsetzender Verwesung von Jesus wieder in *dieses* Leben zurückgeholt. (Joh 11)

9. Und was sind das dann für *Geistwesen* nach der Auferstehung? Woraus bestehen sie? Was macht uns dann aus bzw. woran erkennen wir uns?
   Ist es nicht naheliegend, hier an die Frucht des Geistes Gottes zu denken, nämlich *Liebe* mit all ihren Facetten, wie Paulus sie in **Gal 5,22** beschreibt?
10. Was der Geist Gottes in diesem Sinne *jetzt schon* wirken kann – als Angeld und erste Rate der Herrlichkeit –, das wird in der Neuen (immateriellen !) Welt weiterwachsen.
   Alles Materielle dieser Welt muss sowieso hier bleiben und vergehen. Davon werden wir in der neuen Welt *nichts* mehr vorfinden.[472]
11. Dann kommt es für die Teilhabe an der Neuen Welt (mit vielen oder wenigen Schätzen im Himmel) also nur darauf an, ob Gott in diesem Leben *überhaupt* etwas wirken konnte, was aus Seinem Geist kommt. Konnte ER einen Anfang machen, oder hat sich ein – dann wirklich verlorener – Mensch voll und ganz dagegen gesperrt oder sogar aufgelehnt?
12. Bei *jedem* Menschen muss aber im Gericht vor dem Eintritt in die Neue Welt noch das gottgewirkte Gute vom menschlich–egoistisch Schlechten getrennt werden. **(1Kor 3,11–15)**
   Der Mensch als Original Gottes bleibt aber unter der Gnade, sofern Gott irgendetwas Gutes in ihm wirken konnte, denn dieses Samenkorn verwirft ER nicht und auch diesen glimmenden Docht bläst ER nicht aus.[473]

---

472 Petrus schreibt in **1Petr 1,18** sogar davon, dass selbst die Edelmetalle Silber und Gold zu den *vergänglichen* Dingen gehören – von wegen goldene Pflastersteine auf den Straßen des Neuen Jerusalem …

473 Matthäus zitiert in Mt 12,20 – mit Bezug auf Jesus! – aus dem ersten der sog. „Gottesknechtslieder“ in **Jes 42, 1–4:** *Das geknickte Rohr wird ER nicht zerbrechen, und den* ***glimmenden Docht*** *wird ER nicht auslöschen, bis ER das Recht zum Sieg führt.* Vgl. Abschnitt 6.3.1 *Das Licht der Welt.*

13.4 New Salem – keine Megastadt

In einem gewaltigen Schlussbild wird Johannes das Ziel der Menschheitsgeschichte gezeigt: die Neue Welt mit einem Neuen Jerusalem als deren Zentrum. **(Offb 21,1–22,5)**

Was hat es damit auf sich?

Wir sollten dabei im Blick behalten, dass die ganze Offenbarung an Johannes sich einer Bildersprache bedient, um die himmlische Realität in unserer Vorstellungswelt abzubilden.

Anders gesagt: Diese Bilder sollen uns *Raupen* eine Ahnung davon geben, wie das Auferstehungsleben als *Schmetterling* einmal sein wird. Einfach fantastisch und völlig anders!

Das Auferstehungsleben ist einfach fantastisch und völlig anders.

Generell knüpfen die *Bilder*[474] vom ersten Paradies und dem Neuen Jerusalem an die Realitäten dieser ersten, uns bekannten Erde an.

Wie bei einer natürlichen Geburt die Welt, in die das Baby hineingeboren wird, zwar für dieses neu, aber gleichzeitig schon vorher vorhanden ist, so kann es auch hier sein, dass die Neue Welt, die für uns erst noch Realität wird, tatsächlich bereits vorhanden ist.

Was ist das Neue Jerusalem?

474 Vgl. die grundsätzlichen Bemerkungen zur Bildersprache der Offenbarung in Abschnitt 11.2.2 *Bilder, Zahlen und Symbole*.

Das Neue Jerusalem ist Frau, Braut und Stadt.

Offb 21,9–11a: *Und es kam einer von den sieben Engeln, welche die sieben Schalen voll der letzten sieben Plagen* [ausgeschüttet] *hatten, zu mir und forderte mich auf:* ***Komm, ich will dir die Frau zeigen, die Braut des Lammes.*** *Und er führte mich im Geist auf einen großen und hohen Berg und zeigte mir die große Stadt,* ***das heilige Jerusalem, aus dem Himmel von Gott herunterkommen.*** *Die hatte die Herrlichkeit Gottes.*

Nach dem Sieg Gottes über alle Feinde Seiner guten Schöpfung hatten bereits „eine große Stimme vieler Scharen" und die ganze Thronumgebung Gottes gejubelt: *Lasst uns feiern und fröhlich sein und Ihm die Ehre geben, denn* ***die Hochzeit des Lammes ist gekommen, und Seine Frau hat sich als Braut*** [in voller Herrlichkeit] *dafür zurechtgemacht.* **(Offb 19,7)**

Das *Lamm* steht natürlich für Jesus Christus, den siegreichen Erlöser, der in Kreuz und Auferstehung die Sünde und den Tod überwunden hat. Seine *Braut,* das ist die Gemeinde aus denen, die ER erlöst hat bzw. die Seine Erlösung und Gnade zu ihren Lebzeiten angenommen haben und in ihrem Bekenntnis treu geblieben sind – in allen Anfechtungen und Verfolgungen.

Gott-Vater hat die Braut zur Hochzeit herausgeputzt.

Gott-Vater selbst hat sie zur Hochzeit mit Gott-Sohn herrlich geschmückt und wunderbar herausgeputzt. Ohne Flecken und Runzeln ist sie, die Gott zuvor (im Blick auf Israel) immer wieder als treulose Hure bezeichnen musste[475], nun die schönste „Frau", die man sich überhaupt nur vorstellen kann – und das ohne Nachbearbeitung durch Photoshop.

---

475 Vgl. Abschnitt 6.5.1 *Geliebte, Hure, Braut.*

Diese Gemeinde Jesu kommt *im Bild* des Neuen Jerusalem (als Stadt) aus dem Himmel herab[476] – und zwar auf eine Neue Erde mit einem Neuen Himmel. (21,1a) Die erste Erde ist nicht mehr. (20,11b; 21,1b)[477]

New Salem *ist* Herrlichkeit Gottes.

New Salem hat die Herrlichkeit Gottes. Natürlich! Aus dem Himmel, der Welt, in der Gottes Wille bereits umfassend und vollständig geschieht, kann ja nur Seine Herrlichkeit kommen – was denn sonst? Und jetzt kommt sie endlich auch ungeschmälert auf die Neue Erde. *Wie im Himmel, so auf Erden* beten wir heute noch und immer wieder im Vater Unser. Dann ist es erfüllt!

Diese kristallklare Herrlichkeit leuchtet alles Folgende aus. In Offb 21,11–23 beschreibt Johannes in gewaltigen *Bildern*, was er da zu sehen bekommt. Diese Stadt (= Brautgemeinde Jesu) hat – ja, sie *ist* – die Herrlichkeit Gottes. Endlich spiegeln die erlösten Menschen diese Herrlichkeit als Ebenbilder ihres Schöpfers wider.

---

476 Ist es dann so abwegig, anzunehmen, dass es sich hierbei um eine andere Perspektive auf die Wiederkunft Jesu mit seiner Gemeinde handelt?

477 Ob es sich bei Neuem Himmel und Neuer Erde um eine völlige Neuschöpfung mit Vernichtung des ersten handelt oder um eine umfassende Restauration und Weiterentwicklung, muss hier offenbleiben. Beides ist denkbar. Sicher ist: Himmel und Erde in der *bisherigen* Form wird es nicht mehr geben.
Offb 21,1b, ... *und das Meer ist nicht mehr,* deute ich dahingehend: Das Meer ist ebenfalls ein *Bild* für die gottfeindliche Völkerwelt, aus der am Ende auch der Antichrist aufsteigt (Offb 13,1). *Dieses Meer* „ist dann nicht mehr". Ich verstehe die Aussage nicht wörtlich dahingehend, dass es in der Neuen Welt keine Ozeane mehr geben wird.

Das eigentlich Unbeschreibliche versucht Johannes wie folgt darzustellen.

- Die ganze Stadt ist riesengroß, auf quadratischer Fläche mit ca. 2200 x 2200 km[478] *und auch in der Höhe.* Daraus wird meistens geschlossen, dass die ganze Stadt ein gewaltiger Kubus ist.[479] Diese Stadt und ihre Straßen sind aus reinstem Gold (ebenfalls ein *Bild*), also durch und durch geläutert, gleich dem reinen Glas, völlig durchsichtig und transparent.
- Um die Stadt herum gibt es eine etwa 65 m[480] hohe **Mauer** aus glasklarem Jaspis.
- Diese Mauer steht auf **12 Fundamentsteinen**, auf denen die Namen der 12 Apostel von Jesus[481] geschrieben sind. Diese Grundsteine sind mit 12 verschiedenen Edelsteinen geschmückt.[482]

---

478 Die angegebenen 12.000 Stadien (Ein Stadium entspricht einem Stück Feldweg von 185 m Länge) dürften auch wieder eine symbolische Zahl aus 12 x 10^3 sein: riesengroß und in Herrlichkeit vollendet. 2200 km sind etwa die Entfernung von Hamburg bis Madrid.

479 Diese Deutung ist zwar schlüssig, weil auch das Allerheiligste im salomonischen Tempel ein – vergleichsweise winziger – *Würfel* mit ca. 9 m Kantenlänge war (1Kö 6,20; 2Chr 3,8).
R. Schmitz weist allerdings darauf hin, dass diese Deutung nicht zwingend ist. Auch auf die Spitze einer Pyramide oder den Gipfel eines unregelmäßigen Gebirges würde die Aussage zutreffen. – Letztlich ist das unerheblich, da es sich insgesamt „nur" um ein Bild für die ewige Gemeinschaft der in Jesus erlösten Menschen handelt.

480 Das angegebene Maß ist 144 (12 x 12) Ellen mit 45 cm Länge. Im Vergleich zur riesigen Stadtdimension erscheint diese Mauer eher wie eine „Tapezierleiste am Kölner Dom".

481 Wer ist der 12. Apostel, nachdem Judas Iskariot gescheitert war? Der nicht weiter erwähnte, nachgewählte Matthias? Paulus? Oder wird sogar Judas aufgrund einer ehrlichen Buße vor seinem Suizid noch rehabilitiert?

482 Vgl. die Edelsteine, die der Priester für die 12 Stämme Israels als Brustschmuck trägt. (2Mo 28,17–20; 39,10–13) – Hier ist im Alten Bund bereits das ewige Ziel angedeutet. Aus einem kleinen symbolischen Anfang wird es jetzt gewaltige Realität. – Wenn man das *wörtlich* nimmt, müssten diese Fundamentsteine (drei auf jeder Seite) eine Länge von ca. 700 km haben!

- Die Mauer hat **12 Tore** mit 12 Engeln, darauf sind die Namen der 12 Stämme Israels[483] geschrieben. Jedes Tor ist eine einzige Hyper-Perle. Diese Tore sind zwar allezeit offen, aber offenbar ebenso durchgängig von Engeln bewacht.
- Überraschung: In dieser Stadt gibt es **keinen Tempel** mehr, denn Gott, der Herr, und Jesus, das Lamm, sind nun selbst der Tempel. Jetzt braucht es kein vermittelndes Abbild mehr. Die ganze Schöpfung ist voll von Anbetung in Geist und Wahrheit[484] – es gibt nichts anderes mehr.
  Aber der **Thron Gottes**, von dem das segenspendende Lebenswasser ausgeht, der steht öffentlich sichtbar mitten in der Stadt.
- Die Stadt braucht auch keine Sonne und keinen Mond mehr, um beleuchtet zu sein. Das **Licht** dieser Stadt ist wie der alleredelste Jaspis, klar wie Kristall, denn *die Herrlichkeit Gottes erleuchtet sie und ihre Leuchte ist das Lamm.* **(Offb 21,23)**[485] Jesus hatte bei Seiner Erdenmission gesagt: *ICH BIN das Licht der Welt. Wer Mir nachfolgt, der wird nicht mehr in der Finsternis leben, sondern er wird das Licht des Lebens haben.* **(Joh 8,12)** – Das ist jetzt für alle sichtbare und dauerhafte Realität.

Das *Bild* des Neuen Jerusalem repräsentiert die ganze Heilsgeschichte Gottes über die 12 Söhne Jakobs im AT und die 12 Apostel

---

483 Am Ende der Geschichte sind alle Stämme Israels wieder da. Auch die heute als verloren geltenden zehn Stämme des ehemaligen Nordreiches sind bei Gott nicht vergessen, vgl. auch Offb 7,4–8 und Hes 48 – die Auflistungen sind allerdings nicht völlig identisch.

484 Dies ist die umfängliche Erfüllung von **Joh 4,23.24:** *Aber es kommt die Zeit und sie ist schon jetzt, dass die wahrhaftigen Anbeter den Vater im Geist und in der Wahrheit anbeten werden; denn der Vater will diejenigen* [bei sich] *haben, die ihn so anbeten. Gott ist Geist, und die ihn anbeten, die müssen ihn im Geist und in der Wahrheit anbeten.*

485 Das erklärt im Übrigen auch, warum es am ersten Schöpfungstag schon Licht (= Jesus) gab, während Sonne und Mond erst am vierten Schöpfungstag geschaffen wurden.

von Jesus im NT. Diese Geschichte mündet in das ewige Ziel der Gemeinschaft Gottes mit den Menschen.

Also: Das Neue Jerusalem, das als wunderschön geschmückte Braut Jesu vom Himmel herab auf die Erde kommt, ist *in erster Linie* ein ***Bild*** für die unvorstellbare Herrlichkeit der Gemeinde Jesu im neuen Auferstehungsleben bei Gott und mit Jesus.

Die „goldene Megastadt" besteht nicht aus toten Edelsteinen und glänzenden Pflastersteinen, sondern aus vollendeten Menschen.

Dieser ganze „gewaltige Bau" ist keine „Stadt" aus toten Edelsteinen und glänzenden Pflastersteinen, sondern er besteht aus Gott und den erlösten Menschen. Das „himmlische Jerusalem" und die „erlöste Gemeinde" sind letztlich ein und dasselbe: die „Braut des Lammes" – Gott vereint mit Seinen Menschen.[486]

Wir blicken mit Johannes in die neue Auferstehungswelt und können uns getrost von unseren diesseitigen physikalisch-materiellen Vorstellungen einer goldenen Supermegastadt verabschieden. Das gesamte Neue Jerusalem – auch die Mauer und die Straßen – sind vollendete Menschen! Es ist eine riesige Gemeinde geworden, die aus dem Weizenkorn Jesus herangewachsen ist.[487]

486 Dem entspricht, was der Apostel Petrus in **1Petr 2,5** schreibt: *Baut auch ihr euch als die* ***lebendigen Steine zum geistlichen Haus*** *und zum heiligen Priestertum auf, um geistliche Opfer darzubringen, die Gott durch Jesus Christus angenehm sind.*

487 **Joh 12,24:** *Wahrlich, wahrlich, ICH sage euch: Wenn das Weizenkorn nicht in die Erde fällt und abstirbt, bleibt es allein; wenn es sich aber in der Erde auflöst, bringt es viele neue Körner hervor.*

W. P. Young lässt Jesus in *Die Hütte* sagen (S. 226):

> *„Mack, unsere letzte Bestimmung ist nicht diese Vorstellung vom Himmel, die in euren Köpfen herumgeistert – du weißt schon, dieses Bild von perlenbesetzten Toren und Straßen aus Gold. Es ist eine neue Reinigung dieses Universums, und danach wird es darin tatsächlich ganz ähnlich aussehen wie hier."*
>
> *„Was ist dann mit den Perlen und dem Goldkram?"*
>
> *Jesus legte sich rücklings auf den Steg und genoss mit geschlossenen Augen die sonnige Wärme des Tages. „Der Goldkram, mein Bruder, ist ein Bild für Mich und die Frau, die ICH liebe."*

Der Goldkram ist ein Bild für Mich und Meine Frau.

> *Mack schaute Ihn an, um festzustellen, ob das als Scherz gemeint war, was aber offensichtlich nicht zutraf.*
>
> *„Es ist ein Bild Meiner Braut, der Kirche: Individuen, die gemeinsam eine spirituelle Stadt bilden, … Und diese Stadt steht allen offen, und jedes Tor besteht aus einer einzigen großen Perle …" ER öffnete ein Auge und schaute Mack damit an. „ICH BIN diese Perle!" ER sah Macks fragenden Gesichtsausdruck und fuhr fort: „Perlen, Mack. Der einzige Edelstein, der durch Schmerz, Leiden und – schließlich – den Tod entsteht."*

Gleichzeitig ist nicht auszuschließen, dass es sich beim Himmlischen Jerusalem *auch* um eine *reale Megastadt* auf der Neuen bzw. erneuerten Erde handelt: das Neue Jerusalem als Weltmetropole und Sitz des Thrones Gottes auf dem Berg Zion, so wie Gott es von Anfang an geplant und beschlossen hatte.

Nun wird von Jerusalem aus durch die Gemeinde Jesu dienend regiert und die Bergpredigt ist das Grundgesetz. Die Menschen sind endgültig in die dreieinige Agape-Liebe Gottes hineingezogen bzw. von dieser überwunden. Jesus in allen und alle in Jesus, so wie ER es im hohepriesterlichen Gebet (Joh 17) als Vision bereits eindrücklich angezeigt hatte.

Jesus sprach da bereits vom großen Ziel der Erlösung und wusste sicherlich genau, dass diese Einheit *jetzt* noch unvollkommen, angefochten und oft gebrochen sein würde.

Abrahams Zelt – Stiftshütte – Tempel – Neues Jerusalem: vom Pianissimo zum Crescendo.

Gott inmitten Seiner geliebten (aber zunächst widerspenstigen) Menschen (21,3), das war von Beginn der Schöpfung an das Ziel. Abrahams Zelt – Stiftshütte – Tempel – Neues Jerusalem: Das ist wie eine Symphonie, die sich vom unscheinbaren Pianissimo zu einem gewaltigen Crescendo steigert.

Jetzt ist die Wiedervereinigung nach einem langen Umweg, den das Misstrauen der Menschen mit sich gebracht hatte, vollendet: Der Himmel hat sich auf die Neue Erde entleert.

Johannes sieht in der prächtigen Stadt die vollendete Gemeinde. Und die ist dann – was wir uns heute noch gar nicht vorstellen können – in jeder Hinsicht gereinigt, perfekt und herrlich.[488] Wie zu Beginn der Schöpfung kann Gott dann wieder sagen: sehr gut!

488 Dazu wird beitragen, dass auch die Christen vor dem Richterstuhl Christi mit ihrem Leben offenbar werden müssen – da gibt es sicherlich noch manches zu besprechen und in einer Art *Endreinigung* – von Jesus – zu vergeben, vgl. Abschnitt 8.3.1 *Christen vor Gericht*.

13.5 Der Clou: Nationen!

Bevor Johannes im Detail das Neue Jerusalem gezeigt bekommt, hört er in seiner Vision vom Thron Gottes das grundsätzliche Statement Gottes für die Neue Welt **(Offb 21,3–7)**:

Und ich hörte eine große Stimme von dem Thron, die sprach: Siehe da, die Hütte [oder: das Zelt] *Gottes bei den Menschen! Und ER wird bei ihnen wohnen, und sie werden Sein Volk sein, und ER selbst, Gott mit ihnen* [Immanuel!], *wird ihr Gott sein.*

Dann wird Gott alle Tränen von ihren Augen abwischen, und der Tod wird nicht mehr sein, weder Leid noch Geschrei und kein Schmerz wird mehr sein; denn das Erste ist vergangen.

Und der auf dem Thron saß, sprach: ***Siehe, ICH mache alles neu!*** *Und ER sprach zu mir: Schreib auf, denn diese Worte sind wahrhaftig und gewiss!* ***Es ist vollendet. ICH BIN das A und das Z***[489]*, der Anfang und das Ende.*

ICH will den Durstigen umsonst von dem Brunnen des lebendigen Wassers geben. Wer überwindet, der wird es alles ererben, und ICH werde sein Gott sein, und er wird Mein Sohn sein.

Gott ist (wieder) ganz und gar bei den Menschen und die Menschen sind als Seine Völker um Ihn herum. So wollte Gott es schon, als ER den ersten Menschen in den Garten Eden setzte und anfangs mit ihm ungetrübte Gemeinschaft hatte.

Die Gemeinde Jesu war „nur" der angesetzte Sauerteig, mit dem ER die ganze Welt durchdringen wollte.

Dann hieß es zunächst: ICH erwähle Mir *ein* Volk für einen Neufanfang, später sollten *aus* allen Völkern Menschen für die

489 Im Griechischen: das Alpha und das Omega.

Gemeinde Jesu gewonnen werden. Aber jetzt sind es *die* Völker um das Neue Jerusalem herum, die wieder an der Gemeinschaft mit Gott teilhaben sollen.

Gott hat Seinen Bund (oder besser: Seine Bundesschlüsse) von Seiner Seite stets „treu und gerecht" eingehalten, auch wenn Menschen ihn immer wieder verletzt haben. Jetzt ist alles vollendet.

Offb 15,4: *Wer sollte Dich nicht fürchten, Herr, und Deinen Namen nicht preisen? Denn DU allein bist heilig!* ***Alle Völker*** *werden kommen und niederfallen vor Dir, sie beten Dich an, weil Dein gerechtes Tun offen vor ihnen liegt.*

Der Tod ist von Jesus überwunden und im Feuersee entsorgt worden.

Gott tröstet über jeden Verlust und Schaden in *dieser* Welt hinweg (Offb 21,4), aber im Vordergrund steht das Neue, das keinen Trost mehr erfordert. – Es gibt keinen Tod mehr. Der ist von Jesus überwunden und im Feuersee entsorgt worden. Es gibt nichts Lebensfeindliches mehr. Gottes Reich ist umfassend da. *Dein Reich komme, wie im Himmel so auf Erden* – endlich erfüllt.

Es ist schon erstaunlich, dass die meisten Ausleger der Offenbarung an Johannes den Aspekt der Nationen nicht angemessen würdigen. Aber es ist ganz eindeutig so, dass die Neue Erde *nicht nur* aus dem Neuen Jerusalem (also der primär erlösten Gemeinde Jesu) besteht. Sie feiert *nicht* fröhlich für sich allein im Himmel – während der große „Rest" der Menschheit in der Hölle schmort.

Um dieses Weltzentrum herum leben die Völker bzw. Nationen. Sie leben zwar nicht *im* Neuen Jerusalem (d. h. sie gehören nicht zur zunächst erwählten Gemeinde Jesu), aber sie haben freien Zugang *in* die Stadt, bringen in Anbetung ihre Gaben hinein und verlassen sie wieder – als von Gott durch die Gemeinde Gesegnete.

Offb 21,24–26: *Und die* ***Nationen*** *leben im Licht der Herrlichkeit* Gottes [das aus der Stadt herausstrahlt]; *die Könige* [Herrscher] *der Erde werden ihre Herrlichkeit* [d.h. ihren Reichtum] *in sie hineinbringen. Die Tore der Stadt werden den ganzen Tag über nicht verschlossen sein; denn es wird dort keine Nacht mehr geben. Und man wird die Herrlichkeit und die Ehre* [oder: die Schätze und Kostbarkeiten] *der* ***Völker*** *in die Stadt hineinbringen.*

V27 *bekräftigt aber auch noch einmal: Und es wird niemand hineingehen, der* [kultisch] *unrein ist oder der Gräuel und Lüge tut, sondern nur die, die in dem Lebensbuch des Lammes verzeichnet sind.*

Offb 22,1.2 *fährt fort: Der Engel zeigte mir einen reinen Strom des lebendigen Wassers, glasklar wie ein Kristall, der vom Thron Gottes und des Lammes ausging.*[490] *Dieser Strom des Lebens floss mitten entlang der Hauptpromenade und auf beiden Seiten des Stroms standen Lebensbäume, die monatlich Früchte trugen (zwölfmal im Jahr);* ***und die Blätter dieser Lebensbäume dienten zur Heilung und Gesundheit der Nationen.***

Damit erfüllt Gott die Zusage an Abraham (1Mo 12,3), dass in ihm *alle Geschlechter* der Erde gesegnet werden sollen.[491]

---

490 Dieses Bild findet sich auch bereits in der Schöpfung, 1Mo 2,9, und bei den Propheten, Hes 47,1.12 und Sach 14,8.

491 Zum selber Weiterforschen: Diese Vision (bzw. Zusage Gottes) findet sich auch schon bei vielen Propheten des AT, z.B. Jes 60,3.5.11.16; 61,6.9–11; 62,2; 66,12.18–23 (ebenso Mi 4,1–4); Hes 37,27.28; 47,1–12 (hier allerdings noch vom Tempel aus, den es im Neuen Jerusalem nicht mehr geben wird); Jer 3,17.18.
Dabei bleibt oft unklar, ob die Propheten ins Millennium oder in die letzte Vollendung schauen. Das Schlussbild der Offenbarung gehört jedoch eindeutig zur Vollendung: Völker in der Neuen Welt.

Vom Thron Gottes fließt der Segen über Sein Volk zu den Nationen.

Die Abstufung des Segensflusses vom *Thron* Gottes aus über die *Nachfolger* Jesu hin zu den *Völkern* findet sich im Prinzip auch schon in den Vorabbildungen von Stiftshütte und Tempel:

- Der Bereich der unmittelbaren Gegenwart Gottes war das *Allerheiligste,* in dem sich in der Stiftshütte und ebenfalls im ersten, salomonischen Tempel die Bundeslade[492] mit den Zehn Geboten befand. Dieses Allerheiligste war durch einen dicken Vorhang vom übrigen Heiligtum getrennt und durfte nur einmal im Jahr vom Hohen Priester aufgesucht werden. (Jom Kippur = der große Versöhnungstag; 3Mo 16)
- Darum herum befand sich das *Heiligtum,* also die Stiftshütte bzw. später der Tempel.
- Vor dem Heiligtum befanden sich mehrere *Vorhöfe* – für die Priester, die Männer Israels und die Frauen. Dort stand auch der Opferaltar.
- Außerhalb dieses gesamten heiligen Bereiches war der *Vorhof der Nationen.*

Die Menschen aus den *Nationen* konnten sich im Alten Bund zwar dem Tempel mit Seinen heiligen Vorhöfen für die Menschen *Israels* nähern, sie mussten aber in gebührender Distanz außerhalb bleiben. Es gab eine klare Trennung zwischen dem erst-erwählten Volk Israel und den übrigen Nationen.

Dies hat sich im Neuen Bund durch Jesus grundsätzlich geändert, weil Gott nunmehr Seine anfängliche Idee umsetzt: ICH will auch die Nationen segnen – und zwar durch die Menschen, die ihr Leben bereits mit Jesus verbunden haben.

492 Bei der Zerstörung des salomonischen Tempels durch die Babylonier ging die Bundeslade verloren – oder Gott hat sie wieder zu sich genommen, weil sie ihren Zweck erfüllt hatte.

Als Gott bei der Kreuzigung Jesu, nach dessen Tod, den Vorhang im Tempel selbst zerrissen hat, war das wie ein Dammbruch für den Segen Gottes, der nun von Ihm/Jesus über die Gemeinde zu den Völkern fließen soll.

Denken wir den *Missionsauftrag* einfach zu kurz?

Denken wir den *Missionsauftrag*, den Jesus der Gemeinde gegeben hat, einfach zu kurz? *Darum geht hin und lehrt **alle Völker** und tauft sie im Namen des Vaters und des Sohnes und des Heiligen Geistes, und lehrt sie alles einzuhalten, was ICH euch befohlen habe.* **(Mt 28,19.20a)** Es ist ziemlich offensichtlich, dass wir mit diesem Auftrag an *alle Völker* in dieser Welt nicht zum Ende kommen.

In der jetzigen Phase der Heilsgeschichte werden es immer nur *einige* sein, aber letztlich *aus* allen Völkern. Und die werden dann in der Neuen Welt einen besonderen Dienstauftrag *an allen* Völkern haben. Nicht vergessen: Herrschen im Sinne Jesu ist immer dienen.

Das Schlussbild der **Offenbarung (22,1–5)** zeigt sehr deutlich, dass das in der Neuen Welt Fortsetzung finden wird:

- Der *Thron Gottes* steht im Zentrum des Neuen Jerusalem,
- welches ein Bild für die „Braut des Lammes“, also die *Gemeinde Jesu* ist. Sie lebt in unmittelbarer Nähe zu Gott.
- Die Wasserströme vom Thron sind die von Gott ständig ausgehenden *Segensströme*,
- die über die „Stadt“ (= Gemeinde Jesu) mit ihren *Lebensbäumen* (jeder davon ein gesegneter Jesusnachfolger),
- weiter zu den *Nationen* fließen, die außerhalb der Stadt leben. Sie sollen durch die Blätter der Lebensbäume geheilt werden.

Die Nachfolger von Jesus werden noch einmal einen ganz besonderen Seelsorgeauftrag haben.

Im Weltgericht Gottes ist alles auf den Tisch gekommen, besprochen, verhandelt und – von Gott! – bereinigt und vergeben. Aber wenn die Menschen *wie die Träumenden* aus diesem Gericht herauskommen, gibt es auch *unter* den Menschen noch viel zu besprechen, zu bereinigen und zu vergeben. Da werden die Nachfolger von Jesus noch einmal einen ganz besonderen Seelsorgeauftrag haben, damit die Beziehungen zwischen den Menschen *gesund und geheilt* werden.

Woher und wie kommen diese Völker in die Neue Welt?

Bleibt die Frage: Woher und wie kommen denn diese Völker in die Neue Welt, wenn sie offenbar *nicht* zur Gemeinde Jesu gehören? Es sind Menschen, die sich *nicht* zu Lebzeiten „für Jesus entschieden" haben – warum auch immer.

Wenn der „Aspekt der Völker" überhaupt betrachtet wird, wird meistens argumentiert, dass diese Völker aus dem Millennium in die Vollendung übergegangen seien. Das überzeugt aus mindestens zwei Gründen nicht:

1. Da dieselben Ausleger – insbesondere bei Offb 20–22 – chronologisch vorgehen, steht zwischen dem Millennium, dessen rebellischem Ende und der vollendeten Neuen Welt das **Weltgericht**, in dem jeder individuell vor dem Thron Gottes erscheinen muss. Ein *direkter* Übergang ist damit ausgeschlossen.
2. Wenn das Millennium mit der letzten Rebellion Satans, in die er nochmals viele Menschen hineinzieht, endet, gibt es nur jene, die als Anbeter des Satans verworfen werden, und solche, die weiterhin treu zu Jesus halten. Die sind dann aber Teilhaber des Neuen Jerusalems.

Woher kommen sie also dann?

Die Lösung ist relativ einfach: Es können nur diejenigen sein, die – unabhängig von einer „Entscheidung für Jesus" – im Weltgericht von Gott aufgrund ihrer Herzenshaltung, die sich in **barmherzigen Taten** gezeigt hat, begnadigt worden sind. Die werden dann sein *wie die Träumenden*, **(Ps 126,1)** dass sie auch in der Neuen Welt dabei sein dürfen, um dort das ewige (mit Jesus verbundene) Leben zu entwickeln.
In der Vollendung gehört alles Gott und ER ist alles in allem – mit Ausnahme derjenigen, die Umkehr und Gnade bis zuletzt abgelehnt haben und in ihrer bewussten Rebellion gegen JHWH und Jesus Christus geblieben sind.

Die klare Trennung im ersten Bund zwischen

- der heiligen Priesterschaft,
- dem heiligen Tempelbezirk – mit dem Allerheiligsten hinter dem Vorhang und
- dem profanen Volk, das nur über den Mittlerdienst der Priester und Leviten zu Gott kommen konnte,

ist dann aufgehoben und beendet.

Es wird dann sogar der normale Kochtopf nicht mehr vom heiligen Tempelgerät unterschieden und selbst am Zaumzeug der Pferde steht: Es gehört Gott. Das stand so vorher nur auf dem Brustschild des Priesters.[493]

Der normale Kochtopf wird nicht mehr vom heiligen Tempelgerät unterschieden.

493 Vgl. **Sach 14,20.21:** *Zu der Zeit wird auf den Schellen der Rosse stehen: Heilig dem HERRN! Und es werden die Kochtöpfe im Tempel gleich sein wie die heiligen Opferschalen vor dem Altar. Ja, es werden alle Kochtöpfe in Jerusalem und Juda dem HERRN Zebaoth heilig sein. Dann werden alle, die opfern wollen, kommen und sie nehmen und darin kochen. Es wird an diesem Tag auch keine Viehhändler* [oder gottfeindlichen Kanaaniter] *mehr im Haus des Herrn geben.*

Gott hat Seine ganze Schöpfung wieder in Besitz und unter Seine gute Herrschaft genommen.

Jetzt ist vollendet, was am Karfreitag nach dem Tod Jesu mit dem Zerreißen des Vorhanges im Tempel begonnen hatte: Gott ist – ohne Mittler – für jeden direkt gegenwärtig und Seine Segensströme sollen ungehindert in der Neuen Schöpfung fließen.

13.6 Drei Ausgänge

Petrus schreibt **(2Petr 3,9)**: *Der HERR verzögert die Erfüllung Seiner Zusagen nicht, auch wenn es etliche für eine Verzögerung halten; sondern ER hat Geduld mit uns und will nicht, dass jemand das Ziel verfehlt* [und verloren geht], *sondern dass jeder zur Umkehr findet.*[494] Heißt das nicht, dass es Gottes Ziel am Ende aller Strafen und Gerichte ist, dass (möglichst) alle Menschen in die ewige Gemeinschaft mit Ihm zurückgefunden haben – und sei es als „der Kleinste bzw. Geringste im Himmelreich“[495]. Hauptsache dabei!

Die Lehre vom *doppelten Ausgang* (Himmel oder Hölle) greift zu kurz.

Die Lehre vom *doppelten Ausgang* (Himmel oder Hölle) greift zu kurz, weil der Himmel nicht nur aus dem Neuen Jerusalem (der Jesusgemeinde) besteht, sondern weil es darum herum Nationen gibt, die im Licht dieser Stadt Gottes leben und an ihrem Segen Anteil haben. Es gibt folglich für den einzelnen Menschen **drei** mögliche **Ausgänge** aus dem Weltgericht (vgl. Bild 2 mit nachfolgenden Erläuterungen[496]).

494 Ähnlich auch 1Tim 2,4 und Hab 2,3.

495 Vgl. Mt 5,19; 11,11.

496 Das Schaubild kann auf meiner Homepage www.masabank.de separat heruntergeladen werden

Der dreifache Ausgang

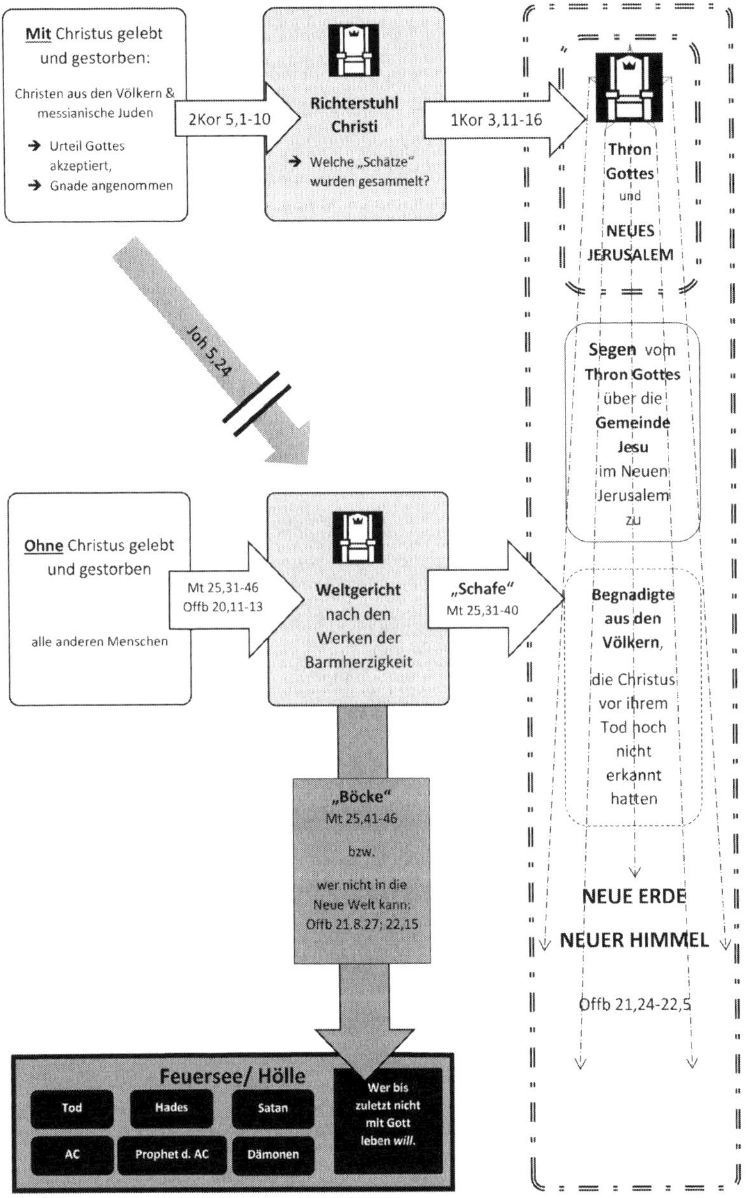

13.6.1 Das Neue Jerusalem

Das Neue Jerusalem besteht aus den Menschen, die in *diesem* Leben einen bewussten Anfang mit Jesus gemacht und das Gnadenangebot für sich persönlich angenommen haben.

Differenziert:

a) Die einen sind konsequent in der Nachfolge geblieben, auch wenn sie Leid, Not und Verfolgung erlebt haben, manche sind dafür ins Martyrium gegangen.
b) Viele sind „nicht bis aufs Blut" geprüft worden, aber sie haben eine Jesusbeziehung gepflegt und ernsthaft in der Nachfolge gelebt.
c) Da sind auch die „Namens-Christen", die zwar „irgendwie an Jesus glauben" und die Gnade angenommen haben, aber sie leben keine Nachfolge. Ihre *Werke* bleiben nutzloses, unbeständiges Holz, Heu oder Stroh und haben vor dem Richterstuhl Christi keinen Bestand.
d) Manch einer hat im Sinne der „Schächergnade" noch kurz vor dem Tod den „richtigen Ausgang" genommen und sich Jesus zugewendet.

Alle Begnadigten bekommen einen angemessenen Platz.

Sie alle bekommen ihren angemessenen Platz im Neuen Jerusalem – nah am Thron Gottes – mit neuen Herrschafts- (und das heißt: Dienst-) Aufgaben, gemäß dem, was sie hier aus ihren Talenten gemacht und welche Schätze sie im Himmel gesammelt haben. In das Weltgericht über die Völker kommen diese Christen nicht mehr. (Joh 5,24)

Dann steht alles unter den Vorzeichen, die schon **Offb 5,13** angezeigt hat: *Und **alle Kreatur**, die im Himmel, auf der Erde,* [sogar] *unter der Erde und im Meer ist, hörte ich sagen: Dem, der auf dem*

Thron sitzt, und dem Lamm sei Lob und Ehre und Preis und Gewalt von Ewigkeit zu Ewigkeit!

Die dünnen Pfeile im Bild symbolisieren, dass – ausgehend vom Thron Gottes – das lebendige Segenswasser des Lebens aus dem Neuen Jerusalem (über die Gemeinde Jesu) in die ganze Neue Welt fließt und dadurch die ganze erlöste Menschheit erreicht.

Mit dem Wechselspiel der

- segnend-dienenden Weltregierung (Jesus und Seine Gemeinde – Auserwählte)
- und dem Rückfluss „der Pracht und Herrlichkeit der Völker" (Berufene) in das Neue Jerusalem (Offb 21,26)
- kommt auch der alttestamentliche Ansatz von Priester und Volk Israel zum Ziel:
- Die Priester und Leviten (Auserwählte) sollten Gottes Willen vermitteln und so das Volk leiten (regieren).
- Dafür sollte das Volk (Berufene) den Zehnten ihrer Erträge für den Unterhalt der Priester und Leviten abgeben, weil die nach Gottes Plan und Willen kein eigenes Land besaßen.

Dieses Prinzip des gegenseitigen Gebens und Nehmens zum gemeinsamen Segen ist einer der „roten Fäden", die sich durch die ganze Bibel ziehen.

Dann vollendet sich das, was auch Martin Luther in seiner wegweisenden Schrift *Die Freiheit eines Christenmenschen* schon vor über 500 Jahren – für die irdischen Verhältnisse – geschrieben hat:[497]

„Sieh, auf diese Weise müssen ***Gottes Güter*** *aus dem einen in den anderen fließen und gemeinschaftlich werden, dass ein jeder sich seines Nächsten so annehme, als wäre er es selbst.* ***Aus Christus***

497 Luther schreibt dies gewissermaßen als Resümee am Ende seiner 29. These.

fließen sie in uns, *der sich in seinem Leben unser angenommen hat, als wäre er das gewesen, was wir sind.* ***Aus uns sollen sie fließen in die, die sie nötig haben.***

[…] Sieh, das ist die Natur der Liebe, wenn sie wahrhaftig ist. Sie ist aber da wahrhaftig, wo der Glaube [das Gottvertrauen] *wahrhaftig ist. Darum spricht der Apostel der Liebe in 1Kor 13, dass sie nicht das ihre sucht, sondern was des Nächsten ist.“*

Die schon jetzt erlösten Christen sind auch nur Begnadigte.

Letztlich sind die schon jetzt erlösten Christen auch nicht besser als die, die erst im Völkergericht begnadigt werden. Am Ende sind wir *alle* – früher oder später – nur Begnadigte.

13.6.2 Die Neue Erde

Um das Neue Jerusalem herum leben die Menschen mit einem „guten Charakter“ und daraus folgenden Werken der Barmherzigkeit. Sie haben weitgehend – auch ohne ausdrückliche Bindung an Jesus – getan, was den Geboten der Liebe Gottes entspricht. **(Röm 2,11–16)**[498]

Diese Menschen waren zwar keine entschiedenen Christusnachfolger, gehen aber trotzdem *aufgrund ihrer Werke* (d. h. ihrer Grundeinstellung, ihres Lebenswandels, ihrer ehrlichen – aber unerfüllten – Gottessuche) *begnadigt* aus dem Weltgericht über

498 J. Kaldewey nennt außer der Christuszugehörigkeit 7 weitere Kriterien, wie Gnade und Gerechtigkeit Gottes zusammenkommen. Vgl. hier meine Kurzzusammenfassung in Abschnitt 9.1 *Der Richter und das Gericht.*

die Nationen hervor. Sie sind unwissentlich mit ihrem Lebenswandel wie *Schafe* dem Guten Hirten gefolgt.

Differenziert:

a) Zum einen sind das Menschen, die das Evangelium zwar gehört, aber nicht für sich persönlich angenommen haben. Warum auch immer blieben sie zweifelnd, unentschieden, distanziert – oder sie wurden von unglaubwürdigen Christen abgestoßen und schlimmstenfalls sogar (geistlich oder körperlich) missbraucht.
b) Zum anderen sind das die Menschen aller Zeiten, die das Evangelium überhaupt nie verständlich hören konnten. Dazu gehören auch geistig Behinderte und ebenfalls Ungeborene.[499] Auch diese sind im Weltgericht über die barmherzigen Werke von der Gnade Jesu nicht von vornherein ausgeschlossen.

Diesen Menschen wird die Erlösungstat Christi aus Gnade (!) auch noch zugerechnet und deswegen stehen sie ebenfalls im *Buch des Lebens*.

Begnadigt können diese Menschen in der Neuen Welt, aber *außerhalb* des Neuen Jerusalem, zu einem neuen Leben in Gemeinschaft mit Gott durchstarten – möglicherweise angeleitet von den Christen *ihres* Volkes. Sie sind also *nicht verloren*. Gottes Ziel ist Leben und nicht Vernichtung!

Gottes Ziel ist Leben und nicht Vernichtung!

499 Wenn wir davon ausgehen, was biologisch-medizinisch gesichert ist, dass neues Leben mit der Vereinigung von Samen und Eizelle beginnt, dann werden wir alle Menschen wiedertreffen, denen es durch Abtreibung verwehrt war, *hier* ihr Leben zu entfalten. Gott hat sie gesehen und nicht vergessen.

Deshalb scheint es wichtig zu sein, dass der Missionsauftrag von Jesus für *unsere* Zeit erst erfüllt ist, wenn *alle* Sprachen und Völker erreicht sind. Bevor es in Ewigkeit weitergeht, will Jesus überall einen Anfang gemacht (bzw. einen Krümel Sauerteig hinterlassen) haben.

13.6.3 Der Feuersee

Aber leider gibt es auch einige, die bis zuletzt *keinen Bock* auf ein Leben unter der Regie des Lebenserfinders haben. Satanisch beeinflusst bleiben sie in ihrer Opposition und Rebellion gegen den Schöpfer. Sie denken vielleicht: *So schlimm wird das mit der Hölle schon nicht sein. Ich werde auch ohne diesen Gott zurechtkommen. Ich denke gar nicht daran, mich DEM und Seinem Willen unterzuordnen. Mein Kopf gehört mir!*

Mein Kopf gehört mir!

Welch ein Irrtum: Getrennt von der Liebe und dem Leben aus Gott bleibt dann nur ein fürchterliches Nichts in Finsternis. Das ist der zweite, ewige Tod.

Das finale Weltgericht ist ein *persönliches* Gericht über jeden einzelnen Menschen, nicht pauschal über ganze Völker. Diese Menschen sind nicht (mehr?) im *Buch des Lebens* aufgeschrieben, weil sie Gott bis zuletzt abgelehnt und sogar noch im Gerichtssaal herausgefordert und angeklagt haben, anstatt in die ausgestreckte Hand zur Vergebung einzuschlagen.

Diese Menschen mit dem Herzen der Ur-Rebellion gegen Gott sind in der Neuen Welt dann wirklich nicht dabei. Sie *wollten* kein Leben mit und aus Gott und dann werden sie auch keinen Platz *im Himmel* haben, wenn ER mit der Menschheit endlich am Ziel ist.

Wer stur und unbeugsam bei sich selbst bleibt und die Gnade stolz zurückweist, dessen Entscheidung nimmt Gott letztlich auch ernst.

Wenn du stur und unbeugsam bleibst, nimmt Gott das auch ernst.

Hans Brandenburg kommentiert zum endgültigen Gericht JHWHs über Seine Feinde (Sach 14,12–15): „*Gewiss steht die Tür der Gnade allen offen, aber wer sie nicht will, muss die Folgen tragen, so furchtbar sie sind.*“[500]

Das Bild 2 zeigt auch: Der Ort der Gottesferne, den wir landläufig *Hölle* nennen, ist ursprünglich *nicht* für gescheiterte oder zweifelnde Menschen gemacht worden, sondern für den Erzfeind Gottes: Satan, seinen Anhang und die Folgen seines Wirkens gegen Gott: Tod und Totenreich.

13.7 Also dann: weiter so und Himmel für alle?

Ist es also gar nicht so wichtig, sich *jetzt* für ein Leben mit Gott bzw. Jesus zu entscheiden? Das wäre allerdings völlig falsch verstanden! Es sollte hinreichend klar geworden sein, dass ich *keine* Allversöhnung oder Allerlösung vertrete. Trotzdem ein letzter Abschnitt.

Entsprechend meiner eingangs genannten „Kameraeinstellung“ gehe ich davon aus, dass Gott grundsätzlich die Gemeinschaft mit Seinen Ebenbildern wieder herstellen will. Das hat für Ihn oberste Priorität und das ist das Ziel der ganzen Menschheitsgeschichte. Das heißt aber auch, dass ER dies mit jedem Menschen so schnell bzw. so früh wie möglich erreichen will.

500 A.a.O., Bd. 11, *Die kleinen Propheten II*, S. 124.

Ich habe im vorliegenden Buch immer wieder den barmherzigen Gott der Liebe hervorgehoben und das „Du-musst-dich-*jetzt*-entscheiden-Dogma" in Frage gestellt, weil ich auch *im* Gericht Gottes noch erhebliche „Spielräume" für Seine ewigwährende Gnade sehe. Ich würde aber auf der anderen Seite nie zu einem Menschen sagen: Du musst dich jetzt *nicht* entscheiden, warte ab, es hat noch Zeit.

Dies entspricht *nicht* der biblischen Botschaft und wäre „auf der anderen Seite vom Pferd gefallen." Jeder Mensch, der die Botschaft vom befreienden Evangelium verständlich gehört hat, ist herausgefordert, Stellung zu beziehen und Gott wartet auf das freiwillige JA – aber ein (vorübergehendes) NEIN muss noch nicht für alle Zeit und Ewigkeit die Tür ins Reich Gottes zuschlagen.

Wie oft hat Gott Seinem abtrünnigen Volk eine neue Chance gegeben?

Die Geschichte Gottes mit Seinem zuerst erwählten Volk Israel erachte ich als exemplarisch für Gottes gute Absichten mit der Menschheit insgesamt. Wie oft hat Gott Seinem abtrünnigen Volk eine neue Chance gegeben? – Bis zur nächsten Verirrung und das bis in unsere Zeit hinein.

Die Propheten des Alten Testaments sind voller Anklagen Gottes gegen Sein Volk, aber sie lassen auch immer wieder mit herrlichen Perspektiven das Ziel aufleuchten. Und das sind feste Zusagen Gottes!

Gott bleibt dran und gibt nicht auf! ER beklagt den schlimmen Götzendienst Seines geliebten Volkes Israels als Lotterleben einer Hure, die ihren Mann verlassen hat und sich schamlos jedem

Freier hingibt, der dahergelaufen kommt.[501] Und trotzdem liebt Gott diese Frau[502] weiterhin, will sie für sich zurückgewinnen – und am Ende noch einmal heiraten (im Bild der Braut des Lammes).[503]

Ist das nicht ein ermutigender Ausweis der Liebe Gottes, die sich in Geduld, Güte, Gnade und Barmherzigkeit immer wieder neu Seinen Menschen zuwendet? Das macht doch Hoffnung auch über den Tod hinaus, denn Gottes *Wesen* ändert sich nicht, ER bleibt *gestern, heute, morgen und in alle Ewigkeit derselbe* – und das heißt: in Liebe, Treue und Wahrhaftigkeit. (**Hebr 13,8**)

Den Anschluss an die Quelle des Lebens kannst du nie *zu früh* herstellen.

Je früher du deine Beziehung zu Gott in Ordnung bringst und dann auch Vergebung und Versöhnung mit Menschen viel besser leben kannst, desto besser ist das. Den Anschluss an die Quelle des Lebens kannst du nie *zu früh* herstellen. Und deswegen macht auch jeder Gottesdienst, jede Evangelisation und jede missionarische Anstrengung, die zu einem Leben mit Jesus Christus einlädt, unbedingt Sinn. Ja, sie ist nach dem Missionsauftrag Jesu zu allen Zeiten geboten – auch heute.

Und noch etwas ist wichtig: Wer im Hier und Jetzt sein Leben mit Jesus verbindet und sich an Seinen Lebensregeln orientiert, der darf aufgrund vieler Worte in der Bibel *wissen,* dass er auch

501 Vgl. besonders Hes 16 und 23 und hier Abschnitt 6.5.1 *Geliebte, Hure, Braut.*

502 Oft ist damit insbesondere Jerusalem als Sitz des Tempels auf dem Berg Zion gemeint, letztlich aber: Sein Volk Israel.

503 Dieses Bild bezieht sich zwar vorrangig auf die Gemeinde Jesu. In die ist Israel aber besonders eingeschlossen. Außerdem sind die Irrwege der Christenheit quer durch die Kirchengeschichte auch nicht besser als die von Israel und Juda.

die Ewigkeit mit Gott erleben wird. Er ist gewissermaßen „safe“, auch wenn sein Leben ebenfalls noch vor dem Richterstuhl Christi durchleuchtet werden muss. (2Kor 5,10)

Wer jedoch, ohne einen Anfang mit Jesus gemacht zu haben, vor dem Richterstuhl und Gnadenthron Gottes erscheinen muss, der kann zwar – davon bin *ich* mittlerweile überzeugt – auch noch Gnade finden, aber er *weiß das* während der Gerichtsverhandlung *nicht.*

So ein Gerichtsprozess, in dem du *weißt*, dass du zu Recht angeklagt bist und dessen Ausgang du *nicht* kennst, kann wahrhaftig „die Hölle“ sein, wenn vor Gott alles rauskommt und du zugeben musst, dass vieles in deinem Leben nicht Seinem Willen entsprochen hat.

Wenn du zu Gott umkehrst und mit Ihm einen neuen Anfang machst, gibt es ein Freudenfest im Himmel. (Lk 15)

Also, warum noch warten?[504]

Löse doch im Himmel eine Fete aus!

504 Ein Sprichwort sagt: „Des Teufels liebstes Möbelstück ist die lange Bank.“

Stückwerk

Zum Schluss ein persönliches Nachwort.

Seit mehr als 40 Jahren ist mir das evangelikale „Entscheidungsdogma“ vertraut, das im Wesentlichen besagt: *Wenn du dich in* ***diesem*** *Leben nicht „für Jesus entscheidest“, bist du bei Gott weg vom Fenster und kommst in die Hölle.*

Unbehaglich war mir dieses Dogma schon immer – aber ich habe es zum Teil auch selbst so vertreten. Aber Zweifel an der Richtigkeit blieben und sie ließen sich nicht länger wegschieben. Heute unterschreibe ich das nicht mehr!

In der Studienarbeit von 2014 und mit den Passionstexten zu Karfreitag 2021 brachen die Fragen immer wieder auf: Sollte der grausame Tod am Kreuz, mit dem Jesus sich im Willen des Vaters opferte, um die Menschen aus der „Sklaverei des Bösen“ zu befreien, letztlich nur für einen Bruchteil der Menschen gültig werden?

Hört die Liebe Gottes an der Todesgrenze plötzlich auf? Wie passt das zu der immer wieder proklamierten und unveränderlichen Liebe Gottes, wenn ER letztlich den deutlich größeren Teil Seiner Menschheit in die Hölle schickt und damit Seinem Widersacher Satan als Beute in den Rachen wirft?

Nachdem ich in *Jesus dreht die Welt auf links – und die Welt legt Ihn aufs Kreuz* (Band 1+2) selbst noch einmal eingehend mit dem irdischen Jesus – quer durch die Evangelien – unterwegs war und mir nach Fertigstellung des Druckes die beiden Titelbilder mit Kippa und Dornenkrone ansah, sprang mich förmlich der Gedanke an: Die Dornenkrone, das Leiden Jesu, ist ja nicht das Ende. Mit dem auferstandenen Gottessohn geht es doch weiter und ER wird am Ende der Geschichte der (gnädige) Richter über jeden einzelnen Menschen sein.

Daraus ist dieser Band 3 mit dem Entschluss entstanden: Ich muss der Frage nach der Liebe Gottes und Seinem gerechten Gericht noch einmal genauer nachgehen. Im eigenen Bibelstudium hat sich mein Bild – mit der im Vorwort beschriebenen „Kameraeinstellung" – mehr und mehr geschärft und abgerundet.

In Bild 2 (Abschnitt 13.6) habe ich das Ergebnis als Quintessenz graphisch dargestellt: Die gnädige Liebe Gottes und Sein Segenswille für alle Völker haben darin einen deutlich größeren Platz als im „Entscheidungsdogma" – ohne auszublenden, dass es auch tatsächlich Menschen geben wird, die das Ziel bei Gott wegen anhaltenden Stolzes – und daraus folgender Verstockung – nicht erreichen.

Für mich ist dieses Gesamtbild inzwischen stimmig und biblisch gut begründet. Es wird natürlich auch Widerspruch hervorrufen. Möge das Buch insofern als eine ehrliche Herausforderung und ein ernstzunehmender Diskussionsanstoß verstanden werden.

Unsere Erkenntnis ist Stückwerk (**1Kor 13,9**), das sagt der große Theologe[505] Paulus. Dem will ich mich ausdrücklich unterstellen. Ich beanspruche nicht, nun ultimativ *die Wahrheit* über das Weltgericht und die Neue Welt entdeckt zu haben. Ich habe lediglich die Puzzleteile, die im Wort Gottes auf dem Tisch liegen, einmal anders zusammengesetzt.

505 Ich halte Paulus sogar für den *größten* Theologen seit Jesus Christus. Alle anderen haben letztlich nur dem *nachgedacht*, was Paulus im 1. Jahrhundert – unter der Leitung des Geistes Gottes – erkannt und aufgeschrieben hat. Paulus hatte – als Christenverfolger vor Damaskus – eine persönliche Begegnung mit dem Auferstandenen und bezeugt später, dass er – möglicherweise im Zusammenhang damit – in den dritten Himmel entrückt wurde und dort unaussprechliche Dinge gesehen hat. (2Kor 12,2)

Ob das lediglich eigene Gedanken sind, oder ob die Leitung durch Gottes Geist dahintersteckt, möge jeder selbst prüfen – und zwar mit dem biblischen Wort, denn eine zuverlässigere Quelle haben wir nicht.

Wenn das alles im Gesamtkontext der Bibel nicht dem entspricht, was Gott uns offenbaren wollte, dann möge ER mir gnädig sein.

Matthias Bank, November 2022

Anhang A: Bekenntnis der Evangelischen Allianz[506] – Die gemeinsame Basis des Glaubens[507, 508]

Als Evangelische Allianz bekennen wir uns zur Offenbarung Gottes in den Schriften des Alten und Neuen Testaments. Wir heben folgende biblische Leitsätze hervor, die wir als grundlegend für den christlichen Glauben ansehen und uns als Christen eine Hilfe sein sollen zu gegenseitiger Liebe, zu diakonischem Dienst und evangelistischem Einsatz.

Wir bekennen uns

- zur Allmacht und Gnade Gottes, des Vaters, des Sohnes und des Heiligen Geistes in Schöpfung, Offenbarung, Erlösung, Endgericht und Vollendung;
- zur göttlichen Inspiration der Heiligen Schrift, ihrer völligen Zuverlässigkeit und höchsten Autorität in allen Fragen des Glaubens und der Lebensführung;
- zur völligen Sündhaftigkeit und Schuld des gefallenen Menschen, die ihn Gottes Zorn und Verdammnis aussetzen;

---

506 Selbstverständnis: Die Deutsche Evangelische Allianz (DEA) versteht sich als ein Bund von Christusgläubigen, die verschiedenen christlichen Kirchen, Gemeinden und Gruppen angehören. Sie steht unverkürzt zu den Heilstatsachen der Bibel und bekennt sich zur ganzen Bibel als Gottes Wort, ohne sich an eine bestimmte Inspirationslehre zu binden.

507 http://www.ead.de/die-allianz/basis-des-glaubens.html (am 13.01.2013)

508 Die Glaubensbasis der DEA wurde später (2018) neu überarbeitet, z. B. unter https://www.ead.de/ueber-uns/(am 13.10.2022). Ich belasse es hier bei der 2014 gültigen Version.

- zum stellvertretenden Opfer des menschgewordenen Gottessohnes als einziger und allgenugsamer Grundlage der Erlösung von der Schuld und Macht der Sünde und ihren Folgen;
- zur Rechtfertigung des Sünders allein durch die Gnade Gottes aufgrund des Glaubens an Jesus Christus, der gekreuzigt wurde und von den Toten auferstanden ist;
- zum Werk des Heiligen Geistes, welcher Bekehrung und Wiedergeburt des Menschen bewirkt, im Gläubigen wohnt und ihn zur Heiligung befähigt;
- zum Priestertum aller Gläubigen, die die weltweite Gemeinde bilden, den Leib, dessen Haupt Christus ist, und die durch Seinen Befehl zur Verkündigung des Evangeliums in aller Welt verpflichtet ist;
- zur Erwartung der persönlichen, sichtbaren Wiederkunft des Herrn Jesus Christus in Macht und Herrlichkeit; zum Fortleben der von Gott gegebenen Personalität des Menschen; zur Auferstehung des Leibes zum Gericht und zum ewigen Leben der Erlösten in Herrlichkeit.

Glaubensbasis der Evangelischen Allianz vom 2. September 1846, sprachlich überarbeitet 1972

Anhang B: Max Lucado: Der Fall[509]

Mit dieser Geschichte illustriert Max Lucado, wie es dazu gekommen ist, dass wir in einer Welt leben, in der so vieles drunter und drüber geht, in der Gewalt und Ungerechtigkeit an der Tagesordnung sind – und die ganz offensichtlich kein Paradies mehr ist.

Shaddai und das Dorf

Eine der beiden Hauptfiguren ist Shaddai. Max Lucado hat diesen Namen für den weisen Mann sicherlich mit Bedacht gewählt, denn „El-Shaddai" ist ein Name für Gott, der besonders seine Fürsorge, seine Eigenschaft als Versorger und Ernährer ausdrückt. El-Shaddai ist der, der überhaupt die Kraft zum Leben gibt. Vom Wortursprung „Shad" (= Brust, Busen) her steckt dahinter auch das Bild einer stillenden Mutter.

Vor diesem Hintergrund zeichnet Max Lucado zu Beginn eine völlig ungetrübte Gemeinschaft zwischen Shaddai und seinen Kindern in dem von ihm geschaffenen Dorf. *„Die Kinder liebten Shaddai. Und Shaddai liebte die Kinder."* – wie im Paradies.

Die Mauer und das Loch

Die Mauer in der Geschichte ist ein Bild für den Rahmen, den GOTT für diese ungetrübte Gemeinschaft setzt. Sie soll die Kinder davor bewahren, die Gemeinschaft mit Shaddai zu verlassen.

509 Kurze Zusammenfassung von mir. Original in dem Buch *Die Kinder des großen Königs*, Brunnen Verlag.

Es ist eine Schutzmauer (vgl. Fußballplatz mit/ohne Zaun neben einer viel befahrenen Straße).

Da Shaddai die Kinder aber nicht an sich binden, sondern ihnen die Freiheit der Entscheidung geben wollte, machte er ein Loch in die Mauer, durch das man das Dorf doch noch verlassen konnte. *„Solange die Kinder hierbleiben müssen, sind sie nicht wirklich hier“*, erklärt er dem Jungen Paladin später.

Shaddai warnte seine Kinder eindringlich davor, das Dorf (= die Gemeinschaft mit Ihm) zu verlassen. ER wusste, dass eine Trennung für die Kinder den Tod bedeuten würde – und das sagte er ihnen auch. *„Aber in seinem Herzen wusste er, dass es nur eine Frage der Zeit sein würde ...“*

Paladin und die Neugier

Paladin, der aufgeweckte, wissbegierige Junge, ist in der Geschichte das Abbild für Adam und Eva, die ersten Menschen, denen Gottes Gebot und Warnung galt.

Paladin hat das Loch in der Mauer nicht nur entdeckt, sondern regelrecht gesucht – und er geht damit zu Shaddai: Aber der Allwissende wusste längst, was passieren würde. Die Warnung, die alle Kinder kannten, richtete Shaddai nun noch einmal persönlich an Paladin: *„Wenn du hier weggehst, findest du nicht den Weg zurück.“*

Warum Shaddai selbst das Loch gemacht hatte, durch das man das Dorf verlassen konnte, verstand Paladin nicht (wie kann GOTT das zulassen?). Hin und hergerissen zwischen der Sicherheit im Dorf und der Neugier, was auf der anderen Seite der Mauer ist, wird Paladin fast magisch von dem Loch angezogen.

Shaddai streckt noch aus der Ferne dem Jungen seine Hand entgegen – aber er hindert ihn nicht, seinen selbstgewählten Weg zu gehen (vgl. „Der verlorene Sohn").

Nachdem bei Paladin die „Entscheidung im Kopf" längst gefallen war, sich von Shaddai zu entfernen und das Loch wieder aufzusuchen, war der tatsächliche Weg auf die andere Seite der Mauer (= außerhalb der (Dorf-) Gemeinschaft) „vorprogrammiert".

Die Katastrophe

Die Neugier treibt Paladin nicht nur schnell zum Loch in der Mauer, schnell ist er auch hindurchgekrochen und auf der anderen Seite angekommen. Die eindringlichen Warnungen Shaddais sind schnell vergessen, ja sie erscheinen ihm belanglos oder sogar falsch. **Er hatte die Gemeinschaft mit Shaddai endgültig verlassen – aus eigener Entscheidung.**

Erst auf dem Rückweg muss Paladin erkennen, dass das Loch verschwunden ist und man von dieser Seite aus nicht einfach wieder in die Dorfgemeinschaft zurückkehren kann. *„Es gab keinen Weg zurück nach Hause."*

Der Wald, der erst noch so friedlich und harmlos aussah, erscheint Paladin nun als dunkel und bedrohlich.

Aber wir können das tun, was Paladin tat und was auch das alttestamentliche Volk Gottes immer wieder getan hat, rufen/beten: **„Shaddai! Es tut mir so leid. Komm doch! Hilf mir!"**

Die (Er-) Lösung

Shaddai hatte schon beim Bau der Mauer gewusst, was passieren würde und deshalb hatte ER sich auch bereits eine Lösung ausgedacht, wie ER das Problem lösen würde.

Da Paladin von sich aus nicht mehr zurückkehren konnte, gab es nur einen Weg: *„SHADDAI verließ das Dorf, das er gebaut hatte, und betrat das Land, für das er nicht gemacht war, um nach seinem Kind zu suchen."*

Zusammenfassung (auch bekannt als die „4 geistlichen Gesetze):

1. Am Anfang gab es eine ungetrübte, herzliche Gemeinschaft zwischen den Menschen und ihrem Schöpfer.
2. Durch die Entscheidung der ersten Menschen, GOTTES *einziges* Gebot zu übertreten, wurde diese Gemeinschaft zerstört. Wir leben seitdem „auf der falschen Seite" – getrennt von Gott und können von uns aus nicht zurück. Gleichzeitig haben wir noch eine Ur-Ahnung von der „anderen Seite", der Welt Gottes.
3. Die Lösung geht von Gott aus. ER hat durch Jesus Christus den Preis für unseren Ungehorsam bezahlt und bietet uns die Rückkehr an.
4. Was machst du jetzt damit? Es reicht nicht, das zu *wissen*. Wir müssen unser Leben wieder mit Gott in Verbindung bringen. Willst du in deinem Leben SEIN Wirken erfahren?

Anhang C: Bibelstellenverzeichnis zu Kapitel 6

Übersicht der Bibelstellen bei den Propheten, Kapitel 6	
Stelle	**Buchabschnitt**
Amos 8,11.12	6.1.1
Amos 9,11–15	6.5.4
Hag 2,7	6.6.4
Hes 11,19.20	6.5.4
Hes 16,60–63	6.5.1
Hes 18	6.1.4
Hes 18,32	6.3.4
Hes 20,18–24	6.1.1
Hes 20,40–44	6.5.2
Hes 22,1–12	6.5.1
Hes 23,20	6.5.1, Fn.
Hes 34,11–31	6.5.2
Hes 36,11	6.5.2
Hes 36,26.32	6.1.4
Hes 37,1–14	6.5.3
Hes 37,15–28	6.5.2
Hes 37,15–28	6.5.3
Hes 37,24–28	6.5.3
Hes 47,12	6.6.4

Übersicht der Bibelstellen bei den Propheten, Kapitel 6	
Stelle	**Buchabschnitt**
Hes 5,6.7	6.5.1, Fn.
Hes 5,7–9	6.1
Hos 11,8.9	6.2.1
Hos 2,21.22	6.5.1
Jer 11,7b.8	6.1.1
Jer 13,25–27	6.5.1, Fn.
Jer 2,23.24	6.5.1, Fn.
Jer 24,6.7	6.5.4
Jer 3,17	6.6.4
Jer 31,33.34	6.5.4
Jer 31,34b	6.2.3
Jer 31,3	6.5.1
Jer 5,7.8	6.5.1, Fn.
Jer 7,3	6.1.1
Jes 1,18–20	6.1
Jes 25,6–9	6.6.2
Jes 25,8a	6.4.1
Jes 26–9	6.1.1
Jes 30,18ff	6.2.4
Jes 41,8–10	6.3; Fn
Jes 42,1–9	6.3.1
Jes 42,1a.4	6.3.5

Übersicht der Bibelstellen bei den Propheten, Kapitel 6	
Stelle	**Buchabschnitt**
Jes 43,1–5a	6.5.4
Jes 43,24b.25	6.2.3
Jes 43,24b.25	6.5.4, Fn
Jes 44,22	6.2.3
Jes 49,1–6	6.3.2
Jes 49,6b	6.3.5
Jes 49,7–50,3	6.5.5
Jes 50,20	6.2.3
Jes 50,6.7	6.3.3
Jes 50,7–9	6.3.5
Jes 52,1–12	6.5.2
Jes 52,13–15	6.3.5
Jes 52,14	6.3.3
Jes 53,10–12	6.3.5
Jes 53,12	6.3.2
Jes 53,2b–7	6.3.3
Jes 53,4–6	6.3.4
Jes 53,5b	6.3.4
Jes 54,4–10	6.5.1
Jes 54.8	6.2.1
Jes 55,1–5	6.6.2
Jes 56,6–7	6.6.4

Übersicht der Bibelstellen bei den Propheten, Kapitel 6	
Stelle	**Buchabschnitt**
Jes 59,1–18	6.2.1
Jes 60 (Zusf.)	6.5.6
Jes 60,3–5.11.16	6.6.4
Jes 61 (Zusf.)	6.5.6
Jes 61,1.2	6.4.2, Fn
Jes 61,6.9–11	6.6.4
Jes 62 (Zusf.)	6.5.6
Jes 62,2	6.6.4
Jes 63,17–19	6.1.1
Jes 64,1	6.1.1
Jes 65,17–25	6.6.3
Jes 66,10–14a	6.5.6
Jes 66,12.18.20–23	6.6.4
Joel 2,13.14	6.2.1
Jona 4,1.2	6.2.1
Mal 1,11	6.6.4
Mi 4,1–4	6.6.1
Sach 2,10–17	6.2.4
Sach 2,14.15	6.6.4
Sach 3,1–10	6.2.2
Sach 5,3.4	6.1.2
Sach 5,5–11	6.1.3

Übersicht der Bibelstellen bei den Propheten, Kapitel 6	
Stelle	**Buchabschnitt**
Sach 7,9.10	6.2.1
Sach 8,1–15	6.5.2
Sach 8,20–23	6.6.1
Sach 8,20–23	6.6.4
Sach 9,9–12	6.4.2
Zef 3,14–17	6.2.1

Anhang D: Abkürzungen

Biblische Bücher (Schriften, alphabetisch)

1+2 Chr	Chronologische Zusammenfassungen aus der Königszeit.
1+2 Kö	Zwei Bücher über die weiteren Könige nach David im später geteilten Reich Israel und Juda.
1+2 Kor	Zwei leidenschaftliche Briefe des Paulus an seine „Problemgemeinde" in Korinth.
1+2 Petr	Zwei Briefe des Apostels Petrus, langjähriger Leiter der Urgemeinde in Jerusalem.
1+2 Sam	Zwei Bücher Samuels aus der Königszeit von Saul und David.
1+2 Tim	Zwei seelsorgerliche Briefe von Paulus an den jungen Timotheus, den er in der Nachfolge Christi anleitete.
1+2 Thess	Zwei Briefe von Paulus an die Gemeinde in Thessaloniki.
1–3 Joh	Drei Briefe, die in der Regel dem Evangelisten Johannes zugeschrieben werden. Wie in seinem Evangelium betont er immer wieder die Liebe Gottes, die sich in Jesus offenbart hat.
1Mo–5Mo	Die fünf Bücher Mose.
Amos	Der Prophet Amos.
Apg	Apostelgeschichte, das Geschichtsbuch über den Beginn der Jesusbewegung nach Ostern.
AT	Altes Testament, die hebräische Bibel.
Dan	Der Prophet Daniel, der weitreichende Visionen erhielt, die noch über unsere Zeit hinausreichen.
Eph	Der Brief von Paulus an die Gemeinde in Ephesus, in der er lange Zeit gewirkt hatte.
Esra	Buch nach der Rückkehr Israels aus dem babylonischen Exil.

Esth	Das Buch über eine mutige Frau am persischen Königshof zur Zeit des Königs Xerxes.
Gal	Der Brief von Paulus an die Galater, die Gefahr liefen, die Gnade wieder gegen die gesetzliche Eigenleistung einzutauschen.
Hab	Der Prophet Habakuk.
Hagg	Der Prophet Haggai.
Hebr	Ein Brief an „die Hebräer“, dessen Verfasser unbekannt ist. Neben Röm 1–8 ist dies der theologisch tiefgründigste Brief. Er betont die Einzigartigkeit Jesu, die Ablösung des Alten Bundes und die universelle Bedeutung der Erlösungstat Jesu. Auch heute „Schwarzbrot“ für die Gemeinde.
Hes	Der Prophet Hesekiel mit weit vorausschauenden Visionen, die noch über unsere Zeit hinausreichen.
Hiob	Das Buch über Leiden und Rechtfertigung eines Gottesfürchtigen. Hieran entzündet sich immer wieder die sog. Theodizee-Frage: Warum lässt Gott das zu?
HoLi	Das Hohe Lied der Liebe, Erotik in der Bibel, von Salomo.
Hos	Der Prophet Hosea.
Jak	Brief des Jakobus, neben Petrus langjähriger Leiter der Urgemeinde in Jerusalem und leiblicher Halbbruder von Jesus. Jakobus betont, dass lebendiger, auf Gnade gegründeter Glaube auch entsprechende Werke nach sich ziehen muss.
Jer	Der Prophet Jeremia. Er hat für seine mutigen Botschaften gegen den Mainstream besonders viel gelitten.
Jes	Der Prophet Jesaja. Seine umfassenden Prophetien weisen vielfach auf den Messias, aber auch auf das letzte Ziel einer erneuerten Erde.
Joel	Der Prophet Joel sagt u. a. die umfassende Ausgießung des Heiligen Geistes voraus, die seit Pfingsten Realität ist.

Joh	Der Evangelist Johannes, gelegentlich auch: Joh. d. Ev. (in Unterscheidung zu Joh. d. T.), nach eigener Aussage der „Lieblingsjünger“ von Jesus.
Jona	Der Prophet Jona, den Gott erst durch einen Umweg via Walfisch an seinen Verkündigungsort brachte.
Jos	Josua, der Nachfolger Moses, unter ihm wurde Israel im „gelobten Land“ sesshaft.
Jud	Brief von Judas, der wie Jakobus ein Halbbruder von Jesus war. Er kämpft wie Paulus und Petrus gegen die Abkehr von der bedingungslosen Gnade Gottes.
Klag	Klagelieder des Propheten Jeremia.
Kol	Der Brief von Paulus an die Gemeinde in Kolossä
Lk	Der Evangelist Lukas, akribisch recherchierender Landarzt, der Paulus teilweise auf dessen Missionsreisen begleitete und die Apostelgeschichte aufschrieb.
Mal	Der letzte Prophet im AT: Maleachi, ca. 400 Jahre vor dem Auftreten Jesu.
Mi	Der Prophet Micha.
Mk	Der Evangelist Markus, wahrscheinlich Vertrauter von Petrus.
Mt	Der Evangelist Matthäus, vorher Zolleintreiber für die Römer.
Nah	Der Prophet Nahum.
Neh	Buch über den Wiederaufbau von Tempel und Stadtmauer Jerusalems nach dem babylonischen Exil.
NT	Neues Testament, Lebensberichte über Jesus (die Evangelien) und die erste Zeit der ersten Gemeinde (Apostelgeschichte, Briefe und Offenbarung).
Obad	Der Prophet Obadja.
Offb	Die Offenbarung (wörtlich: *Enthüllung*): Das endzeit-prophetische Buch des Neuen Testaments. Gott zieht für Johannes den Vorhang zum Geschehen im Himmel zur Seite, so dass dieser sieht und in der Vorausschau live miterlebt, wie die Weltgeschichte – durch viele Katastrophen – bis zur herrlichen Vollendung weitergeht.

Phil	Der Freudenbrief von Paulus aus dem Gefängnis in Rom an die Gemeinde in Philippi.
Phlm	Brief von Paulus an Philemon zur Regelung eines Sklavenverhältnisses.
Pred	Aufzeichnungen des Predigers Salomo.
Ps	Der Psalter (die Psalmen): Das Gebetsbuch der Juden, das auch von Christen gern als Klage- und Trostbuch verwendet wird.
Ri	Buch der Richter: Übergangszeit nach dem Tod Josuas bis zum ersten König Israels: Saul.
Röm	Der Brief von Paulus an die Römer, Kapitel 1–8 sind eine Grundsatzabhandlung über die bedingungslose Gnade Gottes in Jesus Christus. Sie hat in der Geschichte immer wieder zur Rückbesinnung auf den Kern des Evangeliums geführt, so z. B. auch bei Martin Luther.
Ruth	Bericht über Ruth, eine Frau aus dem Stammbaum Jesu. Sie ist Ausländerin und entscheidet sich bewusst für ein Leben in Israel.
Sach	Der Prophet Sacharja, markant sind seine Prophetien über Jerusalem in den Wirren der Endzeit.
Spr	Die gesammelten Weisheitssprüche des Königs Salomo.
Tit	Brief von Paulus an Titus, ein geschätzter Mitarbeiter. Als Grieche war er der erste nicht-jüdische Missionar des Evangeliums von Jesus Christus.
Zeph	Der Prophet Zephanja.

Sonstige Abkürzungen

Joh. d. T.	Johannes der Täufer (im Unterschied zum Evangelisten und Jünger Jesu)
JHWH	Der Name Gottes, wie ER selbst ihn dem Mose am Dornbusch offenbart: ICH BIN, der ICH BIN, bzw. ICH WERDE SEIN, der ICH SEIN WERDE. Kurz: ICH BIN. Jesus schließt mit Seinen ICH BIN-Worten daran an. Wenn im Hebräischen das Tetragramm JHWH steht, übersetzt Luther HERR.
LXX	(Lateinische) Abkürzung für die griechische Übersetzung *Septuaginta* des Alten Testaments in der Zeit von 250 v. Chr. bis 100 n. Chr.
V	Vers(e)
WStB	Wuppertaler Studienbibel

Anhang E: Literaturverweise

Hilfreiche Literatur zum Weiterforschen:

Blanchard, K. H., Hybels, B., Hodges, Ph.: Das Jesus-Prinzip. Führen auf biblischer Grundlage. Projektion J, Asslar 2000 – Das zentrale Thema ist die *dienende Leiterschaft.*

Bork, Rudi: Die Offenbarung „Zurück in die Zukunft“, WOBI-Edition 1, Bibel-Center, Freie Theologische Fachschule Breckerfeld, 1. Aufl. 2013.

Brandenburg, Hans, Kroeker, Jakob: Das lebendige Wort. Brunnen Verlag, Gießen/Basel, 1963. Umfassende und sehr tiefgründige, 15-bändige Kommentarreihe zum Alten Testament. Nur noch antiquarisch.

Brown, Michael L.: Gnade ohne Ende? – Die moderne Gnadenbewegung (Hyper-Grace), Glaubenszentrum Gandersheim e.V., 2017.

Fitsch, Ernst Gerhard: Die Vision von Patmos – Die Offenbarung des Johannes neu entdecken, SCM R. Brockhaus, 2020.

Gitt, Werner: … und die anderen Religionen, CLV, 5. Aufl. 1995.

Glashouwer W. J. J.: So entstand die Bibel. CLV e.V., Bielefeld.

Hudson, Chr. D.: Du bist der Gott, der mich sieht. GerthMedien.

Kaldewey, Jens: Großer Himmel, kleine Hölle? – Wie das Gericht Gottes uns Hoffnung macht, SCM R. Brockhaus, 2021

Kniesel, Werner: Zukunft und Hoffnung – die Johannes-Offenbarung allgemein verständlich erklärt. Asaph-Verlag, 3. Aufl. 2018.

Laubach, Fritz: Gottes Weg in eine neue Welt, SCM-Bundes-Verlag, 2019.

Lucado, Max: Die Kinder des großen Königs, Brunnen Verlag Gießen, 2006.

Luther, Martin: Von der Freiheit eines Christenmenschen, 1520. https://www.luther2017.de/martin-luther/texte-quellen/lutherschrift-von-der-freiheit-eines-christenmenschen/index.html

Lutherbibel erklärt, Bibelanstalt Stuttgart, 1974 (mit dem Text der Lutherübersetzung von 1956 bzw.1964).
Pohl, Adolf: Die Offenbarung des Johannes, Wuppertaler Studienbibel, SCM R. Brockhaus – Standardwerk zur Bibelauslegung.
Postell, S. D., Bar, E., Soref, E.: Moses lesen, Jesus sehen: Wie die Torah ihr Ziel in Jeshua erfüllt. Verlag Mitternachtsruf, CH-Dübendorf, 2. Aufl. 2019.
Rienecker, Fritz u. a.: Lexikon zur Bibel. SCM R. Brockhaus, 2013.
Scazzero, Peter: Glaubensriesen – Seelenzwerge? Geistliches Wachstum und emotionale Reife. Brunnen Verlag, Gießen, 2008.
Schmitz, Richard: Die Offenbarung Johannes, Bundes-Verlag Witten, 1952.
Shlomo, Drori, Schulz, Jurek: Von Eden bis zum Paradies, Brunnen Verlag, 2006 (nur noch antiquarisch).
Werner, Roland: Das Buch – eine zeitgemäße Übertragung des neuen Testamentes, SCM R. Brockhaus im SCM-Verlag GmbH & Co. KG, Witten, 2009.
Young, William Paul: Die Hütte – ein Wochenende mit Gott, Ullstein Taschenbuch, 23. Auflage 2020.

Der Autor

Matthias Bank wurde 1958 in Niedersachsen geboren. Nach dem Studium erhält er das Referendariat für das Lehramt. Nach dem Aufbau der ersten öffentlichen Fachschule für Umweltschutztechnik in Frankenberg ist er dort bis zu seiner Pensionierung 2021 Stellvertretender Schulleiter. Seit 2012 unterrichtet er Ev. Religion in der Berufsschule.

Privat führten ihn grundlegende Fragen nach dem Sinn des Lebens und Begegnungen mit lebendigen Christen in der Studentenarbeit zu der persönlichen Entscheidung, das eigene Leben ebenfalls mit diesem Jesus in Verbindung zu bringen. Seit 40 Jahren arbeitet er aktiv in der Studentenarbeit und in evangelischen Gemeinden mit.

Matthias Bank ist seit 1986 glücklich mit derselben Frau verheiratet, dem Ehepaar wurden vier Söhne geschenkt. Nach „Jesus dreht die Welt auf links … und die Welt legt IHN aufs Kreuz" bringt der Autor in seinem dritten Band Jesus als Todesüberwinder zurück – und zwar als Richter der Welt.

Der Verlag

VINDOBONA
VERLAG SEIT 1946

ein Verlag mit Geschichte

Bereits seit 1946 steht der Vindobona Verlag im Dienst seiner Bücher und Autoren. Ursprünglich im Bereich periodisch erscheinender Journale tätig, präsentiert sich der Verlag heute als kompetenter Partner für Neuautoren am deutschen, österreichischen und schweizerischen Buchmarkt. Engagement, Verlässlichkeit und Sachverstand – das sind die Grundpfeiler, auf denen der Verlag seit jeher sicher steht.

Sie möchten mit Ihrem Werk das vielseitige Verlagsprogramm bereichern? Der Vindobona Verlag garantiert Ihnen eine professionelle Prüfung Ihres Manuskriptes durch das Lektorat sowie eine zeitnahe Rückmeldung.

Genauere Informationen zum Verlag
finden Sie im Internet unter:

www.vindobonaverlag.com

VINDOBONA
VERLAG SEIT 1946

Matthias Bank

Jesus dreht die Welt auf links – und die Welt legt IHN aufs Kreuz

Band 2

ISBN 978-3-949263-61-3
508 Seiten

Die Weiterreise mit Jesus wird konfliktreich, entwürdigend und katastrophal. Jesus heilt weiter und attackiert seine Gegner – bis ER (scheinbar) verliert: Tod am römischen Verbrecherkreuz!
Aus und vorbei? – Nein, eben nicht. Sonntagmorgen ist das Grab leer.